KB142444

비판적
실천을
위한
교육학

비판적 실천을 위한 교육학

초판 1쇄 발행 2019년 6월 15일
초판 2쇄 발행 2019년 12월 12일

지은이 이윤미·김세희·성열관·신병현·심성보·우정길·전아름·조나영
펴낸이 김승희
펴낸곳 도서출판 살림터

기획 정광일
편집 조현주
북디자인 꼬리별

인쇄·제본 (주)현문
종이 월드페이퍼(주)

주소 서울시 양천구 목동동로 293, 22층 2215-1호
전화 02-3141-6553
팩스 02-3141-6555
출판등록 2008년 3월 18일 제313-1990-12호
이메일 gwang80@hanmail.net
블로그 http://blog.naver.com/dkffk1020

ISBN 979-11-5930-102-5 93370

* 가격은 뒤표지에 있습니다.
* 잘못된 책은 바꾸어 드립니다.
* 이 책은 저작권법에 따라 보호를 받는 저작물이므로 무단 전재와 복제를 금합니다.

이 도서의 국립중앙도서관 출판예정도서목록(CIP)은 서지정보유통지원시스템 홈페이지(http://seoji.
nl.go.kr)와 국가자료종합목록 구축시스템(http://kolis-net.nl.go.kr)에서 이용하실 수 있습니다.
(CIP제어번호: CIP2019020645)

비판적 실천을 위한 교육학

이윤미·김세희·성열관·신병현·심성보·우정길·전아름·조나영 지음

살림터

역사사회적 존재로서의 인간과 교육의 미래

최근 사회와 교육의 주요 화두 중 하나가 '미래'이다. 우리 사회와 교육도 빠르게 미래를 향해 가고 있다. 미래 사회는 어떤 사회이며 어떤 인간형을 요구하는가. 교육은 무엇을 해야 하는가. 모두가 관심을 갖고 있고 답을 찾고 싶지만 다가올 미래의 모습은 그 누구도 알 수 없다. 예측대로 되는 것이 아니며 결국 우리가 만들어야 하는 것이기 때문이다.

인공지능의 빠른 발달과 빅데이디와 알고리즘의 지배도 '인간'의 미래가 불투명해지고 있다는 것은 분명하다. 그리고 변화하는 미래 사회에서는 기존 사회에 대한 사회화보다는 새로운 사회를 주도적으로 살아가기 위한 '주체화'가 중요한 시대가 될 가능성이 높다는 것도 짐작해 볼 수 있다. 그렇다면 미래의 여러 가능성들에 대해 주체적으로 대응하는 존재가 된다는 것은 무엇인가. 인간은 어떻게 과학적으로 판단하고, 협력적 창의성을 발휘하며 자기 스스로와 타인의 삶에 대해 성찰하고 책임지는 윤리적 존재, 혹은 민주적 시민이 될 수 있는가.

이 책은 역사사회적 존재로서 인간의 형성을 매개해 온 교육의 역할에 대해 다각도로 접근하면서 교육을 둘러싼 현상을 분석하고 실천 방향을 미래지향적으로 고민하는 데 필요한 문제의식들을 담아내고자 했다.

21세기 들어 본격화하는 '미래의 도전'과 함께 한국 교육은 예전에 보기 드문 변화들을 경험하고 있다. 그러한 변화 중 가장 주목되는 것은 2000년대 말 이후 빠르게 확산된 학교현장 개혁과 지역공동체의 발전이다. 1990년대 중반 이후 신자유주의 국제화로 인한 교육정책 논쟁과 제도적 쟁점들이 20년간 교육현장을 지배해 왔다면, 2009년 지방선거 이후의 시기는 혁신학교운동, 마을교육공동체운동 등을 통해 한국 교육의 새로운 가능성에 대한 기대를 높여 왔다. 무엇보다 현장 개혁을 이끄는 다양한 학습공동체들과 이론적 활동들이 자발적으로 전개된 점은 고무적이다.

이러한 실천적 움직임은 '권위주의체제하에서 경직적으로 따라잡기식 성장을 해 온 교육 시스템', '학업성취는 높지만 교육에 대한 만족이나 학습효능감은 낮은 불균형적인 교육문화', '한 계단 위라도 오르기 위해 무한 경쟁을 감수하고, 승자에게 몰아주는 맹목성이 용인되는 기형적 메리토크라시' 등 우리 스스로가 갖고 있는 교육적 자화상을 다시 그려 보게끔 하는 의미 있는 움직임으로—충분한지는 아직 모르지만—그 단초와 가능성을 열어 주고 있음은 틀림이 없을 것이다. 아래로부터의 변화와 다양한 역동은 인간들의 주체화와 미래 대응에 핵심적 변수가 된다.

이 책은 교육학이 오늘날의 사회와 시대가 제기하는 질문들에 대해 실천적 성찰을 함께하려는 목적으로 만들어졌다. 교육학은 교육이라는 활동 혹은 현장에 항상 기반을 두어야 하지만, 현장 실천에 즉답을 제공하거나 기술공학적인 처방을 제시하는 것이 학문적 사명은 아니다. 현장 실천의 전략과 방법은 실천이 이루어지는 단위에서 가장 생생하고 전문적으로 이루어질 수 있기 때문이다.

따라서 이 책에 다루는 문제들은 실천의 방법에 관한 것이 아니라 이론과 실천의 결합에서 고민해 봐야 할 개념적, 이론적, 전략적 지점들과 관련된다. 권력과 실천, 주체와 타자, 평등과 민주주의, 유토피아와 미래라는 하위 제목에 나타나듯이 저자들은 교육 실천을 학습과 발달의 원리가 실현되는 미시적 과정으로 보면서도 이를 역사사회적 존재로서의 인간 주체 형성이라는 거시적 맥락과 연결해서 다루고 있다.

이 책에 담긴 논의들은 다음과 같은 질문들을 담고 있다. 성장과 발달이 무엇이며 어떻게 매개되는가, 변화를 이끄는 주체의 모순 인식과 실천은 어떻게 가능한가, 교육에 내재된 사회분업과 통제 기제는 어떻게 작동하며 어떻게 변화될 수 있는가, 공동체가 정의로워야 하는 이유는 무엇인가, 주체의 자기 배려가 지닌 사회적 의미는 무엇인가, 주체의 인정을 위한 규범체계는 어떻게 변화 가능한가, 타자는 어떤 교육적 존재인가, 메리토크라시 신화는 왜 지배적인가, 완전한 민주주의를 위한 교육은 어떻게 가능한가, 평등을 위한 교육의 가정은 어떻게 달라져야 하는가, 유토피아적 이상은 공상인가, 미래교육이 급진적으로 요구하는 성찰은 무엇인가 등. 이 질문들은 현재를 비판적으로 분석하고 미래를 실천적이고 '개입적'으로 성찰하면서 생각해 보아야 할 문제의식이며, 독자들과 함께 풀어 나갔으면 하는 것들이기도 하다.

이 책은 (사)한국교육연구네트워크 이론분과에서 2015년부터 진행했던 '프라이데이세미나'의 결과이기도 하다. 이 세미나는 교육학이 실천적 함의를 갖기 위해서는 분과화를 지양하고 교육철학, 사회학, 심리학 등을 결합해서 이해하고 재구성해야 한다는 취지에서 출발했다. 비고츠키 이론사를 사회학적으로 접근하고 있는 영국 학자 해리 대니얼스 Harry Daniels의 텍스트인 *Vygotsky and pedagogy*[2001], *Vygotsky and sociology*[2012] 등을 함께 학습한 것에서 시작한 것이 다양한 관련 주제들을 포괄하는 수준으로 확장되었다.

인간의 '발달'은 심리학적으로 다루어지는 경향이 있지만 역사, 철학,

사회학, 윤리학 등의 관심을 통합해서 접근해야만 사회적으로 유의미한 실천의 방향과 전략이 나올 수 있다는 것이 이 책 구성의 이면에 있는 관심이다.

책을 구성하는 과정에서 프라이데이세미나에 참가했던 내부 필자들이 주로 참여했지만 주제에 따라 외부 필자에게도 원고를 의뢰하여 책의 체계를 완성할 수 있었다. 기꺼이 원고를 작성해 주시고 참여해 주신 우정길, 전아름 선생님께 감사를 드린다.

이 책은 사상가들의 이론적 관점을 소개하고 교육적 전략이나 시사점을 이끌어 내는 형식으로 되어 있다. 책에 소개된 논의들은 교육학에서는 잘 다루어지지 않거나 자주 언급된 사상가일지라도 구체적으로 다루지 않은 이론적 관점들을 포함하고 있다. 애초에 교재를 만들 목적으로 쓴 것이 아니라 문제의식을 나누고 이론적 성찰을 함께하려는 기대를 가지고 만들어졌기 때문에 취지에 맞게 읽혔으면 하는 바람이 있다.

독자들이 비판적으로 읽고 논쟁하고 문제의식을 확장시킬 수 있는 기초가 될 수 있다면 더 이상 바랄 것이 없을 것이다. 주제들을 논문화하고 모으는 과정에서 전체적 일관성을 더 갖추지 못한 점은 아쉬움으로 남는다. 이 점 독자들께 혜량을 부탁드린다.

2019년 5월
저자를 대표하여 이윤미

차례

역사, 사회, 발달:
듀이와 비고츠키 교육론의 접점[1]

이윤미

단어(낱말)는 우리 의식 속에 있는 사물이다. 그것은 한 사람을 위해서는 절대적으로 불가능하지만 두 사람을 위해서는 실재가 된다. 단어가 인간의식의 역사적 본질을 직접적으로 표현한 것이다.Vygotsky, 1986: 374

경험은 언제나 한 개인과 그 시점에서 그의 환경을 형성하고 있는 것 사이에서 이루어지는 교섭을 통하여, 즉 개인과 환경이 서로 무엇인가를 주고받음으로써 성립되는 것이다.Dewey, 2001: 59

I. 듀이와 비고츠키를 연결해서 보기

듀이와 비고츠키는 모두 서구 교육학계에서 주류 이론을 대표한다고 해도 과언이 아니며, 이들의 이론 일반에 대해서는 언급이 필요없을 정도로 방대한 연구가 축적되어 있다. 따라서 이 글에서는 듀이와 비고츠

---

1. 이 글은 이 책의 목적에 맞게 기존 원고를 수정·보완한 것이다[이윤미(2015), 「비고츠키와 듀이 교육론의 접점」, 『교육발전연구』 31(2), 47-78].

키 교육론의 함의를 일반적 수준에서 재론하기보다 오늘날의 교육 실천에서 이들의 교육론이 지니는 의의를 확인하기 위해 이 둘을 연결해서 보는 관점을 취한다. 진보주의 교육철학자, 사회적 구성주의 심리학자 등 교육학에서 이들에게 붙여진 호칭으로는 듀이와 비고츠키 사상의 전모가 다 포괄될 수 없다. 경험중심교육론이나 근접발달영역 등 교육 실천상의 구체적 방법들은 교수–학습의 실제에서 중요하게 간주되고 있으나, 이들의 교육론이 지닌 사회역사적 배경에 관심을 가진 연구들이 그렇게 많다고 보기는 어려운 것 같다.

이 점에서 볼 때 비고츠키 이론이 지닌 실천적 의미에 대해 국내 교육 실천계에서 활발한 재조명이 이루어져 온 것은 주목할 일이다. 비고츠키는 러시아혁명기의 학자로서 당시 선진적이었던 러시아 심리학계의 대표적 연구자였지만, 1930년대 중반 스탈린주의에 의해 왜곡된 이후, 서구에서는 1970년대에 본격적으로 소개되었다. 그의 학술적 논의들은 그 뿌리가 잘려진 채 몇몇 도식적 교육심리학 용어(비계, 근접발달영역 등)로만 회자되어 온 경향이 있다. 혹자가 '심리학계의 모차르트Toulmin'라고 부를 만큼 비범한 학자였지만, 그의 학술적 논의들은 루리아Luria, 코즐린Kozulin, 콜Cole 등 후학들의 꾸준하고 끈질긴 관심 속에서 제한적으로 복원되어 왔을 뿐이다.

국내에서는 2011년 『생각과 말』배희철·김용호 역이 출간된 이래 비고츠키의 주요 저작들이 교사·연구자들에 의해 꾸준히 번역·재번역된 바 있다. 이미 서구학계에서 가장 영향력 있는 교육이론이라는 평가를 받으며 주류화한 비고츠키 이론에 대해 진보 교육계에서 관심을 갖는 것은 주목해 볼 일이다. 한편, 비고츠키가 최근에 집중적으로 부각되어 온 것과는 차이가 있지만 사회철학자인 듀이의 교육론이 민주주의 교육과 학교 개혁에 주는 시사점에 대한 관심도 간과할 수 없다. 특히 학교혁신이나 민주시민교육에 대한 관심이 높아지면서 듀이의 사회철학과 학교혁신철학이 지니는 의의가 새롭게 조명되고 있다고 볼 수 있다.서용선, 2012 이러한 관심은 1990년대 후반 이후 심화되어 온 신자유주의교육으로 인해 개인주의, 경쟁, 상품화, 특권화 등이 강조되면서 교육계의 언어들이 '공동체' 혹은 민주주의의 가치로부터 이탈하고 대안적 이론이 심각하게 요구된 상황과 관련된다고 본다. 2010년대 이래 지역교육 정치의 시대가 열리면서 듀이와 비고츠키는 혁신적이고 미래지향적 교육을 위한 대안적 철학과 방법론으로서 다시 주목되고 있다고 할 수 있다.

이 글에서는 듀이와 비고츠키를 연결하여 살펴보면서 그 현대적 의미를 다루는 것이 목적이다. 이를 위해 이 둘을 연결하여 논의해 온 서구 학계의 논쟁을 통해 접점 논의의 실마리를 찾고자 하며, 오늘날의 관점에서 듀이와 비고츠키를 읽는 의미에 대해 다루고자 한다.

듀이와 비고츠키가 가장 활발하게 활동하던 1920년대는 러시아혁명을 계기로 전 세계적인 진보의 기운이 높았던 시기이다. 듀이는 프래그머티즘 철학자이자 진보적 자유주의자로서 사회적 존재로서의 인간이 세계 안에서 문제해결자로서 성장하고 그러한 개인들이 협력적으로 이루는 민주주의사회를 지향했다. 비고츠키는 인간들이 역사문화적 매개를 통해 사회적으로 발달하고, 다시 그 발전에 기여하는 역사문화의 주체가 되는 원리를 탐구한 마르크스주의 심리학자였다. 이 둘의 접점은 역사사회적 존재로 인간을 발달하게 하는 교육의 원리 안에서 찾을 수 있다.

둘을 함께 살펴보면서 다음과 같은 문제들에 주목할 필요가 있다고 본다. 첫째, 듀이와 비고츠키의 교육론이 사회와 역사라는 거시적 맥락과 통합적으로 연관되어 있다는 점이다. 그렇다 보니 이들이 교육을 매개로 해서 구축하고자 하는, 보다 큰 세계에 대한 그림이 무엇인지 살펴봐야 한다. 둘째, 교육학에서 듀이나 비고츠키의 핵심 개념으로 언급되는 발달, 성장의 의미를 검토해 볼 필요가 있다. 발달과 성장은 교육학에서 핵심적으로 사용되는 개념들이지만 듀이와 비고츠키가 이들을 사용하는 맥락을 보다 주의 깊게 살펴볼 필요가 있다. 셋째, 듀이는 학습자중심교육론, 아동중심사상가 등으로 이름 붙여지면서 교수학습과정에서 교사와 학생의 역할에 대한 숱한 오해를 받아 왔고, 비고츠키의 교육이론은 사회적 구성주의라고 대부분의 일반 교재들에서 다루면서 그 이론의 뿌리가 잘 드러나지 않은 측면이 있다. 듀이와 비고츠키의 교육론이 지니는 시사점에 대해 보다 폭넓게 조명할 필요가 있다.

Ⅱ. 듀이와 비고츠키의 접점에 대한 서구 학자들의 논쟁

1. 교류 가능성에 대한 추측과 철학적 기반에 대한 논쟁

듀이와 비고츠키는 서구 교육학계에서 주요하게 다루어지는 거장들이다. 두 학자의 생몰연대를 비교할 때 듀이는 1859년부터 1952년, 비고츠키는 1896년부터 1934년까지 생존하여 비고츠키에 비해 듀이의 학문활동 시기가 빠르고 길었음을 알 수 있다. 듀이는 철학자로 알려져 있지만 미국심리학회APA의 창립회원이기도 했고, 1899년에는 제8대 회장을 역임한 바 있으며, 존스홉킨스대학에서의 박사학위 논문도 '칸트의 심리학'에 대한 것이었다. 1905년에는 미국철학회 회장이 되었다. 윌리엄 제임스William James는 프래그머티즘Pragmatism, 1907이라는 저서에서 미국에서 프래그머티즘의 기초는 듀이의 Studies in logical theory1903에서 찾을 수 있다고 보았다.James, 1907 듀이의 저작은 다방면에 걸치며 다작이다. 교육 분야에서의 영향은 특히 두드러진데, 주저는 *My pedagogic creed*[1897], *The school and society*[1900], *The child and the curriculum*[1902], *Democracy and education*[1916], *Experience and education*[1938] 등이다. 그는 미국 교원노조AFT의 종신회원이었고, 1930년대에는 사회주의 정당을 지지했으나 스탈린 치하의 현실사회주의에 대해서는 매우 비판적인 자유주의자였다.Ryan, 1995 듀이의 교육사상은 미국의 진보주의 교육운동에 영향을 미쳤고, 세계적 명성을 얻어 1910년대 말 중국, 일본 등을 방문하여 강연을 했다. 듀이는 러시아혁명 직후 당시 교육부 장관이었던 루나차르스키Lunacharsky 및 크룹스카야 Krupskaya 등과 교류를 했고, 그의 저서는 러시아어로 번역되기도 했다. 1928년에는 2주간 소비에트러시아의 각종 교육기관과 학자들을 방문하였다.이윤미, 2018

심리학자이자 미국 미시간주립대 교수인 프라왓Prawat, 2000은 듀이와 비고츠키가 1928년(7월 2일 레닌그라드, 7월 19일 모스크바 도착)에 실제로 만났을 것이라는 주장을 하여 논쟁을 촉발한 바 있다. 1928년 여름, 당시 예술 및 교육부 장관이었던 루나차르스키와 교육계에 지도력을 발휘하던 크룹스카야의 초청으로 듀이가 2주간 소련을 방문했던 사실을 주목하고 있다. 프라왓은 다양한 근거들을 연결하여 듀이와 비고츠키가 만날 수밖에 없었던 정황들을 드러낸 바 있는데, 특히 이 방문을 계기로 1930년대 이후 듀이와 비고츠키 모두 입장의 변화가 나타나는 점을 주목하고 있다.

듀이와 비고츠키가 만났을 것이라는 정황은 다음과 같다. 1928년 당시 비고츠키는 공산주의교육학술원Academy of Communist Education에 만들어진 실험실의 장을 맡고 있었고, 교육-심리학 분야의 가장 영향력 있는 페돌로지스트pedologist 중 하나였다.[2] 듀이는 모스크바에 있던 유력연구기관들을 방문하고 학자들과의 미팅을 가졌기 때문에 당시 교육부로부터 인정을 받았던 대표적 연구자인 동시에 영어가 능숙했던 비고 츠키를 만나지 않을 수 없었다는 것이다. 프라왓은 비고츠키 연구자들 인 러시아 심리학자들Yaroshevsky, Gurgenidze이 1928년을 비고츠키의 학 문에서 전환점이라고 보고 있다는 점에 착안해서 이러한 주장을 하는 데, 이는 둘이 만났는가 그 자체보다는 이 두 학자가 유사한 문제의식을 가지고 있었음을 밝히고자 하는 데 더 근원적인 의도가 있다.

프라왓은 1980년대 말 이후(구소련 해체) 발굴된 자료들[3]에 근거하여 기존 비고츠키 논의의 기초가 되어 온 비고츠키 제자 루리아Luria의 주 장을 반박하면서, 비고츠키가 혁명 후 교육부 장관이었던 루나차르스키 로부터 신임을 얻고 발탁되었을 뿐 아니라 크룹스카야로부터 공교육 재 건을 위한 사업에 참여하도록 기용되었다고 본다. 크룹스카야에게 사회 주의는 대중적 계몽(교육받을 권리와 의식화)을 의미했고, 소련의 교육 을 세계에서 가장 진보적인 교육체제로 만들기 위한 진용을 구축했다. 루나차르스키나 크룹스카야는 듀이 교육학에 대해 상당한 관심을 가 지고 있었고, 듀이나 미국의 진보주의 교육에 대해 우호적 관점을 취하 고 있었다. 그러나 1928년 이후 소련에서의 정치적 상황이 매우 달라졌 다. 스탈린은 1929년 가을 루나차르스키 진영을 제거하게 되었다. 그들 의 '부르주아적' 학습과 이론에 대한 과도한 경도를 비판했다. 루나차르 스키와 크룹스카야는 문화적 우파로 간주되었다. 파블로프적인 행동주 의의 옹호자이자 스탈린 체제하의 이론가였던 테프로프Teplov는 이들 이 페돌로지라는 이름으로 임의적인 활동을 해 왔다고 비판했다. 후일, 듀이는 이 과정에 대해 소련의 교육이 폭넓은 접근으로부터 협소한 기

---

2. 페돌로지는 아동 발달의 과학을 의미하는 조어로 혁명 초기 러시아에서 정책적으로 지원 되었으나, 1930년대 스탈린 진영에 의해 반마르크스주의 사이비과학으로 낙인찍히고 폐기 되었다.
3. 러시아 심리학자인 Yaroshevsky의 자료 등에 기초함.

술교육으로 변질된 것이라고 안타까워했다.Dewey, 1985; Prawat, 2000 페돌로지는 1936년 공식적으로 폐기되었다. 비고츠키도 1930년 마르크스주의를 관념적으로 수정한다고 공격받았다. 1931년에는 멘셰비키적 관념론자로 비판받았다. 서구 심리학을 들여오고 그 유행을 무비판적으로 따른다고 공격받았다. 프라왓에 의하면 적어도 1930년 이후 듀이와 비고츠키의 저작 속에는 상당한 유사성이 발견되며, 이는 그들이 면대면의 만남을 가졌을 뿐 아니라 정신적 교감을 이루었음을 의미한다고 결론짓고 있다. 이 글은 듀이의 국제적 명성과 러시아혁명 초기 교육개혁가들의 성향에 비추어 볼 때 비고츠키가 듀이의 영향을 받았을 것이라는 점을 시사하고 있다.

프라왓과 유사한 주장으로는 글래스맨Glassman, 2001의 논의가 있다. 글래스맨도 듀이와 비고츠키의 활동 맥락을 개관하면서 비고츠키가 듀이의 영향을 받았을 개연성이 있다는 점을 언급한 바 있다. 20세기 초 미국에서 진보주의운동과 마르크스주의운동이 서로 근본은 다르지만 연대하고 있었고, 듀이가 러시아혁명에서의 교육개혁에 대해 혁명 이전부터 관심이 있었으며, 듀이의 초기 저작특히 학교와 사회, 1900; 교육과 민주주의, 1916이 러시아어로 번역된 점을 근거로 제시한다. 1931년 소련 공산당중앙위원회가 진보주의교육(예: 프로젝트방법)을 공식적으로 비난하고, 소연방 안에서 탈듀이de-Deweyianization를 천명했던 점에 비추어 볼 때 이 시기에 활동한 비고츠키도 듀이의 영향과 무관할 수 없었다는 것이다.

반면, 미국의 비고츠키 연구 심리학자들인 그래들러와 쉴즈Gredler & Shields, 2003는 프라왓의 주장을 비판한다. 프라왓은 루나차르스키나 크룹스카야가 비고츠키의 후원자들이었다고 보지만, 실제 비고츠키가 모스크바 실험심리학연구소에 들어가게 된 것은 연구소장인 코르니로프Kornilov가 그를 발탁했기 때문이라는 것이다. 즉 1924년 1월 페트로그라드에서 있던 비고츠키의 발표를 듣고 그를 발탁한 코르니로프의 추천으로 연구소의 2인자가 될 수 있었고, 같은 해 전 동료인 단주셰브스키Danjushevsky의 초청으로 교육부에 들어가게 되었다는 것이다. 당시 코르니로프는 1920년대 러시아에서 심리학계의 대표적 인물이었다. 그래들러와 쉴즈Gredler & Shields, 2003는 프라왓이 자료를 잘못 참고했다고 주장하고 있으며, 특히 루나차르스키나 크룹스카야가 비고츠키의 직업적 행보에서 후원자였다는 증거는 없다고 본다. 또한 1930년대 이후 비고츠키가 받은 정치적 타격은 루나차르스키나 크룹스카야와 같은 배후를 잃어버렸기 때문이 아니라 인텔리겐차들에 대한 공격이 심해졌기 때문이라고 본다.

또한, 프라왓은 듀이와 비고츠키가 만찬 등에서 실제로 만났고 의견 교류를 했을 것이라고 가정하지만, 그것을 뒷받침할 증거는 없다는 것이다. 특히 듀이나 비고츠키 모두 서로가 만났다는 것을 글로 쓴 바 없다. 비고츠키는 그의 글에서 다른 학자들의 생각에 대해 논의를 많이 하는 편이지만, 듀이에 대한 언급은 거의 없거나 매우 간단하고, 찬미투는 더욱 아니다. 비고츠키는 기호와 도구를 혼동하는 문제를 언급하면서 듀이가 기호를 도구로부터 구분하지 못했음을 비판한 바 있다.Vygotsky, 2009

프라왓은 비고츠키가 대학 학부 때 제임스의 예술심리학에 심취했으며, 유럽 프래그머티즘의 선두주자인 마흐Ernst Mach의 입장과도 연관되었던 점을 강조한다.Prawat, 2000 마흐의 입장은 주관주의로서 혁명투쟁에서의 객관적 인식론이나 인텔리겐차 중심의 총체성 이론보다 의식화와 프롤레타리아적 문화형성에 기초한 프롤레타리아운동 자체의 자기발전에 방점을 찍고 있었다. 이러한 맥락에서 러시아 프래그머티스트들이라고 할 수 있는 루나차르스키 등과 결합한 듀이 사상과의 접점을 찾으려고 했다.

그러나 이러한 논의를 진전시키기에는 논거가 약하다고 비판되었다. 비고츠키가 대학 시절 예술 및 문학비평 등에 관심을 가지면서 제임스의 영향을 받은 것은 사실이지만 1920년대 중반 이후 제임스의 입장(정신/행동 분석틀)을 버렸고, 마흐Mach주의에 대해서도 비판적이었다는 것이다.Gredler & Shields, 2003

비고츠키는 다양한 학술적 배경을 섭렵했지만 주로 마르크시즘과 스피노자 등의 영향을 받았으며, 1930년대에 정립되는 문화역사이론은 생물학적 기능으로부터 고등심리기능이 발달하는 과정이 복잡한 변증법적 과정임을 드러내고자 하였다. 고등정신발달과 관련한 그의 저술들은 마르크스와 엥겔스의 변증법적 유물론에 기초하고 있다. 코즐린Kozulin에 의하면 비고츠키는 마르크스의 저작으로부터 단순히 인용함으로써 마르크스주의적임을 표방하는 쉬운 방식을 취하지 않고, 마르크스주의적 정신에 맞는 방법론을 추구함으로씨 마르크스주의심리학을 세우고자 했다.Vygotsky, 2011

2. 접점과 쟁점

양자의 사회적 관점 및 교육론에 대한 체계적인 비교 논의는 글래스맨Glassman, 2001을 참고할 만하다. 그는 사회관, 경험관, 교육에서의 탐구라는 세가지 관점에서 듀이와 비고츠키를 비교하면서 교육학적 함의를 논의한다. 그의 논의는 반박, 재반박의 형태로 후속적 논의를 촉발했다. 쟁점 확인을 위해 글래스맨의 주장과 비판자들의 논의를 구체적으로 검토해 보는 것은 의미가 있다고 본다.

글래스맨은 듀이와 비고츠키를 세 가지 관점에서 비교하는데, 첫째는 사회와 역사에 대한 측면이다. 듀이와 비고츠키는 모두 인간적 조건이 사회적 상호작용에 기초해 있음을 중시한다. 듀이는 인간이 사회적 관계를 통해 인간으로 된다는 점을 강조했고, 비고츠키도 인간이 다른 동물과 구분되는 점은 복잡한 사회관계 속에서 협동적 행위를 발달시키는 능력을 갖고 있는 것이라고 보았다. 듀이와 비고츠키의 차이는 개인들이 사회적 행위에 대해 얼마나 통제력을 가질 수 있는가에 대한 관점에 있다고 보았다. 듀이는 문화와 역사는 당장의 목적을 성취하기 위한 도구들을 제공한다고 본 반면, 비고츠키는 문화역사가 단순한 도구성을 넘어 고등한 인지수준으로 이끄는 안정적 도구와 기호들을 제공해 왔다고 본다. 그는 듀이의 장기프로젝트long term projects의 예를 들면서 듀이에게 있어 프로젝트의 목표보다는 과정이 중요하며, 학생의 흥미와 자발적 발견이 핵심이고 교사는 매개적 역할을 할 뿐이다. 비고츠키는 발달의 맥락에서 도구와 기호를 이해하며 문화적으로 규정된 목표들을 향하게 되는데, 이는 듀이의 목적관이 직접적인 것과 다르다고 본다. 이것은 다른 말로 하면, 듀이가 상향식의, 비결정론적bottom-up, indeterminate인 접근을 하는 데 비해 비고츠키는 하향식의, 결정론적a top-down, determinate 접근을 한다는 것이다. 듀이는 개인의 교육과 다양화된 사회적 환경 속에서 도구들을 문제시했다면, 비고츠키는 사회공동체의 새로운 구성원들이 문화적으로 발전해 온 도구들을 효과적으로 잘 이용하도록 교육하고자 한다는 것이다. 교사, 성인, 멘토의 역할도 이에 따라 다르게 설정된다고 본다.

글래스맨에 의하면 듀이는 도구들이 역사에 기반해 있다고 보지만 개인적이고 즉각적인 상황에서 타당하게 사용되는가를 중시하고 있고, 역사성이 행위activity 속에 내재되어 있어도 결정론적이지는 않다고 본다. 반면 비고츠키는 발달과 교육에서 역사의 역할을 보다 중시한다. 행위가 역사적 소산에 의미를 부여하는 것이 아니라 역사적 소산들이 매개로서 행위에 의미를 부여한다고 본다. 사회의 역사는 도구와 상징들 속에 반영되어 있다. 이 도구와 상징들은 의미를 담지하고 있으며 개인적 사고의 맥락에 준거를 제공하고 매개한다. 가장 중요한 도구와 상징은 언어이다. 듀이와 비고츠키 모두 아동이 언어를 사회적 상호작용에서 학습하며 그 언어를 매개로 해서 사고하게 된다고 본다. 비고츠키는 더 나아가 개인들의 사고과정에서 나타나는 각 낱말들이 지닌 의미 속에 들어 있는 역사와 맥락의 중요성을 강조한다. 언어는 행위의 맥락을 만들어 내며, 특히 그 행위에 대한 반성적 사고가 이루어지도록 한다. 비고츠키의 사회적 의미 이론은 역사와 연결되어 있다.

둘째는 경험과 문화에 관한 것이다. 듀이는 사고와 행위가 분리되어서는 안 된다고 보고, 경험을 신체적 행위로서, 행위의 결과와 행위의 결과에 대한 판단이 결합된 것으로 보았다. 듀이는 활성적 경험vital experience을 중시했으며 교육적 과정의 핵심적 요소로 보았다. 듀이는 1925년에 1차적, 2차적 경험을 개념화했다. 1차적 경험은 일상적이고 정제되지 않은 것으로 광범위하고 거칠며 반성적 활동이 최소 수준으로만 포함되어 있다. 듀이는 보다 체계적이고 규칙적 사고를 이끄는 반성적 활동을 2차적 경험이라고 보았다. 2차적 경험은 1차적 경험의 의미를 명료화하며 조직화함으로써 지식의 유용한 축적이 가능하게 한다. 2차적 경험은 지식으로부터 오고 지식은 1차적 경험으로부터 2차적 경험을 구축한다.

글래스맨은 듀이의 경험개념과 비고츠키의 문화개념이 유사하다고 하면서 서로 호환가능하다고 본다. 비고츠키의 문화개념은 일상적 문화와 과학적 문화로 구분된다. 새로운 상황에 맞추어 개인의 사고가 재구성되지만 그 기초는 개인의 일상적 역사에 있다는 것이다. 과학적 개념은 듀이의 2차적 경험과 통한다. 비고츠키에게 있어 이는 언어라는 도구와 관련된다. 듀이는 경험을 문제해결의 맥락에서 보지만 비고츠키는 사회적 상호작용 안에서 이해하기 때문에 비고츠키에게 있어 일상적 경험의 조직원리에 대한 명시적 언급은 없다. 그는 인간이 성장하면 할수록 사회체제의 관계와 개인과 세계와의 관계 속에서 사고하게 된다는 점을 강조한다. 비고츠키는 듀이의 개인주의에 대한 관심을 공유하지 않으며, 개인 수준의 반성적 사고(자연적, 직접적, 행위와의 일치)를 요구하지 않는다. 언어는 어떤 순간에 대해 개인적 성찰을 하기 위한 것이라기보다 역사를 통해 행위에 의미를 부여하는 것이다. 비고츠키에게 있어서 근접발달영역은 아동이 사회적 목적을 위해 필요로 하는 특정한 경험적/문화적 도구를 갖추는 것과 관련된다.

듀이에게 있어 개인 수준의 경험조직원리는 아동기 초부터 발달하지만 비고츠키는 청소년기의 개념적 사고의 발달과 연결한다. 듀이에게 있어 1차적, 2차적 경험의 구분은 상대적이지만 비고츠키에게 있어 이것은 절대적 성격을 지닌다. 일상적 개념과 과학적 개념은 서로 관계되지만, 복잡한 사고와 개념적 사고는 질적으로 구분된다고 본다. 비고츠키에게 있어 청소년기에 나타나는 개념적 사고로의 발달은 단어와 기호를 내면적 매개물로 사용하는 능력에 기초한다. 청소년기는 자신들의 행위와 관련한 개인적 판단을 하는 데 사고를 사용하는 최초의 시기이다. 이 것은 경험을 통해 자연스럽게 이루어지기보다는 특수한 사회적 상호작용을 통해 이루어진다. 비고츠키에 의하면 개념적 사고 발달을 위한 가장 좋은 사회적 상호작용 방식은 추상적 개념과 문제들을 직접 가르치는 것이다. 따라서 일상적 경험을 분석하고 가설을 설정하고 검증하는 능력은 일상적 경험과 분리된 것이다.Vygotsky, 1994

글래스맨이 두 학자를 비교하는 세 번째 관점은 탐구에 관한 것이다. 두 학자는 모두 진보적 문제해결을 위해 탐구가 중요하다고 본다. 듀이는 인간들은 습관에 안주하려는 경향이 있으나 진보를 위해서는 이러한 습관이 무너질 필요가 있다고 보며, 인간을 습관으로부터 활동적 행위로 이끌어 내는 것이 흥미라고 본다. 듀이는 흥미를 교육적 과정의 중심에 놓는다. 비고츠키도 흥미를 교육적 과정의 핵심이라고 본다. 다만 비고츠키는 흥미를 발달단계에 따라 광범위하게 규정한다. 또한 듀이가 청년 시절에 개인의 관심이 가장 개방적이라고 말한 것과 유사하게 비고츠키도 청년기의 관심이 삶을 향한 성숙을 반영하여 세계에 대해 열려 있다고 보았다. 탐구의 과정에서 두 학자의 차이가 크다고 보는데, 듀이는 흥미-의문-문제해결의 과정을 개인적 수준에서 설정한 데 비해, 비고츠키는 탐구과정에서의 의문이 개인 스스로에 의해서보다는 사회적 상호작용을 통해, 사회에 의해 제시된다고 본다. 즉 근접발달영역에서 중간매개자 혹은 지도자의 역할이 크다고 본다.

글래스맨이 이상과 같이 제시한 세 가지 관점에서의 유사점과 차이점은 동료학자Prawat, 2002; O'Brien, 2002; Gredler & Shields, 2004에 의해 비판되고 재반박되었다.

프라왓2002에 의하면, 두 학자 간의 수렴 양상에 초점이 맞추어져야 한다.Prawat, 2002: 16-20 그는 두 가지 논점을 강조한다. 첫째, 글래스맨이 듀이가 결과보다 과정을 중시했고 교육과정보다 프로젝트를 중시했다는 주장에 대해 반박한다. 또한 듀이가 개인적 다양성을 중시했다는 점에 대해서도 동의하지 않는다. 그에 의하면 듀이는 프로젝트를 교육과정보다 중시한 적이 없으며, 교육의 목적이나 목표를 바꿀 정도로 다양성이 중시되어야 한다고 보지 않았다는 것이다. 듀이도 비고츠키처럼 모든 학생에게 공통의 교육적 목표가 적용되어야 하며, 그것은 가장 전인적으로 발달된 방식으로 세계에 존재하도록 하는 것이라는 것이다.

둘째, 듀이와 비고츠키는 그들의 학문적 초기에는 모두 행위action를 강조했고, 여기에는 윌리엄 제임스의 영향이 있었던 것으로 보인다는 것이다. 그러나 후기에 가서 의미meaning라는 문제에 관심을 가지게 되면서 강조점이 변화된다. 그들의 인식론은 유명론적nominalist 입장에서 교변적transactionalism인 것으로 전화되었다고 본다. 즉 의미형성 과정을 정신 내에서만이 아니라 현실세계에서 이루어지는 것으로 보게 되었다는 것이다. 유기체-행위-환경 간의 관계가 유기체/환경 동시행위organism/environment co-action로 그 접근 방식이 전환되었다는 것이다.

오브라이언 또한 글래스맨의 논문에 대해 세 가지 측면에서 반박을 하는데, 사회와의 관계, 과정과 결과, 교사의 역할 등이 그것이다.O'Brien, 2002: 21-23 오브라이언에 의하면 듀이가 평생 동안 추구한 관심은 통합성unity이었다. 따라서 듀이 이론에 기반한 프로젝트들은 넓은 사회공동체와의 관계 속에서 이루어져야 하며, 교사의 관심과 결합되었을 때 가장 잘 수행될 수 있다. 따라서 교사의 매우 적극적 역할이 기대된다는 것이다.

듀이는 아동이 목표 없이 방황하도록 해서는 안 되며 교육자들이 아동의 협소한 세계와 사회의 넓은 세계 간의 교량 역할을 해야 한다고 보았다. 듀이는 기존의 신념들에 대해 새로운 경험을 통해 비판적으로 접근해야 한다고 보았다. 또한, 듀이의 이론적 관점에서는 과정과 결과는 불가분적이다. 듀이는『아동과 교육과정The child and curriculum』에서 미성숙하고 덜 발달한 아동은 성인의 성숙한 경험 속에 체화된 사회적 목적, 의미, 가치 등에 노출되어야 한다고 보았고, 교육적 과정은 이 두 가지 힘 간의 상호작용이라고 보았다. 교사들은 프로젝트를 통해 학생의 성장을 돕지만(촉진자) 그들의 역할 자체는 매우 결정적인 것이다. 교사들이 전통 교육과 유사한 교수행위를 하지는 않지만 한순간도 학습과정 그 자체로부터 물러나 있는 경우는 없다는 것이다. 듀이에 의하면 학습자의 개별적 경험에 기초한 교육을 한다는 것은 전통 교육에 비해 교사와 학생 간의 관계가 훨씬 친밀한 것을 의미하며 교사의 지도적 역할은 훨씬 커지게 된다는 것이다. 따라서 교사가 촉진자이지 멘토가 아니라는 관점은 잘못되었다는 것이다. 듀이 이론에서 나타나는 이러한 교사의 멘토링 역할은 비고츠키의 비계설정과 유사하며, 사회적 맥락이나 목표에 대한 강조도 공유되고 있다고 본다.

그래들러와 쉴즈는 글래스맨[2001]의 글이 출간되고 3년 후에 반박 논문을 게재했다.[Gredler & Shields, 2004: 21-25] 이들은 앞의 두 논자가 주로 듀이에 대한 오해를 반박한 것과 달리 비고츠키에 대한 이해가 잘못되었다고 비판한다. 그들은 몇 가지 사실들에 대해 지적한다. 첫째는 1931년 듀이 이론에 대한 소련공산당의 비판은 듀이가 소련교육을 비판했기 때문에 이루어진 것이 아니라, 이미 1928년 이전부터 듀이식 방법에 대한 비판이 소련 학부모, 교사, 당원들에 의해 제기되고 있었다고 지적한다. 둘째는 비고츠기 이론을 설명하는 과정에서 비고츠키 자신이 사용하지 않은 말들을 전하고 있다는 점이다(즉 비고츠키는 일상적 행위를 교육에 끌어와야 한다는 말을 사용하지 않았다는 점이며, 인간과 동물이 구분되는 특징이 협력적 행위라고 한 점도 비고츠키의 표현이 아니라는 것이다). 비고츠키는 기호를 생성하고 사용하는 기호화signification가 인간 행동이 동물과 다른 점이라고 말했다. 또한 비고츠키는 도구적 행위instrumental act에 대해 논의하면서 자신의 도구적 방법이 듀이나 다른 프래그머티스트들의 도구적 논리와 이름만 같지 다르다고 말한 바 있다.[Vygotsky, 1997] 이들은 비고츠키의 근접발달영역에서의 외부 조력은 비가시적인 것이며 발달과정에 따라 그 기능이 다르다고 본다. 글래스맨이 사용하는 문화의 개념, 일상적 개념과 과학적 개념의 구분 및 사용 방식 등 매우 세부적인 차원에서 비고츠키의 원래 의도와는 다른 방식으로 다루어졌다는 점을 비판한다.

이들은 특히 듀이와 비고츠키의 관계를 논의하는 부분에서 문제를 제기한다. 첫째, 비고츠키의 글쓰는 습관을 놓고 볼 때 많은 학자들의 논의가 인용되지만, 듀이는 한 줄 수준 이상으로는 거의 인용되거나 논의되고 있지 않음을 지적한다. 듀이의 저작들이 러시아에서 번역되었기 때문에 그에게 영향을 주었을 것이라는 추정은 과장되었다는 것이다. 둘째는 듀이와 비고츠키가 기반한 관점이 달랐다는 점이다. 듀이가 프래그머티스트였다면 비고츠키는 스피노자와 헤겔을 종합한 관점을 취했기 때문에, 듀이는 지식을 철학과 교육과정의 영역에서 다루었고, 비고츠키는 인간지능에 대한 설명에 관심이 있었다는 점이다. 또한 그들의 사고과정에서 도입된 방법론에도 차이가 나는데, 듀이가 프래그머티즘에 기반했다면, 비고츠키는 헤겔적 종합과 인간 주체에 대한 가설검증적 방법을 취했다. 헤겔적 종합(대립물의 통합과 질적 발전)은 프래그머티즘에서 중시하는 행위/결과라는 개념들과 대립적으로 이해될 수 있다고 본다. 비고츠키는 인과적 심리학을 지지하는 이론가이자 연구자로, 규칙적 현상을 발견하기 위해 객관적 방법론을 적용한 데 비해, 듀이는 진리, 논리, 자연, 윤리, 사회에서 교육의 역할 등을 논의하는 철학자였다. 비고츠키는 기호와 상징이 주의, 추상화, 언어, 기억, 수개념, 추리 등에 어떤 영향을 미치는지를 파악하고자 했고, 고등심리기능이라고 불리는 인지 발달에 대해 규명하고자 했다. 사고과정에서 과학적 개념이 어떤 역할을 하는지, 사고와 언어가 어떤 관련을 갖는지 등이 비고츠키의 관심이었다. 이들은 글래스맨이 듀이와 비고츠키의 교육 목적을 그들의 사회사적 비전, 경험 및 문화, 인간탐구 등의 관점에서 비교하려는 것은 잘못되었다고 지적한다.

Ⅲ. 듀이와 비고츠키가 만나는 지점

1. 왜 듀이와 비고츠키인가

교육학에서 비고츠키는 교육심리학 분야에서 피아제와 대비되는 사회구성주의자로 다루어지고 있고, 존 듀이는 전통주의와 대비되는 진보주의 사상가로 다루어지고 있다. 교수이론이나 교육과정 분야에서의 상징적 위치만을 놓고 볼 때 이들의 유사성을 연결해 내는 것은 쉽지 않다. 특히 앞선 논쟁에서 살펴본 것처럼 듀이와 비고츠키를 직접적으로 연결하는 시도는 무리한 것이 될 수 있고, 논란과 왜곡을 낳을 가능성이 크다. 프라왓이나 글래스맨과 같은 학자들이 갖는 심증은 증거가 미약하고 다분히 미국중심적(듀이중심적) 성격이 있다.

그러나 듀이와 비고츠키 사이에서 발견되는 유사성을 확인하는 것은 여전히 유의미하다고 본다. 듀이와 비고츠키는 모두 20세기 전반까지의 진보적 흐름을 공유한다. 비고츠키는 혁명에 대한 자신감과 건설과정의 노선갈등이 교차하던 시기에 변증법적 유물론의 방법론으로 마르크스주의적 심리학을 정립하고자 했다. 듀이는 자본주의산업화로 인한 급격한 사회 변화가 이루어진 미국에서 전통 철학의 이원론을 극복하고 전통주의에 맞서 민주주의적 시민 주체 형성의 교육을 이루고자 했다.

듀이의 진보적 자유주의는 러시아혁명 초기 교육전문가들과 실제 상통했고, 당시 듀이는 러시아혁명에서 인류의 진보역량을 확인했다. 루나차르스키나 크룹스카야는 19세기 말 이후 전통주의와 엘리트교육을 해체하고 신교육을 실시한 미국의 교육체제를 진보적이라고 평가했다.[4] 이 과정에서 듀이와 비고츠키가 실제 교류를 했는지 여부와 무관하게, 이

---

4. 크룹스카야는 그의 '국민교육과 민주주의'에서 미국의 단선제적 고교체제를 민주적이고 진보적 성과라고 평가한 바 있다.

들은 20세기 초반의 진보적 흐름을 공유하고 있었다고 볼 수 있다. 1920년대 자유주의 시기를 지나 1930년대 이후 공황, 파시즘, 스탈린체제의 등장으로 이러한 공조관계는 깨지게 되었다. 그 과정에서 비고츠키는 20세기 후반에 가서야 러시아와 러시아 밖에서 관심의 대상이 되었고, 듀이는 그의 생전에 진보주의운동의 쇠퇴를 목격해야 했다.

듀이와 비고츠키가 주목되는 이유는 이러한 '진보주의의 쇠퇴'와 관련이 된다. 1970년대 말 이후 전개된 신자유주의 국제화는 미국에서는 직접적으로 진보주의교육을 타겟으로 했다. 미국 신자유주의 교육개혁의 출발이 된 미국 국가수월성위원회the national commission on excellence in education에 의해 출간된 보고서인 「위기에 처한 국가A nation at risk」[1983]는 진보주의가 지배해 온 미국교육의 문제들을 드러내는 것이었고, "자신감은 넘치지만 무식한" 미국 청소년들의 상황을 위기로 규정하고 있었다.

시장주의와 소비자선택론이 지배하게 된 신자유주의교육은 교육론뿐 아니라 인간관, 사회관, 지식관도 바꾸어 냈다. 19세기 말 미국에서 듀이의 도구주의적(instrumentalist) 지식관이 기존의 전통적 지식관에 기반한 교육(소위 관망자적 교육 혹은 '보는 교육', the spectator theory of knowledge)을 비트는 것이었다면, 20세기 후반 신자유주의는 근본적으로 다른 인간관과 사회관의 기초 위에 교육을 재구조화했다고 할 수 있다. 인간은 '사회적 존재'라기보다는 '합리적 개인'으로 규정되었고, '민주적 시민'보다는 이윤동기를 실현하고 부가가치를 창출하는 역량을 갖추는 것이 교육의 목표가 되었다. 학교는 가치를 공유하고 실현하는 공간이 아니라 시장에 내보낼 상품명세서(스펙)를 만드는 곳이 되었다. 신자유주의는 단지 '경제논리'로 학교를 재편했을 뿐만 아니라 교육에 대한 '상식들'을 전면적으로 뒤집어 왔다. 이러한 환경에서 듀이와 비고츠키의 교육론은 흥미롭게 다시 주목된다.

2. 수렴의 지점[5]

듀이와 비고츠키의 연결

듀이와 비고츠키가 유일하게 연결되고 있는 실증적 근거는 아래의 인용글이라고 보인다. 적어도 비고츠키가 듀이를 읽었음을 알 수 있게 하는 대목이다.

> 그와 같은 표현들에 문자 그대로의 의미를 부여해 기호를 도구와 동일시하려는 많은 시도들이 있어 왔다. 이러한 접근법은 기호와 도구 사이의 근본적인 차이를 무시함으로써 기호와 도구의 특수한 특성을 고려하지 못하게 한다. 이것이 실용주의자 중 한 사람인 존 듀이의 입장이다. 그는 인간의 혀를 도구 중의 도구라고 정의했다. 이는 아리스토텔레스가 인간의 손을 도구 중의 도구라고 말한 것을 바꿔 말한 것이다.[6]

비고츠키는 듀이를 언급하면서 출처를 제시하고 있지 않은데, 이 부분은 듀이의 『경험과 자연Experience and nature』1925년 초판, 1929년 2판에 등장하는 내용을 지칭하는 것으로 보인다. 듀이는 동물과 인간의 차이를 언어와 도구 사용과 관련하여 언급하는 대목에서 언어가 "도구의 도

---

5. 듀이와 비고츠키의 교육론을 다루면서 몇 가지 사실을 인정하거나 유보해야 할 필요가 있다. 첫째는 둘 간의 긴밀한 영향관계에 대한 실증적 근거가 없는 만큼 영향관계 속에서 파악하는 시도는 하지 않는다. 둘째 일 대 일의 단순한 비교보다는 전체적 차원에서 두 학자의 학문적 견해를 이해하는 데 주목할 필요가 있다. 셋째 양자를 무리하게 연결하여 유사점을 끌어내기보다는 현실적 쟁점과 관련한 시사점을 찾는 것이 타당하다.

구"[7]라는 표현을 쓴다. 비고츠키가 읽은 것이 1925년판의 번역인지, 수정본인 1929년판인지는 알 수 없으나 비고츠키 자신의 주장과 관련성이 높은 듀이의 저작을 읽었거나 알고 있다는 점은 확인할 수 있다.

듀이가 인간과 동물을 구분짓는 특성으로서 언어를 다루면서 주장하는 내용들이 비고츠키의 입장과 상당히 유사하다는 점은 흥미롭다. 예컨대, 혼잣말soliloquy은 사회적 의사소통의 결과이지 의사소통이 혼잣말의 결과가 아니라는 부분[8]이나 인간이 '대화'를 통해 자신을 타인과 구분하게 되면서 스스로의 정체성을 갖게 되고, 이에 따라 '정신'이 형성된다고 보는 부분[9] 등도 주목된다.

듀이에 의하면 초월론자transcendentalists들은 짐승과 인간의 차이가 언어에 있다는 것을 경험론자들보다는 잘 알고 있었지만, 그들은 logos와 mind를 초자연적으로 인식함으로써 그 기원을 제대로 파악하지 못했다. 한편 경험론자들은 인식의 외부와 내부를 연결하는 언어를 실제

---

6. 정회욱 역(2009), 『마인드 인 소사이어티』, 학이시습, 84쪽. 이 글은 '고등심리기능의 내면화'라는 논문의 일부인데, 1931년에 쓰였고 1960년 모스크바에서 발간된 비고츠키 전집 2권에 수록되어 있다. 영어 번역문의 해당 부분을 옮기면 다음과 같다. "On the other hand, there have been many attempts to invest such expressions with a literal meaning, to equate the sign with the tool. By erasing the fundamental distinction between them, this approach loses the specific characteristics of each type of activity and leaves us with one general psychological form of determination. This is the position adopted by Dewey, one of pragmatism's representatives. He defines the tongue as the tool of tools, transposing Aristotle's definition of the human hand to speech", Vygotsky, L.(1978). Mind in society: the development of higher psychological processes(edited by Cole, M., John-Steiner, S., Scribner, S., Souberman, E.). Cambridge: Harvard University Press, p.53.

7. "…what has been said about the role of tools is subject to a condition supplied by language, the tool of tools." John Dewey, Experience and nature, The Later Works(1925-1953) vol.1(1925), Carbondale: Southern Illinois University Press, 1981, p.134.

8. "…soliloquy is the product and reflex of converse with others; social communication not an effect of soliloquy."(Dewey, 1981: 135).

9. "because of converse, social give and take, … thus mind emerges"(Dewey, 1981: 135).

적 편의의 차원에서 이해함으로써 그 지적인 중요성을 파악하지 못했다. 즉 반성, 예견, 기억 등에서 기호sign가 하는 역할을 간과함으로써 개념의 등장을 신비화시켰다.Dewey, 1981: 134 듀이는 언어를 매개로 한 인간 경험의 집단성과 공유된 의미에 의해 정신mind이 형성된다고 보고 있다. 그는 데카르트적 이원론을 거부하면서, 언어적 의사소통을 매개로 한 사회적, 협동적 행위에 의해 정신이 형성된 점을 강조한다. 이러한 논리의 흐름은 비고츠키적 관점과 통하고 있다.

사회적 존재와 발달·성장

듀이와 비고츠키의 출발점은 유사하다. 둘 다 인간의 특성이 사회적 관계 속에 있음을 강조한다. 이들의 인간관과 사회관이 지닌 유사성은 진화론, 헤겔 변증법, 그리고 프래그머티즘적 경험주의와 마르크시즘 등이 교차하는 지점에서 나타난다. 비고츠키에게 있어 사회적 관계는 인간 혹은 아동 행동의 기원이다. 비고츠키에게 있어 "아동 행동의 모든 것은 사회적 관계로 녹아들고 사회적 관계에서 기원한다." 이는 실재와 어린이의 관계가 처음부터 사회적 관계라는 것을 의미하는 것으로 그에 의하면 "신생아조차도 완벽하게 사회적 존재"이다.[10]

듀이도 이와 유사한 방식으로 인간과 사회의 관계를 규정한다. 사회는 개인의 불가결한 환경이다. 듀이에 의하면 개인을 둘러싸고 있는 환경이 그로 하여금 "특정한 것을 보고 느끼게 하며 다른 사람과 더불어 원만하게 일하기 위해 특정한 계획을 세우게" 한다.Dewey, 2007: 52-53 타인은 개인의 행동 경향을 실현하는 데 필요 불가결한 조건이라고 본다.

듀이와 비고츠키에게 교육적으로 중시되는 개념은 각각 발달과 성장

---

10. 1932년, Vygotsky 전집 vol.4, p.281, Ivic, I., 배희철 역, 「UNESCO가 추천한 비고츠키」, 진보교육연구소(편), 『비고츠키 교육학의 이해』(2012년 3월 미간행 자료집), 152쪽 재인용.

이다. 비고츠키에게 있어 발달은 계통발생, 개체발생, 사회문화적 발생, 미소발생 등이 연동된 개념이다. 발달과정은 한 형태에서 다른 형태로 변화하는 "복잡한 질적 변형"을 의미하고, "헤겔이 말한 것처럼 양적 변화에서 질적 변화로의 이행을, 그리고 그 반대로의 이행을 드러내고 있기 때문에 생장이라는 개념이 적용될 수 없다."Vygotsky·Luria, 2012: 18 이렇게 비고츠키는 발달과 생장을 구분한다. 그에게 있어 생장은 식물학적 모형을 따르는 것으로서 당시 아동발달심리학의 경향을 비판하였다. 비고츠키에게 있어 발달은 핵심적인 개념으로, 사회적 존재와 의식의 관계에 대한 변증법적이고 유물론적 해명 속에서 체계화되어 있다. 고등정신 발달과정과 과학적 개념의 학습과정을 통해 변증법적 상호 연관과 질적 변화를 드러내고 있다.

비고츠키가 비판하는 생장은 듀이가 강조하는 성장의 개념과 용어상으로 유사해 보인다(적어도 영어 번역상으로는 동일하다). 듀이는 '경험의 성장'을 강조하면서 성장growth이라는 용어를 사용하는데, 그에게 경험의 성장은 단순한 신체적 성장과정과 같은 것이 아니다. 듀이에게 있어 경험은 철학적으로는 합리론에 대립하는 개념이고 전통 철학이 이성과 대비하여 경멸의 대상으로 삼았던 용어이다. 듀이가 출발점으로 삼는 문제 상황은 산업화, 과학화 등으로 인한 전면적 사회 변화이며 이에 대응하는 인간의 능동적 능력이다. 듀이에게 경험은 이중적double-barrelled 성격을 지닌다. 즉 "행하면서 겪는(능동-수동, active-passive)"것으로 세계와의 복합적 상호작용 속에 있는 것이다. 즉 유기체와 환경, 자아와 대상세계가 통합적 관계를 이루고 연계되어 있다.Dewey, 1981: 양은주, 1999 경험에는 일차적 경험과 이차적 경험이 구분된다. 일차적 경험은 총체적, 직접적으로 이루어지는 것이며, 이차적 경험은 반성적, 인지적 경험이다. 듀이에게 있어 경험은 계속적으로 성장하는 것으로 이차적, 반성적 경험을 넘어선다. 이상적 경험은 인지적, 과학적 경험에 의해 완전히 정의될 수 없으며 복합적 양상들이 통합된 반성 이후의, 질성적인qualitative 경험으로 나아간다.[11]

경험의 성장이 교육에 적용되었을 때, 성장의 전제는 미성숙이다. 듀이에게 있어 미성숙은 하나의 적극적인 능력, 즉 성장하는 힘을 뜻하는 것이다.Dewey, 2007: 95 성장이라는 것은 "아이에게 무엇인가를 해 주는 것이 아니라 아이들이 하는 것"이다. 즉 미성숙은 적극적으로 현재 어떤 힘이 있다는 것, 즉 "발달할 능력이 있다"는 것을 가리킨다.Dewey, 2007: 93-94

듀이에게 있어 성장은 그 자체가 목적이다. 듀이에게 있어 삶 자체가 발달이고 성장이다.

> 삶은 발달이요, 발달 또는 성장은 삶이라는 것이다. 이것을 교육에 비추어서 말하면 교육의 과정은 그 자체 이외의 다른 목적을 가지지 않으며 교육 자체가 목적이라는 것과, 교육의 과정은 끊임없는 재조직, 재구성, 변형의 과정이라는 것이다.Dewey, 2007: 104-105

능동적 습관의 형성은 고정된 반복 행동과 반대되며 이 후자는 성장의 정체를 의미한다. 듀이에게 있어 성장은 삶의 특징이므로 "교육은 성장과 완전히 동일하다."Dewey, 2007: 104-105 교육은 그 자체 이외의 다른 목적을 가지지 않는다. 학교교육의 가치를 판단하는 기준은 그것이 "계속적인 성장에의 열의를 얼마나 일으키는가, 그리고 그 열의를 실천에

---

11. 듀이는 이상적 경험을 '하나의 경험' 혹은 완성된 경험(consummatory experience)이라고 본다(박철홍, 1995).

옮기는 수단을 얼마나 제공하는가에 있다"고 본다.[12]

교육 목표로서의 역사사회적 주체 형성

현대 교육학에는 다양한 갈래의 이론과 논쟁이 있다. 교육이 지닌 복합성으로 인해 다양한 학문 분야와 연계하여 전공이 분화되어 있어 철학, 사회학, 역사학, 심리학, 행정학 등의 학문적 성과와 복잡하게 얽혀 있다. 그럼에도 불구하고 학교교육과 관련한 논쟁에서 전통주의와 진보주의의 대립은 여전히 중요한 축을 차지한다. 그것은 교육학의 학문적 정체성과 관련한 문제의식 때문이기도 하다. 교육은 가르치고 배우는 행위를 중심으로 구성되기 때문에 배움 없이도 가르침이 성립할 수 있는지, 가르침 없이도 배움이 성립할 수 있는지, 교육은 잠재력을 끌어내는 것인지, 외부로부터 키워 주는 것인지, 교육의 내재적 가치가 있는지, 교육은 전체 사회의 유기적 일부로만 작동해야 하는지 등 오늘날 교권과 학생인권을 둘러싼 논란들도 교육에 대한 근본적으로 다른 관점에 의해 나타나는 것이다.

듀이는 '물건을 팔았다는 사람은 있는데 물건을 샀다는 사람이 없으면 판매행위가 성립되지 않는 것'과 유사하게 '가르쳤다는 사람은 있는데 배웠다는 사람이 없으면 교수행위가 성립되기 어렵다'고 언급한 일이 있다.Noddings, 2003: 242 교육학자 피터즈Peters와 같은 전통주의자들의 관점에서는 학습이 없이도 그 교수행위는 그 자체로서 정당화될 수 있다. 또한 교육은 마음의 발달과 관련되어 있으므로 목적-수단의 관계 속에

---

12. "이 두 가지 조건은 아동기와 청소년기에 가장 완벽하게 갖추어져 있다. 가소성, 즉 경험으로부터 학습하는 능력은 습관의 형성으로 나타난다. 습관은 환경을 통제하여 그것을 인간의 목적에 맞게 활용하는 힘을 준다. 습관은 타성의 형태를 취하기도 하고 새로운 조건에 맞추어 활동을 조정하는 능동적 능력의 형태를 취하기도 한다. 전자는 성장의 배경을 이루며 후자는 성장을 가능하게 한다. 능동적 습관에는 능력을 새로운 목적에 적용하는 사고, 창의성, 자발성 등이 수반된다"(Dewey, 2007: 109).

서 접근되어서는 안 된다고 보기도 한다. 교육은 스승의 눈높이에 맞추는 것이어야 한다거나, 떠먹여 주는 것은 교육이 아니기에 학습자의 자발성과 '책무성'이 요구된다 해도 배우는 사람에게 학습이 일어나지 않는 교육을 교육이라고 할 수 있을까.

듀이는 그의 몇몇 교육 저작들 속에서 이 문제를 중심적으로 다루었고, 이로 인해 아동중심론자라는 숱한 오해를 받기도 했다. 그의 교육적 관심은 그의 철학과 철저히 연계되어 있다. 교육의 목적은 경험의 성장인 것이다. 인간은 세계와의 상호작용 속에서 인지적, 비인지적, 복합적 경험들을 계속적으로 재구성하며 스스로의 문제 상황 해결에 주체적으로 대응할 수 있어야 한다. 그 결과는 그러한 주체들이 이루는 민주적 사회이다. 지식이 그 자체로서 타당성이 있다 하더라도 교육의 목적이 될 수 없고 교육의 목적은 성장인 것이다. 성장은 그 자체가 목적이기도 하다.[13]

듀이의 교육론은 19세기까지 교육사를 지배해 온 전통적 주지주의적 교육에 대립하고 있다. 이성중심적이며, 학문 그 자체가 목적인 지식관 knowledge for its own sake을 비틀고 있다. 듀이는 지식에 대한 도구주의 instrumentalism 관점을 취함으로써 지식은 그 자체를 위한 것이 아니라 문제적 상황의 해결에 기여하는 것이어야 한다고 본다. 인간은 세계 안에서 전향적으로 살아가게 되며, 지식은 우리가 미래를 다스릴 때 필요한 확실성, 안전성, 생산성을 준다는 데 의미가 있다.[14]

---

13. 듀이의 교육론이 지닌 내재적 가치에 주목하는 연구들로 다음 논의를 참고. 박철홍 (1995), 「듀이의 "하나의 경험"에 비추어 본 교육적 경험의 성격: 수단으로서의 지식과 내재적 가치의 의미」, 『교육철학』 13, 81-109; 박철홍(2008), 「총체적 지식의 함양으로서의 공부: 듀이의 교변작용에 비추어 본 공부의 의미와 성격」, 『교육철학』 34, 115-141; 엄태동 편역저(2001), 『존 듀이의 경험과 교육』, 원미사(경험과 교육, 아동과 교육과정 번역 수록).

14. "궁극적으로 말하여 지식의 가치는 그것이 사고에 활용된다는 점에 있다. 우리는 정착되고 완결된 세계에 살고 있는 것이 아니라 현재 진행 중인 세계에 살고 있다. 그리고 그 세계에서 우리의 주된 과업은 전향적인 것이며, 후향적인 것(일체의 지식)의 가치는 우리가 미래를 다스려 나갈 때 확실성, 안전성, 생산성을 가져다준다는 데 있다"(Dewey, 2007: 245).

비고츠키에게 있어서도 발달은 그 자체가 목적인 것으로 보인다. 비고츠키에게 교수와 발달의 관계는 명확하다. 교수는 발달에 선행한다.

비고츠키에게 사회적 관계 속에서 나타나는 인간적 특성인 기호, 언어, 상징의 사용은 아동 발달의 전환점을 제공한다. 고등정신발달과정에서 나타나는 자발적 개념과 과학적 개념의 관계는 교수-학습의 과정을 보여 준다. 이는 발달의 핵심 메커니즘으로 제시되고 있다. 비고츠키에게 있어 과학적 개념은 학생의 자발적 개념을 "위로부터" 조직하는 방식이다. 아동의 자발적 개념의 발달은 위를 향해 진행되고, 과학적 개념의 발달은 보다 초등수준의 구체적 단계를 향해 아래로 진행된다고 보고 있다. 자발적 개념의 발달은 대개 구체적인 상황과의 면대면 만남에서 시작되는 반면, 과학적 개념은 처음부터 개념의 대상을 향한 '매개된' 태도를 포함하며 이는 교수적 개입을 요구한다.Vygotsky, 1986: 298

비고츠키는 과학적 개념의 특수한 성격을 언급하면서 마르크스를 인용한다. 사물의 외양과 본질이 동일하다면 과학은 필요가 없다는 것이다. 과학적 개념이 경험적 개념처럼 대상의 외양만을 단순히 반영하는 것이라면 불필요할 것이다. 과학적 개념은 "대상과의 다른 관련성, 즉 오직 개념적 형태로만 획득될 수 있는 관련성"을 전제로 한다. 이러한 관련성은 개념체계를 통해서만 가능하며, 이러한 견지에서 "진정한 개념은 그것의 일반성의 정도를 결정하는 관계들의 체계"와 함께 이해되어야 한다.Vygotsky, 2007: 275

이러한 개념적 체계에 대한 이해는 학생의 자발적 개념을 통해서는 자연스럽게 도달하기 어려우며, 학생의 실제적 발달수준과 근접발달영역 간의 상호관계 속에서 이루어질 수 있다. 과학적 개념은 의식적이고 의도적인 사용을 위해 위를 향해 발달하는 아동의 자발적 개념에 구조를 제공하며, 과학적 개념은 자발적 개념을 통해 아래로 발달하고 자발적 개념은 과학적 개념을 통해 위로 발달한다.Vygotsky, 2007: 299 이는 교수-학습과 관련한 매우 유용한 모형을 제공한다.

이에 비해 듀이는 교수를 경시한 것처럼 취급되지만 실제 그에게 있어서 학습은 사회적 과정이기 때문에 교육에서의 성인과 교사의 역할은 중요하다. 듀이에 의하면 성장하는 능력은 "다른 사람의 도움"에 달려 있다. 듀이에 의하면 미성숙의 특징 중 하나는 의존성이다.[15] 개인이 독립적으로 됨에 따라 사회적 능력이 감소되고 상호의존을 벗어나 혼자 살 수 있다고 생각하는 것은 일종의 정신병이라고까지 보았다.Dewey, 2007: 97 아동의 경험(심리)과 교과를 연결하고자 하는 듀이의 관점은 비고츠키의 과학적 개념과 자발적 개념의 관계를 연상시키는 측면이 있다.[16] 듀이에 의하면 교과는 "여러 세대에 걸친 인류의 노력과 추구와 성공의 결과로 축적된 경험"을 담고 있으며, 이는 경험을 조직적이고 체계적인 방식으로 형식화시킨 것이다.Dewey, 2001: 147

아동과 교과를 연결하는 것은 교사이며, 교사는 성장에서 기존의 경험과 새로운 경험 사이의 관련을 구축해야 한다.Dewey, 2001: 109 또한 그는 그렇게 파악된 것을 준거로 학생들의 현재의 경험에 영향을 줄 수 있는 조건들을 가려내고 적절히 조정할 수 있어야 한다.[17] 듀이는 교육을

---

15. "아이는 사회적 능력으로 말미암아 신체적 무능력을 가지고도 살 수 있다. 아동에게는 성인의 협동적 주의를 불러일으키는 놀라운 힘이 천부적으로 있으며, 아동은 사회적 상호작용을 하는 완벽한 능력을 천부적으로 가지고 있다"(Dewey, 2007: 96).

16. "아동의 경험을 이미 확정된 것으로 보는 생각을 버리고 이를 유동적이고 맹아적이며 생기가 넘치는 것으로 보아야 한다. … 두 점이 하나의 직선을 형성하는 것과 마찬가지로… 아동의 현재의 경험에서 시작하여 우리가 교과목이라 부르는 조직화된 진리의 체계가 대표하는 경험을 향하여 나아가는 계속적인 재구성의 과정이다"(Dewey, 2001: 146).

17. 전통적 학교의 교사는 학생들의 시험에 대비하는 정도로 만족할 수 있었다. 그러나 학교 체제가 요구하는 범위 내에서 관례처럼 존재하고 있는 요인들에 비추어 미래를 바라볼 수 있었을 뿐이다. 그러나 교육과 실제 경험을 하나로 관련지으려는 교사는 이보다 더 심각하고 어려운 임무를 짊어져야 한다. 그는 학생들이 이미 지니고 있는 경험에 속하는 것이면서도 동시에 학생들을 새로운 영역으로 인도할 수 있는 잠재력을 지니고 있는 것이 무엇인지를 파악해야만 한다(Dewey, 2001: 110-111).

일상적 경험에 내재해 있는 가능성을 지적으로 지도하여 개발하는 일이라고 본다. 진보주의교육에서 교사의 역할이 소극적으로 간주된다는 오해에 대해, "새로운 교육에 이르는 길은 전통적인 낡은 교육에 이르는 길보다 용이하기는커녕 더 힘들고 어려운 길"이라고 말한다.[18]

IV. 발달과 혁신의 철학을 지향하며

듀이와 비고츠키의 교육론에서 키워드인 성장과 발달은 인간과 세계의 상호작용을 기반으로 인류 역사의 체계적 성과를 연계해 내는 과정이다. 19세기 과학주의와 20세기 초 진보의 낙관이 담겨 있는 전형적인 '역사적' 용어들이지만 교육학적 관점에서 볼 때 이 용어들 속에 담긴 세계관은 여전히 강한 현재 진행적 의미가 있다. 20세기 후반 현실사회주의 붕괴와 자본주의 세계화와 신자유주의는 경제적-도구적 합리성으로 교육의 상식을 바꾸어 왔다. 인간교육의 목적과 가치는 경제논리 속에서 실종되어 시장적응성에 의해 대체되어 왔다.

듀이와 비고츠키의 발달, 성장 논리의 핵심에는 사회적 존재로서 세계와 교통하는 능동적 인간 주체가 있다. 이러한 역사/문화/사회적 대전제 혹은 성장과 발달의 목표와 방향이 빠진 교육론은 적어도 듀이적이거나 비고츠키적인 것이라고 보기 어려울 것이다. 발달과 성장은 교실 안에서 테크닉만으로 이루어지는 것이 아니다. 학교를 매개로 하지만, 역사/문화/사회와 연계된 인간 성장발달의 포괄적 목적 속에서 접근되

---

18. "새 교육이 본궤도에 오르려면 그것을 지지하는 사람들이 수년에 걸쳐 진지한 협동작업을 수행할 필요가 있다. 내가 보기에 새 교육의 앞날에 도사리고 있는 가장 커다란 위험은 새 교육이야말로 실천하기가 쉽다는 잘못된 통념에서 생겨난다"(Dewey, 2001: 132).

지 않으면 안 된다. 이들의 관점에 기초할 때 학교 안의 교수학습 혁신만으로 인간 성장발달을 충분히 논의하는 것은 불충분하며, 더 넓은 역사 사회 변화의 전망과 연결되지 않으면 곤란하다.

앞서 살펴보았듯이 듀이와 비고츠키의 교육론은 19세기 말 20세기 초 진화론적 영향과 진보적 논의의 흐름 속에서 인식상의 유사점을 찾을 수 있지만, 직접적 연계 가능성이나 상호 영향 관계를 추정하기는 어렵다. 언어를 매개로 한 인간 경험의 집단성과 사회적으로 공유된 의미에 의한 정신의 형성 등 언어적 의사소통을 매개로 한 사회적, 협동적 행위를 강조하는 점은 상당히 유사하지만, 양자의 학문적, 실천적 배경이 매우 다르기 때문에 직접적 연관을 논의하는 준거를 도출하기는 쉽지 않다. 따라서 직접적인 연결을 무리하게 시도하는 것은 적절하지 않다.

다만, 교육의 제 과정을 역사·사회적 맥락과 연관시켜 내는 듀이와 비고츠키 교육론이 지니는 접점은 변화된 조건들 속에서 새롭게 조명될 필요가 있다. 교환 시스템 속에서 원자화된 개인이 가정되고 소유적 개인주의가 지배하는 상황에서, 사회적 존재로서 세계와 상호작용하는 능동적 인간 주체 형성의 필요에 대한 이론적 메시지는 꾸준한 울림으로 유의미한 실천성을 지닌다.

2010년대 이후 현장기반 혁신교육 역량이 강화되고 확산되어 가는 한국 교육의 변화된 조건에서 역사문화 주체를 형성하는 민주시민교육에 듀이와 비고츠키의 교육론이 주는 시사점은 크다. 교육혁신은 테크닉을 변화시키는 것만으로는 부족하고 인간이 자유로운 상호작용 속에서 타인과 맺는 창의적이고, 협동적 관계를 통한 발달을 지향해야 하는 것임을 이론적·실천적으로 재확인할 수 있다.

| 참고문헌

박동섭(2011).『불협화음론자 비고츠키, 그 첫 번째 이야기』. 서현사.

박철홍(1995). 듀이의 "하나의 경험"에 비추어 본 교육적 경험의 성격: 수단으로서의 지식과 내재적 가치의 의미.『교육철학』13, 81-109.

박철홍(2008). 총체적 지식의 함양으로서의 공부: 듀이의 교변작용에 비추어 본 공부의 의미와 성격.『교육철학』34, 115-141.

배희철 역(2012). UNESCO가 추천한 비고츠키. 진보교육연구소(편).『비고츠키 교육학의 이해』(2012년 3월 미간행 자료집).

서용선(2012).『혁신교육 존 듀이에게 묻다』. 살림터.

양은주(1999). 듀이의 "교육적 경험"의 해방적 통합적 성격.『교육과학연구』29, 19-34.

이윤미(2018). 존 듀이의 후기 사상과 교육: 소비에트러시아 교육에 대한 인식.『교육철학』68, 147-179.

진보교육연구소(2012).『비고츠키 교육학의 이해』(2012년 3월 미간행 자료집).

Cole, M., Levitin, K., Luria, A.(2010). *The autobiography of Alexander Luria: a dialogue with the making of mind*. New York: Psychology Press(originally published as the The making of mind, 1979).

Daniels, H.(2005). *An introduction to Vygotsky* (2nd edition). New York: Routledge.

Dewey, J.(2001). *Experience and education / Child and curriculum*, 엄태동 편역저(2001).『존 듀이의 경험과 교육』(경험과 교육, 아동과 교육과정 번역 수록). 원미사.

Dewey, J.(2002). *Child and curriculum / Experience and education*, 박철홍 역.『아동과 교육과정/경험과 교육』. 문음사.

Dewey, J.(2002). *How we think*. 정회욱 역.『하우 위 싱크』. 학이시습.

Dewey, J.(2007). *Democracy and education*. 이홍우 역.『민주주의와 교육』. 교육과학사.

Dewey, J.(1900). *The school and society*. Chicago: University of Chicago Press.

Dewey, J.(1903). *Studies in logical theory*. Chicago: University of Chicago Press.

Dewey, J.(1925, 1929), Experience and nature, *The Later Works*(1925-1953) vol.1(1925), Carbondale: Southern Illinois University Press, 1981.

Glassman, M. & Wang, Y.(2004). On the interconnected nature of interpreting Vygotsky: rejoinder to Gredler and Shields *Does no one read Vygotsky's words*. Educational Researcher, 33(6), 19-22.

Glassman, M.(2001). Dewey and Vygotsky: society, experience and inquiry in educational practice. *Educational Researcher*, 30(4), 3-14.

Gredler, M. & Shields, C.(2003). Several bridges too far: a commentary on Richard S. Prawat's "Dewey meets the 'Mozart of Psychology'". *American Educational Research Journal*, 40(1), 177-187.

Gredler, M. & Shields, C.(2004). Does no one read Vygotsky's words? commentary on Glassman. *Educational Researcher*, 33(2), 21-25.

James, W.(1907). Pragmatism. A Public Domain Book.

Kozulin, A, Ginidis, B., Ageyev, V. S., Miller, S. M.(2003). *Vygotsky's educational theory in cultural context*. Cambridge: Cambridge University Press.

Kozulin, A.(2001). *Vygotsky's psychology: a biography of ideas*. Cambridge: Harvard University Press.

McCarthy, C. L. & Sears, E.(2000). Deweyan pragmatism and the quest for true belief. *Education Theory*, 50(2), 213-227.

Noddings, N.(2003). Is teaching a practice?. *The Journal of the Philosophy of Education* (Society of the Great Britain), 37(2), 241-251.

O'Brien, L. M.(2002). A response to "Dewey and Vygotsky: society, experience and inquiry in educational practice. *Education Theory*, 31(5), 21-23.

Prawat, R. S.(2000). Dewey meets the "Mozart of psychology" in Moscow: the untold story. *American Educational Research Journal*, 37(3), 663-696.

Prawat, R. S.(2002). Dewey and Vygotsky viewed through the rearview mirror-and dimly at that. *Educational Researcher*, 31(5), 16-20.

Ravitch, D.(2000). *The great school wars: a history of the New York City public schools*. Baltimore: Johns Hopkins University Press.

Russell, D. R.(1993). Vygotsky, Dewey and externalism: beyond the student/discipline dichotomy. *Journal of Advanced Composition*, January, 173-197.

Ryan, A.(1995). *John Dewey and the high tide of American liberalism*. New York: W. W. Norton & Company.

Vygotsky, L. & Luria, R., 비고츠키연구회 역(2012). 『도구와 기호』. 살림터.

Vygotsky, L.(1978). *Mind in society: the development of higher psychological processes*(edited by Cole, M., John-Steiner, S., Scribner, S., Souberman, E.). Cambridge: Harvard University Press. 정회욱 역(2009). 『마인드 인 소사이어티』. 학이시습.

Vygotsky, L.(1986). *Thought and language*(edited by Kozulin, A.). Cambridge: The MIT Press, 윤초희 역(2011). 『사고와 언어』. 교육과학사(원저 1934).

Vygotsky, L., 배희철·김용호 역(2011). 『생각과 말』. 살림터(원저 1934).

엥게스트롬의 문화역사적 활동이론과 교육[1]

성열관

I. 왜 활동이론인가?

인간은 사회적 맥락을 떠나서는 배울 수가 없으며, 인간의 활동 또한 그것이 일어나는 사회적 환경 속에서만 온전히 이해될 수 있다. 인간이 학습함에서 사회적, 문화적, 역사적 맥락의 중요성은 그동안 많은 학자들이 지적해 왔다.[손민호, 2004] 그중에서도 엥게스트롬Engeström의 활동이론은 인간이 가르치고 배우는 활동에서 문화역사적 맥락과 모순의 중요성을 환기시켜 준다. 문화역사적 맥락 속에서 인간이 어떻게 모순에 대처하며 배워 나가는가에 대해 활동이론만큼 종합적이면서도 정교한 분석틀을 제공하는 이론은 많지 않을 것이다.

활동이론은 비고츠키주의 심리학 전통에 서 있는 것으로 볼 수 있다. 최근 수행되고 있는 많은 학습심리학 연구는 인지를 '상황화된situated' 또는 '분산된distributed' 것으로 보는 경향이 있는데, 이러한 연구들이 크게 보아 비고츠키주의 연구 전통에 속한다. 왜냐하면 분산인지론[Hutchins, 1995], 상황인지론[Lave & Wenger, 1991; Wenger, 1998] 등 최근 심리학 또는 학습에 대한 인류학적 접근은 인간의 행위나 활동을 분석할 때, 그

---

1. 이 장은 "성열관 (2018), 「문화역사적 활동이론에서 모순 개념의 중요성」, 『교육비평』 42, 145-173"을 이 책의 목적에 맞게 발전시킨 것임을 밝힌다.

것을 사회적, 문화적, 역사적 틀 속에서 파악하고자 하기 때문이다. 그리고 이러한 연구 전통에서는 학습자들이 속한 공동체가 유동적이며, 긴장을 수반하는 곳으로 보는 경향이 있다. 비고츠키주의에 속하는 다양한 이론들은 사회문화적 활동이론과 많은 점에서 유사하고 또 차이점도 있지만 마음이 사회적으로 형성된다고 본다는 점에서 핵심적인 공통점이 있다.Wertsch, 1991

이와 마찬가지로 활동이론은 개인의 학습이 목표를 공유하는 공동체 속에서 일어난다는 전제를 갖는다.Engeström, 1987 이때 개인들은 공동체의 문제해결 목표를 달성하기 위한 동기를 갖고 있으며, 목표달성을 위한 도구를 통해 학습한다. 그리고 이 도구들은 최종적으로 학습 공동체의 목적을 달성하기 위해 사용된다. 활동이론에서 활동이란 임의적 행위라기보다 문화적인 요인을 갖는 것이다. 그래서 활동은 문화의 속성인 사회 조직과 전통이라는 요소를 갖고 있다. 이때 사회 조직은 노동분업 구조를 가지는 것으로 볼 수 있으며, 전통은 규범이나 규칙을 포함하는 것이다. 이러한 분업 구조나 규범은 그 사회 조직이 위치한 장소와 역사적 시간이라는 맥락에 의해 만들어진다. 활동이론은 이렇게 개인의 학습을 광범위한 사회적 맥락과 문화 속에서 이해하고자 한다.

오늘날 학교현장에서는 혁신학교, 자유학기제, 협력수업, 거꾸로 교실, 배움의 공동체 등 교육과정을 보다 공동체적인 관점에서 설계하고자 하는 노력이 많아졌다.손우정, 2004; 정바울, 황영동, 2011; 이민경, 2014; 강희룡, 2015 그럼에도 불구하고 여전히 많은 교실에서 교육활동은 충분한 상호작용 없이 개별적으로 이루어지고 있다.성열관, 이형빈, 2014 또 하나의 활동체계라 볼 수 있는 교무실에서의 교직문화도 경직되어 있는 경우가 많아, 전문적 학습공동체로서 교사조직이 운영되기는 쉽지 않다.서경혜, 2009 최근에는 전문적 교사학습공동체를 활성화하기 위한 정책이 교육부와 시·도교육청을 통해 활발히 전개되고 있다. 그러나 교사들이 스스로 모순을 발견하고, 그에 대한 대처 방법을 고안하여, 조직문화를 변화시켜 나가는 노력이 충분해 보이지는 않는다. 교실에 존재하는 활동체계는 스스로의 목적이 무엇인지 잊어버리고 원자화된 행위들만 관찰되기도 한다.[이형빈, 2014]

이러한 현실을 비판적으로 인식할 때 활동이론은 교사들과 교육연구자들에게 활동체계의 주체, 매개, 대상, 공동체 등 다양한 요소들을 체계적으로 분석할 수 있는 이론적 틀을 제공해 준다. 이 중에서도 특히 이 글은 모순 개념의 중요성에 착안하여 활동이론의 이론적 기여가 무엇인지 찾아보고자 한다. 최근 한국 교육학 분야에서도 활동이론에 대한 연구들[김남수, 이혁규, 2012: 윤창국, 박상옥, 2012]이 생산되고 있다. 한편 많은 연구물들이 학습 매개를 교육공학적 도구로 보는 관심에 치우쳐 있으며, 활동이론의 핵심 원리라고 볼 수 있는 모순에 대한 분석이 충분치 않아 보인다. 이를 염두에 두면서, 이 글에서는 문화역사적 활동이론에서 모순 개념이 왜 중요한지, 그리고 교사들과 교육자들에게 어떤 시사점을 제공할 수 있는지에 대해 살펴보고자 한다. 이에 이 글의 목적은 (1) 비고츠키주의 전통에서 활동이론이 어떻게 발전해 왔는가에 대해 살펴보고, (2) 그중에서도 모순 개념의 특징과 역할에 대해 구체적으로 알아본 후, (3) 모순을 중시하는 활동이론이 교사들과 교육연구자들에게 시사하는 바가 무엇인지에 대해 고찰해 보는 것이다.

Ⅱ. 핵심 개념

1. 비고츠키의 기호

비고츠키Vygotsky의 심리학 이론은 불행하게도 몇 번의 억압과 굴절을 겪으면서 소개되었다. 초기 억압은 스탈린 시대의 개막과 함께 시작되었다. 스탈린 체제하에서는 개인의 인지 발달 정도를 측정하는 부류의 심리학을 부르주아 학문이라 하여 탄압하였다.Ratner, 1991 또 스탈린 사후에도 냉전체제로 인해 그의 이론이 소비에트 밖으로 소개되는 데 한계가 있었다. 이에 대해 연구한 오Au, 2007에 따르면, 초기에 미국에서 그의 저작을 번역하면서 마르크스, 엥겔스와의 관련성을 대부분 빼 놓았고, 레닌에 대한 언급 역시 거의 찾아볼 수가 없었다. 이로써 원래의 저작이 미국적 맥락에 맞도록 전유된 채 소개되었으며, 아주 최근에서야 비고츠키의 저작에 대한 온전한 이해를 위한 노력이 증가하고 있다.

이와 관련하여 비고츠키주의 심리학이 미국에 수용되고 전유되는 과정에서 모순과 매개의 문화역사적 중요성이 충분히 강조되지 못했다는 것을 인지할 필요가 있다.Au, 2007 최근 비고츠키1978, 1987는 처음 미국에 소개된 것보다 문화의 중요성을 더 강조하는 경향이 있다. 근접발달영역 zone of proximal development에 대한 미국 심리학계의 초기 해석은 문화의 중요성을 경시하는 경향이 있었다.Au, 2007 다시 말해, 미국에서는 교사-아동 사이의 교수 전략에 치중한 나머지 근접발달영역에서 사용되는 매개의 문화적 성격이 충분히 강조되지 못하였다. 대니얼스2012에 따르면, 러시아어로 된 그의 저서가 영어로 번역될 때, 당초의 주요 개념이 미국 심리학 학풍-개인을 중시하던-에 흡수되는 경향이 있었다. 그 결과 개인 학습에 미치는 공동체 변수가 덜 강조되었다고 볼 수 있다.

대니얼스2012는 이에 대한 주요 예로 두 가지 개념에 대한 번역상 문제를 지적하였다. 첫째, 리치노스트Lichnost 개념이 퍼스낼러티personality로 번역되는 과정에서 의미의 감환이 있었다. 한국에서 성격 또는 인성으로 이해되는 개념인 '퍼스낼러티'는 러시아어로 '리치노스트'라 불린다. 그런데 미국에서 '퍼스낼러티'는 사회적 맥락과 인과적 관계를 갖지 않는 개인 고유의 특성으로 볼 수 있다. 반면 러시아에서는 '리치노스트'를 문화 조직 속에서 사회적 관계를 통해 형성되는 개체 발생ontogeny으로 본다. 여기서 '리치노스트' 개념의 번역상 차이가 발생하였다는 것이다. 둘째, 비고츠키 심리학에서 또 하나의 핵심 개념인 오브체니obuchenie는 영어 번역에서 교수instruction로 번역되었으나, 대니얼스2012에 따르면, 그 의미는 교수-학습teaching-learning에 더 가깝다. 영어에서는 교육의 어원인 'educe'를 이미 아동에게 존재하는 것을 밖으로 끄집어내 주는 것이라 생각하는 반면, 러시아어 오브라조바니obrazovanie(교육)는 밖에서 안으로 들어가서 안이 만들어지는 것이라는 뜻을 지닌다. 이는 러시아에서 학습의 문화적, 역사적, 사회적 특성을 보다 더 강조했다는 것으로 해석할 수 있다.[2]

이러한 러시아 전통에서 비고츠키는 개인과 초개인적 요인 사이의 상호 영향 관계 속에서 인간이 학습하고 발달한다고 주장하였다. 그리고 초개인적인 요인이 교육과 같은 장치에 속하기 때문에 이 이론은 교수-학습과정에서 학습자의 발달에 대해 이해하는 데 있어 중요한 단서를 제공한다.Davydov, 1990 러시아혁명기 1924년 28세였던 비고츠키는 공교육 인민 위원회People's Commissariat for Public Education에서 일하게 된다. 그는 이 경험을 통해 근본적 변혁을 위해서는 교육과 문화의 고양이 필요하다고 생각하게 되었으며, 러시아혁명으로 이러한 가능성이 높아졌다고 보았다.Luria, 1976

그는 이를 계기로 인간의 고등정신기능의 발달을 문화와의 관련성 속에서 이해하는 심리학을 발전시켜 나갔다. 오늘날 세계 심리학계가 1930

---

2. 엥게스트롬의 활동이론은 교육에서 '오브라조바니' 요소와 함께 학습자의 창의성이 밖으로 향해 나아가는 'educe' 요소를 동시에 고려함으로써 종합적인 분석 모형을 제시했다는 점에서 학문적 기여가 있다.

년대에 요절한 소비에트 심리학자에 관심을 기울이는 이유는 그가 문화의 상호작용 속에서 개인이 어떻게 사회를 내면화하고 동시에 사고와 의지를 발전시켜, 사회를 변화시켜 나가는지에 대한 체계적인 이론을 제시했기 때문이다. 특히 서구의 심리학 이론이 인위적 상황에서의 실험에 의존하였고, 이 때문에 역사, 사회, 문화의 변수가 충분히 이론화되지 못하였다는 자각에 따른 것이기도 하다.

학습을 문화적으로 보았던 비고츠키는 인간과 대상의 매개로서 도구 개념을 발전시켜 나갔다. 도구는 물질적인 것도 있고, 심리학적인 것도 있다. 비고츠키[1960]에 따르면 도구는 "언어, 개수를 세는 장치, 기억전략, 대수학 기호, 예술작품, 글쓰기, 기획, 도표, 지도, 설계도, 각종 전통 기호"[Daniels, 2001:136-7에서 재인용]를 말한다. 기호란 용어는 물체를 변형하는 기술 도구 은유를 사용한 것으로 심리학적 도구는 마음을 형성하고 변형시킨다. 인간은 기호를 학습함으로써 사회관계를 내면화하고, 또 기호를 사용해서 정신 과정을 발전시킨다. 인간은 동시에 기호를 만들어 냄으로써 적극 기억하려는 인간의 의도적 행위를 보여 주기도 하고, 더 나아가 세계를 변화시키고자 한다. 인간의 심리적 발달은 기호라는 매개를 통해서 가능하다. 비고츠키가 가장 중시한 기호는 말로서, 말은 인간의 초기 발달에서 이름을 구별하고 사물의 이름을 기억하는 데 이용된다. 그러다가 후기 발달에서는 감각적 세계와 더욱 독립적으로 언어 기호를 사용하며, 그 과정에서 생각이 정교화된다[Cole, 1988]

이와 같이 비고츠키는 사회적인 것, 즉 문화가 개인의 학습에서 중요한 매개라고 보았지만 실험 연구는 개인에게 초점을 두었다. 특히 언어의 기호학적 매개에 많은 관심을 두었다. 반면 2세대 비고츠키주의자로 불리는 레온티에프[Leont'ev, 1978]는 활동activity과 행위action를 구분해서 사용하였다. 그에 따르면 행위는 일시적으로 일어나며 그것이 언제 시작해서 언제 끝나는지가 비교적 명확한 것인 반면, 활동은 보다 긴 사회-역사적 시간을 가지는 것으로 조직이나 제도의 형식 속에서 일어나는 것으로 보았다.

2. 레온티에프의 활동

레온티에프는 인간의 활동이 항상 목적지향성과 동기를 가지고 있음을 강조하였다. 3세대 비고츠키주의자로 불리는 엥게스트롬은 이러한 관점을 이어받아 활동이론을 창안하였다. 레온티에프에 따르면 활동이란 체계 속에서 집단적으로 형성되는 것으로 체계에 의해 만들어지는 행위들이 지속적으로 쌓여서 구성되는 것이다.[1978] 레온티에프는 활동, 행동, 조작operation을 서로 다른 개념으로 이해하였다. 첫째, 활동은 대상object을 지향하는 것으로 보았으며, 이는 동기에 기초한다. 둘째, 행위는 각자가 목표goal를 달성하기 위해 수행하는 것이나. 셋째, 조작은 어떤 조건condition하에서 이루어지는 자동적인automatic 행위를 말한다. 활동, 행위, 조작은 위계를 갖고 있다. 예를 들어 공동체적 활동은 개인이나 집단의 행동으로 이루어져 있고, 행동은 반복적이거나 자동적인 조작으로 이루어져 있다. 시간적인 차원에서도 위계적인 구분이 가능하다. 활동은 중장기적으로 이루어지며, 행동은 단기적으로, 조작은 일상적으로 또는 자동적으로 일어난다.

레온티에프[1978, 1981]는 원시 부족 사회의 사냥을 예로 들면서 활동체계에 대해 설명하였다. 부족은 활동의 주체이며, 개인은 각각의 목표(일례로 사냥감 몰이)를 가지며, 동기는 사냥이 아니라 생존, 즉 고기와 가죽을 얻는 일이다. 그래서 사냥이라는 집단적 활동은 결국 생존이라는 동기에 의한 것이다. 여기서 중요한 것은 동기는 집단적이나 목표는 개별적일 수 있다는 것이다. 거시적 수준에서는 공동체를 주요 동기의 원천

[그림 1] 활동의 위계적 구조

출처: Daniels, H.(2016). An activity theory analysis of learning in and for inter-school work. *Educação*, 39, p.26.

으로 삼고, 그 아래에 목표를 달성하고자 하는 행동이 있다. 그리고 행동 아래에 자동적으로 반복하게 되는 행위를 조작이라 명명하여 위치시켰다. 이는 비고츠키의 학습 모형에다 공동체라는 사회적 환경을 추가한 것으로 볼 수 있다. 엥게스트롬[2000]은 이에 착안하여 공동체의 사회적 매개를 규칙rules과 노동분업division of labor의 측면에서 바라봄으로써 비고츠키와 레온티에프의 이론을 계승, 발전시켜 나갔다.

3. 엥게스트롬의 활동체계

문화역사적 활동이론은 비고츠키의 기호 매개에 대한 관심을 환기시켰을 뿐만 아니라 레온티에프의 활동 개념의 지평을 확대했다. 이러한 발전에 힘입어 그동안 많은 교육연구자들이 비고츠키의 학습심리학을 다양한 흐름으로 확장시켜 왔다. 문화역사적 활동이론을 발전시키고 있는 연구자들은 '후기 비고츠키주의자'라고 부를 수 있는데, 이들은 크게 보아 두 부류로 나뉠 수 있다. 그중 하나는 분산인지를 중시하는 활동이론 연구자들이며, 또 한 부류는 상황인지 이론에 기반을 둔 사회역사적 접근이다.Nardi, 1996 이들의 차이가 기계적으로 구분되는 것은 아니나, 다소나마 차이가 있다면 매개의 특성에 따르기도 하고, 목표가 얼마나 행동을 조형하는가에 따르기도 한다.

나르디Nardi[1996]에 따르면 분산인지 이론이 더 인간 또는 체제의 의식적 목표를 강조하는 경향이 있다. 반면 상황인지 이론은 목표가 행동보다 꼭 먼저 오는 것은 아니며, 오히려 행동을 추수적으로 따라가면서 귀납적으로 연구에 임하는 경우가 많다. 상황인지 이론이 인류학적 방법을 채택하는 이유도 여기에 있을 것이다. 이러한 차이에도 불구하고 후기 비고츠키주의자들 역시 마음의 문화적 형성이라는 기본 명제를 계승하였다. 여기에 더하여 이들은 마음이 사회적으로 형성되있다 할지라도, 동시에 학습자가 습득한 창의성으로 문화를 변화시킬 수 있는 가능성에도 많은 기대를 하고 있다. 이에 비고츠키가 구축한 '마음의 사회적 형성' 이론을 계승하고 있는 오늘날의 연구자들은 모순을 통한 확장적 사고의 발달에 대한 연구에 보다 많은 관심을 기울이고 있다.

활동이론은 후기 비고츠키주의 중에서 '활동 중 나타나는 학습'에 관심을 지닌 학문 분야라 볼 수 있다. 러시아어로 활동 또는 실천praxis은 데야텔노스트deyatelnost라고 불리는데, 이 개념은 짧은 기간이 아니라 중장기 기간의 활동을 말한다. 중장기 기간이 필요한 이유는 교육이 변화를 유도할 수 있을 정도의 시간이 주어져야 하기 때문이다. 비고츠키는 당시 자극-반응에 치중한 연구에 대해 비판적 입장을 취하면서 의식에 대한 연구 관심을 불러일으켰다. 그는 인간의 의식 현상은 문화적 활동의 종속적 과정이라 보았으며, 또 문화적 활동은 심리 현상이 객관

화되어 나타난 것이라 주장하였다.Daniels, 2008 이는 인간의 의식과 사회
문화 사이의 이분법을 극복하고, 상호작용 측면을 강조한 것이라 볼 수
있다.

이와 같이 비고츠키가 의식과 활동이 통합된 이론을 구축하고자 했
다면, 후기 비고츠키주의자들은 이 두 가지가 어떻게 통합되어 나타나
는가에 따라 약간씩 상이한 관점을 지닌 채 발전해 왔다. 이 중에서 대
표적으로 워치Wertsch, 1991는 도구에 매개된 인간 행동에 관심을 둔 반면
엥게스트롬1994, 1999은 활동체계 속에서의 마음 형성에 보다 많은 관심
을 지니고 있다. 이러한 관심의 차이는 분석단위의 차이를 낳게 된다. 이
에 활동이론에서는 그 분석단위가 공동체로 확대되어 개인이 놓여 있는
활동체계를 그 단위로 한다.

비고츠키의 발달심리학은 낮은 기능에서 높은 기능으로 변화하는 과
정을 보여 주는 것에 그 핵심이 있다. 낮은 심리 과정은 반사적, 즉각적,
초보적 기능이라 볼 수 있으며, 높은 정신기능은 과학적, 의지적, 정신적
기능을 말한다. 비고츠키는 심리적 도구인 언어의 숙달을 통해 낮은 정
신기능을 발달시킨 후, 이어 더 높은 사고의 발달로 나아갈 수 있다고
보았다. 이때 더 높은 정신기능을 습득하기 위해서는 사회적, 협력적 활
동이 매개되어야 한다. 또 낮은 기능에서 높은 기능을 숙달해 가는 과
정에서 학습자와 교수자가 사용하는 언어가 가장 중요한 발달의 매개
수단이다. 다시 말해, 언어 기호의 사용은 정신 과정의 발달을 이끌어
나간다. 그래서 사고는 언어적 성격을 띤다. 말하기는 정신기능과 상호작
용하며, 이 때문에 '말과 생각speech and thinking'은 변증법적 관계를 맺
는다. 비고츠키가 말과 생각의 관계에 착안한 것은 그것이 인간 학습의
생물학적이면서 문화적인 성격의 변증법적 관계를 잘 보여 줄 수 있기
때문이다.Daniels, 2001

이와 관련하여, 비고츠키에 따르면 인간의 활동은 내적, 외적 두 차원을 가진다. 엥게스트롬은 이러한 내적, 외적 요소 사이의 상호작용, 즉 내재화internalization와 외재화externalization 작용에 대해 깊은 관심을 가졌다. 내재화는 외적 요소가 내적 요소에 영향을 주는 것이다. 예를 들어, 원래 외적 요소였던 기호 매개가 내적 요소가 되어 인간의 고등정신기능을 발달시키는 것은 내재화로 볼 수 있다. 활동이론에서는 비고츠키의 기호 매개를 뛰어넘어 활동체계에서 사회문화적인 요소가 개인의 내적 요소로 이동하는 것을 내재화로 본다. 반면 활동의 내적 요소가 외적 요소가 되는 것은 외재화이다. 활동이론은 학습이란 사회적인 것에서 개인적인 것으로 이동하는 것이라는 비고츠키의 명제를 중시한다. 한편 이와 함께 개인적인 것이 사회로 향하는 외재화에도 많은 관심을 기울인다. 활동이론이 다른 후기 비고츠키 학파와 구별되는 점이 여기서 나타난다. 엥게스트롬의 활동이론에서 외새화는 내재화와 상호 보완적 역할을 맡는 것으로 보인다.

　활동이론이 비고츠키와 레온티에프의 심리학을 계승시켰다고 평가받는 것은 매개를 중심으로 하는 학문을 이어받았기 때문이다. 매개는 비고츠키학파를 관통하는 가장 중요한 이론적 요소이며, 비고츠키는 인간이 동물과 다르게 고등정신기능을 갖게 된 것이 매개의 힘에 의해서라고 말한 바 있다. 이 학파에서는 주체와 대상, 내재화와 외재화 등 서로 상반된 것을 연계해서 봄으로써 인간 정신 활동을 총체적으로 이해하려고 하기 때문에 매개 개념이 중요할 수밖에 없다. 그런데 활동이론을 창안한 엥게스트롬은 기호를 주요 매개로 본 비고츠키보다 활동 도구를 주요 매개로 본 레온티에프에게 직접적인 영향을 받았다고 볼 수 있다.

　비고츠키는 행동주의 심리학자들을 비판하면서 자극(S)과 반응(R)

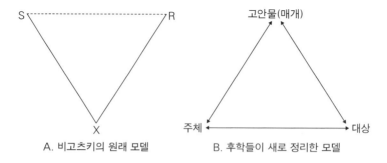

[그림 2] 비고츠키의 아이디어와 주체-매개-대상 모델

출처: Engeström, Y.(2001). Expansive Learning at Work : Toward an activity the-
oretical reconceptualization. *Journal of Education and Work*, 14(1), p.134.

사이의 연결은 복잡한 매개 행위가 결부되어 있다고 주장하였다([그림
2]에서 A 모델). 행동의 문화적 매개(X)라는 핵심 원리는 후학들에 의해
주체-매개-대상의 관계로 발전한다([그림 2]에서 B 모델). 비고츠키가 주
체-대상 사이를 인지적으로 매개하는 언어 기호라는 도구 개념을 정립
시켰다면, 레온티에프는 주체-대상 사이를 활동 매개 개념으로 이를 확
장했다. 여기에 더해 엥게스트롬은 주체-대상 사이에 공동체라는 요소
를 하나 더 추가한다.

　이에 활동이론에서 활동체계는 주체-대상-공동체라는 세 가지 주요
구성 요소로 이루어져 있다. 엥게스트롬은 이들 세 요소 사이의 상호작
용을 매개하는 수단을, 첫째, 주체-대상 사이의 상호작용 매개인 도구,
둘째, 주체-공동체 사이의 상호작용 매개인 규칙, 셋째, 공동체-대상 사
이의 상호작용 매개를 노동분업으로 보았다. 마지막으로 이와 같이 확
장된 삼각 모형으로 나타낼 수 있는 활동체계가 장기간에 걸쳐 변화를
만들어 내면 그것을 성과outcomes라고 지칭할 수 있다고 보았다.

Ⅲ. 모순과 확장적 학습

1. 활동체계의 구조

활동이론에서는 일 또는 학습 전체의 활동이 분석단위이다. 왜냐하면 개인의 행동은 활동 전체 속에서 더 잘 이해될 수 있기 때문이다. 이러한 생각은 위에서 살펴본 레온티에프의 사냥 은유에서도 잘 나타난다. 원시사회의 집단사냥에서 어떤 개인들은 덤불을 헤치면서 사냥감을 겁주는 행동만을 하는데, 이러한 행동은 전체 활동체계와 떼어 놓고서는 이해될 수 없다는 것이다.

이와 같이 활동이론은 활동 전체를 분석단위로 하되 하위 분석 요소를 두고 있다. 그것은 주체, 도구, 대상, 규칙, 공동체, 노동분업이라는 여섯 가지 요소이다. 주체는 행위하는 사람이며, 대상은 주체가 당초 의도한 활동이며, 도구는 주체가 행동할 수 있도록 이어 주는 매개 장치이다. 엥게스트롬은 비고츠키의 삼각 모형(주체-매개-대상)에다 규칙, 공동체, 노동분업의 요소를 추가하여 확장된 삼각 모형을 새로운 방법론으로 제시하였다. 첫째, 규칙은 인간이 특정 방식으로 행동할 수 있도록 유도하는 문화적 조건을 말한다. 둘째, 노동분업은 인간 행동을 분배하는 방식을 말한다. 셋째, 공동체는 활동체계가 속해 있는 집단을 말한다.

엥게스트롬[1987]은 활동체계 도식에서 대상 주변을 타원형으로 표현하기도 하는데, 이는 인간의 목적지향적인 행위를 명확히 특정하기 어렵기 때문이다. 물론 명확히 드러나는 인간 행위도 있지만 목적지향적 인간 행위라도 그것은 모호할 수 있으며, 생각지 못했던 일이 일어날 수 있으며, 변화를 가져올 수 있는 잠재력도 있다. 그렇기에 활동체계의 목적은 고정되어 있을 수도 있지만 또 변화 가능성을 지니는 유동적인 것이기도 하다. 이는 그가 활동체계의 대상은 인간 행위의 창조적 잠재력

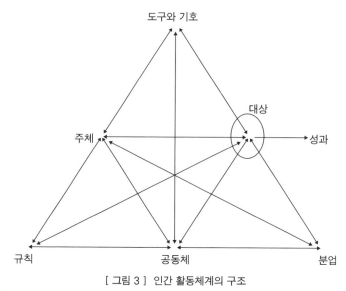

[그림 3] 인간 활동체계의 구조

출처: Engeström, Y.(1987). *Learning by expanding: an activity-theoretical approach to developmental research.* Helsinki: Orienta-Konsultit. p.78.

이 발휘되는 곳이라고 보는 관점에서 나온 것이다. 엥게스트롬[2001]에 따르면 활동체계는 다성성multi-voicedness으로 이루어진 것이다. 왜냐하면 활동체계의 구성원들은 제각기 사회적 노동분업에 따른 상이한 위치에 놓여 있으며, 문화역사적 차원에서 볼 때 각기 다른 식으로 사회화된 사람들이기 때문에 이들 사이에는 모순과 긴장이 항상 존재한다. 이러한 모순은 변화의 원동력이 된다.

2. 모순의 개념 정의와 특징

활동이론이 문화역사적 접근을 중시한다는 말에는 모순이나 긴장 역시 문화역사적 성격을 지닌다는 말을 포함한다. 모순과 긴장이 활동이론에서 중요한 위치를 차지하는 이유는 활동체계 변화의 시발점이 모순과 긴장에 있기 때문이다. 모순이란 단지 문제점이나 갈등이기보다 활동체계 내 또는 사이에 역사적으로 축적된 구조적 긴장이라고 정의할 수 있다. 모순은 활동체계의 변화를 유도하는 힘을 가지고 있기 때문에 조직의 변화에 관심이 있는 사람들은 모순에 관심을 기울일 수밖에 없다.

엥게스트롬과 사니노[2011]는 모순을 네 가지 유형으로 구분한 적이 있다. 모순이란 첫째, 개인의 말 속에서 또는 사람들 사이의 말 속에서 평가가 엇갈려, 이러지도 못하고 저러지도 못하는 딜레마 상황이다. 둘째, 저항, 동의하지 않음, 논쟁, 비판의 형식을 띤 갈등을 모순으로 볼 수 있다. 셋째, 모순이란 사람들이 스스로는 해결할 수 없다는 회의적인 생각에 빠진 상황이라 말할 수 있다. 넷째, 활동체계에서 주체들이 출구를 찾지 못하고 아무것도 모른 채 남아 있는 상황을 모순으로 볼 수 있다. 이러한 정의는 여전히 모호하고, 엄격히 구분이 안 되지만 엥게스트롬과 사니노[2011]는 대체로 이와 같은 현상이 모순에 해당한다고 보았다.

엥게스트롬[1987]은 레온티에프가 1930년대에 발전시킨 기본 개념에 터해 모순의 의미를 4차원에서 규정하고자 하였다. 첫째, 1차적 모순은 중심 활동체계를 구성하는 모든 요소에 걸쳐 지배적으로 존재하는 모순을 말한다. 엥게스트롬은 1차적 모순의 예로, 자본주의에서 상품 안에는 사용가치와 교환가치의 모순이 동시에 존재한다고 말한 바 있다. 엥게스트롬[1987]의 예시에 따르면, 핀란드 병원의 소아과에서 의사가 생각하는 최선의 처방과 이익을 내야 하는 병원의 요구 사이에서 1차적 모순이 발생한다. 둘째, 2차적 모순은 중심 활동체계의 각 요소 사이에서 발생한다. 예를 들어, 도구와 공동체 사이에서 모순이 발생할 수 있다. 셋째, 3차적 모순은 기존의 활동체계와 보다 대안적인 활동체계 사이에서 발생한다. 예를 들어 어떤 학교에서 기존의 관행과 새로운 개혁 모형의 도입 사이에서 모순이 발생할 수 있다. 이로 인해 3차적 모순은 저항을 동반하는 경우가 많다. 넷째, 4차적 모순은 한 활동체계와 동시에 존재하는 인접 활동체계 사이에서 발생하는 모순이다.Karanasios, Riisla & Simeonova, 2017

　이러한 변화에 대한 관심을 확장하여, 엥게스트롬은 활동체계가 무수히 많은 다른 활동체계와의 네트워크를 형성한다고 주장하였다. 그래서 그는 한 활동체계의 경계를 넘어 다른 활동체계와의 연계 활동joint activity을 연구의 분석단위로 삼기도 한다. 그에 따르면 활동체계 간 연계 활동을 제대로 분석하기 위해서는 구성원들 사이의 대화, 담론, 상이한 관점, 상호작용 네트워크를 살펴보아야 한다. 인간 사회에서 하나의

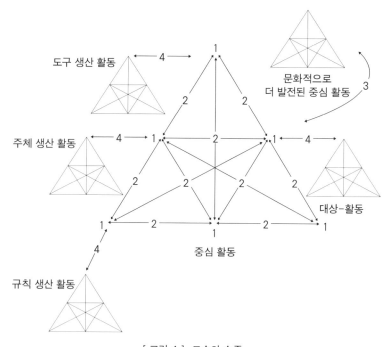

[그림 4] 모순의 수준

출처: Karanasios, S., Riisla, K. & Simeonova, B.(2017). Ex-ploring the use of con-tradictions in activity theory studies: An interdisciplinary review. Presented at the 33rd EGOS Colloquium: The Good Organization, Copenhagen, July 6-8th. p.4.

활동체계는 절대로 독립적으로 존재할 수 없으며, 다른 활동체계와의 상호작용, 교환, 전이 등을 통해 진화하기 때문이다.

활동이론에서 모순이 중요한 이유는 그것이 변화의 원동력이기 때문이다. 엥게스트롬은 러시아 철학자 일렌코프Il'enkov[1974]의 영향을 받아 활동체계에서 모순의 중요성을 부각시켰다. 일렌코프[1974]는 활동체계 내에서 서로 상반된 힘 사이에서 발생하는, 역사적으로 축적된 변화의 원동력을 모순이라고 보았다. 엥게스트롬은 이러한 기초 위에서 변화를 가져오기 위한 동기의 원천을 모순에서 찾았다. 이러한 견지에서 모순은 변증법적 함의를 가진다. 즉 모순이란 골치 아픈 문제나 갈등과 같이 부정적인 함의를 갖는 것이 아니고, 긍정적인 효과를 내재하고 있는 것이다. 모순을 해결하기 위한 동기는 활동체계가 보다 창의적인 해결책을 찾도록 유도하고, 주체들에게 무엇을 더 학습해야 하는지에 대해 생각할 기회를 주기 때문이다. 모순을 파악하고 이를 해결해 나가는 과정을 거쳐 주체들의 사고가 확장되는 것이다.

3. 모순과 확장적 학습 사례

비고츠키주의 교육연구는 학습자와 대상 세계, 그리고 이를 이어 주는 교사와의 상호작용 등 다양한 매개 도구에 초점을 두고 수행되어 왔다. 활동이론은 이러한 개인 사이의 상호작용을 공동체로 확장시켜 봄으로써 교육의 과정에서 일어나는 인간 행위에 관한 보다 통합적인 설명을 제공할 수 있도록 해 준다. 이는 학습자의 분절적 행위를 포함하되, 그것을 넘어 집단 속에서 역할과 정체성을 형성해 나가는 학습자의 학습과정을 분석단위로 삼게 됨으로써 가능해진 것이다.

활동이론은 활동체계를 보다 발전시키고 그 속에서 자신이 어떤 주체로 관련되어 있는가 알기 위해 유용하게 사용될 수 있다. 이러한 사용은 활동이론의 다양한 활용 중에서 보다 실천지향적인 경향을 지니고 있다. 엥게스트롬1999은 학습과 실천, 인지와 행동이라는 이분법을 지양하면서 실천 속에서의 학습, 그리고 창의성을 통한 변화를 지향하는 실천 모형으로 활동이론이 활용될 수 있다고 보았다. 이에 대한 설명을 위해 그는 자신과 자신이 부여받은 과업이 전체 활동체계와 어떻게 관련되어 있는지 예시를 제시해 주었다. 이 사례는 자신이 문화연구와 활동이론 국제학회International Society for Cultural Research and Activity Theory, ISCRAT에서 어떤 발표를 해야 하며, 또 이 학회가 보다 발전하기 위해 어떤 모순에서부터 출발해야 하는가를 쉽게 설명해 준다.

[그림 5]에서는 보는 바와 같이 활동체계의 진단과 모순의 파악, 그리고 이를 위한 실천 매개의 개발을 위해 기존의 모형에 추가된 기호가

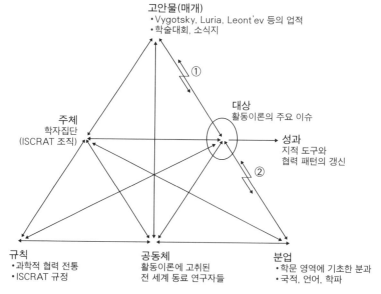

[그림 5] 활동체계와 확장적 학습 사례

출처: Engeström, Y.(1999). Activity theory and individual and social transformation. In Y. Engeström, R. Miettinen, and R.-L. Punamäki(Eds.)(1999). *Perspectives on activity theory*, Cambridge: Cambridge University Press. p.31.

번개 모양의 화살표이다. [그림 5]에서 보여 주는 바와 같이 엥게스트롬이 소속된 학회의 첫 번째 모순은 대상과 매개 사이의 것이다. 이 활동체계에서 대상은 활동이론이 직면한 이론적 도전에 대응하는 것이고, 매개는 학회가 응전하는 과정에서 협력과 토론 등이 될 수 있는데, 과업의 막중함에 비해 협력과 토론이 불충분하다면 여기서 모순이 발생한다. 두 번째 모순은 대상과 노동분업 사이의 모순으로서, 회원들이 활동체계의 목적을 달성해 나가면서 학회 내부의 지나친 파편화와 칸막이가 학문의 발전과 연구자들의 소통을 저해할 수 있다는 데 있다.

이와 같이 엥게스트롬[1999]은 학회를 하나의 활동체계로 보고, 자신이 속한 활동체계의 모순을 파악하고, 이를 극복해 나가는 과정에서 구성원들의 전문성이 학습될 수 있다고 설명하였다. 활동이론 학회의 이러한 활동은 하나의 실천 공동체가 자신들의 활동체계에 대해 성찰하고, 모순을 발견하여 전문성 신장과 실천을 동시에 추구하는 데 큰 도움이 될 수 있다. 이러한 실천 방식을 학교에 적용하면, 단위학교를 하나의 활동체계로 설정하고, 교사들이 그 체계의 주체로서 분석과 실천에 참여할 때 유용한 결과를 도출할 수 있다.

4. 전략적 학습과 모순

문화역사적 활동이론은 실천 속에서의 학습을 강조한다. 이 학습 모형에서는 실천 속에서 확장적 학습이 가능하도록 하기 위해 전략적 학습 행위와 모순을 서로 대응시킨다. 이러한 대응 방식은 [그림 6]에서 확인할 수 있다. 엥게스트롬[2001]의 확장적 학습에서 모순이 중요한 이유는 활동체계 내에서의 자발성을 중시하기 때문이다. 활동체계 내부에서 스스로 문제를 발견하지 못한 채, 위에서 내려오거나 외부에서 들여오는 혁신은 구성원들의 성장과 학습을 이끌지 못한다. 그러한 방식의 지식 전수는 학습에서 순응적인 습관을 들여 창조적 지식 생산 경험을 갖지 못하도록 할 수 있다. 이러한 이유로 엥게스트롬은 기존의 실천 방식에 '갈등적인 질문을 던지기conflictual questioning' 작업을 확산적 학습과정에서 가장 먼저 해야 할 일로 설정하였다. 갈등적 질문은 해당 활동체계의 1차적 모순과 관련되는 것으로 다른 모순들에 비해 근본적인 성격을 갖는다.

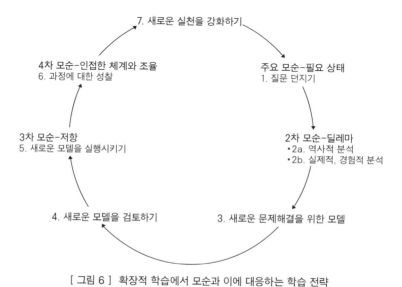

[그림 6] 확장적 학습에서 모순과 이에 대응하는 학습 전략

출처: Engeström, Y.(2001). Expansive Learning at Work: Toward an activity theoretical reconceptualization. *Journal of Education and Work*, 14(1), p.152

이와 같이 활동이론에서는 모순을 변화와 발전의 원천으로 설정한다. 모순은 단순히 고충이나 문제점을 넘어 활동체계 내에 역사적으로 쌓인 '구조적 긴장'으로 정의된다. 이상에서 설명한 바와 같이 모순은 활동체계의 모든 요소에 내재되어 있기도 하고(1차 모순) 또 요소들 사이에 존재한다(2차 모순). 한 활동체계가 외부로부터 새로운 요소를 도입하게 되면 이때 그것으로부터 또 하나의 모순이 발생한다(3차 모순). 또한 한 활

동체계와 상호작용하는 인접한 활동체계 사이에서도 모순이 발생할 수 있다(4차 모순). 하지만 이러한 충돌과 혼란은 장기적으로 볼 때 학습의 동기가 되기 때문에 효과적인 학습 전략은 모순과 대응될 필요가 있다.

이러한 모순과 학습 전략을 분석하면서 엥게스트롬[2001]은 역사성, 네트워크, 다성성 등 보다 세부적인 분석 대상에 대해서도 제시하였다. 그에 따르면, 활동이론을 활용하는 연구자들은 해당 활동체계의 역사성 historicity을 분석할 수 있어야 한다. 활동체계는 장기간에 걸쳐 변화가 일어나는 공간이다. 한 활동체계가 가지고 있는 문제 또는 잠재력은 그 체계의 역사를 통해서 분석될 수 있다. 역사성을 분석할 때는 먼저 해당 활동체계의 현지local 역사에 대해 분석하고 동시에 전체적인global 역사도 분석한다. 예를 들어 한 단위학교를 활동체계로 보고 이를 분석할 때, 그 학교에 대한 현지 역사와 한국 학교문화에 대한 역사적 조망이 모두 필요하다.

확장적 학습에 대한 연구는 인간의 고안물이 매개하는 집단적이고 목적지향적인 활동체계를 분석단위로 취한다. 이 체계는 다른 체계들과 네트워크를 이루고 있다. 이 속에서 개인 또는 집단은 때로 독립적이지만 전체 활동체계와의 밀접한 관계망 속에 놓인다. 이에 연구자들은 분석하고자 하는 활동체계와 관계를 맺고 있는 활동체계에 대한 관심을 유지해야 한다. 엥게스트롬[2001]에 따르면, 이와 같이 분석단위가 정해지면 연구자는 활동체계의 다성성multi-voicedness에도 관심을 기울여야 한다. 활동체계는 상이한 목소리, 관심, 전통이 공존하는 공동체이기 때문이다. 한 활동체계는 다양한 지위에 속하는 사람들과 다양한 층위의 관점이 모인 공간이며, 그 때문에 갈등과 교섭이 끊이지 않는다. 그러나 여기서 발생하는 모순은 혁신의 원천이 될 가능성이 높다.

이와 같은 분석은 활동체계의 확장적 변화 가능성이 무엇인지 알 수 있게 도와준다. 활동체계는 장기간에 걸쳐 질적인 변화를 겪는데, 그 변화의 전기는 모순에서 마련되는 경우가 많다. 한 활동체계의 모순이 축적되면, 일부 구성원들은 의문을 제기하기 시작하고 집단의 규범을 바꾸고자 시도하게 된다. 한번 변화가 일어나면 기존 활동 유형을 조금 변경하는 것보다 전방위적으로 변화의 지평이 열리는 경우가 자주 있다. 이때 활동체계의 주체, 대상, 매개, 규범 등 전 영역에 걸쳐 변화가 연쇄적으로 일어날 수 있다. 엥게스트롬[1999]은 기존 활동체계와 새로 등장하는 새로운 활동체계 사이의 거리가 바로 활동의 근접발달영역zone of proximal development of the activity이라 보았다. 이는 비고츠키의 인지적 근접발달영역 개념을 활동체계로 확장한 것이라 볼 수 있다. 이러한 확장은 비고츠키를 지나치게 개인주의 심리학으로 전유하는 흐름을 넘어 문화역사적 측면에서 비고츠키주의 교육이론의 발전에 기여한다는 점에서 의의를 찾을 수 있다.

Ⅳ. 교육적 시사점

문화역사적 활동이론은 다양한 분야에서 방법론으로 활용되고 있으며, 교육에서도 많은 연구자들이 분석틀로 채용하고 있다. 이 글은 이 중에서도 모순 개념의 의의에 초점을 맞추어 활동이론이 교사들과 교육연구자들에게 어떤 교육적 시사점을 줄 수 있는지 찾아보고자 한다.

1. 교사에게 주는 시사점

교사 정체성은 교사가 어떤 사람인가에 대한 정의라고 볼 수 있다. 활동이론에서 교사 정체성은 모순을 파악하고 대안적 활동체계를 만들어

나가는 과정에서 성장하는 전문가라 볼 수 있을 것이다. 교육 분야에서는 단위학교의 활동체계를 분석하는 데 있어 활동이론의 유용성이 높다.Sannino & Nocon, 2008 활동이론을 활용하면, 교사들 스스로 자신의 활동체계를 발전시켜 나가면서 확장적 학습기회를 경험할 수 있다. 교사들이 외적 명령이나 책무성 요구에 '대응하는 사람'으로서의 정체성에 머문다면 활동체계의 변화는 쉽지 않을 것이다. 문화역사적 활동이론은 교사들이 활동체계의 능동적 주체로서 학교 내 모순을 파악하고, 그 모순에 대처하는 과정에서 다른 모순과 만나며, '학교를 더 좋게 만드는 사람들' 또는 '학교를 변화시키는 사람들'로 정체성을 만들어 나가야 함을 시사한다.

클레멘트Clement, 2014는 교사와 교육정책 사이의 관계에 대한 연구를 종합적으로 살펴본 후, 교사들은 관행과 새로운 정책 사이에서 타협하면서, 새로운 정책을 환영하지 않는 경향이 있다고 말하였다. 그리고 이렇게 되는 가장 큰 이유는 교사들에게 새로운 정책이 왜 필요한 것인지에 대한 공감의 과정을 갖는 것에 실패했기 때문이라고 지적하였다. 이렇게 '환영받지 못하는 새로운 정책'의 악순환은 교사를 창조적 학습자로 간주하기보다는 책무성 정책의 대상으로 위치시켰다는 데 원인이 있기도 하다.

이와 관련하여 하그리브스Hargreaves, 2004는 책무성 정책은 상벌 도구에 기초하기 때문에 실패하였으며, 이에 대한 대안으로 교사들의 자발성을 끌어낼 수 있어야 한다고 주장한다. 외적 책무성 평가는 학교의 기존 관행을 극복하지 못하고, 교사들을 원자화한 채, 창의적 학습공동체로 이끌지 못했다는 것이다. 그런 의미에서 기트린과 마고니스Gitlin & Margonis, 1995는 교사들이 외적 책무성 정책에 저항하는 것은 나름대로 전문성에 기초한 판단으로 볼 수 있으며, 교사들은 '나쁜' 정책이라고 생각되는 정책을 잘 따르지 않으려 한다는 것이다. 코크란 스미스와 라이틀Cochran-Smith & Lytle[2009] 역시 어떤 정책이 '좋은' 정책인가는 교사들이 가장 잘 알 수 있는 위치에 있다고 말했다.

한편 교사들은 언제나 정책 입안자들이 학교현장을 잘 모른다고 비판하고, 정책 입안자들은 교사들의 개혁 의지가 너무 약하다고 비판하는 경향이 있다.Fullan, 2001 기실 외부에서 학교 안으로 들어오는 교육정책도 매우 중요하며, 교사들이 자발적으로 변화를 도모하는 노력 역시 중요하다. 활동이론에 따르면, 이러한 이분법을 넘어 교사들 스스로 자신들이 속한 활동체계에 존재하는 모순을 파악하고, 이를 극복하는 과정에서 확장적으로 성장할 수 있다. 활동이론 관점에서 보면, 학교혁신을 위한 교사학습공동체의 중요성을 강조하고 있는 하그리브스[2004]나 풀란 Fullan, 2001과 같은 학자들도 모순의 중요성에 대해서는 그리 부각시키지 못했다는 한계가 있다. 타이액과 큐반Tyack & Cuban[1995]도 교육현장에 대한 이해도가 낮은 교육정책을 내놓는 정책 관료를 비판하고, 학교 내부에서 자발적으로 이루어지는 교사들의 노력을 강조했다. 그렇지만 교사들의 자발적인 노력은 모순의 인식 없이 지속가능하기 어려울 수 있다.

이러한 문제의식 위에서 문화역사적 활동이론은 교사들의 전문성 신장은 물론 학교 변화에 유용한 도구가 될 수 있을 것이다. 이때 교사들은 스스로 기본 모순이 무엇인지 파악하고, 활동체계 요소 사이에서 어떤 모순이 있는지 찾아가며, 대안적 활동체계를 설계하고, 다른 활동체계와 상호작용하면서 모순을 극복해 나갈 수 있을 것이다. 이에 활동이론에서는 교사의 정체성과 모순이 매우 밀접한 관계에 놓인다. 교사의 전문성 신장은 확장적 학습에 의해 가능하고, 확장적 학습은 바로 모순에서 시작하기 때문이다.

이상에서 살펴본 바와 같이 엥게스트롬은 확장적 학습의 중요성을 역설했다. 확장적 학습에서는 문제를 재정립하고 그 문제를 해결하는 과정에 참여하며, 그 과정에서 새로운 문제해결 도구를 만드는 능력을 습득한다. 학습자는 기호 도구를 매개로 역사문화를 내재화하여 고등정신기능을 발달시킨다는 비고츠키주의의 기본 명제를 뛰어넘어, 엥게스트롬은 학습자는 도구를 창의적으로 고안하여 대상 세계를 변화시킬 수 있다고 보았다. 그는 사회에서 인간 내부로 향하는 학습과 인간 내부에서 세계를 향하는 학습 모두 중요하다고 본 것이다. 후자에서 매개 도구는 새로운 지식과 대안적 방식의 실천이 될 수 있으며, 이 지식과 실천은 학습자가 속해 있는 활동체계를 변화시킬 수 있다.

이에 교육자들은 매개의 설계자들로서 학습 상황에서 벌어지는 모순의 극복을 위해 매개를 잘 고안할 수 있어야 한다. 예를 들어 협력수업은 학생들 사이에 긍정적 상호의존성이 생길 수 있도록 매개를 고안할수 있을 때 잘 운영될 수 있다. 또 학생들이 학급 공동체에 속해 있는 방식의 변화를 위해 교실 수업의 규범(활동체계에서 매개로서의 규칙)을 바꾸어 나갈 수 있어야 한다. 그리고 협력수업에서 참여 또는 참가를 촉진시킬 수 있도록 긍정적 역할 기대(활동체계에서 매개로서의 노동분업)를 조성해 나가야 한다. 이렇게 교육자들은 오늘날 많은 교실에서 참여가 양극화되어 있는 모순을 극복하기 위해 유능한 매개의 설계자들로 성장해야 할 것이며, 그것이 곧 전문성 신장이라 볼 수 있다.

2. 교육연구자에게 주는 시사점

연구자들에게 가장 좋은 연구방법론은 자신의 연구문제를 가장 잘 밝혀 줄 수 있는 도구일 것이다. 역사문화적 활동이론은 개인들의 학습과 성장이 이들을 둘러싼 공동체와 밀접한 관계를 가질 때, 유용한 분석틀을 제공한다. 학교에서 학생들의 학습은 교실 또는 교실 내 집단 속에서 지속적인 상호작용을 통해 일어나기 때문에, 이러한 현상에 관심이 있는 연구자들의 연구문제 해결에 큰 도움이 될 수 있다.

그럼에도 불구하고 활동이론을 연구방법론으로 채택할 때, 지나치게 기술공학적 관점으로 접근해서는 곤란하다. 문화역사적 활동이론이 비고츠키주의 전통에 기초하고 있으며, 이를 계승하여 이 방법론을 창안한 엥게스트롬도 활동체계에의 적응보다 모순과 실천을 중시했다는 점을 고려할 때 더욱 그렇다.Karanasios, Riisla & Simeonova, 2017; 김남수, 이혁규, 2012 활동이론은 인간 행동을 체계와의 관련성 속에서 전체적으로 이해하고자 한다. 그래서 이 이론에서는 매개 수단인 도구가 인간 활동을 어떻게 조형하고, 변형하는가에 관심이 있다. 또 이 이론은 활동에서 외적인 요소의 변화가 어떻게 인간의 내적인 요소의 변화도 촉발시키는지에 대해서 관심이 있다.

이와 같이 활동이론에서는 '주체-매개-대상' 사이에서 벌어지는 상호작용에 대해 통합적으로 분석하는 것을 중시한다. 예를 들어, 활동이론은 인간이 왜 특정 매개 도구를 사용하는가, 그 도구가 대상을 어떻게 변화시키는가, 동시에 매개는 인간의 정신 발달에 어떤 영향을 미치는가 등을 동시에 분석하는 데 유용하다. 주체들은 활동체계 속에서 모순이 심화된다는 것을 느끼면, 이미 성립된 규범에서 일탈하는 경우도 생긴다. 일탈은 주류 사회학 이론에서는 부정적인 것으로 이해되는 경향이 있지만, 활동이론에서는 주체들이 집단적으로 숙의할 수 있도록 이끄는 계기가 되기도 한다. 이러한 모순은 장기간에 걸쳐 축적되는 것이며, 이 모순을 극복하려는 도전 역시 장기간에 걸쳐 축적된 문화적 규범을 바꾸려는 노력이라 볼 수 있다.

이에 활동이론은 '문화역사적'이라는 특징을 갖는 것이다. 모순도 문화역사적인 것이며, 그것을 해결할 수 있는 힘도 문화역사적으로 축적되는 것이다. 여기서 활동이론을 굳이 '문화역사적 활동이론'이라는 긴 용어로 지칭하는 이유가 명확해진다. 이에 활동이론을 방법론으로 채택하는 연구자들은 확장적 학습에 미치는 모순의 성격과 기능에 대해 보다 많은 관심을 기울여야 할 것이다.

오늘날 엥게스트롬의 활동이론은 정보 연구information studies 분야에서 분석틀로 많이 쓰이거나 상호작용 도구 설계 방법으로 응용된다. 그래서 활동체계의 권력 관계 분석이나 해방적 관점에서의 활용이 미진하다는 비판도 있다.Au, 2007 이와 관련하여 엥게스트롬은 바흐틴Bahktin, 1981의 대화성dialogicality과 다성성 개념을 차용하기도 했다. 이를 통해 활동체계 안에서의 담론 권력, 모순과 갈등 등을 보다 용이하게 분석할 수 있다. 이 점이 활동이론이 제2세대 비고츠키주의자들과 차별적인 지점이기도 하다.Daniels, 2001 이에 활동이론은 모순에 대한 관심, 다성성과 담론 분석, 권력 관계 분석 등 활동체계에 대한 깊이 있는 연구를 통해 보다 발전할 수 있을 것이다.

V. 활동이론과 교육의 변화

학습자로서의 인간은 타인과의 상호작용 과정과 집단 속에서 정체성을 형성한다. 그리고 이 정체성 형성 과정에서 자신은 어떤 학습자이고, 무엇을 배우고 싶어하며, 배운다는 것이 자신의 삶에 어떤 의미가 있는지 생각하게 된다. 활동이론은 이러한 학습을 도와줄 수 있는 많은 장점이 있다. 특히 활동이론은 학습자에게 문화역사적 성격을 갖는 매개가 어떤 역할을 하는지, 그리고 역으로 학습자가 문화역사적 조건을 어떻게 창의적으로 변화시키는지 분석할 수 있는 유용한 연구방법론이라

볼 수 있다. 이 때문에 문화역사적 활동이론은 다양한 분야에서 응용되고 있으며, 많은 연구자들이 활동체계의 분석틀로 이를 활용하고 있다.

한편 엥게스트롬은 자신이 창안한 활동이론에서 모순이 핵심적인 학습 원리라고 말하였다. 활동이론에서는 학습자가 참여하고 있는 과업과 그것을 둘러싼 공동체 속에서 도구를 사용하여 인지적으로 또는 사회적으로 발달하는 과정을 중시한다. 동시에 공유된 목적을 가진 활동체계 속에서 학습자는 규칙, 분업, 개념적 매개 등을 통해 정신 활동을 발달시키며, 동시에 보다 더 좋은 활동체계로의 변화를 향해 나아간다. 이 때 모순은 변증법적 전개를 통해 학습자를 성장시키고, 활동체계를 변화시키는 동기를 부여한다는 점에서 중요한 의의를 지닌다.

오늘날 한국 중등학교 교실에서 수업이 이루어지는 문화에 대해 생각해 볼 때, 과연 교실이 공유된 목적을 달성하고자 노력하고 있는 활동체계인가에 대해 자문해 볼 필요가 있다. 많은 중등학교 교실에서 학생들의 수업참여 정도는 상당히 양극화되어 있으며, 극심한 경쟁 속에서 공교육의 목적을 달성하는 데 있어 많은 어려움이 존재한다.[이혁규, 2003; 성열관, 이형빈, 2014] 문화역사적 활동이론은 이러한 교실의 활동체계에서 모순을 발견하고, 모든 학생들의 성장과 발달이라는 공유된 목적을 회복하는 데 있어 많은 시사점을 제공한다. 활동이론에서 인간이 무엇인가를 배운다는 것은 공동체의 공유된 목적 달성이라는 동기를 가진 주체가 그 사회의 규범과 노동분업 구조 등 문화적 속성과 상호작용하면서 발달해 나가는 것으로 보기 때문이다.

이 장에서는 활동이론이 어떻게 비고츠키주의 전통을 계승하였는지 살펴보고, 그 전통에서 모순의 중요성에 대해 밝혀 보고자 하였다. 이 과정에서 나는 첫째 학교와 수업에서 모순을 파악하고, 극복하는 과정에서 전문성을 신장하는 사람으로서의 교사 정체성을 강조하였다. 활동이론은 교사들이 활동체계를 변화시켜 나가면서 확장적으로 학습할 수 있는 길을 제시하고 있다. 이에 교사들은 도구, 규칙, 노동분업이라는 매개를 잘 고안하여 사용함으로써 모순을 극복하고, 학교와 수업이라는 활동체계를 발전시켜 나갈 수 있다. 둘째, 연구 분야에서는 변화지향적 관점을 지니고, 활동이론을 적용할 때 모순의 중요성을 간과하지 말아야 한다. 그래야만 확장적 학습에 미치는 모순의 성격과 기능에 대해 풍부한 분석이 가능할 것이기 때문이다.

이와 같이 활동이론은 교육자들에게 교실의 생태계를 복원하여 학생들을 학습의 주체로 다시 세우고 창의적 매개를 사용하여, 학교를 변화시킬 수 있는 전략을 제공해 줄 수 있다. 또한 활동이론은 개인의 학습을 보다 총체적으로 이해할 수 있게 도와주며, 특히 한 개인이 타인은 물론 체계와의 상호작용을 통해 어떻게 발달해 나가는지 설명할 수 있는 분석틀을 제공한다. 후기 비고츠키주의의 다양한 분화와 발전 속에서 문화역사적 활동이론은 협력을 불러일으키는 매개를 고안하고, 기존 활동체계를 변증법적으로 발전시키는 방법을 알려 주고 있다. 이에 교사들이나 교육연구자들이 활동이론의 모순 개념에 대해 더 많은 관심을 갖고, 이를 실천이나 연구에 활용하게 된다면, 문화역사적 활동이론 자체의 발전은 물론 학교현장의 변화도 기대할 수 있을 것이다. 다만 아직은 이에 대한 연구와 실천이 부족한 상태이기 때문에 향후에 연구와 실천 모두에서 경험을 쌓으면서 이론의 정합성을 더욱 면밀히 검증해 볼 필요가 있다.

| 참고문헌

강희룡(2015). 공교육 정상화, 혁신학교, 그리고 절합의 정치학. 『교육과정연구』 33(1), 1-18.

김남수·이혁규(2012). 문화역사 활동이론을 통한 1년 차 서울형 혁신학교의 수업혁신 활동의 이해. 『열린교육연구』 20(4), 357-382.

서경혜(2009). 교사 전문성 개발을 위한 대안적 접근으로서 교사학습공동체의 가능성과 한계. 『한국교원교육연구』 26(2), 243-276.

성열관·이형빈(2014). 수업시간에 자는 중학생 연구. 『교육사회학연구』 24(1), 147-171.

손민호(2004). 사회구성주의와 수업 연구의 방법론적 탐색. 『교육인류학연구』 7(1), 37-72.

손우정(2004). 배움의 공동체를 기반으로 한 수업개혁에 관한 연구. 『교육학연구』 42(3), 375-396.

윤창국·박상옥(2012). 문화역사적 활동이론의 이론적 발전과 평생교육연구에 주는 시사점. 『평생교육연구』 18(3), 113-139.

이민경(2014). 거꾸로 교실(Flipped classroom)의 교실사회학적 의미 분석. 『교육사회학연구』 24(2), 181-207.

이혁규(2003). 질적 사례 연구를 통한 교실 붕괴 현상의 이해와 진단. 『교육인류학연구』 6(2), 125-164.

이형빈(2014). 학생의 수업참여 및 소외 양상에 대한 현상학적 연구. 『교육과정연구』 32(1), 25-51

정바울·황영동(2011). 자생적 학교혁신의 확산경로와 과정에 대한 연구. 『교육행정학연구』 29(2), 313-338.

Au, W.(2007). Vygotsky and Lenin on Learning: The Parallel Structures of Individual and Social Development. Science & Society 71(3), 273-298.

Bakhtin, M. M.(1981). *The dialogic imagination: Four essays*. Austin, TX: University of Texas Press.

Clement, J.(2014). Managing mandated educational change. School Leadership & Management 34(1), 39-51.

Cochran-Smith, M. & Lytle, S. L.(2009). *Inquiry as stance: Practitioner research for the next generation*. New York, NY: Teachers College

Press.

Cole, M.(1988). Cross-cultural research in the socio-historical tradition. Human Development 31, 137-51.

Daniels, H.(2001). *Vygotsky and Pedagogy.* Routledge.

Daniels, H.(2008). *Vygotsky and Research.* Taylor & Francis.

Daniels, H.(2012). *Vygotsky and Sociology.* Routledge.

Daniels, H.(2016). An activity theory analysis of learning in and for inter-school work. Educação 39, 24-31.

Davydov, V. V.(1990). *Types of generalization in instruction: Logical and psychological problems in the structuring of school curricula.* Reston, VA: National Council of Teachers of Mathematics.

Engeström, Y. & Sannino, A.(2011). Discursive manifestations of contradictions in organizational change efforts: A methodological framework. Journal of Organizational Change Management 24(3), 368-387.

Engeström, Y.(1987). *Learning by expanding: an activity-theoretical approach to developmental research.* Helsinki: Orienta-Konsultit.

Engeström, Y.(1994). *Training for change: new approach to instruction and learning in working life.* Geneva: International Labour Office.

Engeström, Y.(1999). *Activity theory and individual and social transformation.* In Y. Engeström, R. Miettinen, and R.-L. Punamäki(Eds.). Perspectives on activity theory(19-38). Cambridge: Cambridge University Press.

Engeström, Y.(2000). Activity theory as a framework for analyzing and redesigning work. Ergonomics. 43(7), 960-974.

Engeström, Y.(2001). Expansive Learning at Work: Toward an activity theoretical reconceptualization. Journal of Education and Work 14(1), 133-156.

Fullan, M.(2001). *The new meaning of educational change.* New York: Teachers College Press.

Gitlin, A. & Margonis, F.(1995). The Political aspect of reform: Teacher resistance as good sense. American Journal of Education 103(4), 377-405.

Hargreaves, A.(2004). Inclusive and exclusive educational change:

Emotional responses of teachers and implications for leadership. School Leadership & Management 24(3), 287-309.

Hutchins, E.(1995). *Cognition in the wild*. Cambridge. MA: MIT Press.

Il'enkov, E. V.(1977). *Dialectical logic: Essays in its history and theory*. Moscow: Progress.

Karanasios, S., Riisla, K. & Simeonova, B.(2017). *Ex-ploring the use of contradictions in activity theory studies: An interdisciplinary review*. Presented at the 33rd EGOS Colloquium: The Good Organization, Copenhagen, July 6-8th.

Lave, J. & Wenger, E.(1991). *Situated learning: Legitimate peripheral participation*. Cambridge, UK: Cambridge University Press.

Leont'ev, A. N.(1978). *Activity, consciousness, and personality*. Englewood Cliffs, NJ: Prentice-Hall.

Leont'ev, A. N.(1981). *Problems of the development of the mind*. Moscow: Progress.

Luria, A. R.(1976). *Cognitive development: Its cultural and social foundations*. Cambridge. MA: Harvard University Press.

Nardi, B. A.(1996). Studying context: A comparison of activity theory, situated action models, and distributed cognition. In B. A. Nardi(Ed.). Context and consciousness: Activity theory and human-computer interaction(pp.69-102). Cambridge, MA: The MIT Press.

Ratner, C.(1991). *Vygotsky's sociocultural psychology and its' contemporary applications*. New York: Plenum.

Sannino, A. & Nocon, H.(2008). Introduction: Activity theory and school innovation. Journal of Educational Change 9, 325-328.

Tyack, D. B. & Cuban, L.(1995). *Tinkering toward utopia: A century of public school reform*. Cambridge, MA: Harvard University Press.

Vygotsky, L. S.(1960). The instrumental method in psychology. In J. V. Wertsch(Ed.). *The Concept of Activity in Soviet Psychology* (pp.189-240). Armonk. NY: M. E. Sharpe.

Vygotsky, L. S.(1978). *Mind in society: The development of higher psychological processes*. Cambridge. MA: Harvard University Press.

Vygotsky, L. S.(1987). *Thinking and speech*. New York: Plenum.

Wenger, E.(1998). *Communities of practice: Learning, meaning, and identity.* Cambridge, UK: Cambridge University Press.

Wertsch, J. V.(1991). *Voices of the mind: A sociocultural approach to mediated action.* Cambridge. MA: Harvard University Press.

번스타인의 교수 기제와
교육에서의 거시-미시 구조[1]

이윤미

I. 번스타인의 후기 이론에 나타난 거시-미시의 연계

바실 번스타인Basil Bernstein, 1924~2000의 이론은 '교수pedagogy'[2]의 문제를 핵심에 두고 교육의 외부와 내부를 연결하는 논리를 찾는다. 권력power과 통제control가 학교의 안과 밖에 연결되는 방식에 대한 다각적 통찰(철학, 심리학, 사회학, 정치학)을 가능하게 한다.

번스타인은 영국 런던대 마이클 영Michael F. D. Young에 의해 편집된 기념비적 저작인 『지식과 통제Knowledge and control』[1971]를 통해 잘 알려진 신교육사회학의 대표적 학자이다. 번스타인은 1958년부터 1990년대 말까지 꾸준히 자신의 코드이론을 정교화하고 교육현상 분석 방법을 발전시켰다. 이는 그의 대표 저작인 『계급, 코드, 통제Class, codes and control, 이하 CCC』 연작(전 5권)에 집약되어 있다. 제1권에서 4권까지는 『계

---

1. 이 글은 이 책의 목적에 맞게 기존 원고를 수정·보완한 것이다[이윤미(2018), 「바실 번스타인(Basil Bernstein)의 후기 교육사상: 교육에서의 거시-미시 구조와 변화」, 『교육사상연구』 32(4), 141-170].

2. 번스타인에게 있어 pedagogy는 흔히 통용되는 것처럼 단순한 지식, 기술, 규범 전수의 방법이나 과정만을 의미하지 않는다. 그는 교수(pedagogy)라는 용어를 일정 맥락에서 이루어지는 의사소통을 형성하는 교수적 관계(pedagogic relation)를 중심으로 이해한다. 또한 교수 양태(pedagogical modalities)가 사회의 상징적 통제(symbolic control), 문화생산 및 재생산과 관련되어 있다는 점에서 교수에 관심이 있었다. 그에 의하면 상징적 통제는 교수 양태를 통해 이루어지며, 이는 사람들의 의식, 정체성, 욕망 등을 형성하고 배분한다(Bernstein, 2000: 199-201).

급, 코드, 통제』라는 제목으로 되어 있지만 마지막 제5권의 경우, 『페다고지, 상징적 통제, 아이덴티티Pedagogy, symbolic control and identity』라는 제목으로 출간되었다.2000[3]

초기의 이론적 관심이 주로 언어코드에 맞춰져 있었다면 1977년 CCC 제3권[1975, 1977] 이후에는 교수 실천pedagogic practice을 중심으로 거시적 사회구조(권력, 통제)의 맥락과 미시적 교육구조가 갖는 관계를 이론적으로 밝히는 데 관심을 갖고 있었다. 1990년에 출간된 CCC 제4권에서 정교하게 분석된 교수 기제Pedagogic devices에는 거시구조와 미시구조 간의 연계가 드러나고 있다.

번스타인은 일생을 두고 지속적으로 이론화를 시도하였고 자신의 이론을 완결적으로 보는 것을 좋아하지 않았다.Moore, 2013 런던대 퇴직에 즈음하여 번스타인에 대한 영미 교육사회학 연구자들의 글을 모은 『지식과 페다고지: 바실 번스타인의 사회학Knowledge and pedagogy: the sociology of Basil Bernstein』1995에서 그는 자신의 이론을 비평하거나 연구한 학자들에 대해 답변하면서, 그들이 자신의 초기 저작에 논의를 국한하는 것에 대해 불만을 표하기도 했다.Bernstein, 1995; Sadovnik, 1995

번스타인이 자신의 이론을 지속적으로 수정하고 보완해 왔다는 점에서 볼 때, 초기 이론만으로 그의 입장을 협소하게 조명하는 것은 타당하지 않다. 그럼에도 국내 교육학에서는 문화재생산론을 중심으로 그를 다룰 뿐, 후기 사상까지 적극적으로 다루고 있지 않은 경향이 있다.

해외의 경우, 번스타인의 이론이 교육현상 분석에 준 영향은 상당하

---

3. 이 마지막 저작의 경우 2000년에 2판(revised edition)을 내면서 서문을 다시 쓰고 목차 구성도 수정했기 때문에 이 논문에서는 2000년판을 중심으로 다룬다. 2000년에 발행된 2판의 경우 초판과는 달리 Rowman & Littlefield 출판사가 Class, codes and control의 5번째 시리즈로 출간하는 것에 동의함으로써 '제5권'이라는 별칭을 갖게 되었다. 번스타인은 이를 통해 이 저작이 자신의 학문적 활동의 연장선상에서 다루어질 수 있게 되어 다행이라고 스스로 밝히고 있다(Bernstein, 2000: xiv).

며, 국제 번스타인 학회International Bernstein Symposium 등에 의해 지속적이고 활발하게 연구를 이어 가고 있다. 번스타인의 작업은 CCC 제5권에 집약되어 있고 이론적, 분석적 측면이 강했으나 후속적 연구들은 그의 이론을 학교현장 사례연구에 적용하는 등 경험적으로 보완해 온 경향이 있다.Bernstein, 2000; Power et al., 1998; Munns & Woodward, 2006; Morais, 2002; Morais et al., 2001; Moore et al., 2006; Singh, 2002

이러한 영향에도 불구하고, 그의 이론이 지닌 추상성과 난해함으로 인해 국내에서는 충분한 소개가 이루어지지 못한 경향이 있으며, 그의 기본 저작에 대한 번역도 제대로 이루어져 있지 않다. 사정이 이렇다 보니 번스타인 이론을 응용한 연구도 매우 적은 편이다. 이러한 한계들은 그의 이론이 지닌 특성에 일차적으로 기인할 것이다. 재생산이론 관점에서 번스타인을 소개하는 것을 넘어서 이를 연구의 분석틀로 사용하거나 이론적으로 고찰한 사례는 번스타인이론을 적용하여 '교수적 실천'의 유형화를 시도하고, 학교에서 '학생의 참여 유형'을 분석한 성열관의 연구2012, 2013가 대표적이다.[4] 그러나 이 연구들은 교실현장에서의 미시적 함의에 주로 초점을 맞추고 있고, CCC 제4권 이후 미시와 거시구조의 연계와 변화를 설명하는 논리들을 포괄적으로 다루고 있지는 않다.

번스타인은 교육에 관한 거시적 이론들이 학교의 내부를 설명하지 못하고, 학교의 내부에 관심 있는 이론들이 거시적 사회관계 속에서 현상

---

4. 성열관은 교수유형화에 관한 연구(성열관, 2012)에서 학교현장 내부의 미시사회학에 관심을 가지고, 분류화와 프레이밍 등의 코드이론을 기반으로 한 범주화와 통제의 강도에 따라 교수 유형들을 분류하고 한국적 시사점을 논의했다. 학생참여 유형화 연구(성열관, 2013)에서는 CCC 제3권에 제시된 학교의 도구적 질서(학업적: 공부)와 표현적 질서(사회적: 품행, 인격, 예절 등)에 대한 수용 태도를 다루면서, 학생 참여를 유형화(성실, 분리, 유예, 간극, 소외)한 번스타인의 이론이 적용된 연구사례를 검토하고 한국적 시사점을 논의했다. 이러한 연구는 학교에서의 교육과정, 수업, 평가 연구에 번스타인의 분석틀이 어떻게 활용될수 있는지를 보여 줄 뿐 아니라 그의 후기 논의의 일부를 이론적 함의와 함께 분석했다는 점에서 의미가 있다.

을 설명해 내지 못하는 한계를 넘어서, 학교와 교실이 보다 큰 사회에서의 권력 및 통제원리와 결합되면서도 상대적 자율성을 지닌 일종의 정치적 장이라는 것을 이론화하고자 했다. 또한 번스타인 후기 이론은 기본적으로 구조주의적 성격을 지니고 있어 공시성의 측면이 강하면서도, '재생산' 양식을 드러내는 데 만족하지 않고 교육을 통해 나타나는 변화에 주목한다. 그는 교육에 작동하는 코드의 분석을 통해 사회관계가 반영되는 차원을 드러냄과 동시에 새로운 관계들이 형성되고 파생되는 방식도 보여 주었다. 교육에서 재생산(권력작용 및 불평등)과 변화(해방적 관심)의 문제를 다루는 번스타인의 이러한 접근은 교육현상을 설명하고 해석하는 것을 넘어 변혁의 단초들을 찾고자 하는 오늘날의 교육연구자와 실천가들에게 중요한 시사점을 제공한다.

그의 이론 안에는 상대적 자율성, 중단과 개입, 전략적 변화, 아이덴티티와 주체 등 변화와 역동을 실명하고 이끌어 길 수 있는 논리적 기제들이 있다. 이러한 논리적 분석틀은 교육현상 자체를 정밀하게 설명하는 통찰력을 제공한다는 점에서, 이론적, 실천적 힘이 있을 뿐 아니라 교수·학습의 미시적 접근(심리학, 교수방법)과 교육에 대한 거시적 분석 간의 분화가 극심한 교육학 내부의 분과화에도 주는 시사점이 있다.

이 글에서는 이러한 문제의식에 기초하여, 초기의 언어코드에 대한 관심과 달리 교수 담론, 교수 실천의 구조 분석에 주력한 CCC 제3권 1975, 1977 이후의 시기를 그의 후기 사상으로 보고, 특히 CCC 제4~5권에서 드러나는 구조 분석의 특징과 변화(역사적 요소와 개입) 및 그 함의를 살펴본다. 제3권 이후를 그의 후기 사상으로 보는 것은 번스타인 연구에서 상당히 일반화되어 있으며Sadovnik, 1995: Apple, 1979, 특히 거시-미시 및 변화의 설명에서 핵심적인 '재맥락화' 개념을 이론화한 '교수 기제pedagogic devices'의 경우 제4권과 제5권에서 주로 다루어지기 때문에 이 마지막 두 권에 초점을 두고자 한다.

Ⅱ. 교육현상에 대한 거시와 미시의 직조: 이론적 기초

1. 번스타인 사상의 기초

번스타인은 영국 런던 동부 노동계급 지역인 스테프니Stepney의 유태계 이민가정 출신이었다. 당시 런던 동부는 가난했고 사회주의가 강했다. 그는 런던경제대학London School of Economics에서 사회학 학위를 받은 후 일시적으로 교편을 잡았다. 이때 번스타인은 노동계급 학생의 언어영역에서의 실패에 대해 관심을 가지게 되어 언어연구를 하게 되었다. 당시 언어학은 사회관계에 관심이 없었고 사회학은 언어에 관심이 없었지만, 그는 언어가 사회관계에 의해 매개된다는 것을 학문적 중심개념으로 갖게 되었다. 1950년대에 번스타인은 루리아Luria 저작을 통해 비고츠키를 접하게 되는데, 이는 언어와 사회관계를 연관적으로 보는 데 영감을 주었다.Daniels, 2012, 44-60

교육사회학이 하나의 학문 분야로 자리 잡기 이전에 활동을 시작했던 번스타인의 초기 연구는 언어학과 사회인류학을 중심으로 이루어졌다. 1960년대 초 런던대학에 교육사회학 강사로 부임하게 되면서 사회학, 언어학, 인류학을 연결하는 연구를 본격화하게 되었다. 이때 영국의 뒤르켐 구조주의 인류학자들Mary Douglas, Edmund Leach과 교류하면서 연구를 했다.Moore, 2013

번스타인은 기본적으로 뒤르켐주의자였다. 미국에서 뒤르켐주의는 파슨즈 중심의 구조기능주의 혹은 실증주의로 소개가 되어 보수적으로 이해된 경향이 있으나 이는 번스타인 식의 해석과는 크게 차이를 드러냈다. 그는 뒤르켐을 따라 '무엇이 사회적이며 사람들은 어떻게 사회적 존재로 형성되는가?'라는 질문을 탐구의 대상으로 했다. 특히 『종교적 삶의 기초 형식The elementary forms of religious life』에 나타난 성sacred과 속profane에 대한 생각과 뒤르켐의 중등교육발달사에 나타난 중세 시기 종교적 지식과 이성적 지식의 공존에 대한 논의는 교육에 대한 그의 이해에 크게 영향을 주었다.Bernstein, 2000; Durkheim, 2006; Durkheim, 2008

번스타인은 당시의 교육사회학자들이 사회관계가 학교에 어떻게 중개relay되는지에 대해 관심을 갖고 교육 자체에 대해서는 분석하지 못했다고 지적하면서, 뒤르켐으로부터 이러한 질문에 답하는 단서를 찾고자 했다. 인간은 어떻게 사회적 존재가 되는가, 상징적 질서, 사회관계, 사회관계와 경험 등의 관계는 무엇인가, 사회구조와 상징체계가 어떻게 연결되고, 이 관계 안에서 집단들의 위치에 따라 의식, 경험, 아이덴티티가 어떻게 형성되는가 등이 번스타인의 문제의식이었다. 이는 프랑스 사회에서 연대(기계적 연대, 유기적 연대)의 유지를 위해 교육체제가 지니는 의미를 분석하고자 했던 뒤르켐의 문제의식과 맞닿아 있었던 것이다.Moore, 2013

번스타인의 이론은 기본적으로 뒤르켐적 구조주의를 벗어난 적이 없지만 전반적으로 볼 때 마르크스주의 및 후기구조주의적 푸코철학과도 결합된다. 특히 사회계급과 권력의 문제를 중심 범주로 다루면서 마르크스주의적 논의들과 결합되었으며Karabel & Halsey, 1977; Apple, 1995, 후기로 갈수록 푸코철학적 요소들을 가미했다(담론, 주체 등). 번스타인은 초기에는 주로 인류학과 언어학에 기반한 언어코드에 집중했지만, 후기에는 사회적 역동성을 드러내는 장field, 담론discourse, 위치 짓기positioning, 주체subject, 정체성identity 등의 용어들을 사용하였다. 그는 명시적으로 부르디외Bourdieu나 푸코Foucault 등의 영향을 받았음을 밝히고 있다. 그는 교수 기제의 설명에서 부르디외 용어인 장field을 차용해서 쓰면서도, 제5권에서는 원형투기장을 의미하는 '어리나arena'라는 은유가 내부와 외부 간의 드라마틱하고 투쟁적 성격을 드러내는 데 더 적절하다고 하면서 이를 대체적으로 사용하기도 했다.Bernstein, 2000: 202

2. 관계의 원리로서의 코드code

번스타인 이론은 매우 구조주의적이며, 이항대립적이고 은유적인 용어들을 통해 정교화해 왔다. 그는 자신의 이론들이 상위의 개념체계에 의해 지속적으로 다듬어져 왔다고 말한다.Bernstein, 2000: 207 그의 용어들은 추상적이어서 통상적 의미로는 이해가 잘 되지 않기도 하며, 이론의 전체 구조 속에서만 의미를 지니기도 한다.

번스타인 이론의 기본 구조에서 기초적 원리는 코드code이다.[5] 이러한 코드의 작동을 설명하기 위한 기본 용어는 분류화classification와 프레이밍framing이다.[6] 번스타인2000은 교실 내에서의 전수transmission와 거시적인 맥락을 분석하기 위한 용어가 필요하여 뒤르켐으로부터 분류화를 가져오고, 초기 상징적 상호주의자들로부터 프레이밍을 가져왔다고 밝히고 있다. 분류화와 프레이밍은 거시적 맥락의 작동을 기술하는 동시에 교실에서의 사회구조를 개념화하는 기본 용어이다.

번스타인의 제자이자 번스타인 연구자인 무어Moore, 2013는 번스타인이 교수의 과정을 다음과 같은 구조로 설명한다고 본다.

---

5. 번스타인은 코드라는 용어를 언어코드로 사용하기 시작했지만, 후기 논의에서는 규제적 원리로 사용한다. 번스타인은 코드에 대한 기본적 정의가 1981년에 정립되었다고 밝히고 있다. 그에 의하면 코드는 '규제적 원리(regulative principle)'로서 암묵적(tacit)으로 획득되며, 관련 의미들, 그것들의 실현 형식, 맥락 등을 규정(선택, 통합)한다. 이때, 의미(인정규칙, 담론)가 분류화(권력)와 관련된다면, 실현 형식(실현규칙, 전수)은 프레이밍(통제)과 관련된다. 맥락(조직)은 분류화와 프레이밍의 조합으로 현재화한다(Bernstein, 2000: 109).

6. Classification과 framing에 대한 번역어 선정에는 논란이 있겠으나 선행연구(성열관, 2012, 2013)에 기초하여 분류화와 프레이밍이라는 용어를 사용하기로 한다.

- 교수 과정은 전수자와 학습자로 구분된다.
- 교수에는 전수내용(교육과정), 전수방법(교수방식), 전수의 성공여부에 대한 평가기준(시험)이 있다.
- 교육과정, 교수, 평가가 교육적 전수 코드를 규정한다(교수 담론).
- 전수 코드는 분류화와 프레이밍의 두 가지 원리의 관계에 의해 실현된다. 이때 분류화는 범주와 맥락 간의 경계 절연insulation의 강도와 관련되며, 프레이밍은 범주와 맥락 안에서 통제의 위치와 관련된다. 교수 담론의 방향(정교화 방향)은 분류화와 프레이밍의 방향에 좌우된다.

번스타인에게 코드와 프레이밍은 권력power과 통제control의 '번역translation'(혹은 작동방식)과 관련된다.Bernstein, 2000: 7 그에 의하면 권력은 경계boundary 간의 관계, 범주category 간의 관계를 규정한다. 분류화는 행위자, 담론, 실천들 간의 범주관계에 관련된다. 예를 들어 생산 장에서 노동분업의 범주에 대해서 볼 때, 미숙련 노동, 숙련 노동, 사무직, 기술직, 경영직 등의 구분이 그것이다. 중등학교 교육과정에서 이는 담론 간의 분업과 관련되며, 학교 내에서 다양한 교과들의 구분(경계)과 관련된다. 분류화와 프레이밍은 그 강도에 따라 강한 정도와 약한 정도로 구분된다. 강한 분류화는 강한 절연insulation을 의미하며, 각 범주 안에서 독특한 목소리voice, 정체성identity, 특수한 내적 규칙 등이 존재한다.

번스타인에게 있어 '목소리voice'는 특별한 의미를 갖는 용어이다. 그는 1981년에 나온 논문Codes, modalities and the process of cultural reproduction: a model에서 목소리와 메시지를 처음 구분했다.Bernstein, 2000: 204[7] 번스타

---

7. Silverman & Torode (1980)가 쓴 The material word로부터 목소리(voice) 개념을 차용한 것으로 알려져 있다(Daniels, 2012).

인에게 목소리는 의사소통이 가능한 한계를 정하는 일종의 '문화적 발성기관cultural larynx'이다. 그의 이론에서 이와 대비되는 개념이 메시지message인데, 이는 목소리가 맥락적으로 현실화한 것으로 프레이밍의 기능이다. 프레이밍이 강할수록 메시지가 다양하게 현실화할 여지는 줄어든다. 번스타인에게서 메시지는 목소리에 의존하고, 주체subject는 목소리와 메시지의 변증법적 관계로 형성되며, 정체성identity은 이러한 목소리-메시지 관계의 산물이다.Daniels, 2012: 56-58

분류화는 내부에서 작동하는 권력관계를 자연스럽게 보이도록 하며 은폐시킨다. 범주 간의 절연은 내부적으로는 개인들을 규제하며 외부적으로는 사회적 질서와 관련된다.Bernstein, 2000: 5-11 프레이밍은 교수 실천에서 나타나는 의사소통의 형식에 대한 통제control와 관련된다. 예컨대 교육에서 이러한 의사소통은 부모/자녀, 교사/학생과 관련될 수 있다. 분류화가 목소리voice와 그 인정방법에 관련한 것이라면 프레이밍의 원리는 정통한 메시지message를 획득하는 방법에 대한 것이다. 분류화가 특정 담론의 한계를 규정한다면 프레이밍은 담론의 실현 형식과 관련된다. 프레이밍은 누가 무엇을 통제하는가와 관련된다. 이는 내적 논리와 교수 실천과 관련된다. 프레이밍은 다음 사항들에 대한 통제에 관여한다.Bernstein, 2000: 12-13

- 특정 의사소통의 선택
- 무엇이 먼저 오고 나중에 오는가(순서)
- 전수 획득의 속도pace
- 기준criteria
- 이러한 전수를 가능하게 하는 사회적 기반에 대한 통제

강한 프레이밍에서는 선택, 순서, 속도, 기준, 사회 기반에 대한 전수자의 명시적 통제 강도가 높고, 약한 프레이밍에서는 학습자가 명시적으로 통제한다. 교수 실천 내에서도 각 사안별로 통제 정도의 차이가 다를 수 있다. 번스타인에 의하면, 교수 실천 안에서 프레이밍에 의해 규제되는 두 개의 체제를 분석해 볼 수 있는데, 하나는 사회질서의 규칙이고 다른 하나는 담론적 질서이다. 번스타인은 이를 규제 담론regulative discourse과 수업 담론instructional discourse으로 구분한다. 이 용어들이 추상적이기 때문에 거칠게 구체화해 본다면 수업 담론은 명시적 교육과정의 실현과 관련한 것이고, 규제 담론은 학교의 규범적 질서(잠재적 교육과정 포함)와 관련한 것이라고 볼 수 있을 것이다.

> 프레이밍 = 수업 담론(ID) / 규제 담론(RD)

「그림 1」 수업 담론과 규제 담론
출처: Bernstein, 2000: 13(도식 재구성)

교수 영역에 따라 차이는 있지만 대체적으로 볼 때, 수업 담론에서의 프레이밍이 약할 때 규제 담론도 약하다.Bernstein, 2000: 13 번스타인은 강한 프레이밍을 '가시적 교수 실천visible pedagogical practice'이라고 칭하며, 약한 프레이밍을 '비가시적 교수 실천invisible pedagogical practice'이라고 부른다. 후자에서 수업 담론과 규제 담론의 규칙들은 암시적이며 학습자는 이를 인식하지 못하는데, 번스타인은 이러한 실천 형태를 '진보주의적'이라고 부른다.Bernstein, 2000: 14

번스타인은 분류화와 프레이밍의 강도에 따라 교수 코드pedagogic codes가 결정된다고 본다. 분류화 정도는 외부적, 내부적 권력관계와 관련되며, 프레이밍의 정도는 외부적, 내부적 통제와 관련된다. 분류화는 주로 외부권력과의 관계에 관련되지만 내부적으로도 구성된다. 학교 안에서의 공간 배치 등의 분과화(절연)가 심한 경우 그것은 내부적 분류화 정도가 높은 것이다. 한편 프레이밍은 주로 내부적 관계(교사-학생 간)이지만 '외부적 프레이밍' 정도가 높다고 할 때 이는 사회계급이 학교에서 결정적 역할을 한다는 것을 의미한다. 학교 안에서 다루어지는 이미지, 발언, 실천들의 계급성으로 인해 취약집단(노동계급) 아동들은 자신들이 학교 안에서 인정받지 못한다고 느낄 수 있다는 것이다.[Bernstein, 2000: 14] 분류화와 프레이밍의 정도가 외부 및 내부에서 어떻게 이루어지는가($\pm C(i-e)$/ $\pm F(i-e)$)[8]에 따라 교수과정의 구체적 전개, 혹은 정교한 코드elaborated codes의 방향이 결정될 수 있다고 보고 있다.[Bernstein, 2000: 15][9]

3. 교수 기제Pedagogic devices

번스타인 후기 이론에서 교수 기제는 중요한 의미를 갖는다. 이는 교육관련 장들이 어떻게 연결되는지, 특히 거시구조가 교육의 장(미시, 재생산)과 어떻게 구조적으로 연결되어 있는지를 이론화한다. 번스타인은 이를 통해 교육의 장면에서 이루어지는 전수활동을 설명하기 위한 일반적 원리를 제시하고자 한다. 번스타인은 여러 연구들이 교수활동에서 이루어지는 의사소통이 외부의 사회관계 혹은 이데올로기를 이동시키는 기능carrier 혹은 '중개relay'하는 역할을 한다고 밝혀 왔지만, 그 중개의 '과정'을 분석하지는 못했다고 지적한다. 그는 이러한 문제의식에서 교수 활동(과정)을 설명하는 일종의 사회적 문법social grammar을 구

---

8. 이때의 i는 내부, e는 외부를 의미한다.
9. 제한적(restricted) 코드와 정교한(elaborated) 코드의 경우에도 번스타인의 이론체계 안에서 활용의 변화를 겪어 왔다. 초기에는 주로 계급 간 언어코드의 차이와 관련하여 논의되었다면, 후기에는 교수 관계에서 의미의 실현(realise)과 관련하여 함축된, 추상적인 (restricted) 의사소통 양태를 구체화하고 정교화하는 것과 관련되어 왔다(Bernstein, 2000: 207).

축하고자 한다. 이러한 맥락에서 볼 때 번스타인에게 있어 교수 기제는 사회적으로 '상징적 통제symbolic control'가 이루어지는 방식이기도 하다.Bernstein, 2000: 25

번스타인은 의사소통을 가능하게 하는 '언어 기제language device'가 있는 것처럼, 교수활동의 의사소통을 규제하는 내부적 규칙에 기반한 '교수 기제pedagogic device'가 가능하다고 보고 이를 제시하고 있다.Bernstein, 2000: 26

의미(잠재적) ↦ LD(언어 기제): 고정 규칙? ↦ 맥락적 규칙(의사소통)

의미(잠재적/교수적) ↦ PD(교수 기제): 고정 규칙? ↦ 맥락적 규칙(교수적 의사소통)

[그림 2] 언어 기제와 교수 기제

출처: Bernstein, 2000: 26(그림 2.1 재구성)

번스타인은 교수활동에 투입되는 (잠재적) 의미들을 중개하는 규칙들로 세 가지를 설정하는데, 이는 분배 규칙distributive rule, 재맥락화 규칙recontextualisation rule, 평가 규칙evaluation rule으로 구분된다. 이 규칙들은 교수 기제에 의해 산출되는 교수 담론pedagogic discourse의 내적 문법으로, 상호 간에 연관되어 있다.

번스타인의 정의방식은 추상적이다. 그가 추상적으로 정의하고 있는 바대로 우선 살펴보면 다음과 같다. 첫째, 분배 규칙은 권력, 사회집단, 의식 및 실천의 형식 간의 관계를 규제한다. 분배 규칙은 지식의 형식에 따른 의식consciousness 형식을 분배한다. 둘째, 재맥락화 규칙은 특정한 교수 담론pedagogic discourse의 형성을 규제한다. 셋째, 평가 규칙은 특정한 교수 실천pedagogic practice을 구성한다. 특정 교수 실천을 통해 기준criteria이 전수되며 의식의 척도ruler가 형성된다.Bernstein, 2000: 28

이를 보다 상세히 들여다보자. 분배 규칙은 두 개의 지식 등급을 구분한다. 이는 언어의 내적 특성에 따라 사고 가능한thinkable 지식 등급과 사고 불가능한unthinkable 지식 등급으로 나뉜다. 하나는 난해한esoteric 지식이며, 다른 하나는 통속적mundane 지식이다.[10] 그에 의하면, 현대사회에서 난해한 지식은 교육체제의 상층부(고등교육)에서 이루어지며, 통속적 지식은 하층부(초중등교육)에서 다루어진다. 권력관계가 사고 가능한 지식과 사고 불가능한 지식을 분배하며, 분배 규칙을 통해 사회집단을 구분하고 계층화한다. 분배 규칙은 사회학적으로는 담론 생산의 장 the field of the production of discourse으로 정의될 수 있다. 분배 규칙은 지식에 대한 접근의 규칙과 권력 통제를 통해 담론 생산의 장 내부를 전문적 영역(학문 범주 등)에 따라 분화한다.

다음은 재맥락화 규칙으로, 이는 특정한 교수 담론pedagogic discourse을 구성하는 것과 관련된다. 재맥락화 규칙은 교수 기제에서 핵심적인 부분으로 외부 지식 생산의 장과 교육의 장 사이에서 나타나는 중개 relay 상의 연속성과 불연속성을 이론화하고 있어 주목할 만하다. 분배 규칙이 '누구에게 무엇을 어떤 조건에서 전수해야 하는가'를 규정한다면 교수 담론은 '가르쳐지는 대상'을 구성한다. 번스타인은 교수 담론이 두 가지 담론을 담지한 것으로 보는데, 교육에서 전수되는 기술skill에 관한 것과 사회질서social order에 관한 것이 그것이다. 앞서 살펴본 수업 담론 instructional discourse과 규제 담론regulative discourse이 그것이다. 즉 학교는 '기술'과 '가치'를 전수한다고 보는 것이다.Bernstein, 2000: 32[11]

번스타인은 수업 담론은 규제 담론에 의해 규정된다고 본다. 이는 무

---

10. 이는 뒤르켐의 성(sacred), 속(profane) 구분으로부터 번스타인이 차용한 은유와 관련된다. 그는 사회적 노동분업이 지식의 위계성에 반영된 방식이 성/속, 난해/통속 등으로 나타나며, 이것이 서구 사회에서 교육과정 지식의 위계의 한 차원과 관련되어 있다고 본다. 교수 기제는 마치 성과 속을 연결하고, 난해한 것과 통속적인 것을 연결하는 과거 종교의 기능과 닮았다는 것이 번스타인의 분석이기도 하다. 그는 과거 예언자, 성직자, 일반 신자의 관계가 오늘날 학교의 구조 속에도 들어 있다고 본다(Bernstein, 2000: 37).

엇이 가치로운가와 관련한 도덕적 담론이 무엇을 가르쳐야 하며 어떻게 가르쳐야 하는가를 결정한다고 보기 때문이다. 이러한 이유로 번스타인은 규제 담론이 지배적이며 우세한 담론이라고 주장한다.Bernstein, 2000: 34

번스타인에 의하면 특정 담론을 원래의 장소에서 옮겨와 교육적 장으로 이동relay시킬 때 일종의 공간gap, space이 발생한다. 이 과정에서 이데올로기가 작동하게 된다. 이때 중요한 것은 이동 과정에서 이데올로기도 변화한다는 것이다. 담론 이동 과정에서 기존 담론은 더 이상 원래의 것이 아닌 것으로 된다. 교수 담론은 새로운 교과들을 만들어 내게 되는 것이다. 그에 의하면 교수 담론은 재맥락화의 원리recontextualising principle인 것이다. 교수 담론은 새로운 질서 속에 기존 담론을 "선택적으로 전용하고, 재배치하고, 초점을 새롭게" 한다.Bernstein, 2000: 33 재맥락화 원리는 재맥락화 장field을 창출하는데 여기에는 새로운 매개자와 기능이 있다.

번스타인은 이 재맥락화 장이 교육의 자율성을 부여한다고 본다. 재맥락화 장은 다시 공식적 재맥락화 장Official Recontextualisation Field, 이하 ORF과 교수적 재맥락화 장Pedagogic Recontextualisation Field, 이하 PRF으로 구분된다. 전자가 교육 관련 국가기구(교육부, 교육청 등)라면, 후자는 일선 학교, 대학, 학과, 전문잡지, 사설연구재단 등이 포함될 수 있다. ORF만 있다면 교수 자율성이 없지만, PRF는 독립적으로 교수 담론에 영향을 줄 수 있다.Bernstein, 2000: 33

분배 규칙은 외부의 지식 생산과 관련되고, 재맥락화 규칙은 교육적 장에서의 전수transmission에 관계된다. 마지막으로, 평가 규칙은 재생산

---

11. 번스타인은 교수 담론을 담론으로 부르면서도, 이는 원리이지 담론이 아니며 자체의 내용을 갖고 있지 않다고 말한다. 교수 담론은 담론이 없는 담론(a discourse without a discourse)이라는 것이다(Bernstein, 2000: 32).

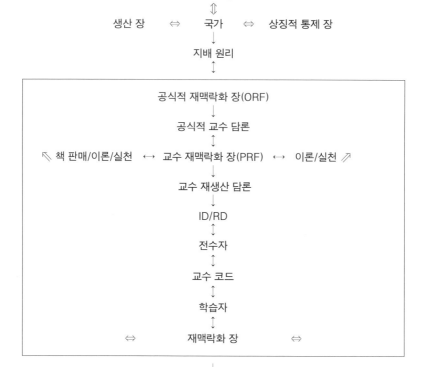

[그림 3] 교수 기제(Pedagogic Devices)
출처: Bernstein, 1990: 197(그림 5.6 재구성)

및 학습과 관련된다. 번스타인은 재맥락화 원리인 교수 담론이 교수 실천pedagogic practice으로 적용되는 것을 평가 규칙이라고 본다. 교수 담론은 교수활동에서 시간, 교재, 공간 등을 규정하고, 평가에는 전체 교수 기제의 의미가 응축되어 있다. 교수 기제는 의식consciousness 형성의 상징적 척도를 도출하려는 목적을 지니기 때문이다.Bernstein, 2000: 37

교수 기제는 재맥락화 장을 중심으로 볼 때 [그림 3]과 같이 도식화될 수 있다.Bernstein, 1990: 195-203 또한 거시적 구조 속에서 주체들이 어떻게 위치 지어지는가에 대해서는 [그림 4]와 같은 도식으로 이해 가능하다.Bernstein, 1990: 14

[그림 4] 계급구조, 권력, 통제와 코드
출처: Bernstein, 1990: 14(그림 1.1 재구성)

 이상에서 번스타인이 후기 이론에서 거시구조와 미시구조를 연결하기 위해 고안한 개념과 규칙들에 대해 살펴보았다. 다음 장에서는 번스타인 사상에 나타나는 변화의 개념을 살펴보기 위해 그가 역사성을 보는 방식과 개입을 설명하는 방식을 다루도록 하겠다.

Ⅲ. 번스타인 사상에서의 변화 개념: 역사성과 개입interruption

1. 번스타인 논의에 나타난 역사성

사회적 노동분업의 역사적 변화와 교육의 관계
 번스타인의 이론은 1960년대 이후 지속적으로 발전되어 왔다. 이 과정에서 그는 당대 사회의 특징을 과거와의 관계 속에서 역사적으로 밝히면서, 특히 1970년대 말 이후 서구 사회에서 나타난 시장주의의 영향력에 대한 이론화를 시도했다. 구조주의자인 번스타인은 통시성보다는 공시성을 중시했다고 볼 수 있고, 변화에 대한 설명보다는 보편적으로 적용될 수 있는 규칙들에 집중한 경향이 있다. 그럼에도 불구하고, 번스타인은 20세기 후반에 나타난 제반 사회 변화에 직면하여 이를 그의 이론 체계에서 포섭하고 설명하고자 했다.

1970년대에 들어, 번스타인은 영국 학교들에서 나타나는 변화를 뒤르켐의 기계적 연대에서 유기적 연대로의 변화와 유사하다고 보았다. 그는 이를 닫힌 학교에서 열린 학교로의 변화와 관련해 논의하기도 하고, 중간계급 내부의 분화에 따른 교수 및 전수 양식의 특징에 대해 논의하기도 했다.Bernstein, 1977 즉 노동계급 아동의 실패와 중간계급 아동의 성공이라는 단순 도식이 아닌 중간계급 내부의 분화, 즉 구중간계급(물리적 재화와 용역)과 신중간계급(상징적 지식의 생산과 분배)의 차이에 따른 분석을 시도했다.Power & Whitty, 2002 또한 1970년대 말 이후 시장주의의 전개에 따라 번스타인은 새로운 구조적 설명과 규칙의 이론화에 대한 필요를 느껴 1980년대 이후에는 이러한 사회 변화를 반영한 분석들을 발전시켰다.Bernstein, 1990; Bernstein, 2000

번스타인은 CCC 제4권에서 크게 4시기(전자본주의, 경쟁적 자본주의, 이행 자본주의, 재구조화한 자본주의)를 구분하여 사회적 노동분업과 교육의 관계를 분석한 바 있다. 그에 의하면, 전자본주의 시기는 중세 시기이며, 경쟁적 자본주의는 19세기, 이행적 자본주의는 20세기, 재구조화한 자본주의는 21세기의 가설적 전개와 관련된다.Bernstein, 1990: 146([그림 5] 참조)

번스타인은 각각의 시기에 생산production과 상징적 통제symbolic control(지식의 지향orientation of knowledge, 조직organization) 등이 어떻게 나타나는지를 분석하면서, 이러한 역사적 변화를 설명하기 위해 각 범주

내에서 나타나는 경향의 차이를 -, 0, + 로 구분하여 논의하였다.

첫 번째 시기인 전자본주의 시기부터 살펴보기로 한다. 이 시기에는 교육과 생산의 관계가 -, 0, + 중 0으로 나타나는데, 관련이 없다는 뜻이다. 이 관계가 +로 나타나는 것은 20세기에 와서라고 본다. 이 시기 생산과 재생산의 연결은 교육이 아닌 가족이나 길드를 중심으로 이루어졌다. 교육의 장에 있거나 정신적 실천을 하는 자들에게 생산과의 관련은 비가시적인invisible 것이었다. 정신적 활동과 육체적 활동은 상호 비가시적이었고 별개로 전문화되어 있었다. 이 시기 교육과 상징적 통제의 연관은 강하게(+) 나타나는데, 이는 교회의 영향력이 강했기 때문이다.

둘째는 경쟁적 자본주의(19세기 중반) 시기이다. 이 시기에는 교육과 생산의 연관이 발견되기 시작한다. 이러한 연관이 학교와 생산현장의 기술 간의 직접적 관련이라고 보기는 의문스럽다고 하면서 오히려 기술보다는 공장노동에 적합한 인성(순종성, 금주, 공장규범의 사회화)과 관련된 것이라고 보았다. 학교의 지배적 담론과 실천은 수업 담론보다는 규제 담론 중심이었다. 기술은 도제제도를 통해 전수되었고, 과학적 지식도 대학 밖에서 더 활발하게 이루어졌다. 이 시기 사회적 분업은 복잡해져서 교회들이 각종 교육에 관여하고, 국가도 아동노동규정 등을 통해 개입했으며, 대학들에서도 중세적 면모로부터의 개혁이 시작되었다. 교육과 생산의 관계는 -이지만, 교육과 상징적 통제와의 관계는 +라고 보았다.

셋째 시기인 이행적 자본주의(20세기)에서는 특히 20세기 이후 새로운 기술과 경영방법(전기, 컴퓨터, 생명공학 등의 발달) 등으로 교육과 생산이 강하게 연계되었다. 교육을 통한 사회이동의 이데올로기와 교육 기회 확대로 인해 교육과 생산의 관계는 강화되었다. 사회 취약 집단에게 이러한 사회이동은 실재하기보다는 이데올로기적인 측면이 있다. 20세기 후반에 들어가면 두 가지 대립적 경향이 나타나는데, 하나는 사회분업의 복잡성이 약화되고 새로운 기술 등장으로 정신노동과 육체노동의 분리가 약해진다는 것이고, 다른 하나는 직업교육화의 진전으로 교육과정과 경제적 장 간의 관계가 강화된다는 것이다. 이 시기에는 상징적 통제의 담론이 매우 분화하였다.

1970년대 말 불황으로 인해 시장주의에 기반한 신우익New Right이 등장하면서 국가는 경제적 영역에서 후퇴하는 대신에 교육을 통한 상징 통제를 강화하게 되었다. 기존의 학문 교과(3학 4과에서 유래한)들은 약화되고, 시장 연관성이 높은 지식이 전 교육단계에서 영향을 발휘하게 되었다. 지식은 인간적, 내면적인 성격으로부터 분리되어 화폐처럼 이윤을 창출할 수 있는 것으로 변화하였다. 또한 학문들은 기존의 학문조직으로부터 벗어나 광역화(응용, 통합, 융합)하게 되었다.

넷째 시기는 재구화한 자본주의(21세기)이다. 커뮤니케이션 통제체제의 혁명과 생명과학으로 인한 변화가 예견되는 시기이다. 번스타인은 커뮤니케이션 통제체제의 혁명은 생산에서의 사회적 분업을 크게 변화시킬 것이라고 전망했다. 노동의 사회적 분업은 관리기술 기능이 협소화하면서 단순화할 것이라고 보았다. 어쩌면 새로운 수공 산업이 고유의 유통 판로를 가지고 부흥하면서 길드식의 조직을 결성할 수도 있고, 새로운 문화 행위 주체들이 등장하여 상징적 통제의 장과 혼합될 수 있다고 보기도 했다.

번스타인은 이 시기 단순화한 사회분업이 상징적 통제를 약화시킬지는 의문이라고 보았다. 상징적 통제의 본질과 심층구조는 컴퓨터가 다룰 수 없는 인간적 감정과 욕망에 관여하므로, 인간 행위자들이 재맥락화 장에서 이를 구성하고 중개할 것이라고 보았다. 한편, 컴퓨터, 네트워킹, 교육 소프트웨어들의 발달로 일부 학습자에게는 학교 대신 가족이 전수transmission의 일차적인 장이 될 수 있다고도 보았다. 이 경우 가족이 지적 사회화의 일차적 역할을 담당하고, 학교는 기술 전수나 분배 기능을 주로 담당할 수 있다고 보았다. 사회적 노동분업이 단순화하고 작업훈련의 강도가 약화되는 반면, 인간의 감정이나 욕망이 작동하는 상징적 통제 영역에서는 더 많은 차이와 다양성이 나타날 수 있고, 이는 규범화 과정의 복잡함을 증가시킬 수 있다고 보았다.Bernstein, 1990: 159

번스타인은 이 지점에서, 상징적 통제는 권력을 담론화하지만 새로운 가능성을 이끌 수도 있다고 말한다. 상징적 통제의 패러독스는 "통제 자체는 스스로를 통제하지 않는다"는 것으로, "상징적 통제는 항상 다른 질서의 조건이 되기 때문에 주어진 질서를 변화시키는 잠재성을 그 자신의 내부에 가지고 있다"고 말한다.Bernstein, 1990: 159 또한 교수 기제가 상징적 통제를 실행하는 과정에서 권력 투쟁을 야기하기도 한다고 보았다. 은유적으로 말하여, 규범으로의 사회화는 항상 다른 누군가의 목소리voice, 혹은 자기 스스로의 '아직 발성되지 않은 목소리yet to be voiced' 에로 사회화되는 것이기 때문에, 이러한 규범화는 (잠재된) 모순, 결렬, 딜레마를 수반하게 된다는 것이다.Bernstein, 1990: 159

번스타인에 의하면 위의 역사적 시기별로 교육과 생산의 관계에는 차이가 나타날 수 있지만 교육과 상징적 통제는 일관되게 강한 관계를 유지한다. 앞으로의 미래 사회에서도, 교육, 상징적 통제, 문화적 장의 연계가 강화됨에 따라 교육을 통한 재생산 기능은 오히려 더 강화될 수도 있다고 보았다. 그러나 인간에 의해 이루어지는 상징적 통제의 특성상, 재생산 혹은 질서의 유지만 나타나지 않는다. 번스타인은 행위 주체들이 반대, 저항, 도전 등을 위해 새로운 쟁점들을 계속 이끌어내기 때문에 재생산과 변화의 가능성이 모두 도출될 수 있다는 것을 강조한다.Bernstein, 1990: 60

		전자본주의 (중세)	경쟁적 자본주의 (19세기)	이행적 자본주의 (20세기)	재구조화한 자본주의 (21세기)
물리적 자원 →	↗ 생산	0 단순	− 복잡	++ 복잡	− 단순
		(사회적 노동분업) →→→→→			
교육 체제 관계	⇄ 접근성 →	제한	확대	보편	보편
	⇄ 취학 →	제한	제한	확대	확대
담론적 자원 →	↘ 상징적 통제	+ 단순	+ 복잡	++ 복잡	++ 매우 복잡
		(사회적 노동분업) →→→→→			

[그림 5] 사회적 노동분업 변화와 교육체제

출처: Bernstein, 1990: 144(그림 4.4. 재구성)

3학 4과의 전위(dislocation)와 교수 지식의 성격 변화

제5권의 제5장에서 3학(Trivium: 문법, 논리학, 수학)과 4과(Quadrivium: 대수학, 천문학, 기하학, 음악)에 대한 분석이 이루어지는 방식을 통해 번스타인이 지식의 역사적 변화를 보는 관점을 살펴볼 수 있다.[12]

번스타인은 뒤르켐의 프랑스 중등교육발달사에 대한 연구에서 많은 영감을 받았다고 인정하고 있다.Bernstein, 2000: 81 특히 중세 대학에서 7자유학과가 다루어지는 방식에서 긴장되고 모순된 담론이 공존했다는 것, 즉 기독교와 희랍철학 두 가지 담론 간의 관계에 대해 주목하고 있다. 뒤르켐이 볼 때 중세 대학에서의 신은 흠모의 대상이었을 뿐만 아니라

---

12. 번스타인은 이 장에서 3학 4과에 대한 자신의 분석이 시론에 불과하다고 전제하면서도 이를 비중 있게 다루고 있다(Bernstein, 2000: 81).

사고의 대상이기도 했다. 번스타인은 이를 3학과 4과의 연합과 분리 속에서 논의하고 있다.Bernstein, 2000: 81

뒤르켐Durkheim, 2006에 의하면 르네상스 이후 중세 시기 동안 이루어졌던 말씀(3학, word)과 세계(4과, world) 사이의 공존은 깨졌다. 3학은 신의 권위하에서 말씀을 이해하기 위한 것이었고, 항상 4과에 앞서서 가르쳐졌으며 이는 서구 대학들에서 공통적이었다. 3학은 내적 세계inner를 대표하고, 4과는 외부 세계outer를 대표하는 것으로 간주되었다. 중세 7자유학과는 기독교의 우위성이 강했기 때문에 3학과 4과의 전위dislocation가 일어난 이후에도 그리스적 사유보다는 기독교적인 성격이 강했다. 번스타인은 중세에 존재한 3학·4과의 '모순적 통합'으로부터 르네상스 이후 내부와 외부의 선후 관계로 전위가 나타난 것은 지식의 위계에 대한 서구적 관념 형성에 영향을 주었다고 본다.Bernstein, 2000: 82

그러나 이후 500년간 인간주의적 세속 원리들은 종교적 원리를 점차적으로 대체했다. 현재는 4과 내에서 세부적 분과화가 이루어지고, 3학에서는 인문학이 아닌 사회과학이 상징적 통제의 주된 학문이 되었다. 번스타인은 이러한 흐름에 대해 탈인간주의적dehumanising principle 원리가 역사상 처음으로 공식적 지식official knowledge의 위치를 갖게 된 것이라고 보았다.Bernstein, 2000: 85

번스타인은 후기 자본주의의 도래에 따라 새로운 원리가 작동하기 시작했다고 보는데, 이것이 시장원리이다. 담론들의 선택, 상호관계, 형식과 연구에서 시장 관련성이 핵심 기준이 되었다. 시장원리는 초등교육부터 고등교육까지 영향을 주고 있으며 국가에 의한 새로운 관리 방식, 분권화 확대 등에 나타나고 있다.Bernstein, 2000: 86

또한, 지식의 성격 변화는 오늘날 더 급진화하여, 그에 의하면 '완전히 교수화한 사회totally pedagogised society'가 되었다. 정보사회 도래로 인해 스스로가 자신을 재교육화re-education하는 사회가 된 것이다. 새로운 경제조건에서 생존하기 위해 단기적으로 재훈련 받아야 하는 이러한 사회의 성격에 맞춰 새로운 교수 모델들이 나타나게 되는데, 평생학습life-long learning이나 각종 학습혁신 등이 그것이다.Bernstein, 2001

이로 인해 지식의 새로운 개념이 형성되고 있으며 이는 과거에 비할 때 전적으로 세속적인 것이다. 번스타인은 지식이 화폐처럼 이윤 창출을 위해 유통되고 있을 뿐 아니라 이제는 "돈 그 자체"라고 말한다. 지식은 이제 사람들의 생각과 의지로부터 분리되었다. 지식은 내부inner 지향성을 더 이상 갖지 않게 되었으며, 말 그대로 "탈인간화dehumanise" 하게 되었다.Bernstein, 2000: 86 지식이 더 이상 인간의 의지, 인간적 헌신, 자아의 심층구조 등 인간적 성격을 갖지 않게 되면서 '인간들'은 시장에서 배제되게 되었다.

이러한 경향은 인식하는 자knower와 인식의 대상what is known의 관계를 근본적으로 해체한다. 번스타인에 의하면 시장원리는 새로운 전위dislocation를 만들어 내는데 하나는 지식의 시장이고, 다른 하나는 잠재적 생산자와 사용자들의 시장이다. 3학과 4과의 최초 분리가 3학을 전제로 한 앎을 구성했다면, 현대적 분리는 신우익New Right의 시장원리에 따라 외부 지식과 실천으로부터 내부 세계inner를 완전히 분리시켰다. 뒤르켐의 통찰대로 중세 대학에서 존재했던 신앙과 이성 간의 모순이 르네상스 이후 3학과 4과의 전위에 따라 내부적 지식을 우위로 보는 서구 근대 지식의 위계적 성격에 결정적인 영향을 미쳤다면, 후기 자본주의사회에서는 이러한 전통적 범주(내부적, 외부적 지식)가 해체되고 교육의 개념 자체도 위기에 처하게 된 것이다.Bernstein, 2000: 86

2. 개입과 정체성

목소리와 메시지: 재생산과 변화

번스타인은 교수 기제를 통해 재생산뿐 아니라 변화의 가능성도 함께 밝히고 있다. 부르디외가 히스테리시스hysterisis라는 현상을 통해 장field과 아비투스habitus의 불일치를 다루고 그러한 전위dislocation를 임의적인 것으로 간주했다면, 번스타인은 이를 '코드 규칙' 속에서 밝혀내고자 했다.Hardy 2008; Moore, 2013

변화의 가능성은 교육의 상대적 자율성과 관련된다. 번스타인에 의하면 상대적 자율성 개념은 뒤르켐에게서 나왔다. 상대적 자율성 개념은 경제적 장과 문화적 장(교육) 혹은 국가와 교육 간의 자율성이라고 규정되며, 교육의 맥락, 내용, 과정 등에서 교육행위 주체들이 지닌 상대적 독립성과 관련된다.Bernstein, 1990: 174

이러한 자율성은 거시-미시 구조에서 외부적 관계relation to와 내부적 관계relation within의 양 차원에서 논의될 수 있다. 번스타인의 개념들은 교육체제를 중심으로 한 내부적 관계에서 이러한 자율성을 논의한다는 데서 주목될 수 있다.

코드는 규제적 원리로서 그 방향은 사회적 노동분업을 규제하는 권력, 즉 사회계급에 의해 조건 지어진다. 앞서 언급했듯이, 번스타인은 분류화와 프레이밍의 작동을 설명하기 위해 메시지와 목소리라는 용어를 사용한다. 권력관계는 범주의 목소리voice를 규정하지만 메시지 즉 실천을 규정하지는 않는다. 사회적 노동분업 혹은 권력에 의해 조건화된 범주들은 목소리를 구성하며 실천들은 메시지를 구성한다. 메시지는 목소리에 의존하며, 주체는 목소리와 메시지의 변증법적 관계에 의해 형성된다. 목소리는 무엇이 정통한 메시지인가에 대한 한계를 설정한다. 메시지가 이 목소리의 한계를 넘으려면 목소리를 변경시켜야 한다. 무엇이 정통한 것인가를 규정하는 것이 '인정 규칙recognition rule'이며 이는 암묵적으로 내면화된다.[13] 번스타인은 이때 암묵적 전수 외에도 잠재적 저항, 즉 아직 '발성되지 않은 목소리yet to be voiced'가 존재할 수 있다고 본다. 이는 대안적 담론이며 권력의 주체 간 관계이다. 이는 지배세력에게는 무규범 상태anomie로 불릴 수 있고, 피지배세력에게는 '변화'라고 불릴 수 있다.Bernstein, 1990: 30

번스타인에 의하면, 메시지message는 코드로의 사회화 방법이다. 코드는 메시지를 통해 획득된다. 코드는 어떤 의미들이 결합되어야 하는가what를 결정할 뿐 아니라, 어떻게how 이러한 의미들이 실현되어야 하는지를 규제한다. 경험적으로 목소리는 메시지와 분리될 수 없다. 목소리는 항상 메시지를 통해 실현된다. '분류화-인정규칙-목소리-위치 원리'에 대응하여 '프레이밍-실현규칙-메시지-상호작용적 원리'가 있으며, 이양자 간에는 역동적 관계가 존재한다. 사회적 노동분업의 내부에 그것을 바꿔 낼 수 있는 잠재성이 있듯이 메시지는 목소리를 바꿔 낼 수 있는 방법이다.Bernstein, 1990: 32-35 이러한 논리에 의해 재맥락화 장은 ORF와 PRF의 존재 양태에 따라 다양한 교수 모델과 교수 정체성이 생성되고 공존하며, 다시 재생산 장에서 새로운 교수 담론을 창출할 가능성을 지니게 되는 것이다. 다음 절에서는 번스타인이 이러한 교수 모델에 접근하는 방식을 살펴보기로 하겠다.

---

13. 이를 성열관(2012: 75)은 학생이 게임의 룰을 인식하는 것과 같다고 보고 인식규칙으로 번역했다. 여기서는 권력관계가 경계, 범주 간의 절연 정도를 규정하는 규칙으로 보아 인정 규칙이라고 번역한다. 이 규칙은 recognition이라는 단어의 의미대로 인정과 인식의 두 가지 의미를 다 지니고 있으며, 학습자의 관점에서 볼 때는 인식규칙이라고 볼 수도 있다.

재맥락화 장에서의 교수 모델과 정체성

번스타인은 재맥락화 장에서 이루어지는 역동성을 설명하기 위해 서로 다른 교육적 가정에 기초한 교수 모델pedagogic model을 제시한다.Bernstein, 2000: 42 역사적으로 볼 때, 1960년대 말에서 1970년대 초까지 영국에서는 국가 개입이 거의 없는 상황이었기 때문에 공식적 재맥락화 장ORF은 거의 발달하지 못했다. 그에 의하면, 1969년에 진보주의적 플라우덴 보고서Plowden Report가 발표된 후 비로소 ORF가 형성되었으며, PRF 수준에서도 후술하는 '역량 모델'이 강세를 보였다. 그러다가 1970년대 말 이후 대처주의Thatcherism에 의해 일work과 생활life의 재개념화(평생에 걸친 훈련)가 이루어지면서 새로운 능력 개념이 등장하게 되었는데, 이것이 훈련 가능성trainability이다. 이는 새로운 일과 생활에 지속적으로 적응할 수 있도록 교육받는 것을 의미하며, 특수한 기술보다는 시장에 적응할 수 있는 일반적 능력generic mode을 획득하는 것을 의미한다.Bernstein, 2000: 58-59

이러한 사회적 변화는 재맥락화 장에서도 다양한 교수 모델의 출현을 가능하게 했다. 이러한 변화에 따른 교수 모델은 서로 다른 가정을 가지고 경쟁한다. 그는 이러한 양상을 설명하기 위해 현존 교수 모델을 몇 가지 상위 개념으로 포섭하여 범주화하는 시도를 했다. 예를 들어, 그는 언어학(촘스키), 심리학(피아제), 사회인류학(레비스트로스) 등 인문사회과학 이론에서 등장한 'competence'라는 용어에 주목하면서 이를 응용한 역량 모델competence model과 이에 대비되는 수행 모델performance model을 제시한다.Bernstein, 2000

이때의 역량competence은 언어학에서 competence가 performance에 대비되어 모국어 습득역량을 의미하는 것과 유사하게 (조작적으로) 정의된다. 즉 이 모델에서는, '역량의 보편적 민주주의'에 기반하여 모든 사람은 생득적 역량을 갖고 있고, 자신의 의미나 실천을 능동적이고 창조적으로 구성할 수 있다고 가정된다. 이 모델에서 주체는 자기규율성을 지니고 발달하는 존재로 간주되며 해방적emancipatory 관점에서 접근된다. 따라서 이 모델은 위계적 사회관계에 대해서는 비판적이다.Bernstein, 2000: 43 번스타인은 1960년대 말 이후에 영국의 교육현장에서 영향을 발휘한 자유주의적 진보주의, 대중주의, 급진주의 교육 모델들을 역량 모델로 정의한다. 반면 수행 모델은 영국 그래머 스쿨 등에서 통용된 모델이다. 번스타인은 역량 모델과 수행 모델을 다음과 같이 비교한다.[14]

[표 1] 역량 모델과 수행 모델

	역량 모델	수행 모델
범주(공간, 시간, 담론)	약한 분류	강한 분류
평가 방향	드러난 것	부재하는 것
통제	암시적	명시적
교수 텍스트(주제)	학습자	수행
자율성	높음	낮음/높음
경제	고비용	저비용
통계	개선적(therapeutic)	경제적(economic)
교수 모드	자유주의/진보주의(발달) 대중주의(인정) 급진주의(변혁)	전문화(단과 학문) –자율적(전통주의) –종속적(시장주의) 광역화(응용 학문) 일반 모드(generic)
정체성 구성	내부 투사(introjected)	외부 투사(projected)

출처: Bernstein, 2000: 45-56(표 3.1과 그림 3.1 재구성)

---

14. 번스타인의 용어들은 추상적이어서 의미가 명료하지 않은 경우가 많다. [표-1]에서도 설명이 필요한 부분들이 있다. 평가 방향에서 드러난 것(present)과 부재하는 것(absent)이 지닌 의미는 다음과 같이 설명 가능하다. 역량 모델에서는 학습자가 무엇을 산출하는지를 평가하며, 수행 모델에서는 이미 표준이 설정되어 있어서 학습자가 아직 도달해 있지 않은 것을 평가에서 중시한다는 것이다. 또한 교수 텍스트(pedagogical text)란 교재가 아니라 교수 주제로서, 역량 모델에서는 학습자가 직접 산출한 것이 아니라 학습자의 발달 등 학습자 자체가 대상이 되며, 수행 모델에서는 학습자의 수행물이 대상이 된다(이는 점수 등의 형태로 객관화된다)(Bernstein, 2000: 46-48).

크게 볼 때, 역량 모델이 내부적 요인에 의해 형성되고 더 나아지기 위한(개선적) 원리에 의해 통제된다면, 수행 모델은 외부적 요인의 결과에 의한 것으로 주로 경제적 목적을 따른다고 보았다. 후자의 경우 단과 학문 중심의 전문화와 광역화 모델, 그리고 일반 모드 모델이 있는데, 단과 학문의 경우 전통주의를 따르는 모델과 시장에 종속된 모델의 두 가지를 구분한다. 수행 모델 중 하나인 일반 모드generic의 경우 범주화가 다소 복잡하다고 보는데, 그 이유는 역량 모델과 외관상 유사해 보이기 때문이다. 즉 교과나 교과융합적 능력보다는 일반적 능력을 강조한다는 점에서 유사해 보이지만, 본질적으로 이 모드는 시장적 도구성과 결합되어 있으며 시장에서 요구하는 '유연한 수행능력'을 강조하고 있다는 점에서 역량 모델과는 차이가 있다.Bernstein, 2000: 54-55

번스타인은 이러한 교수 모델들은 사회적 변화와 맞물리면서 재맥락화 장 안에서 경합한다고 본다. 즉 교수적 지향pedagogic orientation을 중심으로 하는 역동적 정치성이 존재한다고 본다.

번스타인은 이를 '교수적 정체성pedagogic identities'이라고 규정하면서, 보다 거시적 구조와의 관계에서 논의한다. 그는 국가에 의해 관리되는 유형과 로컬local 유형을 범주화하여 4개의 정체성으로 구분한다. 제한적/복고적(구보수주의), 선발적/전향적(신보수주의), 차별적/탈중심적/시장(신자유주의), 통합적/탈중심적/개선적(전문가) 등이 그것이다. 즉 교육 기회를 보는 관점에 따라 각각 제한적, 선발적, 차별적, 통합적 관점을 취하는 입장들이 사회적으로 어떤 이데올로기와 연동되는지를 도식화한 것이다. 이러한 변화는 자본주의의 재편에 따라 새로운 사회 정체성과 교육 정체성이 형성되는 것을 반영한 것이다.

그의 분석에 의하면, 위의 구성은 현재, 과거, 미래 초점에 따라 현재(탈중심적), 과거(복고적), 미래(전향적 재중심화 정체성)로 재구분 가능하

[그림 6] 교수 정체성에 따른 모델화(분류)
출처: Bernstein, 2000: 67(그림 1 재구성)

다. 탈중심적 정체성에는 도구적(시장주의), 개선적(진보주의) 모드가 포함되며, 복고적 정체성은 다시 근본주의(종교근본주의, 민족주의적 포퓰리즘)와 엘리트주의(문화주의)로 나뉜다. 전향적 재중심화 정체성은 젠더, 인종, 지역 등 하위 주체들의 개별적 정체성에 기반해서 새로운 사회관계를 지향하는 입장이다.Bernstein, 2000: 74-7

번스타인의 이러한 분석은 후기 자본주의사회에서 교육을 둘러싼 사회적 입장들이 서로 다른 교육 모델을 통해 재맥락화의 장 내에서 공식적 지식을 둘러싸고 어떻게 경쟁하며 서로 다른 교육적 정체성을 형성하는지를 보여 준다. 이러한 시도는 재맥락화 장의 정치학과 정체성 분석을 통해서 교육의 장 내부에서 일어나는 변화를 구조와 주체의 역동적 관계 속에서 파악하고자 하는 것이다.

Ⅳ. 정치적 장으로서의 학교와 민주주의

번스타인이 남긴 CCC 제1권에서 제5권까지의 작업들은 평생에 걸쳐 이어진 그의 노력을 집약하고 있다. 그의 작업 안에는 교육현장의 기저에서 작동하는 규칙과 구조를 파악하려는 통찰과 분석 안목이 치밀하게 녹아들어 있다. 번스타인의 분석 속에서 후기 자본주의사회는 어떤 곳으로 비쳐지는가.

번스타인에게 있어 교육의 장은 재생산의 장으로 사회계급, 사회적 노동분업에 기초한 권력과 통제가 관철되는 곳이다. 그러나 교육의 장은 '재맥락화'의 장으로서, 이 재맥락화 과정에서 재생산이 이루어지기도 하고 반대와 저항, 변화가 창출되기도 한다. 외부의 권력과 통제는 투과되기도 하지만 굴절되기도 하는 것이다.

거시와 미시의 구조를 일련의 규칙 속에 파악하는 과정에서 우리는 학교와 교실을 어떤 관점에서 되돌아보게 되는가. 학교는 공식적 교육과정을 수업과 평가를 통해 실현하는 장이다. 교육과정 지식의 구성과 수업과 평가의 규칙들 속에는 외부 권력이나 통제원리와 결합된 원리들이 내재되어 있다. 누가 무엇을 배우도록 규정하고 있는가, 어떤 내용을 어떤 방식으로 배우도록 규정하고 있는가, 그러한 규정들에서 서로 다른 교육관은 어떻게 개입하는가, 정통한 것으로 간주되는 것을 받아들이는 구성원과 그렇지 않은 구성원 간의 차이는 어떻게 나타나는가, 이러한 차이는 권력과 통제원리에 어떤 식으로 피드백되는가. 번스타인의 규칙들은 교육과정의 논리들에 대해 다양한 지점에서 파악하도록 해 준다.

이를 통해 알 수 있는 것은 학교와 교실이 보다 큰 사회에서의 권력 및 통제원리와 결합되어 있는 일종의 정치적 장이라는 것이다. 따라서 '수업을 어떻게 잘할 것인가, 학습자들에게 의미 있는 학습 내용을 어떻게 조직화할 것인가'라는 실제적 질문들은 '우리가 교육을 통해서 다루는 지식의 권력적 성격은 무엇이며, 그것을 통해 어떤 사회적 주체를 생산하는가'라는 정치적 질문과 불가분적으로 연결되어 있는 것이다.

학교와 교실은 거시 사회의 축소된 구조이다. 번스타인에 의하며 교육은 상징적 통제의 장으로 생산의 장과 연관되지만, 그것과 별도로 그 자체의 중요성에 의해 미래 사회에도 여전히 중요한 가치를 지닐 것이라고 전망된다.

외부에서 생산된 각종 지식은 공식적 재맥락화 장과 교수적 재맥락화 장을 거치면서 교수-학습의 장에서 실현된다. 학교는 외부 권력을 그대로 재생산하는 검은 상자가 아니라 역동적 장이다. 교수 기제 pedagogic device는 의식의 상징적 척도symbolic ruler of consciousness로서 외부 이데올로기가 작동하는 재맥락화 공간을 창출한다.

번스타인의 말년 저작에서는 시장주의에 따른 지식의 변화와 교수 정체성의 변화가 중심적 고민을 이루고 있다. 그는 재구조화한 자본주의(21세기)에 나타날 변화들을 낙관적으로 전망하고 있지 않다. 시장의존성의 심화와 탈인간주의적(인간의 내면적 지향과 분리) 지식의 위기 속에서, 학교들이 민주주의 증진을 위해 역할을 할 것을 시사한다.Bernstein, 2000: xix-xxi

그는 이것을 민주주의 원리에 의해 학교들을 조사하는 준거로 구조화하여 제시하고 있는데, 그 준거들 안에는 그가 민주주의의 기초라고 생각하는 원리들이 나타나 있다. 이를 정리해 보면 [표 2]와 같다.

[표 2] 정치적 권리, 조건, 수준

권리	조건	수준
강화	자신감	개인적
소속	공동체성	사회적
참여	시민적 담론	정치적

출처: Bernstein, 2000: xxi

번스타인은 효과적 민주주의를 위해서는 구성원들이 호혜적 참여의식을 가져야 하며 정치제도가 이를 현실화시킬 수 있다는 신뢰를 가질 수 있어야 한다고 보았다. 이는 민주주의의 기초에 해당한다.

번스타인은 이러한 기초가 실현되기 위해서는 세 가지 상호 관련된 권리들이 제도화되어야 한다고 보았다. 첫째는 개인적으로 발달할 수 있는 권리이다(강화 enhancement). 강화는 조금 더 나은 무엇을 막연히 지향하는 것이 아니라 각자가 비판적 이해에 도달하고 새로운 가능성을 전망할 수 있는 권리이다. 이 권리는 자신감을 갖기 위한 기초이며 개인적 수준에서 작동한다.

둘째는 사회적, 지적, 문화적, 개인적으로 통합될(소속 inclusion) 권리이다. 통합되는 것은 흡수되는 것과 다르다. 통합될 권리는 분리될 권리를 동시에 요구하며 자율적으로 이루어져야 한다. 소속되는 것은 공동체성의 조건이며 이러한 권리는 사회적 차원에서 작동한다.

셋째는 참여할 권리이다. 참여는 실천이며 이는 산출물을 요구한다. 이 권리는 사회질서가 만들어지고 유지되고 변동되는 절차에 참여하는 것을 말한다. 참여는 시민적 실천의 조건이 되며 이는 정치적 수준에서 작동한다. 번스타인은 이러한 권리의 모델을 통해 교육을 평가해야 한다고 보면서, 모든 학생이 자신들의 권리를 부여받고 향유하고 있는지, 권리가 불평등하게 분배되는 것은 아닌지 확인해야 한다고 말한다.Bernstein, 2000: xx-xxi

번스타인에 의하면 학교는 학생의 성공과 실패에 기반한 위계질서를 만들어 낸다. 수평적 연대horizontal solidarity를 이루는 데 학교 내부의 위계와 외부 위계는 위협이 된다. 학교가 학생의 실패를 선천적 능력이나 문화적 결핍으로 개별화하지 않도록 경계해야 한다. 그는 사회계급, 젠더, 인종 측면에서 교육 기회는 상당히 개선되었지만, 여전히 사회계급이 특권의 분배에 결정적 영향을 미친다는 점을 지적하면서 민주주의와 교육에 대해 이야기하기 위해서는 계급이 규제하는 현실의 한계에 대해서 직시해야 한다고 본다. 번스타인은 상징적 통제의 중요성이 더 강화되고 있는 현실에서, 누구의 목소리가 들리는가에 대해 아는 것은 자신의 목소리를 가지기 위한 출발점이 된다고 말한다.Bernstein, 2000: xxiv~xxv

V. 번스타인 후기 이론의 이론적·실천적 함의

이상에서 번스타인의 후기 저작인 CCC 제4권과 제5권의 핵심적 부분인 '교수 기제pedagogic devices'를 중심으로 그가 재생산의 원리뿐 아니라 변화를 어떻게 설명하는지를 살펴보았다. 학교 특히 공교육은 자본주의 구조의 산물이자 재생산 기제인가, 아니면 상대적 자율성을 통해 변화를 이끌어 낼 수 있는가. 이 질문은 교육개혁 논쟁에서 오래된 질문이다. 마이클 애플Michael Apple은 '교육이 사회를 변화시킬 수 있는가Can education change society?'라는 질문을 통해 1930년대 미국에서 조지 카운츠George Counts가 했던 질문을 재조명한 바 있다.Apple, 2013; Apple, 2002; 이윤미, 2015 진보적 교육은 무엇을 할 수 있는가. 진보적 학교들의 교사나 학부모들이 자족적인 교육관에 젖어 정작 중요한 사회문제들, 예컨대 빈곤과 사회 불평등에 눈감고 있다면 과연 진보적 교육이라고 할 수 있는가. 공교육은 재생산 기제를 벗어나 변화의 주제가 될 수 있는가.

번스타인도 구조주의적 접근을 통해 교수 기제들을 고안하는 과정에서 이 질문을 크게 의식하고 있음을 부정할 수 없다. 그는 이러한 질문들에 즉답을 주기보다 규칙들을 통해 그 가능성을 암시하고 있다. 번스타인의 논의는 분류화와 프레이밍의 규칙들이 외부의 교육 개념들을 어떻게 재맥락화의 장 속에 결합시켜 교수적 정체성을 형성하고 있는지 드러내 주고 있다. 그는 변화의 가능성을 꾸준히 열어 두면서도 지배적인 재생산 규칙과 현존 사회분업 구조 속에서 작동하는 교육관들 간의 경합 속에서 맥락적으로 해결해 갈 문제로 이를 제시하고 있다.

그는 구조주의자로서 공시적 원리와 규칙들을 정립하는 가운데, 사회 변화에 따라 교수 실천에 가해지는 변화들에 대해서도 구조적 설명을 위한 장치들을 이론화하였다. 번스타인은 외부의 계급구조에 따른 권력 관계와 통제원리가 상징적 통제의 장인 교육을 통해 어떻게 작동하는 가를 밝힘과 동시에 그 변화 가능성을 주목했다. 그가 비유적으로 사용한 목소리voice는 문화적 발성기관으로서 외부적 권력관계를 반영한 범주들과 경계들을 규정하지만, 재맥락화 장과 재생산 장에서 그 목소리들은 다양하게 수용되며 발성되지 않은 소리들 안에는 변화의 잠재성이 내재되어 있다. 목소리들은 교육 내부의 관계 양식에 따라, 즉 내부 관계를 규정하는 프레이밍을 통해 다양한 메시지로 현재화한다. 이 메시지들을 통해서도 변화, 즉 재생산에 대한 중단과 개입이 이루어질 수 있는 것이다.

번스타인은 후기 저작에서 특히 1970년대 말 이후 시장주의의 영향을 의미 있게 주목하였고, 이에 따라 전망되는 사회분업적 변화와 통제 방식이 학교에 어떤 영향을 미칠지에 대해 논의했다. 그는 교수 기제의 핵심 부분인 '재맥락화 장'의 정치학을 통해 시장주의에 따른 교수 모델의 분화와 현실화를 설명하는 구조적 기초들을 찾고자 했다. 특히 정책 담론 수준ORF에서 경쟁하는 역량 모델(발달지향)과 수행 모델(표준화지향)은 서구 사회에서 대립되는 두 교육관을 이원적 모델로 설명하는 것으로서, 현재의 우리 사회 분석에도 시사점을 준다. 또한 그가 교수적 정체성으로 분석한 각각의 입장들(구보수주의, 신보수주의, 신자유주의, 진보주의)도 국가, 시장, 그리고 교육이 거시-미시의 구조 안에서 결합되는 다양한 양상들을 보여 주는 것으로, 이러한 분석 관점은 오늘날 우리 사회에서 경쟁하는 교육 담론 지형을 분석하는 데 참고할 만하다.[15]

번스타인의 후기 이론은 교육현상 설명에서 다음과 같은 이론적·실천적 시사점을 제공한다. 첫째, 교육개혁의 바탕이 되는 거시-미시 구조의 규칙들을 드러냄으로써 교육에서의 변화를 기능주의적 관점에서 보지 않도록 한다. 일반적으로 구조와 규칙은 재생산의 룰을 드러내면서 현상을 설명하지만, 역동적 대안을 제시하지는 못한다. 그러나 번스타인은 재생산 규칙이 그 안에 변화의 효시를 내포하고 있다는 점을 강조하면서 정태적 재생산을 부정한다. 재생산의 규칙들을 보여 줌과 동시에 그 안에 내재된 변화의 모태들을 강조하는 것이다. 이러한 접근은 미래 사회 교육을 전망하거나 교육개혁 등을 상정할 때 기능주의적으로 예측하려는 태도를 재고하게 하며, 거시-미시 수준에서의 정치적 역학관계를 보다 정밀하게 고려하도록 한다.

둘째, 교육과정-수업-평가를 중심으로 하는, 어찌 보면 탈정치적으로 보이는 학교 혹은 교실이라는 공간을 외부 권력과 통제의 메커니즘이 작동하는 정치적 장으로 보게 한다. 교실이라는 장 안에서 거시적 구조가 작동하며, 외부 관계와 담론의 재생산이 이루어지기도 하고 균열이 일어나기도 한다. 즉 교실은 상징적 통제가 관철되기도 하고 모순이 발생하기도 하는 장인 것이다. 이러한 거시-미시 구조의 연관은 교실을 교수적 재맥락화 장PRF의 일부로서 구조적이고 정치적으로 재조명하게 한다. '교수-학습'의 과정은 그 안에 권력과 통제의 규칙을 담보하면서, 때로는 기존 지식과 규범체계를 유지하고 때로는 대안적 변화를 일으키는

---

15. 예컨대 국가와 시장에 대한 입장을 중심으로 우리 사회에서도 보편주의(국가 주도 진보주의; 격차 해소, 교육복지 등), 통제주의(국가주의적 보수주의; 국정화 등), 선별주의(시장주의적 탈중심주의; 학교 다양화 등), 분권주의(탈중심적 진보주의; 민관학 거버넌스, 풀뿌리 공공성 등) 등의 경쟁적 이데올로기에 기반한 교수 담론들을 분석해 볼 수 있다.

역동적 장인 것이다.

셋째, 번스타인은 후기 논의에서 사용한 위치 짓기positioning, 정체성 identity 등의 용어를 통해 이러한 재맥락화의 장이 단순하지 않음을 드러낸다. 외부 권력과 통제원리는 학교에 직접적으로 투사되거나 단순하게 이전되지 않는다. 외부 담론은 교수 담론으로 전환될 때 공식적 재맥락화 장과 교수적 재맥락화 장을 거치며 이데올로기적 경합 속에서 작동한다. 재맥락화 장 안에서 교수 이데올로기 간의 경쟁과 갈등이 이루어지는 것이다. 새로운 외부 담론(예컨대, 4차 산업혁명을 대비한 정보기술교육)은 교육의 장에 단선적으로 투입되기보다 교육을 둘러싼 제반 권력관계(계급, 젠더, 민족, 지역 등), 그리고 각종 경쟁적 교수관(탈중심적, 복고적, 전향적 교수관 등)을 통해 학교의 문법에 영향을 미치게 되는 것이다.

| 참고문헌

성열관(2012). 교수적 실천의 유형학 탐색: Basil Bernstein의 교육과정 사회학 관점.『교육과정연구』 30(3), 71-96.

성열관(2013). 학교의 질서와 학생의 참여: Basil Bernstein의 방법론에 대한 이론적 고찰.『교육사회학연구』 23(3), 83-109.

이윤미(2015). 교육으로 사회를 변화시킬 수 있는가? 마이클 애플과 비판적 교육학.『교육비평』 35, 151-203.

이윤미(2018). 바실 번스타인(Basil Bernstein)의 후기 교육사상: 교육에서의 거시-미시 구조와 변화.『교육사상연구』 32(4), 141-170.

Apple, M.(1979). Class, codes and control, Volume 3: Towards a theory of educational transmission by Basil Bernstein. *Curriculum and Reproduction*, 9(3), 251-257.

Apple, M.(1995). Education, culture and class power: Basil Bernstein and the Neo-Marxist sociology of education, in Sadovnik, A. R.(1995). *Knowledge and Pedagogy: The Sociology of Basil Bernstein*(pp.59-82). London: Ablex Publishing.

Apple, M.(2002). Does education have independent power? Bernstein and the question of relative autonomy. *British Journal of Sociology of Education*, 23(4), 607-616.

Apple, M.(2013). *Can Education Change Society?*. New York: Routledge

Bernstein, B.(1975). *Class, Codes and Control, vol. 3*. London: Routledge & Kegan Paul.

Bernstein, B.(1977). *Class, Codes and Control, vol. 3: Towards a Theory of Educational Transmission, 2nd ed*. London: Routledge & Kegan Paul.

Bernstein, B.(1990). *The Structuring of Pedagogic Discourse (Vol. IV, Class, Codes and Control)*. London: Routledge.

Bernstein, B.(1995). Response, in Sadovnik, A. R.(ed.)(1995). *Knowledge and Pedagogy: The Sociology of Basil Bernstein*(pp. 385-424). London: Ablex Publishing

Bernstein, B.(2000). Pedagogy, *Symbolic Control and Identity:*

Theory, Research, Critique. Oxford: Rowman & Littlefield Publishers, INC.

Bernstein, B.(2001). From pedagogies to knowledge, in Morais, A., Neves, I., Davies, B, Daniels, H.(Eds.)(2001). *Towards a Sociology of Pedagogy: The Contribution of Basil Bernstein to Research.* New York: Peter Lang.

Daniels, H.(2012). Vygotsky and Bernstein, in Daniels, H.(ed.). *Vygotsky and Sociology*(pp.44-60). London: Routledge.

Durkheim, E.(2006). *Emile Durkheim Selected Writings on Education (Vol. 2 The Evolution of Educational Thought, Lectures on the Formation and Development of Secondary Education in France).* New York: Routledge.

Durkheim, E.(2008). *The Elementary Forms of Religious Life.* Oxford: Oxford University Press.

Hardy, C.(2008). Hysterisis, in M. Grenfell(ed.). *Pierre Bourdieu: Key Concepts*(pp.126-145). London: Routledge.

Karabel, J. & Halsey, A. H.(1977). *Power and Ideology in Education.* Oxford: Oxford University Press.

Moore, R.(2013). *Basil Bernstein: The Thinker and the Field.* New York: Routledge.

Moore, R., Arnot, M., Beck, J., Daniels, H.(2006). *Knowledge, Power and Educational Reform: Applying the Sociology of Basil Bernstein.* New York: Routledge.

Morais, A. M.(2002). Basil Bernstein at the micro level of the classroom. *British Journal of Sociology of Education,* 23(4), 559-569.

Morais, A., Neves, I., Davies, B, Daniels, H.(eds.)(2001). *Towards a Sociology of Pedagogy: The Contribution of Basil Bernstein to Research.* New York: Peter Lang.

Munns, G. & Woodward, H.(2006). Student engagement and student self-assessment: the REAL framework. *Assessment in Education: Principles, Policy & Practice,* 13(2), 193-213.

Power, S., Whitty, G., Tony, E. & Wigfall, V.(1998). Schools, families and academically able students: contrasting modes of involvement in secondary education. *British Journal of Sociology of Education,*

19(2), 157-176.

Power, S. & Whitty, G.(2002). Bernstein and the middle class. *British Journal of Sociology of Education*, 23(4), 595-606.

Sadovnik, A. R.(ed.)(1995). *Knowledge and Pedagogy: The Sociology of Basil Bernstein*. London: Ablex Publishing.

Singh, P.(2002). Pedagogising knowledge: Bernstein's theory of the pedagogic device. *British Journal of Sociology of Education*, 23(4), 571-582.

Young, M. F. D.(1971). *Knowledge and Control: New Directions for the Sociology of Education*. London: Collier-Macmillan.

콜버그의 정의공동체로서의 학교와 권한부여

전아름

I. 도덕교육의 실천적 문제

현대사회에서 학교에 요구되는 도덕교육은 인지적·정의적·행동적 측면을 통합적으로 개발하는 인간교육에 가깝다. 콜버그의 도덕교육은 무엇이 도덕인가의 개념보다는 왜 이것이 도덕적이어야 하는지의 과정, 즉 도덕의 내용보다 도덕적 추론과정을 중요하게 보았다. 그러나 콜버그의 가설딜레마 토론은 도덕판단을 연습하는 것과 도덕적으로 행동하는 것, 이 둘이 어떠한 관계가 있는지 지속적인 비판이 제기되면서 콜버그의 연구는 도덕성 발달로부터 도덕교육과 실천의 문제로 전환하게 된다. 도덕적 판단이 곧 도덕적 행동으로 이어지기에는 다소 괴리감이 있다는 점, 도덕의 내용과 형식을 분리한다는 점, 개인과 공동체를 분리한다는 점, 잠재적 교육과정을 경시하여 도덕교육을 학교지식과 일상지식으로 분리한다는 점 등의 문제점들이 지적되었다. 콜버그는 도덕적 행위가 한 개인의 인지구조나 도덕적 추론에 의해서만 결정되는 것이 아니라 사회·집단적 맥락에 영향을 받는다는 것을 인지하면서 그 대안으로 모색한 것이 정의공동체 접근이다.Kohlberg, Levin, & Hewer, 1983

인위적인 가상 딜레마 상황보다는 생활 속 실제적인 문제를 다루고, 공동체의 분위기를 도덕교육에서 중요한 요인으로 보았다. 이는 윤리와 도덕을 교과로 가르치기보다 학교가 존중하고 배려하는 공동체가 된다면 학생들의 도덕발달이 더 효과적으로 이루어진다고 보는 것이다. 콜버그는 학교에서 민주주의를 가르치기보다 학생과 교사 전원이 참여하여 규칙을 제·개정하고 민주적으로 의사를 결정하는 것이 학생들의 도덕성을 효과적으로 발달시킬 것이라 판단하였다. 콜버그는 이러한 전제하에 정의공동체 학교를 직접 운영하게 되는 데, 매사추세츠주 케임브리지에 있는 클러스터 학교Cluster School, 뉴욕주 웨스트체스터에 있는 스카스데일 대안학교Scarsdale Alternative High School, 매사추세츠주 브루클린 고등학교Brookline High School의 학교 내 작은학교School-Within-a-School 등 3개의 실험학교를 설립하였다. 민주적이고 도덕적인 학교환경은 잠재적 교육과정으로서 공동체의 규범이나 문화, 도덕적 분위기를 포함한다. 콜버그는 민주적 절차와 방법을 통해 운영된 정의공동체 학교는 학생들이 민주적인 의사결정을 배우고 공유, 배려, 믿음, 공동체적 책임감을 기를 수 있다고 보았다.

이 장의 기본 목적은 첫째, 콜버그의 정의공동체 학교가 우리의 학교현장에서 어떻게 적용될 수 있는지 그 전제와 과제를 탐색하는 것이다. 둘째, 콜버그의 정의공동체 학교가 어떤 민주적 거버넌스를 통해 운영되었는지 살펴보고 우리 학교현장에 주는 시사점에 대해 알아보고자 한다. 셋째, 정의공동체로서의 학교가 운영되기 위해서는 어떠한 권한부여 전략이 있어야 하는지 알아보고자 한다.

II. 콜버그의 정의공동체 학교

1. 정의공동체 학교의 등장 배경

딜레마 토론교육의 한계

콜버그의 초기 이론인 인지발달론은 개인의 자율적이고 합리적인 가치판단을 중요시한다. 반면 정의공동체 학교는 그의 후기 프로젝트로 가설딜레마 수업이 아닌 실제 생활의 문제를 토의하고 학교를 민주적인 환경으로 개선하려는 도덕성 교육이다. 정의공동체 학교는 정의의 가치와 공동체의 철학과 관련이 있다. 여기에서 정의는 모든 사람을 동등하게 존중하고 배려하는 민주적 방식이자 개인 간의 권리 상황에서 갈등을 해결하는 원리이다. 학생들이 인지적 불균형이 일어나는 딜레마 상황에서 '어떤 삶이 덕 있는 삶인가'에 대해 사고하는데 그 과정에 영향을 미치는 것이 공동체의 규범이나 문화, 도덕적 분위기와 같은 잠재적 교육과정이다. 이러한 정의공동체적 접근의 등장 배경은 1970년대 미국의 대내외적 상황과 관련이 있다. 베트남전쟁과 워터게이트 사건으로 국가의 안정이 동요되고 제도들의 도덕적 권위가 추락하는 등 공동체와 공공선에 관심이 없고 지나친 개인주의나 행복에만 매달리는 분위기였다. 콜버그는 공적인 문제보다는 자신들의 개인적 이익만 고려하는 부정적인 도덕현상을 극복하고자 도덕교육의 실천의 문제에 관심을 기울이기 시작했다.

콜버그의 연구가 실천적 전환을 한 또 다른 계기는 콜버그의 대학원 제자였던 블라트Blatt의 교육실험 때문이었다. 블라트는 아이들이 자신의 단계보다 체계적으로 한 단계 위의 도덕추론에 노출된다면 그들은 긍정적으로 그 추론에 이끌리면서 한 단계의 위의 도덕판단 수준으로 성장할 수 있다는 가설을 세웠다. 이러한 가설 검증을 위해 교회의 주일학교에서 초등학교 6학년 학생을 대상으로 일주일에 한 번씩 실험연구를 실시한 후 +1전략 혹은 블라트 효과Blatt effect라고 알려진 연구 결과를 발표한다.Power, Higgins & Kohlberg, 1989 1차 실험에서 64%의 학생들은 한 단계 상향된 도덕판단의 단계를 경험하였고 2차 연구에서 교사주도 그룹은 평균 1/3단계가 상향되었다. 가상 딜레마의 상황에서 아이들이 인지적 불균형을 경험하고 교육적 개입을 통해 아이들의 도덕판단의 발달단계가 상향하게 된다. 이때 도덕적 개입은 주입이 아닌 인지적 갈등, 즉 한 단계 높은 추론에 노출되는 것 등인데 이는 교사가 열린 마음으로 발달을 촉진하는 소크라테스적 촉진자가 되어야 하며 토론집단은 상이한 발달단계에 있는 아이들로 구성되어야 한다.

　블라트 효과에 고무된 콜버그는 가상적 딜레마 토론교육을 학교수업에 적용하고 이를 더욱 체계화시켰다. 그는 이 과정에서 딜레마 토론이 개인의 도덕발달단계를 상승시키지만 학생들의 발달단계에 대한 평가의 어려움, 발달단계의 보편성 문제, 도덕판단과 행위 간의 불일치 문제 등 이 이론이 갖는 문제점도 함께 인식하게 된다.Kohlberg, 1981 이는 콜버그가 보스턴 지역의 한 고등학교에서 자신의 딜레마 수업이 끝난 후 그 학교 교장 선생이 제기한 질문으로부터 시작된다. "학교 안에서 일어나는 실제 행동이 아닌 왜 과학 소설과 같은 딜레마로 토론교육을 합니까?"Reed, 1997 이 질문에서 콜버그는 그동안 주장했던 가상적 딜레마 토론이 학생들의 실제적인 삶에서 도덕적 행동으로 변화를 이끌어 내지 못하고 있다는 문제를 확인하였다. 콜버그는 이를 '심리학자의 오류Psychologist Fallacy'라고 하였는데 여기서 심리학자의 오류란 발달심리학 연구에서 중요한 일이 교실 수업 현장에서도 중요하다고 믿는 것을 의미한다.Berkowitz, Oser, 1985 콜버그는 학생들의 도덕적 추론 능력 발달에만 초점을 두고 학생들의 실제적 삶과 학교에서의 행동들을 다루지 못한다면 도덕교육이 학습이 이루어지는 학교나 교실의 제도와 환경을 소홀히 할 수 있음을 인정하고 기존 딜레마 토론교육에 대한 새로운 대안을 모색하게 된다.Kurtines, Gewirtz, 1987

공동체의 도덕적 환경

콜버그는 과거 2차 세계대전 때 유태인들의 피난을 돕던 중 자신이 직접 경험하게 된 키부츠kibbuz를 떠올리고 1969년 이스라엘로 돌아가 키부츠를 연구하게 된다. 키부츠 방문을 통해 도덕추론능력이 발달함에 따라 행동으로 이끌어 낼 수 있는 공동체의 도덕적 분위기에 착안하게 된다. 키부츠는 직접 참여민주주의에 의해 운영되던 이스라엘의 집단공동체로 일체의 재산이 공동소유이며 구성원들이 필요로 하는 모든 것을 무제한 공급한다. 또한 구성원 간 갈등이 일어날 경우 이를 공동체의 회에 발의하는데 집단 토론을 통해 그 방안을 이끌어 낸다.Kohlberg, 1971 이는 차후에 정의공동체 학교가 정의의 보편적 원리와 책임, 배려가 포함된 공동체라는 교육원리를 제공해 줄 뿐 아니라 '공동체회의', '자문단회의', '규율위원회' 등을 조직하는 데 그 기초를 제공하게 된다. 정의공동체 학교도 키부츠에서처럼 민주적 절차를 중요시하고 교사의 역할 역시 키부츠의 젊은 지도자인 마드리히madrich와 유사하다. 교사는 보다 큰 사회를 대표하는 자로서 위계적 관계보다는 평등한 관계, 수직적 의사결정보다는 민주적 의사결정을 옹호한다.

아이들은 키부츠 안의 성인 사회에서 민주주의와 정의, 공동체의 원리들이 실행되는 것을 보면서 그 가치를 배우고 자신들의 사회 안에서 실천함으로써 그 가치를 학습한다. 파워는 키부츠의 교육에 대해 "자신들이 만든 집단의 규율에 헌신하고 그와 동시에 민주적이고 개인의 개성을 존중한다. 자신의 목소리를 내는 것이 교육 체계 속에 잘 융합되어 있고… 학생은 교사들과 논쟁을 벌이고 모임에서 교사를 반대하는 투표도 할 수 있다"고 소개하였다.Power, 1989 도덕발달을 위한 도덕적 분위기의 중요성, 규칙 존중을 통한 집단 훈육, 집단 구성원 간의 집단적 책임감 등과 같은 키부츠의 특징들은 정의, 평등과 같은 보편적인 가치와 집단의 규율과 정신을 강조하는 공동체적인 가치가 긴장과 조화를 이루며 민주적적으로 운영될 수 있다는 정의공동체 학교에 대한 단초를 제시하였다.

콜버그가 공동체의 도덕적 환경이 얼마나 중요할 수 있을지 구체적인 연구를 통해 입증한 곳은 교도소였다. 도덕 딜레마를 가지고 죄수들과 토론을 진행하고 이는 도덕발달단계의 3~4단계까지 상승했으나 교실 밖의 교도소 상황에서는 더 낮은 단계를 보였다. 가상 혹은 실제 딜레마 토론을 통해 죄수들의 도덕단계를 상위 단계로 발달시킨다 할지라도 교도소 내의 제도나 환경을 도덕교육에 우호적으로 바꾸지 않는 한 자신이 학습한 것을 행동으로 옮길 가능성이 낮았다. 죄수들에게 도덕교육을 하기 전 그들이 생활하는 환경을 민주적으로 운영되게 하고 죄수들을 토론과 의사결정에 참여하도록 도덕교육에 우호적으로 변화시켜야 한다고 주장하였다. 니안틱 감옥 프로젝트Niantic Prison Project는 수감자들과 간수들이 도덕적 토론과 민주적인 의사결정 과정에 참여하는 민주적인 공동체 프로그램으로 그 원리에 맞게 운영한 결과 실험은 성공적이었다. 이는 죄수들의 도덕판단이 단순히 개인의 추론과 능력의 문제가 아닌 분위기와 상황 간의 상호작용에 영향을 받는다는 연구 결과를 입증하였다.Hickey, Scharf, 1980 이후 콜버그는 1974년 정의공동체 학교인 클러스터 학교를 운영하기 시작하였다.

2. 정의공동체 학교의 구성원리

정의공동체 학교의 교육 목표

콜버그는 정의공동체 학교를 통해 공정성, 평등성, 자율성, 소속감, 연대의식, 규칙에 대한 존중 등 정의와 공동체에 대한 쟁점들을 민주적으로 토론하고 해결하고자 하였다. 그 과정을 통해 학생들의 도덕발달을 이끌어 내고자 하였다. 정의공동체는 학교에서뿐 아니라 사회에서 정의를 구현한다는 점에서 민주적인 공동체이다. 또한 공동생활을 통해 타자에 대한 공감, 연민, 연대의식, 집단에 대한 책임의식을 기르고자 하였다. 콜버그는 학교에서 윤리와 도덕을 가르치기보다는 학교 자체가 정의로운 공동체가 되어야 하고 민주시민권을 가르치기보다는 학교 자체가 민주주의에 기초한 민주사회가 되어야 함을 주장하였다. 학교가 정의공동체가 되기 위해서는 잠재적 교육과정 또한 정의의 교육과정으로 만들고 학생들이 보다 적극적인 역할을 하도록 만들어야 하는 것이다. 이를 위해서 학교의 교육 목표와 교육과정, 각종 운영기구는 학생들의 자발적 참여와 자율성에 기초해야 한다고 보았다.Reimer, Paolitto, Hersh, 1983

콜버그의 정의공동체 이론은 여러 학자들에게 영향을 받았는데, 듀이Dewey는 이타주의, 사회적 책임을 지닌 인격 발달을 위해서는 민주적인 학교교육이 필요함을 강조하였고, 미드Mead는 관계성에 기초하여 사회적 상호작용과 집단 내 구성원 간 의사소통을 중요시하였다. 로이스Royce는 사회에 대한 충성도에 따라 개인과 사회의 결속이 이루어진다고 보았다.남궁달화, 1995 또한 콜버그는 칸트Kant에서 롤스Rawls로 이어지는 서양의 자유주의 윤리학적 관점을 따르면서 공동체보다는 개인의 자유와 권리를 우선시하고, 개인의 도덕적 자율성을 중요시하였다.박병춘, 2009 콜버그의 도덕 심리학 및 도덕교육론의 출발점은 공동체보다는 개인을 중시하는 개인주의적 관점, 즉 정의의 관점에서 시작되었다고 볼수 있다. 그가 초기에 주장한 가상적인 딜레마 토론을 통한 도덕교육에서는 정의를 최고의 도덕원리로 선택한 6단계로까지 학습자들의 발달단계를 촉진하는 데 목적을 두었다. 콜버그의 인지발달론 입장에서 정의를 지향하는 도덕적 발달은 자연스럽게 발달하거나 교육적 개입에 의해일어난다. 그러나 이러한 개입은 교화나 훈련이 아닌 발달을 자극하는형식이다. 그러므로 도덕교육의 궁극적인 목표는 단계 6의 도덕적 판단을 하는 사람이다. 그런데 연구 결과에 따르면 단계 6에 도달하는 사람은 극소수로 이는 사회계약 단계인 단계 5로 내려가게 된다. 단계 5는사회계약을 수용하고 미국의 헌법정신을 존중하는 시민이다. 콜버그는'고등학교 민주주의와 정의로운 사회를 위한 교육High School Democracy and Education for a Just Society'에서 공동체의 일원으로서 좋은 시민인 단계 4의 도덕성을 강조하고 있다. 콜버그는 자라나는 학생들에게 가장 문제는 나밖에 모르는Me Generation 혹은 일류만을 추구하는Look out for number one 이기주의이며, 이러한 문제의 교육적 해결은 바로 참여라고주장한다. 새로운 4단계의 교육 모델은 법 준수뿐 아니라 참여, 배려, 책임감 등을 발달시켜 학생들이 속한 공동체에 능동적으로 참여하고 도덕적으로 헌신하는 단계이다. 이런 의미에서 교육 목표로서의 단계 4는 그의 초기 인지발달단계의 단계 4와는 다르다.Kohlberg, 1980

공동체의 관점은 뒤르켐의 공동체주의 도덕교육론에 기초하고 있다. 개인보다 공동선, 즉 공동체의 우선성을 주장하였던 뒤르켐은 특정한사회에서 오랫동안 전수해 내려오는 사회규범을 도덕으로 정의하고, 이러한 도덕을 아이들에게 내면화하고 전수함으로써 이를 통해 공동체를 유지·발전시키는 것을 도덕교육의 목표로 설정하였다.Higgins, 1989 이처럼 콜버그는 자신의 정의의 관점을 토대로 하고 여기에 민주적 원리를 통해 수정한 뒤르켐의 공동체적 관점을 발전적으로 수용하였다. 즉, 콜버그는 학생들의 권리를 존중해 주고, 그들의 도덕적 성장을 촉진함과 동시에 이 과정에서 동료집단의 강력한 힘을 중요한 자원으로 활용하고자 했다. 뒤르켐은 도덕성의 구성 요소로 자율 혹은 자기결정성autonomy, self-determination, 규율공동체에 대한 애착attachment to social group, 규율의 정신spirit of discipline을 제시한 바 있다.Durkheim, 1973 여기서 말하는 자율성과 규율의 정신은 정의의 가치와 관련이 깊고 규율공동체에 대한 애착은 공동체의 철학과 관련이 있다.노희정, 2016

콜버그는 뒤르켐의 도덕교육이론을 수용하고 있지만 사회화와 자율성의 측면에서 다른 입장을 취하고 있다.荒木寿友, 2013 아라키에 따르면 뒤르켐은 아동의 사회화 요인을 사회적 권위와 연결시켜 권위에 의한 사회화와 도덕성의 타율적 측면을 강조하지만 콜버그는 타율에서 자율로 향하는 과정을 중시한다. 뒤르켐은 기존 가치와 유지, 전달을 강조하고 교사가 아동이 사회화를 통화 도덕을 내면화하도록 가르친다. 콜버그는 도덕성 발달단계의 보편적 순서나 계열을 강조하여 자율성에 그 기초를 두고 있다. 뒤르켐은 외부의 사회적 권위를 통해 사회화하지만 콜버그는 구성원들의 합의에 의해 결정된 규칙을 통한 집단적 사회화collective socialization를 인정하고 있다. 뒤르켐에게서 '도덕적으로 교육받은 인간'은 문화나 권위가 있는 도덕에 따라 행동하고 그 도덕에 대해 이유를 묻는 상황적 존재로서 인습의 범위 안에 갇혀 있는 인물이다. 이에 비해 콜버그는 갈등 상황에서 인습 이후의 도덕원리에 기초하여 판단하고 보편적 관점에서 추론할 수 있는 자율적인 존재라 할 수 있다.

정의공동체 학교의 운영원리

이러한 이론을 바탕으로 세워진 정의공동체 학교는 케임브리지에 있는 클러스터 학교였다. 콜버그는 다음과 같은 원칙에 대한 수용을 전제로 클러스터 학교의 자문에 응하였다. 이러한 원칙은 클러스터 학교를 포함한 이후에 만들어진 정의공동체 학교의 핵심적인 운영원리가 되었다.Reimer, 1989

(1) 학교는 직접민주주의에 따라 운영되며, 교사와 학생은 학교 문제 결정에서 동등한 권리를 가진다. 모든 중요한 이슈에 대해 1인 1표를 갖고 참여하며 공동체 회의를 통해 결정된다.

(2) 학교 규모는 모든 구성원들이 일주일에 한 번 공동체 회의에 얼굴을 마주할 수 있도록 작아야 한다.

(3) 구성원들의 책임과 의무를 규정하는 사회적 계약을 구성원들끼리 체결한다.

(4) 학생과 교사들은 기본적으로 동등한 권리를 갖는다.

(5) 학교 구성원들 모두 학교 내의 공동체 정신을 구축하기 위해 노력해야 한다.

(6) 학교 구성원들은 도덕발달 이론을 학급이나 공동체 회의에 적용해야 한다.

(7) 교사와 학생, 학부모들이 참여하는 위원회를 설치한다. 공동체 회의 외에 대표적인 것으로는 의제위원회, 조언집단, 규율위원회 등이 있다.

(8) 사회계약은 모든 사람들의 권리와 책임이 있는 구성원들에 의해 결정된다.

(9) 학생과 교사는 표현의 자유, 타인 존중. 언어 혹은 신체적 위해

로부터 자유와 같은 동등한 기본 권리가 주어진다.

이러한 원리에 따라 클러스터 학교는 3개 학급, 약 70명의 학생, 8명의
교사로 구성되었다. 직접민주주의를 할 정도로 충분히 작아야 한다는 원
칙에 따라 교사와 학생은 10 대 1 정도의 비율이었고 소규모로 유지하였
다. 이 학교의 모든 구성원은 일주일에 한 번 공동체 회의에 참석하여 규
율이나 학교 운영에 관한 중요한 사항들을 결정한다. 1인 1표에 기초한
직접 참여민주주의에 원리에 따라 개방적인 토론을 통해 운영되었다. 의
제위원회에서는 공동체 회의에 토론할 의제를 상정한다. 조언집단에서
는 개인적인 문제들을 토론하기 위해 신뢰성 있는 분위기를 만들고 공
동체가 직면하고 있는 문제들을 해결하기 위해 토론을 실시한다. 규율위
원회는 규칙 위반이나 갈등에 대한 공청회를 열고 그 제재 방안을 마련
한다. 이러한 운영원리와 기본 제도들은 다른 정의공동체 학교인 스카스
데일Scarsdale 고등학교와 브루클린Brookline 학교에서도 유지되었다. 교사
와 학생을 포함한 모든 구성원들이 1인 1표를 행사하는 참여민주주의는
클러스터 학교에서 가장 중요한 원칙이다. 교사와 학생이 함께 학교의 중
요한 의사결정에 참여함으로써 그들에게 학교에 대한 책임감을 부여하고
학교가 배려의 공동체라는 의식을 심어 줄 수 있다고 보았다.Reed, 1997

정의공동체 학교의 운영기구
정의공동체 학교에서는 다음과 같은 운영기구를 통해 민주적인 제도
와 절차를 마련하였으며 학생들의 참여를 이끌고자 하였다.

가. 의제결정위원회agenda committee
절차적 공정성을 위한 규범, 질서 유지 규범으로 나누었다.Power,

Higgins & Kohlberg, 1989 이러한 규범을 제안하거나 개정, 혹은 위반할 때 학생들은 안건을 내놓는다. 학생들이 약물을 복용하거나 도난사고를 일으키면서 규칙을 만드는 논의가 구체성을 띠게 되었다. 의제 선정은 학교 내의 문제가 개인적 이슈가 아닌 사회적인 이슈가 될 것인가의 문제를 결정하는 단계이다. 의제결정위원회는 학생 8~12명, 교사 2~3명으로 구성되며 여러 의제 중 중요하다고 판단되는 안건을 조언집단이나 공동체 회의에 상정하게 된다.

나. 조언집단advisory group 회의

조언집단 회의는 공동체 회의에 대비하여 의제결정위원회에서 상정한 의제를 토론함으로써 사전 토의의 성격을 띤다. 조언집단 회의는 조언자 1인과 학생 1~15인으로 구성하고 조별로 돌아가면서 공동체 회의를 주도할 2명의 사회자를 뽑아 공동체 회의를 준비한다.

다. 공동체 회의community meeting

공동체 회의는 정의공동체 학교에서 가장 중요한 기구이다. 참여민주주의의 운영방침이 대부분 공동체 회의에서 결정되며, 교사와 학생 전체가 참여하여 매주 한 번(금요일마다 오전 10시 50분) 두 시간 정도 개최된다. 교사, 학생, 조언자 그룹, 방문객 모두 모이는데, 공동체회의는 모든 사람이 보고 듣고 할 수 있는 유일한 정기 행사이다. 공동체 회의의 목적은 학생들의 공동체 의식을 고취하고 민주적으로 공정한 결정에 이르도록 하며, 수정 또한 민주적으로 하도록 하는 것이다.Snarey & Pavkov, 1991 토론 끝에는 한 표씩 투표를 하는데 어떤 결과가 나오든지 지켜야 한다. 공동체 회의의 운영조건은 다음과 같다.Reimer, 1983

(1) 학생들의 관심사는 지켜져야 한다.

(2) 순서는 분명하고 융통성이 있으며 절차적 순서가 있어야 한다.

(3) 구체적인 제안에 대한 찬반 토론이 가능하도록 쟁점이 제기되어야 한다.

(4) 학생과 교직원은 주장과 그 이유를 제시함으로써 쟁점에 대해서만 토론하고 서로에 대한 공격이 되어서는 안 된다.

(5) 공동체 회의의 결정은 소수의 반대나 높은 권위에 의해 무산되어서는 안 되며 실현이 가능하다고 여겨져야 한다.

라. 규율위원회discipline committee

교사 2인과 학생 6~8명으로 구성된 규율위원회는 규칙 위반과 그 사례에 대한 처벌, 상호 간의 의사소통을 목적으로 한다. 고발이 접수되면 당사자를 불러 사실을 확인하고 학교에 남을지 아니면 학교를 나갈 것인지 질문을 한다. 필요에 따라 학생들에게 도움을 주는 곳이며, 중요한 기능은 공정하게 판단하기, 개인들 사이의 논쟁을 조정하기, 훈육문제, 상담하기 등이다.Power, Higgins & Kohlberg, 1989

클러스터 학교의 평가와 그 이후

가설딜레마 토론 수업 이후 평가 척도는 여러 가지 형태로 사용된다. 콜버그가 사용한 MJIMoral Judgement Interview, 레스트Rest의 DITDefining Issues Test, MMTMoral Maturity Test, 혹은 도덕민감성 검사지인 ESTEthics Sensitivity Test 등이다. 그러나 콜버그가 제안하는 정의공동체 학교의 수준평가는 다음과 같은 5수준의 항목이 있다.Rheta DeVries & Betty Zan, 1994

Level 0 가치 없음(학교는 그다지 가치 있는 곳이 아니다)

Level 1 도구적 가치(학교는 개인의 욕구를 충족시켜 주는 도구적 가
치를 지닌 곳이다)

Level 2 감정적 자기동일성(학교는 학교 대항 스포츠 경기에서 이겼
을 때처럼 특별한 순간만 있을 때, 가치 있는 곳이다)

Level 3 자발적 공동체(학교는 타인을 도우려는 구성원들 간의 친밀
함이나 우정을 위한 장소이다)

Level 4 규범적 공동체(학교는 사회계약으로서 규범과 집단의 이상,
공동체의식을 길러 주는 가치 있는 곳이다)

이러한 평가 척도를 적용하였을 때 클러스터 학교는 처음 설립 때는
수준 2에 불과했지만 2년 후에는 수준 4로 변화하였다. 약 4년간 클러
스터 학교는 성공적으로 운영되었지만 1년 후 문을 닫게 된다. 정의공동
체 접근은 성공적이었으나 문을 닫게 된 이유는 정의공동체 학교 교육
에 대한 교사들의 훈련 부족, 행정조직의 문제, 새로운 학생 충원의 문
제, 학습결손 학생의 문제, 그리고 이러한 문제로 인한 교사와 콜버그 간
의 갈등 등이 지적되었다.Reimer, Paolitto, Hersh, 1990

클러스터 학교 이후 두 가지 방향으로 정의공동체 학교는 지속되었
다. 하나는 케임브리지Cambridge 고등학교 내에서 클러스터 학교의 교사
였던 엘사Elsa Wasserman에 의해 시도된 공정위원회the fairness committee
로 이것은 규율위원회를 발전시킨 형태이다. 교사와 학생으로 구성된 공
정위원회는 교사나 학생들이 불공정하다고 생각하는 사건들 즉 일종의
공동체의 불공정성에 대한 문제들을 해결하고자 하였다.

다른 하나는 클러스터 학교 이후 콜버그의 정의공동체 학교는 대안
학교를 통해 확산되었다. 대표적인 곳으로는 매사추세츠주Massachusetts

브루클린Blookline에 있는 학교 내 학교School-Within-a-School와 뉴욕의 스카스데일Scarsdale 대안학교이다. 이 두 학교는 모두 공동체적이고 집단적인 요소를 축소시키고 민주적인 요소를 강조한 것이 특징이다.Reimer, Paolitto, Hersh, 1990 1980년대 들어오면서 시도된 정의공동체 학교는 루스벨트Roosevelt 고등학교와 브롱크스Bronx 과학학교가 있다.

3. 정의공동체 학교의 잠재적 교육과정

도덕적 분위기

학생은 대부분 도덕적 가치들을 학교에서 배우게 된다. 교사는 표면적 혹은 잠재적 교육과정을 통해 이러한 가치들을 학생에게 전달하게 된다. 그중 잠재적 교육과정은 가치 전수에 매우 효과적인데 학생들은 사실 잠재적 교육과정의 영향을 받으며 자신도 모르게 가치를 학습하고 있다. 콜버그는 정의공동체 접근에서 도덕적 분위기moral atmosphere라는 개념으로 도덕적 판단과 행위의 상관관계를 설명하고 있다. 도덕 판단에서 행동으로 이어지게 하는 데에는 공동체의 분위기와 관련이 있다. 니안틱감옥 프로젝트와 같이 한 개인의 추론단계가 아무리 높을지라도 그가 속한 공동체의 규범이 낮으면 실제 행동은 더 낮은 단계의 도덕행위였다. 즉, 어떠한 장면에서의 도덕적 행동은 개인의 도덕적 판단보다는 집단 규범에 의해 좌우되기도 한다는 것이다. 콜버그Kohlberg, Levin, & Hewer, 1983에 따르면, 현재 생활에서 개인의 도덕적 의사결정은 집단규범이나 집단의 의사결정 과정이라는 맥락 안에서 이루어진다. 도덕적 분위기는 생태ecology, 환경milieu, 사회 시스템social system, 문화culture라는 네 가지 요소로 구성된다.Power, Higgins, Kohlberg, 1989 여기서 생태란 학교의 물리적 자본, 즉 규모, 외관, 설비 등을 말하고, 환경이란 학교 구성원의 급여, 고용의 안정성, 교육 수준 등을 말하며, 사회 시스템이란 학교의 조직, 운영, 교수 프로그램 등을 가리킨다. 마지막으로 문화란 학교의 구성원이 공유하고 있는 규범, 가치, 의미조직을 의미한다. 여기서 문화란 "공동체에 널리 퍼진 지적, 도덕적 그리고 미적 표준과 의사소통의 의미가 포함된 공유된 관념체계"라 할 수 있다.Power, Higgins, Kohlberg, 1989

콜버그는 표면적 교육과정을 통한 도덕교육은 충분하지 않다고 주장하고 아동의 도덕발달을 위해서는 잠재적인 교육과정으로서 역할을 수행할 수 있는 정의로운 학교환경을 조성하는 것이 중요하다고 강조한 바있다.Yüksel, 2005 정의공동체적 접근과 잠재적 교육과정의 관계는 다음과 같은 추론에 기반하고 있다.Kohlberg, 1970; Gordon, 1986

(1) 잠재적 교육과정은 학교 내의 사회적 관계와 관련이 있다.
(2) 잠재적 교육 과정은 광범위하게 퍼져 있으며 학생의 도덕발달에 끼치는 학교의 영향력 중 가장 효과적이다.
(3) 도덕발달은 정의의 원리에 기반한 도덕적 성숙이 목표이다. 따라서 효과적인 도덕교육은 학교를 정의공동체로 변화시키는 것이다.

콜버그는 시험 중 부정행위, 교사의 권위, 잠재적 교육과정의 개선이라는 주제로 도덕교육에 영향을 끼친 교육과정에 대해 논의하였다.Kohlberg, 1983; Yüksel, 2005

콜버그는 학생이 시험에 공정하게 임하겠다는 도덕판단이 있고, 교사, 행정가, 가족이 부정행위를 못하게 한다 할지라도 그들이 조장한 경쟁적 환경은 학생이 부정행위의 유혹에 빠지게 함을 지적했다. 여기서 표면적으로 교사, 행정가, 가족이 부정행위를 못하게 하지만 동료들보다

시험을 잘 봐야 한다는 중압감은 드러나지 않는 잠재적 교육과정으로서 학생에게 부정행위를 강요하게 만든다는 것이다. 또한 교사는 교실에서 자신이 설정한 규칙과 권위에 따라 학생들에게 벌을 주거나 보상하면서 사회적, 도덕적 메시지를 전달한다. 잭슨Jackson[1996]에 따르면, 대중crowds, 칭찬praise, 권력power은 교실만의 특유한 잠재적 교육과정을 형성한다. 표면적 교육과정에서 수업이 민주적으로 진행되고 학생은 비판적으로 사고하도록 권장하고 있다. 그러나 실제 운영에서 학생의 권리보다 교사의 권위만 우선시되는 분위기라면 이러한 교사중심의 행동들은 교실을 비민주적으로 만드는 잠재적 교육과정으로 작용하게 된다. 이에 따라 콜버그는 도덕적 분위기에 부정적으로 영향을 끼치는 잠재적 교육과정을 개선해야 한다고 주장하게 된다. 그는 교사와 행정가가 잠재적 교육과정을 변화시키기 위한 민주적 참여와 환경을 제공해야 하며, 비록 그 개선과정이 어렵고 시간이 요구되는 과업이라 할지라도 진실한 정의공동체의 분위기를 위해 단행해야만 하는 과제임을 밝힌 바 있다.[Power & Kohlberg, 1986] 그리고 라이머와 파워[Reimer, Power, 1989]에 따르면 도덕교육의 과제는 높은 단계의 도덕이 기능하는 사회를 만들어 내는 데 있다. 학생은 이러한 사회에 참여함으로써 그러한 사회에 적합한 추론과 행위를 개발할 수 있는 것이다.

민주적 의사결정 공동체

정의공동체 학교는 학생과 교사 전원이 참여하고 규칙을 제정하고 개정하며 민주적으로 의사를 결정한다. 정의공동체는 블라트Blatt가 시도한 도덕적 토론의 형식을 학교 운영상의 규칙과 통제, 구성원 간의 관계로 확장시키려고 하였다. 정의에 대한 교실의 토론들을 실제 생활로 확장시키는 것은 학교를 더욱 정의롭게 만들며 이 과정에서 학생들의 도덕

성이 향상될 것이라 판단하였다.^{최현섭, 1985}

민주주의란 단순히 다수에 의한 결정이 아니라 합의로 나아가는 과정을 배우는 것이다. 정의공동체에서는 이러한 민주적 절차를 강조하기 때문에 하나의 문제를 해결하는 데 상당한 시간이 걸리더라도 협의의 과정을 거치게 된다. 학생들은 그들의 가치에 대한 입장을 민주적인 절차에 의해 정할 수 있고 또한 의사결정 과정을 거치며 규칙을 정할 수 있다. 학생들은 의사결정에 대한 참여 없이는 공동체의 규칙에 관심이 없으며 자율적인 개인으로 성장하기 어렵다.^{배한동 외, 2010} 민주적인 토의 공동체는 협력으로 갈등의 균형을 잡을 수 있고 타인의 의견을 경청하고 이해하려고 노력할 수 있다. 콜버그는 학교에서 규칙을 유지하는 데 민주적인 절차가 가치 있고 효과적인 수단이자 학생들의 도덕성을 발달시키는 데 효과적이라고 주장하였다. 정의공동체 학교의 민주적인 토의 과정은 정의공동체 학교 운영을 위한 잠재적 교육과정으로서 다음과 같은 효과가 있다.^{Power, 1989}

(1) 학생 실제 삶의 문제는 가설적 딜레마 상황보다 그 해결책을 찾는 민주적인 토의 과정이 보다 효과적이며 이는 도덕성을 발달시킨다.

(2) 민주주의를 행함으로써 학생들이 민주주의를 배울 수 있다는 원리는 행함으로 배운다는 듀이의 학습 원리와 관련이 깊다.

(3) 밀J. S. Mill이 지적한 대로 폐쇄적이고 권위적인 사회보다 민주적인 사회에서 오류는 잘 교정될 수 있다.

(4) 학생들이 투표나 민주적 의사결정 과정을 통해 만들어진 규칙을 더 존중하며 이를 통해 학교규칙에 대한 주인의식과 책임감이 공유된다.

(5) 의사결정 과정에 교사, 행정가뿐 아니라 학생들을 포함시킨다
면 더 현명한 결정을 할 수 있고 학교 내에서 성인과 학생들의
문화 간격을 메우는 데 도움을 줄 수 있다.

Ⅲ. 정의공동체로서의 학교를 위한 권한부여

1. 정의공동체 학교의 정당성

콜버그의 정의공동체 학교는 그의 초기 인지발달론의 한계를 극복하
고 뒤르켐의 도덕 사회화론에 기초하여 학교환경의 개선을 목적으로 시
도되었다. 콜버그의 정의공동체 접근은 시민적 공공성의 회복에 대한 실
천적 요구를 교육에 전면 부각시켰다는 점에서 그 의의가 있다. 콜버그
의 정의공동체 학교는 개인의 권리나 자유를 보편적으로 인정하는 자유
주의와 공동체주의를 통합하였으며, 이는 오늘날 교육현장에 필요한 민
주시민교육에 직접 적용 가능한 롤모델을 제시하고 있다. 다음은 콜버
그의 정의공동체 학교가 우리의 학교환경에 영향을 줄 수 있는 시사점
이다.

(1) 정의공동체 학교는 공동체 문제에 대한 자율적 결정권을 학생
과 교사에게 동일하게 부여하고 스스로 부여한 규범을 만들
어 자신이 입법한 원칙에 복종하는 것이므로 학생들의 도덕적
자율성의 영역을 확장시킨다. 학생들의 도덕적 자율성을 존중
하는 것은 결과적으로 그들에게 도덕적 책임감과 의무를 갖게
한다.
(2) 학교의 민주적 운영에 학생들의 활발한 참여가 필요하다. 이는

학교 내 민주적 토론과정 중 또래와의 교류, 보다 높은 도덕성을 가진 교사집단과의 상호작용을 통해 학생들이 더 높은 단계로 도덕성을 발달시키는 데 긍정적인 영향을 미친다.

(3) 학교나 학급을 작은 사회 유기체로 파악해야 하고, 이를 민주적으로 운영함으로써 학생들이 민주적인 공동체 안에서 도덕적으로 성장할 수 있도록 환경을 조성해야 한다.

(4) 정의공동체 학교는 민주주의와 공정성을 특징으로 한다. 이는 교사와 학생, 학생과 학생 간의 평등한 관계가 선행되어야만 의사결정 과정에서 공정성이 확보될 수 있다.

2. 학생생활 전반의 참여민주주의

콜버그의 정의공동체 접근은 공동체 문제에 대한 자율적 결정권을 학생과 교사에게 동일하게 부여하고 스스로 규범을 만들고 자신이 참여한 입법 규칙을 준수하게 함으로써 공동체의 도덕적 자율성을 지지하는 운영 방식이다. 학생들의 자발적인 참여는 민주적이고 개방적인 분위기에서만 가능하다. 그리고 이러한 분위기에서 역할 채택 혹은 가역성 reversibility과 같은 상호작용의 과정이 발생하고 이러한 과정을 거쳐 학생들은 보다 보편적인 도덕성으로 나아가게 된다. 따라서 학교 운영에서 참여 기회가 봉쇄되거나 박탈된 학생들은 도덕성 발달이 더디거나 지체하게 된다.

우리의 학교 운영 방식은 점점 민주화가 되어 가고 있지만 학생 참여의 측면에서는 아직 제한적이며 형식적인 수준에 머물러 있다. 따라서 학생들에게 학교 규범 제정에 교사와 행정가와 함께 동등하게 참여할 수 있는 제도적 권리를 부여해야 한다.

3. 잠재적 교육과정과 교사

콜버그는 가상적 딜레마 토론에서 정의공동체 접근으로 전환하면서 내용에 대한 교육의 필요성과 함께 특정한 가치 옹호자로서의 교사의 역할이 필요하다는 것을 함께 주장한 바 있다.Power, Higgins, Kohlberg, 1989 도덕교사는 가상적 딜레마 토론에서의 촉진자, 피아제가 주장한 나이 많은 협력자 그 이상의 역할 즉 특정한 도덕적 내용을 수호할 수 있는 가치 옹호자 역할을 해야 한다. 즉 교사는 학생들이 딜레마에 대한 토론과정에서 학생들 사이의 도덕적 토론을 촉진해 주고 집단 전체에게 최상의 이익이 될 수 있는 특정한 가치를 옹호함으로써 의사결정 과정을 이끌어 갈 수 있다.Higgins, 1989 이러한 관점에서 볼 때, 학교 안에서 절도나 타인의 권리를 침해한 사건이 일어났을 경우 교사는 단순히 그 문제에 대한 토론을 통해 도덕발달단계를 촉진하는 것을 뛰어넘어 절도나 타인의 권리 침해가 왜 나쁜지 그 이유는 무엇이고 그러한 행동을 해서는 왜 안 되는지에 대해 특정 가치를 옹호하면서 학생들의 의사결정 과정을 지지해 줄 수 있어야 한다.

여기에서 쟁점이 되는 것은 교사가 특정한 가치나 내용을 옹호하려고 할 때 생길 수 있는 교화의 문제이다. 콜버그는 도덕교육에서 교화의 문제는 도니Doeney와 켈리Kelley가 제시한 다음과 같은 세 가지 관점에서 판단해야 한다고 주장한다.Kohlberg, 1985 즉 교육 내용, 교육 방법, 교육 의도를 보고 판단해야 하며, 그 과정이 민주적이어야 한다. 이 과정에서 교화로 흐르지 않기 위해서는 교사가 옹호하는 도덕적 지식이나 가치에 대한 학생들의 비판적인 숙고나 비난이 보장될 수 있어야 하고 이에 대한 도전이 허용되는 분위기여야 한다. 이에 교사는 학생과 동등한 권리를 갖는 공동체의 한 구성원으로서 공동체에 대한 책임감을 가져야 하고 지위나 권력에 의존하기보다는 자신의 지혜나 전문성에 기초하여 도덕적 권위를 행사할 수 있어야 한다.

콜버그는 도덕적 덕성을 개인의 수준에서 규정할 수 없다고 보고 사회적 수준에서 그 덕을 규정하고 있으며, 그것을 정의라고 불렀다. 또한 콜버그는 사회의 도덕가치와 마찬가지로 학교의 중심 도덕가치도 정의라고 주장하며 정의를 평등하고 보편적인 인권의 문제로 보고 있다. 보다 큰 사회를 대표하는 자로서의 교사는 정의공동체가 도덕적 분위기라는 잠재적 교육과정에 의해 운영되는 것을 의미한다. 콜버그는 도덕교육이 성인 수준에서 행해지는 것이고 민주사회를 통해 학생들은 자연히 민주주의를 학습한다고 보았다. 정의공동체에서 교사의 역할은 덕을 주입하는 사람이기보다는 오히려 혁명가와 같은 인물이 되어야 한다고 제시하였다. 교사의 본보기로 마틴 루터 킹과 소크라테스를 예로 들었는데 학생의 도덕 수준을 성장시키려는 노력은 그 사회에서 정의를 성장시키려는 열정과 함께해야 한다고 하였다.

4. 정의공동체 학교의 도덕적 분위기

정의공동체로서의 학교는 학생과 교사 전원이 참여하여 규칙을 제·개정하고 민주적으로 의사를 결정해야 한다. 이것은 최근 혁신학교에서 행해지고 있는 3주체 생활협약과 유사한데, 이는 교사, 학생, 학부모가 윤리적 공동체로서의 학교를 위해 민주적으로 참여해야 함을 의미한다. 학교의 다양한 주체들이 학교 자체가 정의롭고 민주적인 절차에 의해 운용되어야 한다는 전제에 합의하고 학생들이 교사와 동등하게 투표권을 행사하여 학교의 일에 참여할 수 있어야 한다. 그동안 학생들은 학교 내의 규칙과 규범을 제정하고 개정하는 과정에서 배제되어 왔으며, 교사 또한 민주적인 학교의 분위기를 경험한 적이 없다. 학교의 일은 교사나 행정가가 할 일이라고 미뤄 놓고 그동안 학생들은 공부에만 관심이 있도록 시험과 경쟁에 매달려 왔다. 학생들은 이에 따라 학교의 민주적 운영에 참여할 기회가 거의 없었으며 학습 부진이나 왕따, 괴롭힘 등 학교생활 내의 문제 또한 개인의 책임으로만 여겨져 왔다.

학생들도 민주주의를 경험해 보지 않았기 때문에 과제 이상의 관심이 없으며 그 밖의 일은 교사가 할 일이라고 생각해 왔다. 사실 학생들은 공부에만 관심이 있도록 입시에 길들여져 왔기 때문에 민주주의에 참여할 수 있는 기회를 거부당해 왔다. 학교생활 내에서 겪는 어려움은 학생들 개인의 책임으로만 여겨져 왔기 때문에 이에 대한 인식의 전환이 필요하다. 학교 내의 문제는 학생 개인의 문제로 보아서는 안 되고 공동체의 문제로 받아들여야 한다. 학교 내의 도덕적 분위기는 민주적이어야 하며, 학생들이 학교공동체 내에서 민주주의를 행할 수 있는 충분한 기회와 사회적 합의(최소 학부모, 교사, 학생들의 지지)가 있어야 한다. 이러한 과정을 통해 학생들은 민주주의의 구경꾼moral spectator에서 헌신자 moral dedicator가 될 수 있다.

많은 학교에서 학급 회의를 포함한 다양한 학생자치 활동이나 자치기구들이 학교에서 사전에 지시하거나 요구한 내용을 형식적으로 논의하는 수준에 그치고 있고, 논의된 결과나 의견들도 제대로 반영하지 못하고 있다. 하지만 참여민주주의의 기본 전제는 형식적 민주주의라고도 볼 수 있다. 학교에서 학생들의 자치활동이나 민주주의의 참여 면이 아직은 미흡해도 앞으로 학생들이 활발히 개입할 수 있는 조건과 여지를 주는 것이 중요하다. 학생들에게 참여의 기회를 확대하고 형식적 민주주의의 조건들이 확립해 나가면 진정한 교육적 민주주의로 나아갈 수 있을 것이라 기대하고 있다.

참여민주주의는 참여를 위해서는 공동체의 규모가 충분히 작아야 한다는 정의공동체 학교의 원칙이 의미가 있다. 학교급별 혹은 학교 내의 학교, 학년별, 학급별 등 기존의 학교 규모보다는 콜버그의 소규모 학교처럼 더 작은 단위로 윤리공동체가 형성되어야 한다. 또한 클러스터 학교에서 시행되었던 모든 '위원회'를 새로 만들기보다는 기존에 운영되고 있는 운영위원회들을 잘 활용해야 한다. 정의공동체의 목적은 청소년들 스스로 관습적 도덕체계를 형성하도록 하는 것이었다. 콜버그는 키부츠 방문을 통해 규칙의 준수는 위로부터 권위주의적으로 부과된 임의적인 것이 아니라 교사와 학생이 함께 동의한 것에 대해 존중할 줄 아는 것이라 보았다. 학생들이 의사결정 과정에 참여를 해야 이에 대해 책임감을 가지게 된다. 또한, 민주적 절차를 통해 그들이 가치에 대한 입장을 정하고 의사결정 과정을 통해 결정된 규칙들을 잘 지키는 분위기를 형성하는 것이 정의공동체적 접근의 핵심이다. 이를 위해서는 적어도 학교 내에서는 규칙을 만들고 판단하는 데 있어 모든 사람이 형식수준에서 평등한 목소리를 낼 수 있어야 한다. 단순히 형식 민주주의를 제도화(1인 1표)한다고 해서 도덕발달이 이루어지는 것은 아니나, 진정한 의미의 민주주의로 나아가기 위해서는 형식적 민주주의 또한 환경적으로 선행되어야 할 조건임은 분명하기 때문이다.

IV. 공동체가 왜 정의로워야 하는가

콜버그는 집단의 도덕적 권위가 개인에게 주는 영향에 대해 소개하고 있는데, 학생 개별이 일관성 있는 내적 기준과 동기를 가지고 있지 않을 때 공동체가 외재적 동기를 부여할 수 있다고 하였다. 집단의 기준에 맞춰 살고자 하는 감성적 연대는 개인의 도덕발달을 위해 공동체가 정의로워야 한다는 가정을 이끌어 낸다. 즉, 공동체가 정의로우면 개인도 정의롭게 생각하고 행할 수 있는 가능성이 크다는 것이다. 1980년 이전까지도 콜버그는 판단-행동 이슈를 소크라테스적 가정으로 접근했는데, 이는 옳다는 것을 알면 아는 대로 행할 가능성이 높다는 것이다. 즉 이전에는 학생들이 '옳다는 것을 진정으로 아는가'의 여부가 중요했었지만 정의공동체 내에서는 학생들이 '내가 무엇을 행해야 올바른지'를 질문할 수 있어야 한다. 윤리공동체로서의 학교는 개인의 권리를 보장해 주고 그들의 도덕적 성장을 촉진하면서도 다른 한편으로는 강력하게 집단의 힘에 호소하면서 정의와 공동체의 조화를 이루고 있다.

뒤르켐은 "시민공동체의 정의와 생명력은 학교의 시민교육을 통해서만 가능하다"고 말한 바 있다. 정의공동체적 접근은 환경개선이라는 제도적 측면에서 도덕성 교육을 실시하고자 하였다. 클러스터 학교를 포함한 정의공동체 학교는 콜버그와 그의 동료들이 변화하는 공동체 규범들과 학교의 도덕적 분위기 속에서 학생들의 도덕발달에 영향을 주려는 목적으로 시작되었다. 정의공동체는 "집단적 연대"를 필요로 하고Kohlberg & Higgins, 1989 규칙들은 민주적으로 만들어진다. 공동체의 구성원들은 매주 소집단 속에서 학생과 교사, 조언자들과 만나며, 보다 큰 회의에 대한 계획을 세운다. 의제를 세우기 위한 자문기구도 이에 포함된다. 그리고 공동체의 규칙 위반에 대한 결과를 포함해서 정의와 공정성에 관한 쟁점들을 결정해 나간다. 이와 같이 콜버그는 윤리와 도덕을 가르치기보다 학교 자체가 직접 참여민주주의에 기초한 민주사회가 되어야 하며 명시적으로 공시적으로 공동체적 이상에 복무해야 한다고 하였다.

콜버그에 의하면 도덕교육은 토론과정에서 드러나는 의견의 불일치에 대응하고 자신의 입장을 시험하도록 해서 학생들의 인지적 불균형을 느낄 수 있게 해야 한다. 그러므로 공유, 배려, 믿음, 집단책임감 등의 가치는 정의, 선, 공동체, 민주주의가 결합된 정의공동체의 잠재적 교육과정에서 실현될 수 있다고 보았다. 그래서 정의를 이해하기 위해서는 이러한 잠재적 교육과정이 정의의 교육과정이 되어야 하고, 이를 위해 학생들은 학교에서 더욱 적극적인 역할을 해야 함을 시사하였다. 이러한 콜버그의 정의공동체적 접근이 교육현장에서 권한부여가 되려면 다음과 같은 과제가 필요하다.

(1) 정의공동체로서의 학교는 학생과 교사 전원이 참여하여 규칙을 제·개정하고 민주적으로 의사를 결정해야 한다.

(2) 학생과 교사 모두 동등하게 학교 규범 제정에 참여할 수 있도록 제도적으로 마련되어야 한다. 학생들이 의사결정 과정에 직접 참여를 해야 이에 대해 책임감을 가지게 된다. 민주적 절차에 의해 학생들이 가치에 대한 입장을 정하고 의사결정을 통해 정한 규칙은 학생 스스로 잘 지키게 되며 이러한 과정들이 쌓이면 곧 교육적 민주주의로 나아가게 된다.

(3) 민주주의의 참여를 위해서는 공동체의 규모가 충분히 작아야 한다. 학교급별 혹은 학교 내의 학교, 학년별, 학급별 등 기존의 학교 규모보다는 콜버그의 소규모 학교처럼 더 작은 단위로 정의공동체를 접근해야 한다.

(4) 콜버그의 정의공동체 접근을 학교에서 시행하고자 한다면 교사들이 정의공동체에 대해 관심, 열정을 갖고 지속적으로 모여 연구를 해야 한다. 자발적인 교사집단이 클러스터 학교의 시초였듯이 정의공동체 학교의 시작은 도덕교사뿐 아니라 전 교사의 자발적 의지와 열정이다.

(5) 교사가 옹호하는 도덕적 지식이나 가치에 대한 학생들의 비판

적인 숙고나 비판이 충분히 보장되는 분위기가 필요하다. 또한 이에 대한 도전이 허용되어야 한다. 이에 교사는 학생과 동등한 권리를 갖는 공동체의 한 성원으로서 공동체에 대한 책임감을 가져야 하고, 지위나 권력에 의존하기보다는 교사의 지혜나 전문성에 기초하여 도덕적 권위를 행사할 수 있어야 한다.

콜버그의 클러스터 학교 모형 방식을 현장에 무비판적으로 수용하는 데는 이론과 실제 면에서 좀 더 보완해야 할 부분이 많다. 학교현장의 특수성과 교실의 도덕문화 및 공동체적 분위기 형성의 어려움 등 예측할 수 없는 문제들이 많다. 또한 콜버그의 정의공동체에서 공동체에 대한 애착, 규율 등 인습적 가치 강조가 보편적인 입장에서 정당화 과정을 거쳤는가 등의 철학적인 문제 또한 있다. 그러나 콜버그 말년의 제안인 정의공동체적 접근은 우리의 교육현장에서 유의미하게 시사하는 점들이 많다. 청소년들의 비행과 탈선, 폭력 등이 점증하는 현실 속에서 그 대안으로 제시된 것이 인성교육강화법, CCTV 방범강화 등 교육 외부적인 접근들뿐이다. 이에 반해 정의공동체 학교는 공동체와 규범, 문화적인 접근으로 학생들의 도덕적인 교실문화 형성에 좀 더 실제적이고 근본적인 대책이라 할 수 있다.

또한 학생 참여가 전제된 자율적·자발적 정의공동체 학교는 민주사회를 위한 시민 양성에 훌륭한 모델이 될 수 있다. 정의공동체 학교가 학생들이 도덕적 사고와 행동능력을 결합시키기 때문에 학생들을 보다 실제적이고 현실 문제에 참여시킬 수 있다. 정의공동체로서의 학교는 학생들과 교사가 학교의 민주적이고 도덕적인 분위기와 제도를 함께 만들어 간다. 권위보다는 학생과 교사가 서로를 존중하고, '어떤 삶이 가치 있는 삶인가'에 대한 토론을 통해 도출된 가치를 학교에서 적용하여 더 높은 차원의 윤리적 공동체로 발전시킨다. 또한 학교를 정의롭게 만드는 교육적 환경은 학생, 교사, 학교 관리자가 같은 권한을 가지고 학급에서 일어나는 작은 결정에서부터 점차 학교 전체의 규범을 제정하거나 학교를 운영해 가는 문제에까지 적극 참여함으로써 이루어진다. 정의공동체로서의 학교는 학교 자체가 정의로운 데에서 시작될 것이고, 그 끝은 사회가 민주적이고 정의적으로 바뀔 것이라 기대하고 있다.

| 참고문헌

남궁달화(1995).『콜버그의 도덕교육론』. 서울: 철학과현실사.
노희정(2016). 콜버그의 정의공동체적 접근에 대한 비판적 고찰.『도덕윤리
　과교육』50, 163-183.
배한동·은종태(2010). 콜버그의 정의공동체 학교 모형의 학교 도덕교육에
　의 적용과제.『중등교육연구』58(3), 451-475.
박병춘(2009). 정의공동체 접근(Just Community Approach)에 대한 도덕
　교육적 고찰.『교과교육학연구』. 한국교과교육학회 13(1), 23-40.
荒木寿友(2013). 学校における話とコミュニティの形成. 東京: 三省堂.
Berkowitz, M. W. and Oser, F.(eds)(1985). *Moral Education: Theory
　and Application*. London: Lawrence. Erlbaum Associates Publisher.
DeVries, Rheta, and Betty Zan.(1994). *Moral Classrooms, Moral
　Children: Creating a Constructivist Atmosphere in Early Childhood
　Education*. New York: Teachers College Press.
Durkheim, E.(1925). E. K. Wilson & H. Schurer, tr.(1973). *Moral
　Education*, New York: The Free Press.
Gordon, D.(1986). Kohlberg and the hidden curriculum. In S. Modgil
　& C. Modgil(eds.). Lawrence Kohlberg: consensus and controversy,
　The Falmer Press, 263-274.
Hickey, J. Scharf, P.(1980). *Toward a Just Correctional System*. San
　Francisco: Josset- Bass.
Higgins, A.(1989). *The Just Community Educational Program*. In M.
　Brabeck(ed.).
Jackson, P.(1968), Life in Classrooms, New York: Holt, Rinehart and
　Winston, Inc.
Kohlberg, L.(1970), The moral atmosphere of the school. In N.
　V. Overly(ed.)(1970). The Unstudied Curriculum: Its Impact on
　Children, Washington, D.C., Association for Supervision and
　Curriculum Power, F. C. & Kohlberg, L.(1986). Moral Development:
　Transforming the Hidden Curriculum. Curriculum Review 26, 14-17.
Kohlberg L.(1971). Cognitive Developmental Theory and the Practice
　of Collective Moral Education. In M. Wolins, M. Gottesman(eds.).

Group Care: An Israeli Approach. N. Y.: Gordon and Breach.

Kohlberg. L.(1980). Educating for a Just Society: An Updated and Revised Statement, B. Munsey(ed.). Moral Development, Moral Education and Kohlberg. Birmingham: Religious Education Press.

Kohlberg, L.(1981). *The Philosophy of Moral Development*. N.Y.: Harper and Row.

Kohlber, L.(1981). The philosophy of Moral Development. 김민남 역 (2000). 『도덕발달의 철학』. 서울: 교육과학사.

Kohlberg, L. C. Levin. A. Hewer.(1983). *Moral Stages: A Current Formulation and A Response to Critics*. N.Y.: Karger.

Kohlberg, L.(1985). The Just Community in Theory and Practice. In M. Berkowitz & F. Oser(eds.). Moral Education Theory and Application . N. J.: Lawrence, Erlbaum Associates Publisher.

Kurtines, W. M. & Gewirtz J. L.(eds.)(1987). Moral Development Through Social Interaction. N. Y: John Wiley & Sons, Inc.

Power, F. C., Higgins, A., and Kohlberg, L.(1989). *Lawrence Kohlberg's Approach to Moral Education*. Columbia university press.

Reed, D. R.(1997). *Following Kohlberg*. University of Notre Dame Press.

Reimer, J. Paolitto, D. P. Hersh R. H.(1983). *Promoting Moral Growth-From Piaget to Kolhberg*. Waveland Press.

Reimer, J.(1989), From moral discussion to democratic governance. In C. Power, A. Higgins, L. Kohlberg(1989), *Lawrence Kohlberg's Approach to Moral Education*, Columbia university press.

Reimer. J, Paolitto. D. P. and Hersh. R. H.(1990). *Promoting Moral Growth-From Piaget to Kohlberg*. Waveland Press Inc.

Yüksel, S.(2005), Kohlberg and Hidden Curriculum in Moral Education: An Opportunity for Student's Acquisition of Moral Values in the New Turkish Primary Education Curriculum, Education Sciences: Theory & Practice, 5(2), 329-338.

푸코와 '자기 배려'의 주체

김세희

I. 끝에서 시작하는 이유

방되브르에 있는 미셸 푸코Michel Foucault, 1926~1984의 묘비명에는 이름과 생몰연도, 그리고 '콜레주 드 프랑스 교수'라는 직함이 새겨져 있다. 콜레주 드 프랑스Collège de France는 1970년부터 푸코가 많은 연구를 강의로 쏟아 내며 죽는 순간까지 재직했던 곳이다.[1] 처음 이곳의 교수직 이야기가 나왔을 때 푸코 스스로도 자신의 학식으로는 어림도 없는 '너무 위대한 곳'이라고 말했을 만큼 콜레주 드 프랑스는 최고의 석학들이 모이는 '영광스러운 지식의 사원'이다. 그곳의 교수들은 일단 임용이 되면 학생을 지도하는 대신 청강생을 대상으로 '공개' 강좌나 세미나를 진행한다. 매주 두 시간(연간 26시간)으로 강의시수는 많지 않지만 '현재 진행 중인 연구'를 발표해야 한다는 의무 때문에 해마다 새로운 연구주제를 제시하고 매 강의에서 연구의 과정과 결과를 공유해야 한다. 원하

---

1. 푸코는 콜레주 드 프랑스의 '사유체계의 역사' 교수로 임용되었다. 1970년 개강연설 후 연구년에 해당하는 1976-77학기 1년을 제외한 매해 다른 강의를 진행했는데 그 주제는 다음과 같다. 앎의 의지(1971), 형벌이론과 제도(72), 형벌사회(73), 정신의학적 권력(74), 비정상인들(75), 사회를 보호해야 한다(76), 안전, 영토, 인구(78), 생명관리정치의 탄생(79), 생명체의 통치(80), 주체성과 진실(81), 주체의 해석학(82), 자기와 타인에 대한 통치(83) 등. 1983년 강의한 마지막 주제는 고대 문화의 '파레시아' 개념을 다룬 것인데, 1984년 건강이 악화된 상태에서 '파레시아'로 강의를 재개한다.

는 사람은 누구나 와서 강의를 들을 수 있지만 시험을 치르거나 학위를 주지는 않는다. 최고 학자의 최신 연구를 원하는 모든 시민이 접할 수 있게 만든 프랑스의 독특한 고등교육기관이다.

푸코의 생애에서 콜레주 드 프랑스는 일정한 분기점이 된다. 학자로서의 명성이나 연구의 심도를 얘기하는 것이 아니다. 사실 그곳의 교수가 되기 위해서는 사회적으로 공인된 "탁월한 학문적 업적"을 이미 갖추고 있어야 한다. 푸코는 첫 강의를 시작한 고등사범학교나 이후 릴대학, 클레르몽페랑대학은 물론 스웨덴, 폴란드, 독일, 튀니지 등 강의를 했던 대부분의 장소에서 수강생이 넘쳐나는 인기 강사였고, 『광기의 역사』[2]로 학계에 파장을 던진 후 『말과 사물』을 통해 철학 서적이 '바게트처럼 팔리는' 진기한 현상을 만들어 낸 베스트셀러 작가이기도 했다. 콜레주 드 프랑스가 그의 삶에서 의미 있는 전환점이라고 생각하는 이유는 이 시기를 전후해서 그리고 그 이후에야 비로소 '투사'로서 푸코의 모습이 두드러지기 때문이다. 프랑스 사회에서 콜레주 드 프랑스가 갖는 위상 때문인지, 이 나라 저 나라를 떠돌던 방랑자에서 이제 고국의 붙박이가 되었다는 안정감 때문인지, 혹은 사십 대라는 나이가 주는 책임감 때문인지는 모르겠지만, 사회현실과 거리를 둔 것 같았던 푸코는 이때부터 현실참여적인 실천을 병행하기 시작한다. 이 말은, 그가 이 시기부터 자신의 이론을 토대로 사회개혁을 위한 실천을 이끌었다든지 이론과 실천이 결합한 '실천적 학자로서의 모델'을 보여 줬다는 뜻이 아니다. 반대로,

---

2. 『광기의 역사』는 푸코의 박사학위 논문을 바탕으로 한 저작으로 다양한 판본이 존재한다. 먼저 1961년 5월 발표된 논문은 「광기와 비이성: 고전주의 시대의 광기의 역사」였는데, 1964년 푸코가 직접 축약된 형태로 재편집하여 『광기의 역사』라는 제목으로 출판한다. 이후 1972년 갈리마르 출판사에서 논문의 원본 그대로 재출간되는데 제목이 『고전주의 시대의 광기의 역사』로 바뀌고 새로운 서문과 두 편의 부록이 추가된다. 이 판본이 일반적으로 『광기의 역사』 정본으로 인정된다. 또한 1978년에는 같은 출판사에서 두 편의 부록이 삭제된 판본이 출간되기도 한다. 다양한 판본과 영역 및 국역본에 대해서는 허경(2018: 10-13)을 참고하라.

그의 실천들은 그의 연구가 지향하는 궁극적 목적이자 학문적 작업의 귀결점을 가리킨다는 점에서 의미를 지닌다.

때로 그의 강의나 연구가 사회운동과 공명할 때가 없었던 건 아니지만,[3] 대개 푸코는 '개인적 선택'으로서 자신의 정치적 입장을 견지하고 현장에 동참했다. 그는 자신의 판단에 따라 '참을 수 없다고 여기는 것들'에 대항함으로써 '합리성이나 보편성의 이름으로' 옳은 것이나 대의大義를 위해 투쟁하는 기존 지식인들과 구분된다. 즉 그의 앙가주망은 그의 사상적 노선인 '회의주의'의 연장선에 있었고, 그의 실천은 이론과 현장 모두에 대해 그가 전적인 회의주의자였음을 알려 주는 단초가 된다. 또한, 푸코가 직접 밝힌 투쟁의 이유—즉 "그 투쟁이 내 주체성 속에서 내 자신에게 중요했기 때문"Veyne, 2009: 190이라는 이유—는 학자이자 투사이자 개인 푸코의 생애의 교집합으로서 '주체'의 중요성을 조명한다. 일상의 '작은 부정의'에 맞서는 그의 실천은 양심의 인도자로서의 지식인의 모습이라기보다 현재를 살아가는 개인적 저항의 사례를 보여 준다. 이는 그렇게 하는 것이 옳기 때문이 아니라 그렇게 구성된 것이 지금의 나이기 때문에 투쟁하지 않는 것을 "참을 수 없다"는 뜻이다. 때문에 그의 이론을 사회운동의 기반으로 삼고자 한 당대 페미니즘이나 성소수자운동, 나아가 좌파이론가들의 비난에도 불구하고, 회의주의와 주체에 초점을 맞출 때 푸코의 이론과 실천은 그 누구보다도 일관되어 있다는 것을 알 수 있으며, 그의 특수한 이론적 궤적의 일면을 구성하고 있음을 간파할 수 있다. 실천하는 지식인으로서 푸코의 정체성은 이때부터 삶

---

3. 우리에게 익숙한 푸코의 개념들, 즉 감시, 지배, 형벌 및 사법제도 그리고 국가와 같은 개념들이 실제 1971년부터 강의나 책 속의 언어를 넘어 여러 사회운동과 더불어 발전한다. 일례로 1975년 출판된『감시와 처벌』은 그의 논문『광기와 비이성』이나 이후 연구들을 발전시킨 결과물이지만, '감옥정보그룹' 운동을 주도하며 현실참여적인 실천을 병행했다는 점에서 '현재 역사의 기록'이라고 할 수 있다.

의 마지막 순간까지 이어진다는 점에서 콜레주 드 프랑스는 그의 인생에서 분명 어떤 기점을 이룬다.

그렇다고 콜레주 드 프랑스가 푸코에게 반드시 밝은 면모만 남긴 것은 아니었다. 지도학생 없이 불특정 다수의 청중에게 따끈한 최신 연구를 쏟아 내게 만드는 이 시스템은, 한편으로 푸코를 위대한 학자의 반열에 올려놓았지만 다른 한편으로 그를 말할 수 없는 고독에 휩싸이게 만들기도 했다. 그의 강의는 그야말로 문전성시를 이루어 강의시간을 바꾸거나 강의실 입장자격을 제한하는 등의 조치를 취해 봤지만 허사였고, 청중과의 거리는 너무 멀고 상호 교류는 가능하지 않았다. 삼백 석의 강의실에 오백 명이 꽉 들어차 "투명하고 무섭도록 설득력이 있는" 그의 말을 경청했고, 강의가 끝난 후 학생들은 그가 서 있는 연단으로 몰려들어 자신들의 녹음기를 껐다.[4] 푸코는 자신의 가설을 토론에 부치지 못하는 이 상황 때문에 강의는 연극이, 자신은 배우가 되며 말할 수 없이 고독했다고 고백한다. 그의 고독과 더불어 문제가 되는 것은 이 녹음기다.

콜레주 드 프랑스의 특수한 시스템은 그곳에서 강의를 하는 순간, 강연자의 발언을 '공적인 것'으로 간주하는 전통이 있다. 강연자는 하나의 주제나 회기를 마친 후 그간의 내용을 다듬어 책으로 출판하지만, 반드시 그렇게 되는 것만은 아니었다. 때로 더 중요하거나 시급한 연구물이

---

4. 1975년 4월호 『누벨 옵세르바퇴르』에는 '프랑스 대학의 위대한 사제들'이라는 제목으로 당시의 상황을 묘사한 기사가 수록됐다. 프티장에 따르면, 푸코의 말에는 웅변조가 전혀 없었고 한 치의 즉흥성도 허용하지 않았으며 투명하고 무섭도록 설득력이 있었다. 강의가 끝나면 학생들이 그의 책상으로 모여들어 녹음기를 껐고 혼잡한 청강생들 틈에서 그는 혼자였다고 기록한다. 한편 강의실 입장자격을 제한하려는 푸코의 시도는 '모든 사람에게 개방해야 한다'는 콜레주 드 프랑스의 원칙 때문에 학교 측으로부터 주의를 받아 포기할 수밖에 없었다. 이에 대해 푸코는 "강의가 좋지 않을 때면 질문 하나만 있어도 가설이 모두 흔들릴 때가 있지만 그런 질문은 한 번도 나오지 않았다. 되돌아오는 수로가 없으므로 강의는 연극처럼 되고 나는 청중 앞 배우나 곡예사가 된다. 그리고 강의가 끝나면 말할 수 없는 고독에 휩싸인다"고 말했다(Eribon, 2012: 430).

먼저 출간되는 경우도 있고 피치 못할 사정으로 빛을 보지 못하는 경우
도 있다. 푸코가 그런 경우다. 그가 생전에 단행본으로 출간한 책은—외
국어로 번역되거나 축약본으로 재출간된 작품을 제외하면—모두 열두
권으로 콜레주 드 프랑스에 들어가기 전에 네 권, 병상에서 검토한 최
종 원고까지 포함하여 이후에 모두 여덟 권이다.[5] 이중 콜레주 드 프랑
스에 임용된 후 제일 먼저 빛을 본 『담론의 질서』는 개강연설을 정리한
것인 만큼 이전 연구의 연장선에 있었고, 첫 강의주제가 책으로 엮이기
까지는 대략 오년 정도의 시간이 걸렸다.[6] 이후 어떤 주제는 동시적으로,
또 어떤 주제는 이보다 짧은 시차를 두고 발간되기도 했지만 여러모로
자신의 연구를 집필할 시간이 충분하지 않았던 건 분명해 보인다.[7] 물론
생전에 나온 저술들만으로도 그의 고유한 사상적 궤적은 분명하게 그려
진다. 하지만 책과 강의가 공통 주제를 다루고 있을 때조차도 기존의 그
어느 책과도 겹치는 부분이 없었던 그의 '강의들'은 푸코의 사상을 더욱
정교하고 심도 있게 이해하는 원천임이 분명하다. 대개의 학자들은 생전
에 자신의 사상을 글로 완성하기 때문에 그들의 사후 그 사상에 대한

---

5. 푸코의 생전에 발표된 저술은 다음과 같다. 1954년 『정신병과 인격』을 시작으로 1960년
   『광기와 비이성: 고전주의 시대 광기의 역사』, 1963년 『임상의학의 탄생: 의학적 시선의 고
   고학』과 『레몽 루셀』, 1966년 『말과 사물』, 1969년 『지식의 고고학』까지가 콜레주 드 프랑
   스 교수로 임용되기 전 발표된 것이다. 이듬해인 1971년 『담론의 질서』가 간행되고 1973년
   에는 『나, 피에르 리비에르: 내 어머니와 누이와 남동생을 죽인』과 『이것은 파이프가 아니
   다』를, 1975년과 1976년에는 각각 『감시와 처벌』과 『성의 역사 1』('앎의 의지')이 출간되고
   마지막 해인 1984년 『성의 역사 2』('쾌락의 활용')와 『성의 역사 3』('자기에의 배려')이 빛
   을 본다. 푸코는 병상에서 자신의 마지막 책을 받아 보고 닷새 후 세상을 떠났다.
6. 1970-71년 강의주제는 "앎의 의지에 관한 것"이었고 『성의 역사 1: 앎의 의지』는 1976년 발
   간된다. 또한 1978년 학기와 이듬해의 강의주제인 '안전, 영토, 인구'와 '생명관리정치의 탄
   생'의 내용은 1984년 출판된 『성의 역사 2』와 밀접한 연관이 있는데 이 역시 대략 5년의
   시차를 두고 있다.
7. 전자에는 『나, 피에르 리비에르』나 『감시와 처벌』이 해당되고 후자는 1980년대 진행한 강
   의주제와 1984년 출판된 책들을 가리킨다. 벤느는 무엇보다도 푸코를 책과 사유를 위해
   살았던 인물로 기억하면서 "그가 주기적으로 털어놓았던 속내는 자기 강의를 충분히 빠르
   게 출판할 수 없는 괴로움이었다"고 전한다(Veyne, 2009: 216).

연구가 전개되는 반면, 푸코는 '발화했으나 인쇄되지 않은 공적 텍스트'를 남긴 덕분에 사후에도 여전히 '1차 문헌'이 생성되고 있다. 이런 이유로 유고 출간을 하지 말라는 유언에도 불구하고 '생전에 말이나 글을 통해 이미 공적으로 발표한 텍스트'로 간주하여 녹음기에 담긴 그의 육성과 흩어져 있던 원고들은 계속해서 출판되고 있는 것이다. 그의 사후 출판물이 『강의록cours』이나 『말한 것과 쓴 것』이라는 이름을 달고 있는 것은 이 때문이다. 1994년 네 권짜리 전집이 출판된 이후 지금까지 사후 출판이 이어지면서 그의 사상은 여전히 '발굴 중'에 있다.[8]

이 발굴이 진행되면 될수록 재작업이 불가피한 또 하나의 영역은 그의 전기傳記와 관련된다. 푸코의 전기는 디디에 에리봉Didier Eribon에 의해 1989년 처음 출간됐다. 그리고 그는 상당한 추가 작업을 거쳐 2010년에 세 번째 수정증보판을 내는데, 완전히 고치지는 않더라도 새로운 요소를 보완해야만 하는 이유로 "푸코 자신도 지난 이십 년간 많이 변했다. 그의 저작물은 증식했다고 해야 할 정도로 매우 두터워졌"Eribon, 2012: 5기 때문이라고 밝힌다.

그렇다면 사상의 발굴이 생애의 사적 기록에 중요한 이유는 무엇일까. 그는 푸코의 책 한 권 한 권이 모두 자서전의 한 조각으로 읽힐 수 있을 정도로 전기적 요소가 그의 사유를 읽는 중요한 맥락이기 때문이라고 답한다. 하지만 세 번째 증보판의 서문에 밝힌 에리봉의 다음 글은 여러모로 의미심장하다. 새로운 증언과 밝혀지지 않은 원고를 찾아 보완하면 할수록 애초가 그가 제시했던 푸코의 초상화는 단순히 확인되는 정도가 아니라 더욱 강화되고 있다는 사실이다. 시간이 흐를수록 계

---

8. 우리나라에서 '말과 글'로 알려진 이 책의 원제목은 *Dits et Ecrits*, 즉 '말한 것과 쓴 것'이다. 심세광(오트르망)은 '말과 글'로, 이상길은 '말한 것과 쓴 것'으로 번역하고 있다(이상길, 2009: 216, 역자 주).

속 두터워지는 푸코의 원전은 지속적으로 어느 한 지점을 가리키는데, 바로 지식, 권력, 주체—에리봉의 구체적인 용어에 따르면 광기, 범죄, 섹슈얼리티—다. 이 세 주제는 푸코의 최초 출판물인『광기의 역사』속에 들어 있던 것으로 마치 "그의 내적 필연성 속에 이미 잉태되어 있던 듯"Eribon, 2012: 375 푸코의 모든 "말과 글"은 이 지점으로 수렴된다. 그리고 그런 그의 마지막 연구 주제가 '자기 배려'와 '파레시아'였다는 사실은 변방의 개인, 자기로부터 소외된 주변인의 역사에 주목한 그간의 연구가 무엇을 위한 것이었는지 암시해 준다.

푸코는 떠났으나 그가 남긴 말을 있는 그대로 들춰내는 일은 '시간 속에 있는 진실에 관해 작업'하는 그의 고고학을 닮았다. 어쨌든 우리는 콜레주 드 프랑스의 강의록이 출판을 완료하는 시점까지 '알려진 푸코'가 '알려지지 않은 푸코'에 의해 더욱 견고해지는지에 대한 답변을 유보할 수밖에 없다. 다만 그의 사상은 여전히 발굴 중에 있다는 사실을 주지하면서, 그의 생애를 검토하고 그의 사상을 관통하는 주제와의 교차점을 짚어 보는 작업만이 가능할 뿐이다. 이것이 이 글을 푸코의 묘비명에서부터 시작한 이유다.

II. 생애: "이론으로 쓰는 자서전"

푸코는 1926년생이다. 당시 유럽에서 태어난 대부분의 사람이 그렇듯 그의 어린 시절에는 전쟁의 불안과 공포가 각인되어 있다. 먼 훗날 한 인터뷰를 통해 푸코는 유년기의 모든 감정적 추억들이 정치적 상황과 연결되어 있다고 말한다. 1930년대 초중반 독일 수상의 암살에 받았던 충격, 스페인 내전과 난민에 대한 기억 등 그의 유년 시절은 거대한 역사적 사건으로 메워졌고, 삶의 지평이 전쟁의 위협과 맞닿아 있던 이들에게 2차 세계대전의 발발은 곧 그 세대가 기억하는 유년기의 실체가 된다. 그리고 푸코에 따르면 이것이 역사가 그를 매료시킨 이유, 즉 그가 "우리 자신이 처한 사건과 개인적 체험 사이의 관계"에 몰입한 이유다.[9]

물론 이는 성인 푸코에 의해 소환된 회고다. 일반적인 시선으로 본 어린 푸코는 푸아티에의 유복한 부르주아 가정에서 자란 '총명하고 독특한' 아이였다. 의사 집안[10]의 장남으로 태어나 '폴 푸코'[11]라는 '가문의 이름'을 물려받고 엄격한 가정교육을 받았다. 푸코를 의사로 키우고자 했던 아버지는 물론 어머니 역시 교육에 남다른 관심과 열정으로 자식을 양육했다. 모친은 아들의 성적이 부진할 땐 학교를 옮겨 주고 수업이 부실하다고 판단될 땐 과외교사를 붙여 주는 방식으로 아들의 교육에 신경 썼고, 푸코가 의대가 아닌 고등사범학교L'École normale supérieure, 이하 ENS의 진학을 원하자 입시공부의 뒷바라지를 도맡았다. 학창 시절 푸코

---

9. 이 인터뷰는 1983년 스티븐 리긴스와 진행된 후 『에토스』(1983, tome 1, n° 2, p.5)에 실린 것으로 에리봉의 푸코 전기에 수록된 내용을 바탕으로 한 것이다. 이하 푸코의 생애는 에리봉의 『미셸 푸코, 1926-1984』의 세 번째 판본의 내용을 중심으로 발췌했다.

10. 그의 할아버지와 아버지 모두 지역의 유명한 외과의사였고 외할아버지 역시 외과의사이자 해부학 교수였다. 대를 잇기를 바랐던 아버지는 푸코가 의사가 되길 원했지만 그 바람은 둘째 아들에 의해 이루어진다. 푸코는 아버지의 기대에 따라 살진 않았지만 심리학을 따로 공부하고 수많은 의학자료를 탐독하여 『임상의학의 탄생』(1963)이라는 책을 내놓은 것을 보면 집안의 내력이 그의 삶에 미친 영향이 적지 않았음을 알 수 있다. 이 책은 거의 반향을 얻지 못했지만 푸코의 정신에 미친 집안의 내력, 특히 의학에 대한 익숙함을 감지할 수 있는 저서다. 푸코도 자신의 글쓰기가 건조하고 공격적으로 느껴진다면 그것은 아마도 "메스를 펜으로 대체했기 때문"일 거라고 말하면서 "이미 죽어 있는 사람들의 '삶의 특성'을 되살려 낸다"는 점에서 자신을 시체를 해부하는 해부학자로 비유하기도 했다. 이어 그는 "내 작업은 죽어 있는 것의 어떤 진실을 글쓰기라는 절개를 통해 세상에 드러내는 일"이라고 덧붙인다(Eribon, 2012: 271-272).

11. 푸코 가문은 모든 아들들에게 폴이라는 이름을 물려줬다. 푸코의 모친은 이 전통을 거스를 수 없어 장남에게 '폴'이라는 이름을 붙이지만 짧은 줄을 긋고 두 번째 이름인 '미셸'을 덧붙였다. 즉 우리가 알고 있는 미셸 푸코의 행정서류상 정식 이름은 '폴-미셸 푸코'이다. 자신의 이름을 미셸 푸코로 선택한 사람은 푸코 당사자로서, 이에 대해 그는 청소년 시절 자신이 그토록 증오한 아버지의 이름을 물려받고 싶지 않아서였다고 말했다(Eribon, 2012: 13).

는 "엄청난 지적 호기심을 가진 학생"(고교 철학대체교사 인터뷰)이자 꽤 "까다로운 학생"(과외교사 인터뷰)으로 우등생이긴 했지만 철학 바칼로 레아에서 중간 정도의 점수를 받아 재수를 하게 된다.[12] 그리고 이는 푸 아티에에서 파리로 삶의 거처를 옮기는 계기가 된다.

　ENS 입학을 위해 그가 재수를 했던 시기는 1945년 2차 대전의 끝자 락으로 프랑스의 사회경제적 어려움이 극에 달했을 때다. 대부분의 지 방 출신 학생들이 기숙을 했던 것과 달리 푸코는 파리 시내에 방을 얻 어 지냈고, 이는 유약한 성격의 푸코에게 안도감을 주는 동시에 '극도 로 내성적인 소년의 이미지'를 부여했다. 그러나 운명적인 만남 역시 이 시기에 이루어지니, 바로 ENS 준비반의 철학교사였던 이폴리트Jean Hyppolite, 1907~1968 [13]와의 만남이다. 당시 철학은 매혹적인 학문이었다고 한다. 도르메송Jean D'Ormesson, 1925~2017에 따르면, 전후 몇 년 동안 철 학의 권위는 상당히 높았으며 문학을 포함한 모든 학문이 철학의 손아 귀에 놓였던, 마치 '철학에 바쳐진 듯 보인' 시대였다.Eribon, 2012: 34 그때 까지 주로 역사에 관심을 두었던 푸코는 이폴리트의 헤겔 철학 강의를

---

12. ENS에서도 그렇고 고등학생 푸코의 성적에 대한 의견에는 일정한 공통점이 있다. 매우 우 수한 학생이지만 자신의 생각이 너무 강해 소위 제도권 시험에서는 의외의 결과를 보인다 는 것이다. 고교 시절 푸코는 2등 정도의 우등생이었으나 철학 바칼로레아에서는 10점(20 점 만점)을 받았고 ENS 준비반의 첫 필기시험에서는 101등을 받아 100등까지만 주어지는 구술시험자격을 얻지 못했다. 푸코가 철학과 역사에서 '우수 학생'으로 인정받은 것은 이폴 리트를 만난 이후다. 1학기 말 성적표에는 "성적보다 훨씬 우수함. 신비주의적 경향을 극복 해야 할 것" 등과 같은 소견이 적혀 있다.

13. 이폴리트와 사르트르, 메를로-퐁티는 ENS 동창이다. 푸코와 이폴리트의 만남이 매우 특 별한 이유는 물론 그의 강의를 통해 푸코가 철학과 역사의 연결점을 발견했다는 점에서 그 렇지만, 그 밖에도 이폴리트가 앙리4세 고교에서 강의한 것이 1945-1946년 학기의 첫 두 달뿐이었다는 사실 때문이기도 하다. 에리봉에 따르면, 이폴리트는 사상의 분야에서 무언 가를 새롭게 만들어 낸 사람이라기보다 "철학사가 혹은 과도적 중개자"에 가깝다. 아직 프 랑스 강단에서 헤겔이 언급되지 않던 시기에 그는 『정신현상학』을 번역하고 가르쳤으며 이 책은 후에 프랑스의 철학 연구논문에서 가장 많이 인용된 저서가 되기도 한다(Eribon, 2012: 35, 37-38). "철학이라는 기획 자체가 정당한 것인가"라는 그의 문제의식은 지식이 나 인간에 대한 기존 철학에 문제를 제기하는 푸코의 근본적 물음이 그 뿌리를 어디에 두 고 있는지 짐작할 수 있게 한다.

듣고 난생처음 철학의 유혹에 빠진다. 이폴리트의 '역사를 서술하는 철학' 강의는 역사에 몰두해 있던 푸코를 철학으로 안내하고 역사와 철학의 연관성을 탐구하도록 이끈 시발점이 된다. 후에 푸코는 웁살라 문화원장이 되었을 때(1955년)나 이폴리트의 추모식(1968년)에서, 그리고 콜레주 드 프랑스 개강연설(1970년)에서 이 스승에게 받은 영향력을 재차 되새긴다. "종전 직후 그는 폭력과 담론의 관계에 대해 생각하는 법을 가르쳐 주었고 지식의 내용과 형식적 필연성의 관계를 사유하도록 했으며, 우리 자신의 존재와 엮여 있는 비-철학 옆에 항상 가까이 머물러 있어야 한다는 것을 알려 주었다"Foucault, 1969: 131고.

두 번의 실패는 없었다.[14] 1946년 푸코는 ENS에 입학하여 새로운 삶을 시작한다. 성년 푸코에게 이곳은 여러모로 의미가 깊은데 특히 두 가지의 만남에 주목해 볼 필요가 있다. 하나는 캉길렘Georges Canguilhem, 1904~1995[15]을 비롯해 알튀세르와 같은 학문적 스승을 만난 것이다. 구술시험관과 수험생의 인연으로 출발해 캉길렘은 푸코의 박사논문 지도교

---

14. ENS 입시를 말하는 것이다. 4년 후 푸코는 교수자격시험(agrégation)에 낙방하여 큰 충격을 받고 정신적인 위기를 겪기도 한다. 당시 심사위원장의 보고서에는 "소양이 풍부하고 뛰어난 학생이지만 (…) 주어진 주제를 다루기보다는 자신의 박학을 과시하는 데 치우쳤음"이라고 쓰여 있다. 한편 푸코의 낙방은 ENS에서도 충격적인 소식이었는데 모든 사람들이 그가 수석에 가까운 성적으로 합격할 것이라고 생각할 정도로 푸코는 졸업생 가운데 가장 우수한 한명으로 꼽혔기 때문이다(Eribon, 2012: 70-71).

15. 캉길렘은 아롱, 사르트르와 ENS 동기(1924년 입학)였다. 교수자격시험을 통과한 후 의학 연구를 시작하여 1943년 박사학위를 취득하고 스트라스부르대학에서 교편을 잡으면서 레지스탕스 운동에도 활발히 가담했다. 이후 장학관직을 거쳐 소르본대학의 교수로 재직했는데 푸코와의 첫 만남이 장학관으로서 이루어진 것이었다면 박사논문 지도교수를 수락했을 때는 소르본 교수로서였다. 캉길렘은 바슐라르의 뒤를 이어 과학적 실천의 문제를 성찰했고, 특히 이데올로기와 합리성의 관계, 학문적 발견의 과정, 진실 추구에서의 오류의 역할 등에 관심을 기울였다. 에리봉에 따르면 그는 1950년대에서 1980년대 사이 '주체의 철학'이라는 낡은 길에서 벗어나고자 하는 모든 사람들을 한데 모으는 구심점이었으며 구조주의의 선구자이기도 하다. 한편 푸코의 죽음 이후 캉길렘은 푸코의 첫 번째 저서 『광기의 역사』에서 마지막 저서인 『성의 역사』까지의 사상적 여정을 복원하는 글 「사건으로서의 『광기의 역사』에 대하여」를 발표했으며 1988년에는 전 세계 푸코 연구자들을 대상으로 '푸코 심포지엄'을 개최하기도 했다(Eribon, 2012: 183-185).

수를 맡고 이후 정착하지 못하고 떠돌던 푸코의 청·장년기 내내 손을 잡아주었다. 특히 박사학위 취득 후 첫 저작인 『임상의학의 탄생』1963[16] 은 과학철학자인 캉길렘의 영향이 깊게 배어 있는 연구물로 푸코는 "그를 알게 된 이후 내가 한 것은 그의 저작 없이는 불가능한 것"이었다고 고백한다. 마찬가지로 알튀세르Louis Althusser, 1918~1990는 '철학 카이만caïman'[17]으로 인연을 맺어 깊은 우정을 쌓게 된다. 그는 푸코의 정신적 혼란을 이해해 주고 결정적인 순간에 적절한 조언을 해 주었으며, 공산당 입당에도 적지 않은 영향을 미친다. 이 밖에 메를로-퐁티Maurice Merleau-Ponty, 1908~1961의 현상학 강의와의 만남도 빼놓을 수 없다.[18]

또 다른 하나는 푸코가 '자기 자신'을 만나고, 정신병원을 만나고, 그것을 발전시킬 학문적 테제를 만난 것이다. 익히 알려진 것처럼 푸코는 동성애자였고, 해방 후 프랑스의 보수적인 사회 분위기는 성 소수자에

---

16. 원제는 『임상의학의 탄생: 의학적 시선의 고고학』이다.

17. 카이만은 ENS의 교수자격시험 준비교사(répétiteur)를 가리키는 학생들의 은어다. 알튀세르는 1939년 ENS에 입학했지만 2차 대전 징집과 5년간의 포로수용소 생활로 인해 전쟁 이후 복학, 교수자격시험에 합격한 후 1948년 ENS의 철학 카이만에 임명된다. 그는 1960년대까지 거의 알려지지 않은 학자였지만, 카이만 시절 ENS 학생들에게는 상당한 영향력을 행사한 것으로 전해진다. 1947년 이미 정신병원에 입원한 경험이 있기에 푸코에게 입원하지 말라고 강권했으며 푸코는 이를 따랐다. 그의 사후 출간된 자서전 『미래는 오래 지속된다』에 따르면 자신과 푸코는 "광기에 근접했다는 점에서 서로 비슷했지만, 자신은 점점 더 착란의 밤에 빠져들어 거의 '행방불명자'가 된 반면 푸코는 점차 벗어나 완전히 '치유되었음'을 스스로 느낄 정도가 되었다"(Eribon, 2012: 48)고 적고 있다. 한편 교수자격시험에 합격한 후 푸코 역시 '심리학 카이만'으로 1951년 가을부터 1955년 봄학기까지 ENS에서 강의를 한다. 이를 주선한 사람이 알튀세르이며, 이때 자크 데리다와 폴 벤느, 제라르 주네트 등이 푸코의 강의를 들었다.

18. 현상학은 실존주의와 더불어 당시 학문의 정점에 놓여 있었다. 하지만 ENS 학생들은 엄청난 대중적 반향을 얻었던 사르트르보다 "더 학문적이고 더 엄격하며 덜 세속적인" 메를로-퐁티를 선호했다. 푸코도 1947년 학기부터 이듬해 학기까지 메를로-퐁티의 강의를 꼬박 챙겨 들었고 이후로 오랫동안 인연을 이어 간다. 하지만 1961년 박사학위 소논문에서부터 사르트르와 메를로-퐁티에 대한 본격적인 비판이 시작되고 1966년 출간된 『말과 사물』에서 현상학과 단절을 선언한다. 이 책의 출간 후 푸코가 받은 공격 중 하나는 "메를로-퐁티의 그림자에 느끼는 강박을 보여 주는 글이며, 처음부터 끝까지 후설의 사상과 메를로-퐁티의 후설 해석을 반박하려는 열망에 고취되어 있다"는 것이었다. 또한 출판 전 교정본을 읽었던 레몽 벨루는 사르트르에 대한 공격도 적지 않았으나 결정판에는 포함되지 않았다고 밝혔다.

게 관대하지 않았다. 성적 정체성이 그를 외부에 극도로 방어적이고 예민한 성격으로 만든 것인지 아니면 타고난 강박과 과대망상이 있었는지는 분명하지 않지만, 어쨌든 그는 기숙사 공동생활을 매우 힘겨워했고 강요된 환경에 순응하지 못했으며 몇 번의 자살시도 끝에 정신치료를 받게 된다. 정신치료기관과의 만남은 "소위 광인과 정상인, 그리고 정신병자와 건전한 정신을 가르는 그 불확실한 선에 처음으로 접근한 순간"Eribon, 2012: 49이다. ENS 시절의 푸코를 기억하는 사람들은 그를 붙임성 없고 공격적이며 비상식적인, 그러나 학문에의 집념이 매우 강렬했던 인물이라고 묘사한다. 아마도 그는 자신을 설명하는 이 실존적 요소들을 학문적으로 대면하고자 한 것 같다. 즉 사회가 규정한 자신의 '정신적 상태'에 갇혀 있는 대신 정신분석학과 심리학, 그리고 니체를 탐독한다. 그리고 정신적 혼란이라는 자신의 개인사個人事를 역사와 연결해 스스로를 성찰하면서 이폴리트의 가르침에 따라 "자기 자신의 존재와 엮여 있는 비-철학의 곁"에 머물러 탐구했고, 마침내 『광기의 역사』[19]를 탄생시켰다.

스스로도 밝혔듯이, 푸코의 이론적 작업은 지극히 개인적인 경험에서 시작하기 때문에 "자서전의 한 조각과도 같다."Foucault, 1981; Eribon, 2012: 53 재인용 그의 이론 하나하나가 곧 그의 사적 삶을 설명해 준다는 뜻이다. 『광기의 역사』의 탄생에 대해서도 푸코는 그 출발점에 '자기가 자기 자신으로부터 소외되는 것'을 경험했던 실존적 순간이 있었다고 말

---

19. 당시 박사학위를 취득하기 위해서는 주논문과 소논문을 한 편씩 제출해야 했는데, 푸코는 주논문으로 『광기와 비이성: 고전주의 시대 광기의 역사』(각주 2 참고)를, 소논문으로 「칸트의 『인간학』 서문」을 제출했고 각각 캉길렘과 이폴리트가 보고자를 맡았다. 한편 푸코는 1948년 철학사학위를 취득하고 일 년 뒤에는 심리학 학사학위를 취득하는 동시에 「헤겔의 『정신현상학』에서의 역사적 초월성 구성」으로 철학 석사학위를 받는데, 이때 지도교수가 이폴리트였다. 푸코가 정신병리학으로 심리학 석사학위를 받은 때는 1952년으로 교수자격시험에 합격한 이듬해다.

한다. 바로 자신의 성 정체성을 깨달았을 때다. 그는 '개인의 성적 취향이 정신과적 문제로 변모한다'는 사실에 문제를 제기했다. "내 개인사 속에서 내가 배제되고 배척된다는 것, 사회의 그늘에 속하게 된다는 느낌"Foucault, 1987; Eribon, 2012: 53 재인용은 푸코의 그 유명한 질문, 즉 "정상은 언제부터 정상이었으며 정상을 정상으로 만들어 주는 것은 무엇인가"라는 철학적 물음의 토양이다. 이 물음은 곧바로 역사를 겨냥하여 다르게 바라볼 것을 요구하는데, 정상의 본질이나 정상의 내용을 탐구해서 구할 수 있는 답변이 아니라 정상을 정상으로 만들어 준 것을 역사적으로 검토함으로써 해답을 찾을 수 있기 때문이다. 남들과 같지 않으면 비정상이고, 만약 누군가 비정상이라면 환자이자 '비이성적 존재'로 간주되는 '보편성'에 문제를 제기했고 『광기의 역사』는 그 답변처럼 제시됐다.

이것이 미셸 푸코라는 철학자가 가진 독자성이다. 에리봉이 지적한 것처럼 이는 푸코의 작품을 동성애로써 설명하려는 시도가 아니다. 다만 "최초는 아닐지라도 최소한 실존적이라고 규정지을 수 있는 경험 속에서 하나의 지적 기획이 어떻게 탄생하는지, 그리고 개인적이고 사회적인 삶의 투쟁 속에서 하나의 지적 모험이 어떻게 창안되는지"Eribon, 2012: 53-54 보여 준다는 점에서 독보적인 지위를 갖는다.

교수자격시험에 합격하고 박사학위 논문이 출간되는 십여 년의 기간 동안(1951~1961) 푸코는 국경을 넘어 이곳저곳에서 '연구하는 강사' 혹은 '가르치는 연구자'의 삶을 산다. 저술을 하지 않은 것은 아니지만 이 시절 그의 삶은 박사학위 논문의 완결에 바쳐진 것처럼 보인다. 그리고 마침내 빛을 본 학위 논문의 출판 이후에는 프랑스 안팎으로 이름을 알리면서 콜레주 드 프랑스에 입성할 업적을 차곡차곡 쌓아 간다.

ENS 졸업부터 콜레주 드 프랑스 교수가 되기까지 '이론으로 쓰는 자서전'에서 가장 큰 비중을 차지하는 인물을 꼽으라면 아마도 뒤메질

Georges Dumézil, 1889~1986[20]일 것이다. 푸코와 뒤메질의 첫 만남은 스물 아홉 살의 청년과 예순을 바라보는 노학자의, 당대 최고의 신화학자와 신참내기 연구자의, 콜레주 드 프랑스의 유명 석학과 미래 동료의, 그리 고 웁살라대학 강사의 추천자와 후보자의 만남이었다. 푸코는 뒤메질의 추천으로 스웨덴에 정착한 후 그곳에 머무는 삼 년간 우정을 쌓았고 이 후 이 우정은 무덤까지 이어지는 '불멸의 우정'이 된다. 푸코에게 뒤메질 은 삶의 모델이자 정신적 지주였다. 그는 뒤메질로부터 학문에 대한 엄 격함과 끈기를 배우고 고문서를 다루는 세심함과 집념을 닮아 가면서 강렬한 지적 영향을 받는다. 에리봉의 말처럼, 푸코의 사상적 여정에서 가장 중요한 역할을 한 사람은 뒤메질이다. 예민하고 까다롭고 괴팍한 성격의 소유자로서 만나는 거의 모든 학자들과 반목하거나 결별했던 푸 코에게 뒤메질이 얼마나 큰 비중을 차지하던 스승이었는지는 생애 끝무 렵의 '알려지지 않은' 일화에서 매우 잘 드러난다.

푸코가 자신의 죽음을 감지한 이후의 일이다. 온갖 소문에도 불구하 고, 공식적으로 푸코는 자신의 병명을 아무에게도 말하지 않았다. 당시 "에이즈는 아직 너무 멀게 느껴지고 그리 잘 알려지지 않은 재앙이었기 때문에 현실이라기보다 상상적인 것으로 여겨지는 병이었다."Veyne, 2009: 226-227 자신에게 남은 시간이 많지 않음을 직감한 푸코는 침착하게 그

---

20. 조르주 뒤메질은 인도-유럽 신화학자이자 프랑스를 대표하는 문헌학자다. 생전에 그는 강 연과 연구를 위해 유럽 곳곳을 누볐는데 푸코보다 거의 이십 년 앞서 웁살라대학에서 프 랑스어를 강의하기도 했다(1931-1933). 1898년생인 뒤메질은 1916년 ENS에 입학한 후 이 듬해 1차 대전에 참전하기도 한다. 박사학위 논문은 인도-유럽 신화 속의 『불멸의 운명』에 대한 것으로 푸코가 태어나기 이전인 1924년에 출판됐다. 뒤메질은 1949년부터 1968년까 지 콜레주 드 프랑스에서 강의했고 1978년에는 아카데미 프랑세즈 회원으로 임명된다. 푸 코와 뒤메질은 ENS와 웁살라대학 그리고 콜레주 드 프랑스라는 세 교집합을 갖고 있지만, 서른 살의 나이차를 뛰어넘는 두 사람의 우정은 아마도 고문헌과 고전어에 대한 공통의 관 심과 뒤메질이 이룩한 지적 작업에 대한 존경심에서 비롯된 것으로 보인다. 당시 뒤메질의 학문적인 탁월함은 그가 한림원의 회원이라는 사실뿐 아니라 레지옹 도뇌르와 교육공로 훈장(Palmes Académiques)의 수훈자였다는 사실에서도 드러난다. 〈출처: https://www. college-de-france.fr/site/georges-dumezil/index.htm〉

리고 온 힘을 다해 집필에 전념했던 것으로 알려졌다. 그런데 실은 그때, 유일하게 오랜 친구 뒤메질에게만은 자신의 병에 대해 언질을 했었다고 한다.[21] 푸코에게 뒤메질은 모든 것을 털어놓을 수 있는 '고해사제'와 같은 존재였던 것 같다. 1984년 6월 25일, 푸코의 부고는 프랑스 사회를 들썩이게 했고, 미디어뿐 아니라 당대 최고의 학자들이 말과 글로써 그를 애도했다.[22] 수많은 애도문 중 가장 감동적인 글은 단연 뒤메질이 전하는 푸코였다. 길지 않은 그의 글이 예리하면서도 슬프게 다가오는 이유는 그들 사이에 놓인 호모노이아(우정) 때문일 것이다. 자기 자신을 돌보기 위해 우리에게는 진실을 말해 주는 자가 필요하고 푸코는 이 진실 말하기에 전제되는 것이 바로 스툴티티아(실존의 동일성)와 호모노이아(우정)라고 보았다. 학자 뒤메질의 삶이 실존적 동일성의 울림을 주었다면 자신의 죽음에 대한 푸코의 고백은 우정으로 전하는 진실이었을 것이다. 푸코의 이론이 삶으로부터 나온 것이라면, 친구의 죽음에 부친 뒤메질의 이 글은 '자기 배려'로 수렴된 푸코 자서전의 마지막 퍼즐이 아닐까 싶다.

　　푸코의 지성은 글자 그대로 한계가 없다. 그는 육체와 정신, 본능과 이념 등의 전통적인 구분이 무의미하게 보이는, 살아 있는 존재의 영역에 관찰대를 설치했다. 광기, 성, 범죄가 그것

---

21. 에리봉은 뒤메질로부터 직접 들은 이 이야기를 자서전에 기록해 놓는다. 그는 푸코의 하관식을 마친 후 뒤메질의 자택에서 몇 시간 동안 함께 이야기를 나눴는데, 이때 푸코가 전화로 에이즈에 대해 언급했다는 사실을 듣게 된다. 이 기록에 의하면 푸코는 뒤메질에게, 그를 만나기 이전의 자기 자신에 대해서도 모두 이야기했다고 한다(Eribon, 2012: 569, 각주 19).
22. 다음 날 모든 신문들이 푸코의 사망을 헤드라인으로 다뤘고 사설과 기사가 쏟아졌다. 에드몽 메르, 피에르 블레즈, 자크 랑, 피에르 부르디외, 폴 벤느, 장 다니엘, 페르낭 브로델 등이 글을 썼으며, 6월 29일 발인에서는 질 들뢰즈가 조문을 읽었다. 푸코의 삶에 지대한 영향을 미친 두 명의 조르주─조르주 캉길렘과 조르주 뒤메질─도 이 자리에 함께했다.

이다. 거기서 그의 시선은 마치 등대처럼, 아무리 불확실한 것이라도 발견할 준비가 되어 있는 채, 정통이라는 교조에 머무르는 것만 제외하고는 무엇이든 받아들일 태세가 되어 있는 채, 역사에서 현재로 서서히 빛을 비추었다. (…) 우리는 단숨에 의기투합하여 친구가 되었다. 이제 미셸 푸코가 슬쩍 빠지고 나니 나는 인생의 부속물이 아니라 인생의 실체 그 자체를 박탈당한 기분이다.Eribon, 2012: 574-575 재인용

III. 현재 존재하는 것이 언제나 그렇게 존재했던 것은 아니다

1. 회의주의

푸코의 사상이 낯선 이유는 그가 '낯설게 바라보기' 때문이다. 그는 회의주의자다. 생을 마감하기 25일 전, 푸코는 자신의 사유를 '회의주의'라는 한 단어로 요약했다.Veyne, 2009: 64-65 시간을 초월한 모든 거대한 진리를 의심한다는 점, 그래서 어떤 보편적 진리도 긍정하지 않는다는 점에서 그는 회의주의자다. '원래부터 그런 것'을 전제하지 않기 때문에 그는 기원을 거슬러 올라가는 '계보학'과, 멈춰진 시간을 있는 그대로 들춰내는 '고고학'을 연구의 주축으로 삼았다. 그래서 그의 작업은 두 가지 측면에서 혁신적이다. 하나는 시대의 통념을 제거하고 시작한다는 점, 다른 하나는 그렇기 때문에 한 시대는 듬성듬성한 구멍으로 엮인 것임을 알게 해 준다는 점이다.

"우리는 아무 때나 아무것이나 생각할 수 없다."Foucault, 1969: 61 우리의 생각은 우리가 살고 있는 시대의 생각 속에 갇혀 있다. 한 시대 안에서 우리가 생각할 수 있는 지식의 경계를 비춰 주고 있는 것, 그 경계 안에

서 우리의 사고와 언어를 에워싸고 있는 것이 '담론'이다. 마치 야간운행을 하는 운전자의 시각이 전조등이 비추는 범위 안에서만 제 기능을할 수 있는 것처럼, 우리의 사고는 한 시대가 수용하고 암묵적으로 통용을 허락한 범위 안에서 작동한다. 그렇기 때문에 담론은 "회피할 수 없는 것incontournable"[23]이며, 전조등이 미치지 못하는 곳에 놓여 있는 것들로 인해 한 시대는 듬성듬성 구멍이 나있다.[24]

'외상 후 스트레스 장애'라는 병명은 오늘날 낯설지 않다. 충격적인경험이 심리적 트라우마를 일으켜 일상생활에 지장을 줄 정도로 심신을 아프게 만드는 병이다. 의학계가 처음 이 증상에 대해 주목하게 된것은 1차 세계대전이 시작되면서부터라고 한다. 참전했던 젊은이들이 우울증과 불안 증세를 보이자 의사들은 전쟁에 사용된 포탄이 원인이라고 생각해 '포탄 충격Shell Shock'이라는 개념을 만들어 치료했다. 하지만많은 관심을 끌지는 못한 채 2차 대전이 발발했고 이번에도 참전 군인들에게서 공통된 증상들이 발견되면서 '교전피로', '전쟁신경증' 등과 같은 다양한 진단명이 만들어진다. 문제는, 전쟁보다 더 참혹하고 충격적이었던 홀로코스트의 생존자들이 사회로 돌아오면서부터 시작된다. 인간으로서 존엄을 지킬 수 없는 환경에서 학살을 지켜봐야 했던 이들의

---

23. incontournable는 강제된 것, 피해 갈 수 없는 것, 우회할 수 없는 것이란 의미를 갖는 프랑스어 형용사로 푸코에 의해 유행됐다. 당시 프랑스 사회에서는 이 형용사를 "시대와 더불어 살기를 원한다면 반드시 보았거나 읽었어야만 하는 것", 즉 시대를 살아가는 사람이라면 피해 갈 수 없는 거대한 지적 흐름으로 이해되었는데, 이는 명백한 오해다. 푸코가 이 단어를 사용한 이유는 우리의 시야를 가로막아 다른 곳으로 가는 것을 불가능하게 만드는무엇, 곧 우리로 하여금 우리 시대를 살도록 강제하는 것으로서 '담론'을 가리키기 위해서였기 때문이다(Veyne, 2009: 240-241, 각주 18 참고).

24. 담론에 대한 푸코 사유의 독자성을 '희박성'(rareté)의 개념과 연관해 재해석한 인물은 벤느다. 그는 「역사학을 혁신한 푸코」에서 세계의 실천과 대상들이 희박하다는 것은 주변이비어 있거나 아직 묘사하지 못한 진리가 있다는 의미가 아니라 '구성된' 의식의 조건들, 그조건들과의 '관계'를 통해 주체가 구성되어 가는 기반으로서 담론을 조명하는 것이 목적임을 강조한다(Veyne, 2004: 498-499). 한편 푸코(1995: 171-182)는 『지식의 고고학』에서언표 분석과 관련해 '희박성의 법칙'을 언급한다.

상처를 해석하고 치료할 준비가 되어 있지 않았기 때문이다. 이에 의학계는 세계적인 차원에서 '표준화된 정신과 진단명'이 필요하다고 판단하고 1952년 최초로 정신과 진단 매뉴얼을 만들게 된다. 하지만 또 한 번의 전쟁—1965년 베트남전쟁—이 일어나 미국이 패배한 이후에야, 그래서 반전운동과 전쟁혐오가 세계적으로 확산되면서야 비로소 사람들은 군인들의 전쟁 트라우마에 관심을 갖게 되고 그에 대한 개념 확립의 필요성을 자각하게 된다. '참전 군인들의 증상을 기반으로 한 외상 후 스트레스 장애'라는 진단명은 이렇게 탄생하는데, 1994년의 일이다.김승섭, 2017: 168-177

　오늘날 외상 후 스트레스 장애라는 말이 낯설지 않은 것은 갖가지 형태의 폭력으로 인한 피해자들의 아픔을 지칭하는 용어로 말해지기 때문이다. 말해지자 보이기 시작했다. 폭력으로 인한 정신적 충격은 인류 역사상 20세기 말에 처음 발생한 것이 아님에도 불구하고 불리지 않았고, 불리지 않으니 보이지 않았고, 보이지 않으니 구조화되지 않았다. 그것은 없었던 것이 아니나 보이지 않는 것이었고, 말해지지 않았으나 존재하는 것이었다. "실재는 언명되자마자 언제나 이미 담론적으로 구조화되고"Veyne, 2009: 79 재인용, 담론은 실재를 가시화한다. 그래서 푸코는 '원래부터 그런 것'은 없다고 말한다. 원래부터 외상 후 스트레스 장애가 없는 것처럼 원래부터 광기나 인간, 진리는 물론 원래부터 동물인 것, 원래부터 식물인 것은 없다. 예를 들어 식물에 대한 역사를 보자. 17세기 자연과학의 발달과 더불어 동식물에 대한 자연주의자들의 기록이 증가하는데 그 서술 방식은 크게 두 가지로 요약된다. 하나는 있는 그대로의 사물에서 출발해 우리가 보는 동·식물을 17세기 사람들은 어떻게 보고 기술했는가를 추적하는 것이고, 다른 하나는 당시의 과학이 어떤 단어나 개념을 사용했는지 알아본 후 식물과 동물에 어떤 틀이 설정되었는지를 파악하는 것이다.Foucault, 1969: 91; Veyne, 2009: 243-244, 각주 41 두 서술 방식은 17세기의 자연주의자들은 물론 그들의 기록을 연구하는 우리들 역시 의식하지 못하는 사이에 이미 '사람들이 보고 이해하는 대로', 즉 사물에 부여된 특정한 의미에 따라, 역사적 사실이나 사유 장치에 내재되어 있는 '담론'에 따라 사유하고 있으며, 역으로 이 담론이 우리의 사유를 결정하고 있음을 보여 준다. 따라서 원래부터 식물인 것, 원래부터 외상 후 스트레스 장애는 존재하지 않으며 다만 한 시대가 생각하는 식물과 한 시대가 말하는 증상이 있을 뿐이다. 이는 실재의 총체적 의미를 담은 것이 아니라 한 시대에 부각된 의미들을 규합하고 있기 때문에 '듬성듬성하다.' 그리고 이런 맥락에서 "각 시대는 나름의 어항 속에 담겨 있다."Veyne, 2009: 25 각 시대마다, 동시대인들은 투명한 어항 같은 담론 속에 갇혀 있다. 이 어항이 어떤 것인지, 심지어 거기 어항이 있는지 조차 알지 못하지만, 어항 속에 사는 사람들은 이 어항 속에서 통용되는 일반론으로 생각하고 말하며 그 내용을 유통한다.

우리는 어떤 시기의 담론의 경계 안에서만 생각한다. 우리가 안다고 믿는 모든 것은 우리가 모르는 사이에 제한된다. 우리는 그 한계를 보지 않으며, 그런 것이 있다는 사실조차 알지 못한다. (…) 우리는 언제나 스스로 그 내벽조차 알아차리지 못하는 어항 안에 갇혀 있다. 담론은 피해 갈 수 없는 것이기에, 우리는 특별한 은총에 의해서도 진짜 진리이든, 미래의 진리이든, 혹은 그런 척하는 것이든 간파할 수 없는 것이다. 동시대인들은 언제나 자기들의 고유한 한계가 어디인지 모른다. 우리는 우리의 한계를 파악할 수 없다. (…) 매 시대는 통념들 위에서 존속하며, 우리 시대도 예외는 아니다. (…) 주어진 시대

에 주어진 영역에서 생각되고 보이고 말해질 수 있는 것은 듬
성듬성하다.Veyne, 2009: 46-47, 89, 91

　푸코 사유의 독창성은 어떤 불변항을 전제하지 않고 이 어항을 움직
이는 원리를 들춰내는 것에서 비롯된다. 그에게 그 자체로 존재하는 진
리란 없다. 진리는 담론으로 규정되는 하나의 지식일 뿐이며, 지식을 둘
러싼 관계들에 의해 어떤 것은 포함되고 어떤 것은 배제된다. 지식과 인
간에 이 공식을 대입해 보자. 지식에 대한 객관주의와 상대주의는 서로
상반된 입장이지만 지식에 대한 나름의 정의와 내용을 가지고 있다는
점에서 공통적이다. 이들은 지식에 대해 일종의 '정초'를 구성해 놓았고,
지식에 대한 모든 논의는 이 정초 위에서 '증축'되거나 '재건'된다. 알지
못하는 사이에 우리는 이 정초 위에 서서 그곳에서 통용되는 지식으로
써 지식(담론)에 대해 말한다. 그런데 만약 이 정초가 무언가에 의해서
'지식의 정초'로서 규정된 것이라면 현대의 지식론은 어떻게 되는 걸까?
　널리 알려진 동화 〈피노키오〉를 살펴보자. 제페토 할아버지의 간절
한 바람에 요정은 피노키오를 인간으로 만들어 주겠다고 하면서 한 가
지 조건을 내건다. 옳고 그름을 배워야 한다는 것이다. 그래서 나무인형
피노키오가 움직이게 되면서 하는 첫 번째 사회적 행위는 선악을 배우
러 학교에 가는 것이었다. 모두 아는 것처럼 동화의 줄거리는 학교에 가
는 길에서 일어나는 우여곡절로 채워져 있다. 나쁜 사람의 꾀임에 빠지
거나 한눈팔아서는 안 된다는 교훈과 세상 그 무엇과도 바꿀 수 없는
부성애를 전해 주는 이 이야기는 사실 거대한 전제를 깔고 있으니, 바로
"학교에서 선악을 가르친다는 것"이다. 이 말은 곧 이미 정해진 선악이
존재한다는 것을 함축한다.남경태, 2012: 286-287 여기에 의문을 제기한 사람
이 푸코다. 비록 피노키오를 인용하지는 않았지만 그는 정해진 진리라

는 것, '애초부터 그런 것'이라는 것이 어떻게 그 지위를 획득하게 된 것인지 알고자 했다. 학교에서 가르치는 선악이 이미 정해져 있다는 사실 자체에 의문을 제기하지 못하는 사람은 그 선악의 내용과 정당성을 따지겠지만, 그 정초에 의문을 제기하는 사람은 어떻게 그것이 그 위치를 확보했는지 그리고 그것을 둘러싼 관계는 무엇인지를 파헤치고자 할 것이다. 즉 우리를 둘러싸고 있는 거대한 망과 그 망을 작동시키는 원리가 무엇인지 알고자 할 것인데, 이는 기존의 정초를 인정하지 않는 것이기 때문에 낯설 수밖에 없다. 푸코의 회의주의는 이 지점에 놓여 있다.

2. 주체화와 몸

> 내 문제는 이렇게 표현될 수 있다. 한 시대에 사람들은 어떻게 이러이러한 것은 말할 수 있게 되고, 저러저러한 것은 말해지지 않는 것일까?Veyne, 2009: 91 재인용

만약 우리의 사유가 전조등이 비추는 범위 안에서만 작동하는 야간 운전자의 시각과 같다면, 이 전조등의 범위와 각도, 밝기는 애초에 어떻게, 누구에 의해 설정된 것일까. 푸코의 질문은 이렇게 재구성될 수 있고, 그 답변은 아마도 교육학계에서 가장 유명한 그의 개념 '지식-권력'이 없이는 불가할 것이다. 1970년대 후반부터 푸코의 연구는 '주체화'로 집중된다. 주체를 중심으로 그의 논의를 따라가다 보면 다음과 같은 질문에 부닥치게 된다. 한 시대가 말하는 주체는 결국 그 시대가 말하고 생각하고 생산하는 주체 모델에 부합하는 어떤 상이 아닐까. 여기에 '자유'를 덧붙여도 마찬가지다. 결국 자유가 한 시대의 담론으로부터 나온 개념이라면, '자유로운 주체'는 그 시대가 논하는 자유의 담론으로부터

진정 자유로울 수 없기 때문이다. 결국 자유로운 주체는 시대가 제시하는 자유 개념에 종속된, 한시적이고 듬성듬성하게 자유로운 주체일 뿐이다. 그렇다면 시대의 통념들 속에서 사유하도록 강제되어 있는 우리가 어항을 들여다봐야 하는 이유, 이 어항의 듬성듬성한 구멍을 조명해야 하는 이유는 무엇일까. 결론부터 말하자면, 푸코는 그것들에 의해 현재의 우리가 구성되었기 때문이라고 본다. 우리는 "결국 우리가 일시적으로 포획되어 있는 장치들로 귀결되"Veyne, 2009: 69기 때문에 만약 우리가 저항하거나 변화하고자 한다면 무엇에 의해 어떻게 우리 자신이 만들어졌는지 아는 것은 그 출발점이 된다.

다시 담론으로 돌아가 보자. 한 시대에 어떤 것은 말해지고 다른 것은 말해지지 않는 것이 되는 과정, 즉 특정 담론은 지배담론이 되고 다른 것은 배제되는 과정에서 푸코가 주목한 것은 권력과 지식의 관계다. 『감시와 처벌』에서 푸코는, 자신이 말하는 권력은 하나의 전략으로 이해해야 하며 그것은 소유에 의해서가 아니라 배열, 조작, 전술, 기술, 작용 등에 의해서 효과를 발휘한다고 강조한다. 즉 그 권력은 지배계급이 획득하거나 소유하는 특권도, 위로부터 아래로 의무나 금지를 강제하는 것도, 국가기관과 계급 간의 경계에 놓여 있는 것도 아니다. 마찬가지로 그것은 광인이나 동성애자를 만들지도 않는다. 다만 우리가 인정해야 할 것은,

> 권력은 지식을 창출한다는 점, 권력과 지식은 상호 직접 관여한다는 점이고, 또한 어떤 지식 영역과의 상관관계가 조성되지 않으면 권력적 관계는 존재하지 않으며, 동시에 권력적 관계를 상정하거나 구성하지 않는 지식은 존재하지 않는다는 점이다. (…) 따라서 지식의 주체와 지식의 대상 그리고 지식을 구

성하는 양태는 모두 권력-지식의 근본적인 관계와 역사적 변형의 결과들로 여겨져야 한다. 요컨대, 권력에 봉사하건 저항하건 관계없이 모든 지식을 생산하는 행위는 지식 주체의 활동이 아니다. 지식의 형식과 영역을 결정하는 것은 권력-지식이며, 그와 함께 권력-지식 자체를 구성해 내는 과정과 투쟁들이라고 할 수 있다.Foucault, 1994: 57

지식은 그 자체로 순수한 진리가 아니며, 권력관계의 작동에 의해 생산되고 유포되면서 하나의 사실과 정보로 가공되고, 동시대인들에게 각인된다. 사물은 동일한데 사물을 설명하는 말이 변하면서 담론은 발전하는 대신 시대에 따라 달라진다. 권력과 결합하여 지식은 생성되고 선별되거나 배제된다. 예를 들어 서구의 식물학자가 식민지 국가의 식물군에 관한 자료를 수집할 때 그는 서구의 분류체계에 의존할 수밖에 없다. 이 과정에서 토착민이 사용해 온 기존의 분류체계는 폐기된다. 토착민들은 식물을 그들의 용도와 필요에 따라 분류한 반면 서구의 학자들은 형태학적 특징에 따라 분류한 차이가 있을 뿐인데, 결국 서구의 분류체계가 피식민지 국가에 강요되고 마치 국제적 표준 지식처럼 제시된다. 하지만 서구의 '지식'은 객관적인 지식이라기보다 서구적 관점에서 파생된 것에 불과하다.Mills, 2008: 142 정보가 사실/지식으로서의 지위를 획득하기 위해서는 권력의 재가가 필요하다는 것, 이 과정에서 지식과 권력은 하나의 복합체로서 작동하고 있음을 보여 준다.

비단 식물만이 아니다. 푸코는 우리 자신도 이와 같은 원리에 의해 만들어진 것이라고 본다. 우리는 어떻게 우리 자신에 대해 알 수 있을까, 그리고 우리 자신에 대한 진리는 무엇일까라는 물음에 답하기 위해서 우리는 필연적으로 자아, 주체, 인간의 보편성 혹은 개별성과 같은 지식을 파헤치면서 이 시대의 어항 속을 유영하는 금붕어가 된다. 그래서 "우리가 우리 자신에 대한 진리를 발견하는 그 순간은 바로 권력이 우리에게 행사되는 순간"Mills, 2008: 144이고, 우리 자신이 이미 권력-지식 혹은 담론의 대상이 되었음을 보여 주는 순간이기도 하다. 푸코가 진행한 일련의 연구가 실은 인간을 겨냥하고 있음은 '바게트처럼 팔려 나간' 그의 초기 저서 『말과 사물』에서부터 엿보인다. 그 저서는 "인간은 바닷가 모래사장에 그려 놓은 얼굴처럼 사라질지 모른다"는 문장으로 끝난다. "순진한 시각으로 보자면 인간은 소크라테스 이래 가장 유구한 탐구의 대상으로 간주되지만, 사물의 질서에 생겨난 어떤 균열, 지식의 영역에서 사물의 질서가 새롭게 배치되면서 최근에 모습을 드러낸 형상에 지나지 않는다."Foucault, 2012: 20-21 푸코에 따르면 인간은 18~19세기에 발생한 인식론적 전환기에 학문적 연구 대상으로 '탄생'하여 지식의 영역으로 들어왔다. 그럼으로써 스스로 지식의 주체 겸 대상이 되었고, 특정한 시기에 나타난 존재인 만큼 언젠가 불현듯 '사라질 수 있는' 존재다. 우리가 인간에 대해 탐구하면 할수록 우리는 지식-권력에 의해 '인간'으로 규정된 담론에 갇혀 그 일부가 되거나 그 일부를 생산하는 주체가 된다.

이런 이유에서인지 푸코는 일련의 연구 끝에 '몸'과 고대 그리스에 천착한다. 그의 '역사 연구' 시리즈는 『성의 역사』라는 세 권의 저작으로 대단원의 막을 내리는데, 여기서 푸코는 사회제도와 담론이 집중되는 장場으로서 몸/육체를 탐구하고 몸권력/생체권력bio-power의 개념을 제시한다. 개인의 몸을 탐구의 대상으로 삼은 것은 지식-권력이 직접적으로 작용하여 개인이 담론으로 구성되는 것을 보여 주는 '장소'를 조준한 것이다. 푸코에게 몸은 "사건이 각인된 표면"Mills, 2008: 162이다. 예를 들어 용기는 육체적인 것 말고는 없다. 용기는 용기 있는 몸이고, 착취당하는 것은 노동자 계급이 아니라 노동자들의 몸이다. 마찬가지로 시민이 군대식 규율에 조정되는 것이 아니라 그들의 몸이 훈육되고 길들여지는 것이다. 권력이 행사되고 감금하는 것은 바로 몸이다.Veyne, 2009: 222 동성 애와 이성애, 변태, 아동의 성 문제 등을 포함한 섹슈얼리티의 문제는 모두 개인의 몸과 관련된 것이지만, 비교적 최근에 와서야 개인을 구별하고 그 정체성을 표현하는 말/담론이 되었다. 푸코에 따르면, 동성애는 원래 남성들의 부적절한 행위 정도로 치부되었지만 19세기를 지나면서 개인의 정체성을 이르는 말로 변형되었다. 그 결과 역사상 처음으로 동성애와 이성애가 상호 배타적인 개념이 되어 서로의 대척점에 놓이게 되고, 동성애자들은 성도착증을 가진 변태로 취급되기 시작한다. 달리 말하면 그때부터 그들은 성 의학적 담론의 대상으로 편입되기 시작했고, 개인의 성적 기호나 욕망은 그 개인의 정체성을 나타내는 개념(말)으로 변모했다.『성의 역사 1』

하지만 이 역시도 19세기 사물의 질서에 나타난 균열에 불과하다. 더 먼 과거, 고대 그리스 사회에서 동성애는 자신의 욕망을 다스리는 일과 관련되었지, 그 대상이 동성이냐 이성이냐를 가르는 것에 중점을 두지 않았다. 고대사회에서는 아프로디지아(성행위)를 절제하고 욕구를 조절할 수 있는지의 여부가 관계 대상의 성별을 따지는 것보다 더 중요한 것이었고, 그 자체로 개인의 도덕성을 가늠하는 척도가 되었다. 고대인들이 아프로디지아를 도덕적 평가의 대상으로 삼은 것은 중세 기독교적 관점에서처럼 그것을 하나의 악으로 보았기 때문이 아니라, 인간의 완성된 존재 양식을 되살려 놓는 것으로 중시했기 때문이었다.『성의 역사 2』 요컨대 개인의 몸과 그 몸에 가해지는 성적 취향으로서 '동성애'에 대한 통념은, 그것이 동일한 대상을 가리키고 있음에도 불구하고 시대에 따라 달랐으며, 오늘날처럼 개인을 구별하는 범주로 원래부터 존재했던 것이 아니라 역사상 특정한 시대에 고안된 것임을 알 수 있다.

아마도 그런 이유에서 푸코는 고대 그리스에 주목한 것 같다. 생애 끝자락에서 푸코는 자기 연구의 모든 동기가 '호기심'이었다고 밝힌다. 그런데 이 호기심은 반드시 알아야 할 지식을 자신의 것으로 만들고자 하는 것이 아니라 자기를 자기 자신으로부터 벗어날 수 있도록 해 주는 호기심이다. 그는, 앎에 대한 열정이 지식의 습득만을 보장하고 자신으로부터 벗어날 수 있게 만들어 주지 않는다면 무슨 소용이 있겠냐고 반문한다. 지식은 축적하는 것이 아니라 현재의 자신을 더 나아지게 만드는 것, 현재의 자신으로부터 탈피할 수 있게 만드는 무엇이 되어야 한다. 그래서 그에게 철학이란 사유에 대한 비판 작업과 다름없다. 철학과 철학적 행위는 이미 내가 알고 있는 것을 정당화하는 작업이 아니라 어떻게 그리고 어디까지 다르게 생각할 수 있는지를 알아내고자 하는 노력이기 때문이다.Foucault, 1990b: 23-24 푸코의 '호기심'은 시대의 지식-권력에 의해 직조된 주체가 아닌 '주체', 담론의 대상으로 편입되지 않았다는 의미에서의 '자유로운 주체'에 대한 인간의 갈망을 반영한다. 그래서인지 그가 마지막 불꽃을 태웠던 주제는 '자기 배려'다. 그는 '자기 자신을 배려하라'는 고대인의 윤리적 실천을 글로 정리했고, 이전의 화려하고 장황한 문체 대신 간결하고 담백한 글쓰기를 통해 그들의 실천을 수행했다.

지금까지 그의 연구가 그 자신의 삶의 문제와 연결되어 있었고 그 이론서들이 자서전의 조각조각을 채워 왔던 것으로 유추할 때, 그는 자기 자신을 돌보기 위해 고대인의 자기 배려를 탐구했고 "문체에 변화를 일으킬 만큼 고대의 지혜를 내면화시킨 것 같다."Eribon, 2012: 578 또한 그가 주목한 고대인의 '삶의 기술'은 인간이 스스로 행동규칙을 정할 뿐 아니라 스스로를 변화시키고 변형시킬 수 있게 하는 실천들의 총체Foucault,

1990b: 26로서 푸코는 이를 인간이 자기의 삶을 하나의 작품으로 다듬어 가고 스스로의 주체가 될 수 있게 하는 기술, 곧 지식-권력의 작용에 저항할 수 있게 하는 가능성으로 조명한다. 즉 그는 고대를 통해 오늘의 우리, 현재의 개인을 겨냥한다. 죽음을 앞둔 푸코가 탐독한 세네카는 다음과 같이 말했다고 전해진다. "시간을 낭비하지 말고 네 영혼과 네 자신을 돌봐야 하고, 네 자신 안으로 침잠하여 거기에 머물러야 한다."Foucault, 1990c: 63

푸코의 마지막 여정지였던 고대 그리스로 돌아가 그의 마지막 주제를 따라가 보자.

IV. 자기 배려: 나 자신을 알아야 하는 이유[25]

1. 자기 배려의 의미

'나는 누구인가'라는 물음은 '너 자신을 알라'라는 델포이 신전의 문구와 대구를 이룬다. 이 질문에 푸코는 '지금 여기'라는 '현실태'를 추가하여 "현재의 우리는 무엇인가"라는 문제를 설정하고, 이를 "우리 자신에 대한 역사적 존재론 혹은 사유에 대한 비판적 역사"Foucault, 2015b: 100라고 명명한다. 현재의 내가 누구인가를 아는 것, 즉 자기의 존재론적 역사에 대한 물음은 자기에 대해 '말해진' 관념들을 분석하거나 그 관념사를 추적함으로써 답변할 수 있는 문제가 아니다. 자기는 사유를 통해 맺어진 관계의 총체다. 자기에 대한 인식은 이 관계에 대한 인식이며,

---

25. 이하 자기 배려에 대한 논의는 「자기 배려로서의 자기 인식과 파레시아: 미셸 푸코의 해석을 중심으로」[김세희(2018), 『교육철학연구』, 40(1)]에 게재된 논문 2장부터 4장까지의 내용을 수정, 보완한 것이다.

이 중 자기가 자기 자신과 맺고 있는 관계는 현재의 나를 설명하는 중심에 놓여 있다.

널리 알려져 있다시피, '너 자신을 알라'라는 의미를 담은 gnôthi seauton(자기 인식)은 델포이 신전에 새겨진 세 개의 문구 중 하나—다른 두 개는 mêden agan('결코 도를 넘어서지 말 것')과 eggua, para d'atê(지불금, 보증금)다—였다. 이 중 '너 자신을 알라'는 소크라테스로 인해 모두가 기억하는 명언이 되었고, 일반적으로 '자신의 무지를 깨닫고 참된 진리를 추구해라'로 해석되면서 배우는 자의 올바른 태도를 알려 주는 상징성을 갖게 되었다. 하지만 고대 사회에서 이 말이 처음부터 철학적 의미를 갖거나 도덕적 토대로서 규정된 것은 아니었다. 그 글귀가 적힌 장소가 '신전'이라는 점에서 유추할 수 있듯이 이는 그곳을 찾는 사람들에게 전달하는 메시지를 담고 있었다. 신의 견해를 들으러 온 자는 꼭 필요한 질문을 골라서 하되 결코 도를 넘어서지 말고mêden agan, 지키지 못할 약속이나 맹세를 하지 말아야eggua, para d'atê하기 때문에 신탁을 통해 알고 싶은 것이 무엇인지를 먼저 스스로 알고 있어야 한다gnôthi seauton는 권고를 가리켰다.[26] 한마디로 신전에서는 신중하게 처신해야 한다는 사실을 환기시키는 원칙이었다.

반면 이 시대에 epimeleia heautou(자기 배려/자기 돌봄)는 보다 넓은 외연을 가진 윤리적 실천이었다. '돌봄'이나 '배려'로 번역되는 epimeleia

---

26. 고대 문화에서 gnôthi seauton의 의미를 설명하기 위해 푸코가 인용한 문헌은 1901년 문헌학에 수록된 로셔의 논문과 1954년 델포이 선전(宣傳) 테마들에서 제시된 드프라다스의 해석이다. 전자는 델포이의 세 격언들(Mêden agan, egguê, gnôthi seauton)을 해석하면서 gnôthi seauton은 "신탁에 의뢰할 때 제기해야 할 질문들을 스스로 검토하고 (…) 과다하게 질문하지 말아야 하기 때문에 자신이 알고 싶은 바에 대해 스스로 주의를 기울여야 한다"는 의미로 해석한다. 또한 후자는 세 격언들은 모두 신중의 보편적 원칙으로서 "결국 우리는 유한하고 신이 아님을 상기해야 할 필요가 있으며 자신의 힘을 과신하거나 신과 대적하려고 해서는 안 된다는 것을 환기하는 원칙"이라고 해석한다. 푸코는 두 해석 모두 본래부터 철학적 의미에서의 '너 자신을 알라'가 아니었다는 사실에 주목한다(Foucault, 2007: 42-43).

는 일차적으로 '-에 관심을 쏟음'이란 뜻을 갖지만, 여기서 파생하여 배려, 노력, 사명, 탐구 등의 의미를 갖는다.[27] 따라서 일반적으로 이 단어는 단순히 무엇에 관심이나 애착을 갖는 것을 넘어, 그것을 돌보고 배려하는 활동이나 작업, 테크닉을 지시하는 데 사용됐다. 예를 들어 영주가 농지를 관리하는 일, 군주나 수장이 자신의 시민들에 대해 책임을 지는 일, 의사가 환자를 치료하는 일 등이 모두 epimeleia에 속한다. 어떤 것에 대한 관심 자체를 가리키는 것이 아니라 관심을 갖는 그 대상을 위해 쏟는 행위를 지칭했다는 뜻이다. 이러한 어의語義에 주목할 때 자기에 대한 돌봄을 뜻하는 epimeleia heautou는 "자기 자신에 대한 단순한 관심이나 주의보다도 자기 테크닉 혹은 자기가 자기에게 가하는 작업"Foucault, 2017a: 182에 훨씬 더 가까우며, 자기 자신을 배려하고 돌보는 행위, 그러기 위해 자기 자신에 몰두하는 행위Foucault, 2007: 41라는 실천적 의미를 내포한다. 이는 그리스, 헬레니즘, 로마 문화 전반에 걸쳐 널리 퍼져 있었던 아주 명시적인 현상을 설명하는 용어였으며, 그들의 철학적 태도를 특징짓는 원리이기도 했다.Foucault, 2007: 49; Foucault, 2017b: 180

푸코의 연구에 따르면, 자기 배려는 그리스 문화 전반에 잘 알려진 오래된 금언이었고 자기 인식은 언제나 자기를 배려하는 실천에 종속되어 있었다. 본래부터 철학자나 지식인의 태도였다기보다 그리스 자유민들의 행위와 삶의 기술로 수용된 원리였다는 뜻이다. 당시 도시국가의 시민들에게는 현실적 권력 관계나 사회적 책무에 대해 상당한 자유가 허용되었던 만큼 이 자유를 행사하기 위해 먼저 그것에 합당하도록 자기 자

---

27. 이 글에서 epimeleia는 맥락에 따라 '돌봄' 혹은 '배려'라는 번역어로 사용하되 필요한 경우 두 번역어를 모두 기재한다. 한편 epimeleia의 어원과 의미에 대해서는 『알키비아데스』의 역자 주 107번(강철웅, 2014: 135)을 참고하여 정리했다.

신을 사려 깊게 변화시킬 의무가 있었는데, 이것이 바로 자기 배려의 윤리적 실천이었다.김석완, 2009: 30 플루타르코스가 전하는 스파르타인의 말은 고대 문화에서 이 개념이 어떻게 통용되었는지 가늠할 수 있게 해 준다. 방대한 토지를 소유하고 있으면서도 직접 경작하지 않고 노예에게 맡기는 이유가 무엇이냐는 물음에 스파르타인 알레산드리데스는 다음과 같이 답변한다. "우리 스스로를 돌보기 위해섭니다."Foucault, 2007: 70-71; 2017a: 108-109 그가 스스로를 돌보는 이유는 왕/귀족으로서 자신에게 부여된 책무를 잘 수행하기 위해서이고, 맡은 일을 탁월하게 수행하기 위해서는 먼저 자기 자신이 그에 상응하는 정도의 탁월함을 갖추고 있어야 했다. 이때 탁월함을 갖춘다는 것은 추상적이고 이론적인 지식을 습득하는 것이 아니라 매일의 노력과 실천을 통해 스스로를 탁월한 상태로 끌어올리는 것을 말한다. 따라서 자기 돌봄 때문에 토지 경작이라는 노동을 타인에게 위임한다는 그의 답변은, 이 시대의 자기 돌봄이 여타의 형식적 임무보다 중요하게 간주되었으며, 학자들과 관련된 철학의 문제가 아니라 자유시민들의 일상과 관련된 생활 방식의 문제였음을 보여 준다.

유사한 사례는 아테네를 배경으로 하는 대화편에서도 찾을 수 있다. 알키비아데스는 "그리스에서 가장 큰 나라의 가장 잘나가는 가문 출신"에 훌륭한 친구와 친척, 재력과 지위 등의 특권을 가지고 있을 뿐 아니라 수려한 용모까지 겸비해 "몸을 비롯해 혼에 이르기까지 아무것도 필요하지 않을 만큼" 모든 것을 지닌 청년이었다. 외모가 출중하여 어릴 때 수많은 연인들의 흠모를 받았지만 오만한 성격과 태도로 모두에게 퇴짜를 놓는 사이 나이를 먹게 된다. 그렇게 모두가 떠나 버리고 혼자 남게 되었을 때 소크라테스가 그에게 말을 건다. 그가 말을 건 이유는, 만약 어떤 신이 "현재 지니고 있는 것들을 유지한 채 살 것인가, 아니면 그 이상을 얻고 싶지만 그럴 가망이 없으면 그 즉시 죽고 싶은가?"라고 알키비아데스에게 묻는다면 그가 "죽음을 택할 것 같아서"였다.『알키비아데스』103a-105b, 이하 알키비아데스[28] 모든 것을 가지고 있는 현재에 만족하지 않고 삶을 변화시키고자 했음을 간파했기 때문에 소크라테스는 '진실을 말하는 자'로서 그의 삶에 개입한다. 실제 알키비아데스는 도시국가를 통치하고자 하는 정치적 야심을 품고 있었다. 하지만 교육이나 재력 면에서 통치자로서 상대하게 될 적들(스파르타나 페르시아인들)보다 나을 것이 없었고 아무것도 준비되지 않은 채 허세만 부리고 있음이 드러나게 된다. 바로 이 순간 소크라테스의 입을 통해 자기 배려가 출현한다. 즉 '먼저 자신을 돌보지 않은 채' 무언가를 한다면 절대로 그들을 능가할 수 없을 것이라고 답변하면서, 더 나은 상태로 자신을 고양시키는 자기 배려의 우선성과 중요성을 암시한다.

이처럼 고대 문화에서 자기 배려는 자기가 자기와 맺고 있는 관계를 통해 자기를 자기 삶의 능동적 주체로 간주하는 개념이었다. 때문에 이 시대 자기 배려의 가장 큰 특징은 '자율적'인 자기 수양이었다는 점이다. 먼저, 알렉산드리데스나 알키비아데스 모두에게 자기 배려는 외부에서 강제된 의무가 아니었다. 다만 광범위하고 보편적인 계율로 주어지고 자기를 배려하기 위한 일련의 활동과 기술을 수반하기 때문에 각자의 실존적 선택과 관련된 문제였다. 예를 들어 두 사람은 더 많은 토지를 확보하는 데 주력하거나, 지금 가진 것을 활용하여 정치활동에 뛰어들 수 없는 상황에 있지 않았다. 그럼에도 이들은 노동이 아닌 자기 돌봄을 선택하거나(알렉산드리데스), 타자를 매개로 선택의 기로에 놓이게 된다(알

---

28. 도입부에서는 '만약 신이 묻는다면'이라는 형식으로 소크라테스가 자신의 생각을 일방적으로 알려 주는 형식으로 등장하지만, 논박이 이어지면서 다음과 같이 알키비아데스에게 직접적으로 묻는 장면이 나온다. "자네는 자신에 관해 어떤 생각을 품고 있는가? 지금 상태로 남아 있을 생각인가, 아니면 뭔가 돌볼 생각인가?"(알키비아데스 119a)

키비아데스). 이 실존적 선택은 전적인 자율적 선택으로, 시선을 외부 세계로부터 자기 자신으로 이동할 것을 요구한다. 시선의 전환은 자기의 시선을 타자와 세계의 사물들에서 해방시켜 외부에 대한 관심을 자기 자신에 대한 검토로 대체하는 것이다. 그리고 자신의 사유와 그 속에서 발생하는 사건들에 주의를 기울이면서 자기 자신에게 몰두하는 것, 즉 자기에 이르는 도정에 정신을 집중하는 것이다.Foucault, 2007: 53-54, 254-255, 260 또한 자기 배려가 자율적인 자기 수양으로 간주되는 또 다른 이유는 자신에게 가하는 다수의 행위를 지칭했기 때문이다. 자기 배려는 자기 자신과 삶을 관조하는 것을 넘어 자기를 돌보는 구체적인 행위를 통해 스스로를 변화시키고 정화하며 변모시키는 윤리적 실천이다. 고대 문화에 특징적인 이 자기 배려의 행위와 기술, 작업들이 이후 서구에서 오랫동안 지속된 자기 수련의 훈련들을 탄생시킨다.Foucault, 2007: 53-54

요컨대 자기를 돌보는 적절한 행위를 위해서는 자기로의 시선의 전환이 필요하고, 시선을 전환하기 위해서는 실존적 결단이 요청되며, 이 결단은 자기 자신에 대한 각성으로부터 비롯된다. 지금의 나는 누구이고 내가 맺고 있는 관계는 무엇이며 내 삶은 어디를 항해하고 있는지를 검토하는 자기 각성이 자기 자신을 알아 가는 과정의 일부라고 볼 때, 이 시대 자기 인식은 언제나 자기 배려와 결부되어 있었음을 알 수 있다.

2. 소크라테스의 자기 배려와 '너 자신을 알라'

소크라테스는 델포이의 격언에 철학적 의미를 부여함으로써 자기 인식을 철학적 사유로 전환시킨 인물로서도 중요하지만, 고대 문화에 내재되어 있던 자기 배려와 자기 인식의 본래적 관계를 전수해 준다는 점에서도 중요하다. 소크라테스에 대해 푸코는 "본질적이고 근본적으로 또

시원적으로 타인들에게 자기 자신을 돌보고 배려하며 등한시하지 말라고 선동한 최초의 인물"Foucault, 2007: 44이라고 평가한다. 소크라테스의 피소 원인이자 '선동'은 그의 행적과 관련되는데, 그 행적의 목적이 바로 사람들로 하여금 스스로를 돌보게 하는 것이었기 때문이다. 『변명』, 『라케스』, 『알키비아데스』 등에는 문답을 통해 자기 각성을 유도하거나 자기 배려의 중요성을 설파하고 자기 돌봄의 삶을 촉구하는 소크라테스의 실천이 담겨 있다. 그의 실천을 통해 정립할 수 있는 자기 배려의 일반 정식은 '우리는 자기 자신을 돌봐야 하는데, 이를 위해서는 돌보는 것이 무엇인지 알아야 하고 돌봐야 할 자기가 무엇인지 알아야 한다'는 것이다. 다시 말해서 자기 배려가 보다 큰 외연을 가진 삶의 목적이라면, 자기 인식은 그 목적을 실현하기 위한 방식으로 제시된다.

이처럼 '자기 인식의 거장'으로 알려진 소크라테스는 사실 자기 배려의 선동가였다. 그에게 자기 배려가 중요했던 이유는 '신이 명령하는 일'이었기 때문이다. 일평생 그는 젊은이에게나 노인에게나 자기(영혼)를 돌보라고 설득했다.변명 30b 심지어 최종판결을 앞둔 재판정에서도 '이 일을 그만두는 조건으로' 방면될지라도 자신은 "숨 쉬고 있고 할 수 있는 한"변명 29d 이 일을 멈추지 않을 것이라고 말한다. 조용히 지내는 일은 신에게 불복하는 일변명 38a이기 때문에 불가능하고, 자기 자신이 최대한 훌륭해지도록 돌보지 않는 것이야말로 진정 수치스러운 일변명 29e이기 때문에 멈출 수가 없다. 심지어 그는 죽은 후에도 "여기 사람들에게 그러듯 그곳 사람들을 검토하고 탐문하면서 지내는 일"이 "최대로 좋은 일"변명 41b일 거라고 말한다.

자기 돌봄이 신의 명령이라면 검토는 자기를 돌보고 있는지 아닌지 되돌아보게 하는 방식이다. 그래서 그는 자기를 돌본다고 공언하는 누군가가 있다면 그를 놓아 주거나 떠나 버리지 않고 "오히려 묻고 검토하고 논박"변명 30a할 것이고, 만약 덕(탁월함)을 갖추지 않고도 그렇다고 하는 것이라면 "가장 많은 가치를 지닌 일은 가장 하찮게 여기며 보잘 것없는 일은 더 중시하고 있다고 그를 비난할 것"변명 30a이라고 역설한다. 실제 니키아스는 다음과 같이 고백하기도 한다. 소크라테스와 대화를 시작하면 처음에는 뭔가 다른 주제로 이야기를 시작했더라도 결국 "지금 자신이 어떤 방식으로 살아가고 있으며 어떻게 지난 삶을 살았는지 자기 자신을 해명하는 상황"에 처하지 않을 수 없게 되며, 일단 이 상황에 처하게 되면 "모든 걸 충분히 그리고 훌륭히 검토해 보기 전에는 소크라테스가 보내 주지 않는다."『라케스』 187e-188a, 이하 라케스

여기서 우리는 소크라테스가 비오스bios(삶)와 로고스logos(말)가 일치하는 인물 – 검토하지 않는 삶은 살만한 가치가 있는 삶이 아니라는 자신의 말을 삶으로 보여 준 사람 – 이며, 그 검토가 자기 돌봄이란 목적을 지향하고 있었음을 알 수 있다. 그의 대화 상대자들은 문답을 통해 절대적 진리와 가치를 배우는 것이 아니라, 자신의 삶을 반성하고 돌아보면서 결국 자신의 삶의 전환에 대한 실존적 선택을 강구해야 하는 상황으로 내몰렸기 때문이다.김석완, 2009: 35 또한, 돌봄의 대상에는 우선순위가 있다는 사실도 드러난다. '가장 많은 가치를 지닌 일'은 '자기'를 돌보는 일이며 '더 보잘것없는 일'은 '자기에게 속한 것들'을 돌보는 일로, 배려의 대상으로서 '자기'와 그 밖의 것들이 구분된다. 이 둘을 구분하는 논박은 "자신에게 속하는 것들을 돌볼 때면, 그때 자신도 돌보는 것인가?"알키비아데스 128a라는 물음으로 시작된다. 반지는 손에 속하고 신발은 발에 속하지만, 반지와 신발을 돌보는 것이 곧 손과 발을 돌보는 것은 아니다. 가죽을 다루는 기술(갖바치)은 신발을 더 낫게 만들 수는 있지만 발까지 그렇게 해 줄 수 있는 것은 아니다. 따라서 신발에 가죽 다루는 기술이 필요하듯 발을 위해서는 발에 맞는 기술이 필요하다. 즉

돌봄에는 돌보는 대상을 더 나아지게 만드는 기술이 필요하고, 적절한 기술을 적용하기 위해서라도 돌보는 대상을 분명히 아는 것이 중요하다. 이 문답알키비아데스 128a-d은 자기를 배려하는 일은 차치하고 소유물을 돌보는 데 여념 없는 당대 아테네인들을 질책하는 『변명』의 대화와 맞닿아 있다. 부의 축재나 공명심에는 몰두하면서 현명함과 진실, 영혼의 탁월함은 신경 쓰지도 않는 게 수치스럽지 않으냐변명 29e는 물음이나, 자신은 가장 중요한 것을 돌보도록 하는 일을 수행했으므로 자신에게 어울리는 판결은 사형이 아닌 중앙청사의 식사 접대라고 반론하는 대목변명 36d에서 소크라테스는 돌봄의 최우선적 대상이 자기의 소유물이 아닌 자기 그 자체임을 명시한다.

> 내가 받아 마땅한 것이 뭔가요? 살아오는 동안 나는 조용히 지내지 않았고, 오히려 많은 사람들이 돌보는 것(즉 돈벌이, 집안 살림, 군대 지휘, 대중 연설, 그리고 국가에서 생겨나는 다른 관직이나 결사나 파당)을 돌보지 않고, (…) 또 여러분에게나 나 자신에게나 아무 이득이 못될 그런 쪽으로는 가지 않고, 대신 가능한 최상의 혜택을 베풀어 주는 쪽으로 갔기 때문에 하는 말입니다. 자신을 돌보는 일(즉 가장 훌륭하고 가장 현명한 사람이 되기 위해서 자신을 돌보는 일)보다 자신에게 속한 어떤 것을 돌보는 일을 앞세우지 않고, 또 국가 자체를 돌보는 일보다 국가에 속한 것들을 돌보는 일을 앞세우지 않도록, 그리고 다른 것들도 그런 똑같은 방식으로 돌보도록, 여러분 각각을 설득하려 시도하면서 말입니다. 그렇다면 이런 내가 마땅히 겪어야 할 게 뭔가요?변명 36c-d

이처럼 돌봄의 중요성을 깨달은 후 돌봄의 대상을 검토하는 과정은 자연스럽게 인식(앎)을 끌어들인다. 돌봄의 주체는 우선 돌보고 있는 것이 무엇인지 '알아야' 하고, 이어 돌보는 것들 중 본질적인 것과 비본질적인 것을 구분할 줄 '알아야' 하며, 마지막으로 각각에 적절한 기술을 사용할 줄 '알아야' 하기 때문이다. 이 관점에서 돌봄/배려와 인식/앎은 자연스럽게 연결되며 상보적 관계에 놓이게 된다. 또한 돌봄에는 그 대상을 더 나아지게 만드는 기술이 필요하다는 점에서 행위나 실천과 직결되고, 이 지점에서 인식/앎은 돌봄을 위해 필요한 여러 기술 중 하나로 포섭된다. 그리고 돌봄의 대상을 자기 자신으로 규정할 때 이 관점은 다음처럼 해석될 수 있다. 즉, 자기 돌봄/자기 배려는 추상적으로 이루어지는 지적 행위나 사변이 아니라 자기 배려의 기술을 요하는 구체적인 활동으로, 자기 인식은 자기 배려를 위해 필요한 방법 중 하나다.

3. 자기 배려에서 자기 인식으로의 역사적 전복

자기 배려는 고대 사회의 오랜 금언이었던 만큼 여러 고전에 등장한다. 하지만 푸코의 지적대로 자기 배려가 '이론적으로' 출현한다는 점에서 『알키비아데스』에 주목할 필요가 있다. 진위 논쟁이나 연대 추정의 문제는 차치하더라도, '너 자신을 알라'가 서양사에서 철학의 중심을 점유하고 '담론적 사건'이 되게 만들어 준 결정적 계기가 이 책에 담겨 있기 때문이다. 사람들에게 자기 배려를 촉구하며 자신의 삶을 검토하게 만드는 소크라테스의 문답형식은 여타 대화편들과 유사하다. 하지만 자기란 무엇이며 배려란 또 무엇인가를 구분한 후 그 답변을 완결된 형식, 즉 '유일한 자기 배려의 통합적 이론'으로 제시한다는 점에서 차이가 있다.

여기서 자기 배려에 대한 이론적 접근은 세 단계를 거쳐 점층적으로 이루어진다.[29] 첫 번째는 정치적 야심을 가진 알키비아데스에게 "속 편한 친구, 부디 나의 말과 델피에 있는 글귀를 받아들여 자네 자신을 알도록 하게. 돌봄과 앎이 아니라면, 다른 그 무엇으로도 그들을 능가할 수 없을 걸세"[124b]라고 말하면서 자기 배려로 입문시키는 단계다. 알키비아데스는 현재 자신의 상태가 자신이 바라는 바를 이룰 수 있는 상태가 아님을 깨달은 후 자기를 성찰하고 자기에 대해 알 필요가 있음을 자각하게 된다. 두 번째는 자기 배려로의 권고가 있은 후 "자신을 돌본다는 것은 무엇이며, 또 이 일을 어느 때 하는가?"[128a]라는 방법론적인 물음의 형태로 나타난다. 두 질문 중 전자에 대한 답변은—플라톤의 이원론에 기반을 둔—'영혼'[130e][30]이며, 후자에 대한 대답은 알키비아데스가 "자기 배려를 깨달을 적절한 나이에 있다"[127e]는 것으로 마무리된다.

문제는 마지막 출현이다. 자기 배려의 목적이 무엇에 있는지 살피는 순간[132b]에 자기 인식, 곧 '너 자신을 알라'가 재차 등장한다. 소크라테스가 "우리는 어떤 방법으로 그것auto to auto(자체 그 자체)[31]을 가장 확연하게 알 수 있을까? 이것을 알고 나면 우리자신도 알 수 있을 것 같네. 신들을 통해 지금 우리가 상기하고 있는 델포이의 이 엄정한 격언을 우리는 확실히 이해한 것일까?"[132c 강조 연구자]라고 자문自問하는 순간이다. 이 순간, '자기'의 이데아로서 '혼'이 등장하고 절대적 진리로서 이 자

---

29. 『주체의 해석학』(Foucault, 2007: 90-92, 103)의 내용을 참고하여 정리했다.
30. 배려의 대상으로서 영혼('눈'의 은유)에 대한 해석은 다른 텍스트에서와 유사하게 전개된다. 푸코는 "배려해야 할 바는 자신의 영혼"이라고 하는 순간부터 그것은 『국가』와 유사하나 다만 '역전된 형식'을 가지고 있다고 부연한다(Foucault, 2007: 94). 영혼에 대한 개념적 분석이나 이원론적 해석은 이 연구의 직접적인 문제의식이 아니기 때문에 여기서는 별도로 논의하지 않는다.
31. 대명사가 지칭하는 것에 대한 해석에서 이견이 있다. 하지만 앞뒤 맥락을 고려할 때 '자체 그 자체'는 가장 확연하게 밝혀진 혼, 즉 '혼의 영역 중 지혜가 나타나는 영역'을 가리킨다고 보는 해석이 가장 설득력을 얻고 있다(『알키비아데스』 역자 주, 202).

기 안에 존재하는 '자체 그 자체'가 제시된다. 자기를 알려면 자기 속에 있는 '자체 그 자체'를 알아야 하며, 이것을 분명히 인식해야만 자기 자신을 인식할 수 있다. 이는 역전의 순간이다. 궁극적인 진리의 '인식'이 자기 인식에 선행하고 자기 배려를 위해 자기를 검토하는 것이 아니라, 혼에 대한 인식 자체가 자기 배려의 목적이 되기 때문이다. 그리고 자기 배려의 실천과 행위는 궁극적 진리에 대한 인식 행위로 수렴된다. 이 과정에서 전개된 일련의 문답은 '너 자신을 돌봐야 하는데, 돌봐야 할 대상이 바로 너 자신이기 때문에, 네 안의 '자체 그 자체(혼의 지혜 영역)'를 아는 것이 곧 너 자신을 돌보는 것이다'로 완결된다.

푸코는 이 순간을 『알키비아데스』의 '결정적 순간'이라고 부른다. "자기 인식과 단순히 동일시될 수 없는 많은 자기 배려 방식들이 존재했"지만 이 순간으로 인해 "플라톤 사유의 모든 운동은 사실상 선재하는 오래된 수많은 실천들을 포섭하고 재통합해 그것들을 질서화하고 gnôthi seauton이라는 대원리에 종속시키기 때문"Foucault, 2001: 66이다. 폭넓은 외연을 가지고 있던 윤리적 실천이 자기 인식이라는 목적 아래에 위치하게 된다. 이 순간에 의해 자기 배려와 자기 인식이 뒤얽히고 '자기 자신(에 담긴 혼)을 아는 것'이 궁극적인 지향점으로 설정된다. (혼으로서의) 자기를 인식하기 위해 자기를 돌봐야 하고 모든 기만적인 감각으로부터 벗어나야 하며 어떤 외부 사건에도 포획되지 않는 부동의 견고성 안에 이 혼을 설정해야 한다. 자기 자신/혼을 인식하기 위해 이 모든 것들이 행해져야 하기 때문에 자기 인식을 중심으로 모든 자기 기술들이 총체적으로 재구성된다.Foucault, 2001: 66[32] 즉 자기 배려의 주된 형식이 자기 인식이 되고, 자기를 배려하는 것이 곧 자기를 인식하는 것Foucault, 2007: 117이 되는 자기 배려와 자기 인식의 착종이 일어난다.

그럼에도 불구하고, 이 결정적 순간은 서구의 철학사에서 '너 자신을 알라'에 그토록 많은 가치가 부여되면서 자기 배려가 방치된 이유를 설명하기에 충분하지 않다. 푸코는 그것이 자기 배려에 가한 '역사적 전복의 순간' 때문이라고 말한다. 고대 문화에서 자기 배려에 담겨 있던 자율성은 중세 기독교에서 '신의 뜻에 따르기 위해' 자기를 포기하고 해석해야 하는 관념으로 대체하면서 자기의 의미를 변질시켰고, 데카르트를 기점으로 하는 합리주의 담론은 철학적으로 자기 인식을 복권시키고 자기 배려를 실격시키는 방식으로 작동했다. 실천이나 행위와는 무관한 인식 주체를 확립하고 "'너 자신을 알라'를 진실에 접근하는 근본적인 통로로 만들어 버렸기" 때문이다.^{Foucault, 2007: 57-58: 2017b: 185} 이후 자기와 자기가 맺는 관계를 '인식의 관계'로 이해하는 인간과학들이 출현함으로써 자기 배려의 독자성은 상실되었다. 1983년 한 강의에서 자기 배려와 자기 인식을 구분하는지 아니면 동일하다고 생각하는지를 묻는 질문에 푸코는 '동일하지 않다'고 운을 떼면서 다음과 같이 답한다. "양자는 심층적으로 연관되어 있지만 아주 다른 것"으로 "자기 자신을 인식해야 한다는 소크라테스의 이 정식이 사용됐을 때 그것은 언제나 그리고 애초부터, 심지어 플라톤과 크세노폰에게서도, 너 자신을 배려하라는 epimeleia heautou라는 원리와 항상 결부되어 있었다. 그리고 이 두 정언은 항상 복잡한 관계 속에서 서로를 참조한다."^{Foucault,} 2017b: 197-198

---

32. 푸코의 이 관점은 『알키비아데스』의 작성 연대를 플라톤의 말년이나 사후 제자들에 의해 재작성된 것으로 추정하는 근거가 된다. 사주덕(절제/용기/지혜/정의)에서 이원론(육체/영혼)에 이르기까지 플라톤 철학의 정수들이 체계적인 논리로 정리되어 있을 뿐 아니라, 다른 텍스트에서 발견되는 일련의 표현들이 재규합되어 제시되어 있기 때문이다. 한편 푸코는 자신이 『알키비아데스』에 관심을 갖는 이유는 이곳에서 소크라테스적인 질문에서 시작해 후기 플라톤적인 것으로 보이는 것들에 이르기까지 플라톤 철학의 전반적 노선을 발견할 수 있기 때문이라고 말한다(Foucault, 2007: 111).

V. 푸코의 자기 배려

자기 배려에 대한 푸코의 연구는 하나의 담론에 대한 분석을 끝까지 밀고 나가 오랫동안 '말해지지 않은 것'을 드러내는 작업이었다. 이 주제와 방법론은 그가 평생 몰두해 온 연구와 실천의 집결판과 같다. 말해지지 않은 것을 탐구하는 것은 무엇보다도 담론으로 규정된 권력-지식을 거부하는 것이기 때문이다. 이는 "역사적 진보라는 개념 자체를 근본적으로 문제시해야 한다"Mills, 2008: 154는 그의 문제의식과, 철학은 사유에 대한 비판이며 '철학적 행위는 이미 알고 있는 것을 정당화하는 것이 아니라 다르게 생각하고자 노력하는 것'이라고 스스로 정의한 철학자적 임무의 교집합에 놓여 있다.

그렇다면 회의주의자로서 푸코 자신의 자기 배려는 무엇이었을까. 자기에 의해 스스로를 변화시키는 그의 '존재의 미학화'는 무엇이었으며, 그의 진실은 그의 삶에서 어떻게 실천되었을까. 이에 대한 답변은 그의 앙가주망에서 찾아볼 수 있다. 그는 정치적 실천을 위해 철학을 이용하지 않고, 철학의 이론성(사변성)을 보완하기 위해 정치적 활동을 이용하지 않는다는 원칙을 고수했다. 그는 논리적으로 따지는 친구들에게는 자신의 저항이 '가슴으로부터 나온 행동'이었음을 감추지 않았고, 적대적인 동료들에게는 자신의 행동이 '철학적 질문으로부터 나온 것'임을 숨기지 않았다.Veyne, 2009: 184 그에게는 가슴속의 울림이 글과 강의로 펼치는 이론과 다름없었고, 철학적 질문은 곧 '어떤 것도 그 자체로 자명한 것은 없다'는 것을 보여 주는 실천이었다. 대의를 따르지 않는다는 건 회의주의자로서 어떤 토대도 인정하지 않는다는 그의 사유와 일치하며, 그의 이름 때문에 널리 알려지게 된 사회운동들―예를 들어 튀니지 학생운동 지지, 뱅센실험대학 설립운동, 감옥정보그룹 활동, 르노공장

항의시위, 이주노동자 지지, 프랑코 정권의 인권탄압 반대 성명, 폴란드 자유노조운동 연대활동 등—은 스스로 참을 수 없다고 생각하는 것에 대한 저항과 일상의 부정의에 맞선 개인적 항거였다. 그래서 그는 구조주의자가 아니었던 만큼 68세대도 아니었고 마르크스나 프로이트도, 혁명도 마오도 믿지 않았다.Veyne, 2009: 197 그리고 어떤 것도 확신하지 않았기 때문에 우리에게 어떻게 해야 한다고, 혹은 이러저러한 쪽으로 가야 한다고 가르치거나 남기지도 않았다. 그는 훌륭한 강사였지만 길을 안내하는 자이기보다 우리가 지금 서 있는 곳이 어디인지 그려 주는 화가에 가까웠다. 확신은 없으나 단호했고 그 단호함은 그의 도덕적 판단기준이 그 자신에게 있었음을 방증한다. 옳기 때문에 저항하는 것이 아니라 참을 수 없기 때문에 항거하고 선이기에 싸우는 것이 아니라 공감하기에 동참하되, 장황하게 설명하거나 논쟁하지 않는 것, 그것이 그의 철학적 소신이고 실천이었다.

베느2009: 169는 고대 윤리와 푸코 사이의 친화성은 자기에 대한 자기의 작업 혹은 스타일에 있다고 말한다. 그리스인들이 자기의 삶을 스스로 만들어 가야 하는 예술작품으로 간주했던 것처럼 푸코는 자기를 가꾸는 자기 삶의 예술가를 주체라고 불렀다. 그들은 어떤 원리에 기대서 자기 삶의 정당성을 따지는 대신 자기 삶의 윤리를 스스로 부여한다는 점에서 닮았다. 그래서 "푸코의 수많은 정치활동, 사회에 대한 모든 개입과 참여는 푸코라는 주체가 자신에게 주어진 자유를 행사하고 스스로를 미학화하는 과정에서 불거진 사건일 따름이다. 저항은 개인의 사회적 위치와 경험 그리고 전문성을 바탕으로 생겨난다. 그 주체에게 중요한 것은 어떤 원리로 스스로를 정당화하는가가 아니라, 자신의 삶을 미학화하려는 의지가 작동하는가 그렇지 않은가 여부다. 진실 그 자체가 아니라, 진실을 말하는 용기가 문제인 것이다."이상길, 2009: 297 왜냐하면 푸코에게 중요한 것은 자기 자신의 변화였고, 자기에 의한 자기 스스로의 변화야말로 그가 말한 존재의 미학이기 때문이다. 이런 맥락에서 실상 그가 기록한 것은 그 자신의 존재론적 역사였으며, 그렇게 기록된 역사는 미셸 푸코라는 개인의 그림이자 스스로 삶의 주체가 되고자 하는 우리가 들여다봐야 할 삶의 기술일 것이다.

강철웅(2014). 『소크라테스의 변명』. 이제이북스.

김석완(2009). 미셸 푸코의 소크라테스 해석과 자기 배려의 교육. 『교육철학』 46(0), 27-48.

김세희(2018). 자기 배려로서의 자기 인식과 파레시아: 미셸 푸코의 해석을 중심으로. 『교육철학연구』 40(1), 69-89.

김승섭(2017). 『아픔이 길이 되려면』. 동아시아.

남경태(2013). 『한눈에 읽는 현대 철학』. 휴머니스트.

이상길(2009). 옮긴이의 말. 『푸코, 사유와 인간』. Veyne, P.(2008). *FOUCAULT, SA PENSEE, SA PERSONNE*.

허경(2018). 『미셸 푸코의 「광기의 역사」 읽기』. 세창미디어.

Eribon, D.(2011). *Michel Foucault: 1926-1984*. 박정자 역(2012). 『미셸 푸코, 1926-1984』. 그린비.

Foucault, M.(1966). *LES MOTS ET LES CHOSES: Une Archéologie des Sciences Humaine*. 이규현 역(2012). 『말과 사물』. 민음사.

Foucault, M.(1969). *L'Archéologie du Savoir*. Collection Tel (n° 354). Gallimard.

Foucault, M.(1969). *L'ARCHEOLOGIE DU SAVOIR*. 이정우 역(1995). 『지식의 고고학』. 민음사.

Foucault, M.(1970). *L'ordre du discours*. 이정우 역(2003). 『담론의 질서』. 서강대학교출판부.

Foucault, M.(1972). *Histoire de la folie à l'âge classique*. 이규현 역(2003). 『광기의 역사』. 나남.

Foucault, M.(1975). *Surveiller et punir: Naissance de la prison*. 오생근 역(1994). 『감시와 처벌』. 나남출판.

Foucault, M.(1984). *L'HERMÉNEUTIQUR DU SUJET*. 심세광 역(2007). 『주체의 해석학』. 동문선.

Foucault, M.(1984a). *Histoire de la Sexualité 1: La volonté de savoir*. 이규현 역(1990a). 『성(性)의 역사 1-지식의 의지』. 나남.

Foucault, M.(1984b). *Histoire de la Sexualité 2: L'usage des plaisirs*. 문경자·신은영 역(1990b). 『성(性)의 역사 2-쾌락의 활용』. 나남.

Foucault, M.(1984c). *Histoire de la Sexualité 3: Le souci de soi*. 이혜

숙·이영목 역(1990c). 『성(性)의 역사 3-자기 배려』. 나남.

Foucault, M.(2001). *L'HERMÉNEUTIQUE DU SUJET*. Gallimard/Le Seuil.

Foucault, M.(2015a). *Qu'est-ce que la critique? suivie de La culture de soi*. 오트르망·심세광·전혜리 역(2017a). 자기 수양. 『비판이란 무엇인가·자기 수양』. 미셸 푸코 미공개 선집 1. 동녘.

Foucault, M.(2015b). *Qu'est-ce que la critique? suivie de La culture de soi*. 오트르망·심세광·전혜리 역(2017b). 캘리포니아대학교 버클리캠퍼스 불문과에서의 토론. 『비판이란 무엇인가·자기 수양』. 미셸 푸코 미공개 선집 1. 동녘.

Mills, S.(2003). *Michel Foucault*. 임경규 역(2008). 『현재의 역사가 미셸 푸코』. 앨피.

Plato. Protagoras, *Laches, Meno*. 박종현 역주(2010). 『플라톤의 프로타고라스/라케스/메논』. 서광사.

Plato. *Apologia Sokratous*. 강철웅 역주(2014). 『소크라테스의 변명』. 이제이북스.

Plato. *Alkibiades Ⅰ·Ⅱ*. 김주일, 정준영 역주(2014). 『알키비아데스Ⅰ·Ⅱ』. 이제이북스.

Plato. *Meno*. 이상인 역주(2014). 『메논』. 이제이북스.

Plato. *Laches*. 한경자 역주(2014). 『라케스』. 이제이북스.

Veyne, P.(1978). *COMMENT ON ECRIT L'HISTOIRE*. 이상길·김현경 역(2004). 『역사를 어떻게 쓰는가』. 새물결.

Veyne, P.(2008). *FOUCAULT, SA PENSEE, SA PERSONNE*. 이상길 역(2009). 『푸코. 사유와 인간』. 산책자.

https://www.college-de-france.fr/site/georges-dumezil/index.htm(검색일: 2019. 2. 1.)

호네트와 '상호 인정'을 위한 교육

조나영

I. 호네트는 왜 '인정Recognition'에 주목하는가?[1]

인간이 자신이 속한 사회나 조직 내에서 받은 억압과 강제, 학대, 멸시와 부정은 오직 그 한 사람에게만 귀속된 일시적이고 지엽적인 문제인가? 아니면 한 사회나 집단의 모든 이들에게 어떤 식으로든 영향을 미칠 수 있는 심각한 병리적 현상인가? 가령, 한 회사원이 조직 내에서 당한 성적 폭력과 추행은 개인만의 문제인가? 회사에서 해고된 노동자는 단지 자신의 능력이 출중하지 못했음을 탓해야만 하는가? 임시직 노동자의 최저임금 인상은 기업가의 권리를 무시하고 그들에게 피해를 주는 일인가? 고용주는 계약을 이유로 고용자를 마음대로 대우해도 되는가? 정규 교육과정을 이수하지 못했다는 것이 신체적, 정서적, 정신적 억압의 근거가 되는 것인가? 한 아이가 집단따돌림을 당하는 이유는 그 아이의 내적 성향 때문인가? 학교의 도덕적 규범과 가치 기준에 부합하지

---

1. 본 장 "호네트(A. Honneth)는 왜 '인정'에 주목하는가?" 부분은 이행남이 번역한 『비규정성의 고통』(2017)에 함께 수록된 "악셀 호네트 교수와의 인터뷰" 내용과 2001년 프랑크푸르트대학의 호네트 연구실에서 문성훈 교수에 의해 진행된 "악셀 호네트와의 대담: 현대 비판의 세 가지 모델"을 중심으로 재구성한 것이다. 또한 호네트에 관한 생애적 접근과 학자적 이력과 저작 활동에 대해서는 문성훈 교수의 강의록(2015.9.19.)(https://blog.naver.com/komnenos/220935236800)과 컬럼비아대학 철학부에 소개된 온라인 자료(http://philosophy.columbia.edu/directories/faculty/axel-honneth)를 참고하여 서술하였다.

못하는 학생들은 배움에서 배제되어도 좋은가? 과연 학교에서 아이들에게 제시하고 있는 사회적 가치와 질서 규범은 정당한가? 학교에서 아이들이 배우는 것은 그들이 성장한 이후의 삶에 어떠한 옳고 그름의 판단 기준을 제공하는가? 무엇이 옳고 그른가?

위르겐 하버마스Jürgen Habermas의 뒤를 이어 프랑크푸르트학파를 대표하게 된 사회철학자 악셀 호네트Axel Honneth는 도덕적 관점의 우위성에 대하여 거부한다. 그 어떤 도덕적 규율이나 범주는 다른 어떤 도덕적 관점이나 입장보다 우위를 점할 수 없다. 그는 수평적 관점에서의 도덕적 관점의 다원성이 보장되어야 함을 역설하고 있다. 그러나 호네트의 이러한 주장과 달리, 현실적으로 사회는 수직적으로 구조화되어 있다. 특정한 계층과 지위의 경제력, 권력, 정보력 등은 '하나의' 혹은 '소수의' 가치와 관점을 많은 이들을 강제하고 억압하는 기제로 활용하고 있다. 그로 인해 우리 사회에 부당하고, 불합리하며, 불평등한 삶의 상황들이 만연해 있는 것도 사실이다. 그렇다면 우리는 어떻게 이러한 사안들을 이해하고 극복해 나가야 할 것인가? 우리 사회를 희망적으로 그려 낼 수 있는 대안적 규범은 과연 존재하고 있는가? 호네트는 우리 사회의 여러 불의적 요소들을 철학과 심리학적 기반에서 귀납적으로 증명함으로써 '인정' 질서의 확립이 사회의 도덕적 발전을 위한 규범이 될 수 있음을 주장한다. 사실, 호네트가 '인정' 문제에 관심을 기울일 수 있었던 이유는 어린 시절 그가 자주 목격했던 노동자들의 삶 때문이었는지도 모른다.

호네트는 1949년 독일의 에센Essen에서 태어났다. 에센은 탄광과 제철 산업으로 유명한 독일의 대표적인 공업지역으로 2차 세계대전 이후 독일 재건을 위해 유입된 많은 수의 외국인 노동자들이 거주하고 있었다. 그러나 독일의 산업 발전에 힘쓴 이들은 독일 사회에서 정당한 지위를 획득하지 못했을 뿐만 아니라 사회에서 온전한 구성원으로 '인정'받지 못하는 경우가 허다했다. 어린 시절 호네트는 의사인 아버지를 통해 노동자들과 자주 접하게 되면서 그들의 열악한 처우는 물론 사회적 학대와 무시를 자주 목격하였다. 그렇기 때문에 성장기 호네트의 이러한 경험이 훗날 그가 자신의 '인정 이론'을 정립하는 데 적잖은 영향을 미쳤을 것으로 추정해 볼 수 있다.

이후 호네트는 1969년부터 철학 석사학위를 취득했던 1974년까지 본 대학과 보쿰대학에서 철학, 사회학, 독일 문학을 연구했다. 대학 첫 학기, 호네트는 비판이론이 마르크스Marx로부터 벗어나 새로운 차원에서 비판적 자기 이해의 이론을 모색할 수 있는 방법을 찾고자 노력했다. 이 과정에서 그는 자연과 역사의 개념적 연관성을 분명하게 보여 주었던 에른스트 블로흐Ernst Bloch에 주목했다. 블로흐에 대한 관심은 아도르노Adorno와 호르크하이머Horkheimer로 이어졌으며, 특히 호네트는 한동안 보고서와 발표문을 모두 아도르노식으로 작성했을 만큼 아도르노에게 심취해 있었다. 그의 순전한 아도르노 숭배기는 자신의 글쓰기가 형편없음을 인식한 직후 하버마스의 저작들에 매료되면서 일단락되었다.Honneth, 2001/이행남 역, 2017: 131-132 참고 하버마스를 통해 호네트는 프랑크푸르트학파의 사회 참여 문제와 분석 철학 사이의 간극을 좁힐 수 있는 접점을 발견하고 의미 있는 작업을 진행해 나가게 된다.

본래 호네트는 하버마스의 제자로 1977년부터 1982년까지는 베를린 자유대학 사회학 연구소에서, 1983년부터 1989년까지는 프랑크푸르트대학 철학부에서 수학했다. 베를린대학 시절, 호네트는 한 스터디 모임에 참여하면서 막스 베버Max Weber와 탤컷 파슨스Talcott Parsons를 집중적으로 연구하게 되었으며, 자연스레 푸코Foucault에게도 관심을 기울이게 되었다. 그 결과, 1982년 호네트는 베를린자유대학에서 "권력에 대한 비판, 푸코와 비판이론Kritik der Macht. Foucault und die Kritische Theorie"으로 박사학위 논문을 작성했으며, 1990년 프랑크푸르트대학 하버마스 아래에서 "인정에 대한 투쟁Kampf um Anerkennung"으로 교수자격을 획득했다. 이후 호네트는 1991년부터 콘스탄츠대학의 철학교수로 재직하던 중 이듬해에 베를린자유대학의 정치철학 교수직을 수락하였으며, 1996년에 이르러 하버마스의 후임으로 프랑크푸르트대학의 철학과 교수가 되었다.

호네트의 이러한 학문적, 학자적 이력은 2001년 그를 프랑크푸르트학파의 산실인 사회조사연구소의 소장직에 오르게 함으로써 명실상부하게 프랑크푸르트학파의 3세대 철학자로서 비판이론의 전통을 잇도록 했다. 호네트가 프랑크푸르트대학의 철학과 교수와 사회연구소의 소장을 겸임한다는 사실은 68혁명과 아도르노의 갑작스러운 죽음으로 하버마스가 사회연구소의 소장직을 사임하면서 한때 끊어졌던 프랑크푸르트학파의 학맥이 다시금 이어지게 되었음을 의미한다. 다만 호네트는 프랑크푸르트학파의 비판이론을 단순히 연속적으로 계승하여 자기화하는 데 그치지 않았다. 그는 프랑크푸르트학파의 '비판이론' 전통과 대결하는 가운데, 곧 프랑크푸르트학파에 대한 비판을 통해서 자신의 '인정 이론'을 계획하고 발전시켜 나갔다.Honneth, 2001/이행남 역, 2017: 130-131 참고

호네트가 생각할 때 사회 비판은 실제적이며 현실적인 사회적 삶 안에서 인간을 해방시킬 수 있는 원천을 발견함으로써 사회 현실에 대한 규범적 이론을 정립할 수 있어야 했다. 그러나 프랑크푸르트학파의 이전 두 세대는 이러한 부분들에 결점을 지니고 있었다. 일반적으로 우리는 사회 비판이론이란 사회학 이론 안에서 발전해 온 것으로 이해하고 있다. 그러나 호네트의 지적에 따르면, 호르크하이머를 중심으로 한 1세대 비판이론에는 사회학적 결함이 있었다. 그들은 인간의 자연지배에 대

해서만 설명했을 뿐 사회문제에 대한 사회적 합의에 관해서는 집중하지 않았다. 호네트는 1세대 비판이론가들 중 사회학자가 거의 없었다는 점이 이를 방증하고 있다고 설명했다.Honneth, 2001/이행남 역, 2017: 133-134 참고

아울러, 호네트는 하버마스로 대표되는 프랑크푸르트학파 2세대 역시 사회학적 결함을 지니고 있다고 역설했다. 그들은 사회학 전통 안에서 사회적 행위 개념 등을 비판적으로 개선하고자 노력하긴 했으나 여전히 사회적인 것에 내재한 갈등 양상에 대해서는 충분한 주의를 기울이지 않았다는 것이다. 이처럼 이전 두 세대가 사회적인 것에 대해 면밀히 고찰할 수 있는 통로를 마련하지 못했기 때문에 호네트는 자신의 학문적 과업을 사회적 개념 정립은 물론 사회에 내재하는 불의와 갈등 요소를 극복할 수 있는 도덕적 규범과 기제를 구축하는 데 둘 수밖에 없었다. 이를 위해 연구 초반에 호네트는 푸코의 권력 이론에 관심을 기울이고 있었다. 그러나 푸코의 연구에는 사회 안에서 지속적으로 이루어지는 투쟁이나 항거에 대한 원인과 동기가 분명하게 드러나 있지 않다고 호네트는 판단했다. 푸코의 권력 개념으로는 자신의 연구를 구체화하는 데 한계를 느꼈던 호네트는 사회 갈등과 투쟁을 면밀하게 고찰했던 헤겔Hegel과 그의 인정 개념에 주목하게 된다.

호네트는 헤겔의 초기 저작에서 선보였던 '인정투쟁'을 통해 사회에 내재하는 갈등 양상과 불의적 측면들을 구체화하고 특징지을 수 있으며, 또한 그것은 인간의 규범적이며 도덕적인 삶을 위한 유일한 동기가 될 수 있다고 생각했다. 호네트는 자신의 저작 『인정투쟁: 사회적 갈등의 도덕적 형식론The Struggle for Recognition: The Moral Grammar of Social Conflicts』2012을 통해 헤겔을 오롯이 복원해 내고자 했다. 그러나 그는 『인정투쟁』이 헤겔의 초기 작품에만 집중했다는 비판을 받았으며, 이후 출간한 다른 작품들은 헤겔의 후기 저작만을 고려했다는 한계에 직면

하게 되었다. 호네트 저작에서 드러난 헤겔 독법은 하버마스와 박사학위 논문을 지도했던 미하엘 토이니센Michael Theunissen의 헤겔 해석 방법이다. 호네트는 '인정투쟁'의 연구 초기에 헤겔을 구조적으로만 접근했기 때문에 『법철학』을 정독하지 않았었다고 고백했다.Honneth, 2001/이행남 역, 2017: 137 참고

호네트는 미국 뉴욕의 뉴스쿨에서 열린 헤겔 『법철학』 세미나에 참석했을 때 헤겔을 초기와 후기로 나누어 그의 사상을 이해하려는 접근이 아무런 정당성을 갖지 않는다는 사실을 깨닫게 되었다. 1990년대 미국의 헤겔 이해 방식을 수용하면서 호네트는 하버마스와 토이니센이 주도했던 헤겔에 대한 고전적 해석이 잘못되었을지도 모른다고 생각했다.Honneth, 2001/이행남 역, 2017: 137-138 참고 그렇더라도 헤겔에 대한 새로운 이해 방식이 '인정투쟁'을 이론화하고 구체화하기 위한 직접적이고 유효한 의미로 귀결된다고는 할 수 없었다. 호네트가 볼 때 『법철학』에는 근대를 산출해 내는 원천으로서의 '투쟁'이 등장하지 않았다. 이로써 호네트는 헤겔의 후기 저작을 통해 '투쟁'이라는 모티브를 되살려 내는 작업을 자신의 주요 과제로 삼았다. 그는 자신의 비판이론으로 '인정 이론'을 통해 근본적으로 부정의의 경험들에 대한 도덕적 투쟁 속에서 해방의 구조를 발견할 수 있기를 바랐다.

호네트의 이러한 관점은 그의 대표적인 저작들을 관통하고 있다. 호네트는 1980년 『사회적 행위와 인간 본성Social Action and Human Nature』을 공동 저술한 이후, 『권력 비판: 비판적 사회 이론의 반성 단계The Critique of Power: Reflective Stages in a Critical Social Theory』1986와 『사회의 파편화된 세계: 사회철학과 정치철학 에세이The Fragmented World of the Social: Essays in Social and Political Philosophy』1990를 출간하였다. 1992년 『인정투쟁』을 발표한 이후, 『정의의 타자Das Andere der Gerechtigkeit』

2000, 『비규정성의 고통Leiden An Unbestimmtheit』[2001], 그리고 『비가시성 Unsichtbarkeit』[2003]을 출간했으며, 『분배냐, 인정이냐?: 정치철학적 논쟁 Redistribution or Recognition?: A Political-Philosophical Exchange』[2003]을 통해 낸시 프레이저Nancy Fraser와 사회적 불의 극복을 위한 도덕적 규범에 관하여 논의하기도 하였다.

이 외에도 호네트는 『물화: 인정 이론적 탐구Verdinglichung: eine anerkennungstheoretische Studie』[2005]를 비롯해서 2007년 그가 국제헤겔 학회 회장으로 활동했던 해에 『무시: 비판이론의 규범적 기초Disrespect: The Normative Foundations of Critical Theory』[2007]를 발표했다. 그리고 미국 컬럼비아대학 교수가 되던 해인 2011년 『자유의 권리Das Recht der Freiheit』에 이어서 『우리 안의 나The I in the We』[2012] 등을 연이어 출간했다. 이렇듯 탁월한 학문적 업적을 인정받아 그는 2015년 '에른스트 블로흐 상(Ernst-Bloch Prize'을, 2016년에는 『사회주의 재발명Die Idee des Sozialismus』으로 비판적 정치 서적에 수여하는 '브루노 크라이스키 Bruno-Kreisky' 저술상을 수상하기도 했다. 또한 같은 해에 호네트는 더블린대학에서 가장 영예로운 '율리시스 메달Ulysses Medal'을 받음으로써 그가 평생 사회 철학과 비판 연구에 공헌해 온 점을 '인정'받았다.

II. 호네트 '인정 이론'의 헤겔적 기초: 사랑, 권리, 연대

'인정認定'은 사전적 의미로 '확실히 그렇다고 여김'을 의미한다. 이때의 '확실히 그렇다고 여겨지는 것'은 주체인 나에 대하여 타인이 확실히 그렇다고 인식 받았음과 타인에 대하여 주체인 내가 확실히 그렇다고 인식하는 의미를 동시에 내포하고 있다.김나영·이경옥, 2016: 121 독일어 '인정Anerkennung'은 헤겔에 의해 구체화된 개념으로, 영어의 'acknowledgement'와 'recognition'의 의미를 모두 포함한다.Honneth, 2005/강병호 역, 2015: 71 보통, 'acknowledgement'는 평등과 무시라는 사회 구조적 갈등과 모순을 확인하는 측면에서 인지적 영역을 강조할 경우에 사용된다. 그리고 'recognition'은 사회의 규범적, 도덕적 가치를 공유하고 상호 인정을 통해 자신의 사회적 권리와 지위는 물론 자기 관계의 형성과 관련해서 차용된다. 호네트는 자신의 '인정' 개념을 영어식으로 표현할 때 'recognition'을 선택하고 있다. 'recognition'의 개념적 정의에 따르고 있는 호네트의 관점에서 우리는 사회 안에서 살아가기 위해 우리 자신의 전 생애에 걸쳐 이루어지는 자아정체성의 형성은 물론, 사회 구성원으로서의 존중, 그리고 그 사회를 재구성할 수 있는 존재로서의 개성과 능력을 '인정'받을 수 있어야 한다.

호네트와 마찬가지로 '인정'을 테마로 연구를 진행한 테일러Taylor는 '인정의 정치학politics of recognition'에서 사회적 정의 실현을 위한 형태로, 인정은 모든 시민으로서의 동등한 권리와 모든 이들의 정체성에 대한 존중임을 강조한다. 또한 오늘날 '인정 문제'가 비판적 사회이론의 주요 화제임을 강조한 프레이저는 불평등한 자본주의사회에서 '인정'은 평등주의적 분배에 대한 요구와 함께 다루어져야 할 사안이라고 비평한다. 이들 모두는 '상호 인정'의 과정을 통해 인간의 정체성이 구축된다는 헤겔의 관념을 원천으로 하고 있다.Thomas, 2012: 454 특히 호네트는 무수히 많은 일상적 갈등을 담지하고 있는 사회에서 부정의로 인해 고통받고 있는 주체들이 존재하기 때문에 그동안 '드러나지 않은' 다양한 사회적 고통들을 '논의의 장'으로 끄집어낼 필요가 있다고 주장한다. 그의 입장은 모든 사회적 부정의와 그에 따른 저항이 주체들의 정당한 기대가 사회에서 거부되고 부정될 때 발생하기 때문에 사회 속에서 주체가 자기 관계를 긍정적으로 형성하기 위해서는 개인의 기본적 욕구, 법적 권리, 공동체적 연대가 정당하게 '인정'되어야 한다^{김원식, 2009: 112}는 것이다.

결국, 호네트는 이러한 '인정'이 공동체의 도덕적 발전을 가능하게 하는 유일한 규범임을 입증해 내고자 하였던 것이다. 호네트의 이러한 시도는 자신의 저서 『인정투쟁: 사회적 갈등의 도덕적 형식론』The Struggle for Recognition: The Moral Grammar of Social Conflicts』1992(이하, 『인정투쟁』)을 통해 결실을 맺게 된다. 『인정투쟁』을 통해 호네트는 예나 시기의 헤겔이 홉스Hobbes와 피히테Fichte의 모티브를 독자적으로 연결한 『인륜성 체계』1802에서 '인정' 이론을 적극 수용하였다. 헤겔에 의하면, 첫 번째 사회관계의 확립과정은 주체들이 자연적 조건에서 분리되는 과정(사랑)이며, 두 번째 단계는 '자연적 인륜성' 안에서 계약의 형태로 규율된 소유자들의 교환관계(권리)이다. 그리고 세 번째 단계는 명예를 둘러싸고 벌어지는 투쟁이 일어나는 단계(인간의 불가침성)라고 규정하였다.^{Honneth, 1992/문성훈·이현재 역, 2015: 57-64 참고} 헤겔은 '파괴 행위', 곧 생사를 건 '투쟁'을 통해서만 인륜적으로 성숙한 인정관계로 나아갈 수 있으며, 이러한 인정관계는 '자유 시민 공동체'가 실제적으로 발전될 수 있는 계기로 작동할 수 있다고 하였다.^{Honneth, 1992/문성훈·이현재 역, 2015: 65}

이후 헤겔은 자신의 논의를 발전시키면서 사회적 인정 단계를 세 단계로 구체화한다. 헤겔이 제시한 각각의 인정 질서는 각기 다른 자아를 형성하고 있다.^{이현재, 2015: 10} 첫째, 인간은 가족이라는 정서적 인정관계 속에서 '사랑'을 통해 구체적 욕구를 지닌 존재로 성장할 수 있는 가능성을 지니게 된다. 둘째, 시민사회에서 개인은 인지적, 형식적 '권리'의 인정관계를 통해 자신이 다른 구성원들과 동등한 권리의 인격체임을 확인받게 된다. 그리고 마지막으로 인간은 국가적 차원에서 인륜성

Sittlichkeit에 의해 구체적 보편자로서 자신의 고유한 개성과 특성을 통해 사회화된 주체로 인정받게 된다. 사회의 인정 단계 이론에 비추어 보면, 다양한 인정 유형에는 각기 다른 인격 개념이 배치되어 있으며, 이에 따라 인정의 매체도 요구의 수준에 따라 순차적으로 배열되어 있다.Honneth, 1992/문성훈·이현재 역, 2015: 69 이러한 각각의 인정관계가 갖는 제도와 형태를 더욱 분명하게 구분하기 위해 호네트는 헤겔이 강조했던 단계 이론을 다음과 같은 도식을 통해 재구성하였다.Honneth, 1992/문성훈·이현재 역, 2015: 68 참고

[표 1] 각각의 인정관계가 갖는 제도와 형태: 사회적 인정 단계

인정 형식 \ 인정 대상	개인(구체적 욕구 konkrete Bedüfnisse)	인격적(형식적 자율성 formelle Autonomie)	주체(개인적 특수성 individuelle Beonderheit)
직관(정서적)	가족(사랑)		
개념(인지적)		시민 사회(권리)	
지적 직관			국가(연대)

이상의 세 가지 인정 형식은 인간이 긍정적 자기 관계를 형성할 수 있게 하는 조건이 되며, 인간은 타자의 인정을 통해서만 이러한 관계를 정립할 수 있기 때문에 인간은 원천적으로 타자의 인정을 욕구할 수밖에 없다.이현재, 2015: 11 참고 헤겔의 입장에서 인간은 '인정'받고자 하는 욕망을 지니고 있다. 인정을 욕망하는 인간은 자신의 개별성과 자율성마저도 타자의 인정을 통해 형성해 간다. 그렇기 때문에 헤겔의 관점에서 '인정'은 자신과 타자의 밀접한 연관성을 전제로 한다. 따라서 헤겔은 자신

이 인정을 받기 위해서는 반드시 타자 또한 인정해야 한다는 '상호 인정'을 주장한다. 호네트는 헤겔의 '상호 인정' 개념을 받아들여 『인정투쟁』에서 인정 이론의 두 가지 핵심을 현대 심리학과 사회이론을 빌려 체계화시키고 이를 인정윤리로 발전시켜 나간다. 그리고 호네트는 모든 사회적 투쟁은 '인정투쟁'일 수밖에 없으며, 각각의 긍정적 자기 관계의 형성을 위해서는 세 가지 서로 다른 인정 형식이 필요하다는 점을 구체화한다.이현재, 2015: 13

호네트가 주장한 '인정 이론'에서 첫 번째 인정 유형은 친밀한 가족 관계 안에서 한 인간의 가장 원초적인 욕구와 감정이 '사랑'을 통해 충족되었을 때 자신감으로 형상화된다. 두 번째 인정은 모든 인간에게 동등한 권리를 보장하는 법의 영역에서 자율성을 지닌 인간이 공동체의 권리와 의무를 타인과의 관계를 통해 확인받았을 때 자존감의 형태로 드러난다. 마지막 인정 형식은 권리 주체인 인간이 자신의 독특한 특성과 개성, 그리고 능력을 존중받음으로써 자긍심을 지니는 일과 관련된다. 이렇게 사회적 가치 부여를 통해 자기실현을 성취한 인간은 주체들 간의 '상호 연대'를 통해 사회적 불의에 항거하여 도덕적 사회로의 이행과 함께 새로운 가치와 규범을 '단계적으로'Thomas, 2012: 455 확장해 나갈 수 있게 된다. 이를 입증하는 과정에서 호네트는 헤겔과 다르게 개념적으로만 '인정' 문제를 다루지 않고 현실적이고 실제적인 사례를 검증함으로써 학대, 무시, 인격적 침해 등과 같은 도덕적 손상과 자기 훼손이 어떻게 사회의 도덕적 발전을 저해할 수 있는지를 증명해 내고자 애썼다.

III. 호네트 '인정투쟁'의 내용과 형식

1. 사회적 인정 유보의 세 가지 형태

호네트의 '인정 이론'이 헤겔과 미드의 그것과 차별화되는 점은 그들이 각각의 인정 단계에 대한 대립적 등가물로서 사회적 행위자들이 경험하게 되는 인정 유보, 곧 무시의 형태를 체계화하지 않았다는 것이다. 신체적 학대, 굴욕, 모욕과 같이 인정 질서에 반하는 형식들은 인간이 상호적 관계에서 획득하는 긍정적인 자기 이해를 훼손시킨다. 이에 호네트는 인간의 존엄한 가치와 인정 형식이 내적으로 긴밀하게 맞물려 있기 때문에 인간에 대한 인정 유보의 형태에 대해 모색하는 일이 중요하다고 역설한다. 학대, 권리 부정, 존엄성 부정의 세 가지 인정 유보는 사회적 갈등과 불의 등에 직면한 인간의 저항과 투쟁의 동력이 무엇이며, 또한 그 가운데 인간이 사회구조 안에서 어떻게 주체화되는지를 확인하는 데 중요한 열쇠가 된다.

세 가지 무시의 형태 중 인간에게 가장 기본적이고 파괴적인 굴욕을 경험하게 하는 것은 신체적 불가침성에 대한 훼손이다. 이는 실제적

[표 2] 각 사회적 인정관계의 구조

인정 방식	정서적 배려	인지적 존중	사회적 가치 부여
개성의 차원	욕구 및 정서 본능	도덕적 판단 능력	능력, 속성
인정 형태	원초적 관계 (사랑, 우정)	권리 관계 (권리)	가치 공동체 (연대)
진행 방향	–	일반화, 실질화	개성화, 평등화
실천적 자기 관계	자기 믿음 (자신감)	자기 존중 (자존감)	자기 가치 부여 (자부심)
무시의 형태	학대, 폭행	권리 부정, 제외시킴	존엄성 부정, 모욕
위협받는 개성 구성 요소	신체적 불가침성	사회적 불가침성	'명예', 존엄성

출처: Honneth. 1992/문성훈·이현재. 2015: 249

인 학대의 형태로 인간이 자신의 신체를 자유롭게 사용할 수 있는 권한을 폭력으로 빼앗는 것이다.Honneth, 1992/문성훈·이현재 역, 2015: 252 한 인간이 경험한 신체적 고문, 폭행, 학대 등에 의한 고통은 자신이 아무런 보호를 받고 있지 않으며, 자신의 '몸自身'은 전적으로 자기를 가해하는 '누군가'에게 내맡겨져 있다는 느낌을 갖게 한다. 그 결과 인간은 자기 신체를 오직 자신만이 자유자재로 움직일 수 있는 주체라는 믿음(자신감)을 상실하게 된다. 자신自身은 자신自信의 문제와 밀접하게 연결되어 있다. 이와 관련해서 호네트는 인간이 사회화 과정 속에서 경험하는 '누군가'의 정서적 배려에 의한 사랑과 우정을 통해서만 자기에 대한 믿음, 곧 자기 신체에 대한 존중감을 습득한다Honneth, 1992/문성훈·이현재 역, 2015: 188-211 참고고 보았다. 그리고 이러한 원초적이며 근원적인 자기와의 관계는 타인이나 세계와의 관계에도 영향을 미치게 된다. 따라서 신체에 대한 침해를 극복하는 일은 인간이 자신과 안정된 관계를 형성하여 자신은 물론 세계에 대한 믿음을 회복하기 위해 우선적으로 행해져야 하는 인정 질서의 첫 단계이다. 이때 주체는 심리적, 정서적 죽음으로부터 벗어나 사회 안에서 능동적이고 자율적인 존재로 현시될 수 있는 동력을 얻게 된다.

　신체적 학대의 부정적 감정으로부터 벗어난 인간은 누구나 자신이 소속되어 있는 곳에서 특정한 권리를 갖길 원한다. 인간은 자신이 속한 공동체의 온전한 구성원으로서 참여할 수 없게 될 때 인정 유보의 두 번째 유형인 사회적 불가침성에 대한 훼손을 겪는다. 호네트에 따르면, 인간은 자신이 속한 공동체의 질서에 정당하게 참여하는 만큼, 자신의 사회적 욕구 충족에 대한 정당한 요구로서의 '권리'를 지니게 된다. 권리를 가진 인간은 사회 공동체 내의 동일한 법과 제도에 종속되어 있으면서 각자의 자율성 속에서 도덕규범들을 이성적으로 결정할 수 있는 인격체로 서로를 인정하게 된다.Honneth, 1992/문성훈·이현재 역, 2015: 215 이런 이유로, 한 인간이 그가 속한 사회에서 자신의 권리를 부정당하거나 사회적 배제를 겪는다는 것은 다른 구성원들처럼 자신의 도덕적 판단능력을 인정받지 못하고 있음을 의미한다. 또한 그것은 한 인간이 다른 이들과 마찬가지로 동등한 권리를 가진 사회적 상호작용의 상대자로서의 지위마저도 박탈당했음을 드러내는 일이기도 하다. 이처럼 사회적 권리에 대한 훼손의 경험은 우리로 하여금 우리가 상호작용하는 상대자들에 대해 갖는 존중감을 우리 자신에게서는 발견할 수 없게 한다. 결국, 우리는 공동체에 속한 누군가로부터 우리의 권리를 '인정'받게 될 때 우리 스스로를 공동체의 의사형성에 참여할 수 있는 존재로서, 권리를 담지한 인격체로서, 그리고 자기 자신과 온전히 관계할 수 있는 능력을 지닌 주체로서 우리 자신을 존중할 수 있게 된다.

　사회 공동체의 성원임을 '인정'받아 자기 존중감을 획득한 인간은 '사회적 죽음'을 모면하게 되면서 지속적으로 자기실현의 방식에 몰두한다. 호네트에 의하면, 인간은 자기 관계를 형성해 가는 과정에서 정서적 사랑과 권리 인정에 대한 경험을 넘어서 사회적 가치 부여를 필요로 한다고 주장한다.Honneth, 1992/문성훈·이현재 역, 2015: 234 인간은 자신이 속한 사회, 곧 가치를 공유하는 공동체에서 기준으로 삼고 있는 인정 질서에 맞게 자신의 특성과 능력을 관철시킴으로써 '특정한 존재'로 평가될 수 있는 기회를 맞는다. 각 개인들은 직접적이며 적극적으로 자신의 독특성과 능력을 사회 안에 자유롭게 드러낼 수 있다. 그리고 이때 우리는 우리의 업적을 성공적으로 사회에 드러냄으로써 긍정적인 자기 관계를 형성한다. 한 인간이 자신의 독특함과 능력 그리고 그에 따른 실천적 행위를 통해 자기와 안정적으로 관계 맺는 일은 '상호주관적 인정'에 의존한다. 호네트는 인간이 자신의 성장과정에서 '누군가'로부터 자신의 가치를 부정당하거나 모욕을 경험하게 되면 수치심이나 분노와 같은 부정적 정서를 통해 심리적 균열을 겪게 된다고 했다. 그리고 이러한 무시 경험은 자신의 가치를 '인정'받고자 하는 '투쟁'을 동기화하는 자극제가 된다는 것이다.Honneth, 1992/문성훈·이현재 역, 2015: 262 참고

다만 문제는 사회구조 속에서 모든 이의 능력과 삶의 방식이 그 가치를 인정받을 수 있는가에 대해서 확신할 수 없다는 점이다. 사회적 가치 부여에 대한 기준은 시대에 따라 공간에 따라 달리 적용되어 왔기 때문이다. 가령, 신분사회에서 '명예'는 사회적 신망을 측정하는 가치 척도였으며, 사람들은 자신의 신분에 맞는 사회적 신망을 얻기 위해 '명예로운' 행위를 해 왔다.Honneth, 1992/문성훈·이현재 역, 2015: 237 참고 그리고 오늘날 우리는 개성화된 주체들이 다른 이들과의 '차별적 고유성'을 확인받기 위해 투쟁하고 있는 현실과 마주하고 있다. 우리는 어떻게 한 인간이 지닌 자신의 고유한 속성을 사회 안에 온전히 드러내도록 '인정 질서'를 확립할 수 있는가? 이제, 과거 신분제 사회에서 우리에게 강제되었던 행위, 모더니즘 체제에서 강요되었던 규범에 대한 저항은 주체들이 저마다의 '개성'을 실현시키기 위한 투쟁의 방식으로 이어졌다. 중요한 것은 집단적 규범 체계가 아니라 개인사적 과정에서 형성된 개인의 능력이 되었다.Honneth, 1992/문성훈·이현재 역, 2015: 242 참고 이로써 개인의 능력과 그 능력의 사회적 가치의 기준을 인간 삶의 다양한 문화 양식들로 삼는 다원화된 사회가 형성되었다.

다문화적, 다가치적 사회로 대변되는 다양성의 시대를 살고 있다 하더라도 과연 우리는 주체로서 우리가 지니는 삶의 방식들을 모두 인정받을 수 있는가? 인정받을 수 있다면 현실적으로 그것을 가능하게 하는 도덕적 규범은 무엇이며, 혹 그렇지 않다면 우리가 인정받기 위해서는 무엇을 근거로 저항하고 투쟁해야 하는가? 호네트는 앞서 제시했던 세 가지 인정 유보-신체적 학대, 권리 무시, 모욕 및 가치 부정-의 경험에

심리적으로 동반되는 부정적 감정들이 우리에게 특정한 형태의 인정이 유보되었음을 인식시킴으로써 투쟁을 가능하게 하는 정서적 근거가 된다고 했다. 아울러 그는 도덕적 갈등 상황에서 규범을 훼손한 존재가 자신인지, 상대방인지에 따라 정서적 반응이 달라진다고 주장한다. 만일 우리가 계획했던 행위를 억제시킨 책임이 자신에게 있음을 인식하게 되면 우리는 자신을 낮게 평가함으로써 자존심의 붕괴를 맞게 되며, 주체로서 '열등감'을 갖게 된다. 반면, 우리의 행위가 좌초되었을 때 그것이 타인의 책임으로 환원될 경우, 우리는 자신이 '무시'당했다고 느끼며 '도덕적 격앙'을 표출하게 된다.Honneth, 1992/문성훈·이현재 역, 2015: 260-261 참고 여기서 주목할 점은 '열등감'이든, '무시'든 이와 같은 부정적 감정은 '기준이 되는' 상호 행위 상대자를 전제로 한다는 사실이다.

인간은 누구나 자신이 되고자 하는 어떤 존재 혹은 어떤 대상을 타당하고 정당화해 주는 '도덕적 규범'을 상대방이 훼손했을 때 부정적 감정을 동반한 불의를 경험하게 된다. 그리고 이러한 관점에서 인간은 타인의 인정에 의존할 수밖에 없다. 또한 인간은 자신이 겪은 부정적 감정들에 가치중립적일 수 없기에 상호 인정의 요구를 거부당했을 때 자신의 감정을 기반으로 저항의 동기를 갖고 불의를 현실화하려고 한다. 그러나 저항 운동은 어느 한 개인의 부정적 감정이나 정서적 박탈감만으로 발생하지 않는다. 그것은 정치적, 사회적, 문화적 생활 조건 등의 상태에 따라 그 힘이 발휘될 수 있는지의 여부가 결정된다. 호네트는 이러한 저항 운동을 강화할 수 있는 '수단'이 존재할 때에만 '무시' 경험이 저항 행위를 가능케 하는 원천이 될 수 있다고 강조한다.Honneth, 1992/문성훈·이현재 역, 2015: 263 그렇다면, 사회구조 안에서 우리의 저항 운동을 강화할 수 있는 수단은 무엇인가? 우리는 어떻게 저항 행위의 정당한 원천을 확인하고 이를 강화할 수 있을 것인가? 호네트는 이를 설명하기 위해 사회철학적 전통 속에서 투쟁 모델을 이론사적으로 검토함으로써 무시 경험의 역사적 중요성과 저항 운동에 내재된 도덕적 경험들의 역동성을 조망하고자 했던 것이다.

2. 사회적 '불의' 극복을 위한 '투쟁'의 원천: '연대'

호네트는 헤겔을 복원하고자 했던 사회철학 이론들이 사회적 투쟁에 대한 인정 요구를 명료화하는 데 있어서 인정 질서의 세 가지 도덕적 구조를 충분히 고려하지 않았음[2]을 확인하였다. 또한 그는 사회철학 연구에서 사회적 투쟁의 도덕적 논리에 대한 언급은 찾아보기 어려우며 따라서 사회운동과 무시에 대한 도덕적 경험 사이의 내적 연관성은 단절되어 있음[3]을 지적한다. 이러한 가운데 호네트가 풀어야 할 과제는 먼저 한 인간이 사회 속에서 자신의 정체성을 훼손당하지 않도록 사회의 도덕적 진보를 위해 감행하는 저항 운동의 정당한 논리가 무엇인지를

---

2. 호네트에 따르면, 마르크스는 인정투쟁을 주인과 노예의 변증법만으로 협소하게 수용하면서 다양한 인정 요구를 단지 노동을 통한 자기실현의 차원으로만 환원시키고 있다. 그리고 소렐(Sorel)은 사회변동 과정을 인정투쟁의 관점에서 고찰하면서 다른 사상가들과 달리 인정투쟁에 도덕적 감정이라는 경험적 요소를 부과하긴 했지만 가치관에 대한 무시나 자율성의 훼손을 분명하게 구분하지 못했다는 점에서 한계를 지닌다. 사르트르(Sartre)의 경우, 사회적 갈등과 투쟁을 집단적 행위자들 사이의 인정관계에 장애가 생긴 결과로 이해하고, 행위자들 사이에서 인정 요구를 서로 부인함으로써 나타날 수밖에 없는 사회관계 유형을 '노이로제'라는 개념으로 표현하였다. 그러나 그는 인정 가치가 있는 인간의 지위가 무엇인지에 대해 불분명한 태도를 보였으며, 사회적 투쟁이 인정관계의 상호성이라는 도덕적 관점에서 고찰될 경우 요구될 수밖에 없는 규범적 요소를 고려하지 않았다. 그렇기 때문에 호네트는 이들 모두 헤겔이 정초하고 미드(Mead)가 사회심리학적으로 심화시킨 세 가지 인정 단계를 체계적으로 발전시키지 못했다고 비판한다(Honneth, 1992/문성훈·이현재 역, 2015: 269-268 참고).

3. 호네트가 볼 때, 베버의 『사회학적 범주론』에서 '투쟁'은 사회적 관계에서 생존 기회를 높이기 위해 '상대자 또는 상대자들의 저항에 대립해 자신의 의지를 관철시키는 것'이며, 게오르그 짐멜(Georg Simmel)의 『사회학』에서 투쟁의 원천은 '적대 본능'과 함께 '차이감'이며 로버트 파크(Robert Park)와 어니스트 버제스(Ernest Burgess)의 『사회학 입문』에서 '투쟁'은 항상 인종이나 민족 간의 투쟁이라는 특수한 경우가 문제될 때 거론되는 것이다. 그러나 호네트는 이들 연구가 무시당한 개별적 경험이 어떻게 사회적 투쟁의 동기가 되는지를 설명하지 못했다는 한계가 있음을 지적하며, 개인의 '투쟁'에 강조점을 두고 있다(Honneth, 1992/문성훈·이현재 역, 2015: 295-298 참고).

밝히는 일일 것이다. 아울러, 호네트는 저항 운동의 정당함을 인식하고 그 안에서 추동력을 갖추게 되는 우리가 집단의 논리에 함몰되지 않고 주체적으로 행위하기 위해서 무엇을 고려해야 하는지를 규명할 수 있어야 한다고 했다.

　호네트적 관점에서 사회 내 갈등과 사회적 불의는 인간이 경험하게 되는 인정의 상실을 통해 이루어진다. 호네트는 인정 이론에서 사회적 박탈, 모욕, 굴욕, 무시 등과 관련된 모든 인정 유보의 현상들이 사회적 불의를 규정할 수 있다고 강조한다. 호네트에게 사회정의란 주체가 인정 관계—사랑, 권리, 사회적 가치 부여—속에서 자신의 정체성을 형성하는 일과 밀접한 연관이 있다. 개별 주체는 자기 관계의 형성을 훼손시키지 않는 사회적 인정 경험을 통해 정체성을 실현할 수 있다. 물론 인간은 자신의 능력이나 권리를 반성적으로 확인함으로써 스스로 자기 관계를 형성해 갈 수도 있다. 그러나 호네트가 볼 때 인간의 반성 능력이 언제나 미리 주어져 있는 것은 아니며, 이러한 능력의 신장 또한 그것을 존중하고 보장하는 특정한 사회적 영역의 도덕적 발전을 기반으로 하고 있다.Honneth, 1992/문성훈·이현재 역, 2015: 213 그렇다면 인간이 자기 관계를 긍정적으로 형성하며 자신의 정체성을 반성적으로 확인할 수 있는 능력은 무엇을 통해 가능한가?

　호네트는 사회의 구조적 모순을 비판하고 이를 극복하게 하는 인간 상호 간의 인정 질서를 통한 사회 발전만이 인간의 긍정적 자기 관계와 정체성 형성을 가능하게 한다고 보았다. 사회 발전은 인간의 욕구와 요구가 개인적 차원을 넘어 집단적 운동을 위한 토대가 될 만큼 보편화될 가능성을 지닐 때, '사회적 성격'을 갖는 '투쟁'이 진행되면서 이루어진다. 다만, 가장 근원적이며 친밀한 관계를 상정한 인정 형태인 '사랑'은 공적 관심사로의 이행이 어렵고 보편화될 가능성도 낮기 때문에 사회적 투쟁을 일으키는 도덕적 경험을 포함하고 있지 않다.Honneth, 1992/문성훈·이현재 역, 2015: 298-299 반면, '권리'나 '사회적 가치 부여'는 사회적 일반화나 보편화의 가능성을 가지고 있다. 우리는 사회 안에서 형성된 도덕적 원칙이나 규범적 가치들을 공유하고 있으며, 그것의 영향으로부터 자유로울 수 없다. 사회구조 속에서 한 개인이 경험한 권리 부정과 모욕은 우리 자신과도 밀접한 '불의'이다. 한 사람이 겪은 '무시'는 다른 주체들에게도 잠재적 영향력을 지닌다는 점에서 사회 투쟁의 동력이 된다.

한 사람이 경험한 '무시'는 그것이 집단 전체의 핵심 체험으로 해석됨으로써 행위의 주도적 동기로 작동하여 인정관계를 정의롭게 하고자 하는 집단적 욕구로 확장될 수 있다. 인간은 자신이 속한 사회문화적 환경 속에서 자신이 자율적이고 개성화된 존재로서 받아들여지고 있다는 기대를 통해 긍정적 자기 관계를 형성한다.Honneth, 1992/문성훈·이현재 역, 2015: 301 참고 그렇기 때문에 사회적 인정에 대한 기대가 훼손될 때 주체는 사회적 저항과 투쟁의 동기를 갖게 된다. 주체가 경험하게 되는 규범적 기대에 대한 '무시'가 집단적 항거로서 사회운동을 발생시키는 것이다. 이때의 사회운동이나 정치적 행위는 한 인간이 경험한 모욕이나 멸시와 같은 '불의'를 공개적으로 드러냄으로써 새롭고 긍정적인 자기 관계의 형성이나 자기 존중의 회복을 위한 '인정투쟁'의 방식을 따르게 된다.

'인정투쟁'은 도덕적 사회 발전을 위해 그리고 그 가치를 공유하는 이들의 공동체적 '연대'를 통해 강화된다. 인간은 공동체의 구성원으로서 서로에게 사회적 가치를 부여한다.Honneth, 1992/문성훈·이현재 역, 2015: 302-303 참고 그러나 사회 내에서 서로가 공유하는 가치, 서로에게 부여하는 가치가 과연 진정으로 도덕적인 사회 발전을 위한 근거가 되는가에 대해서는 확신하기 어렵다. 다시 말해, 사회의 구조적 갈등과 모순에 대한 저항이 '인정투쟁'의 방식으로 이해될 수 있지만, 그것이 전적으로 모두 도덕적 요구에 대한 훼손의 문제로 환원되지는 않는다는 사실이다.Honneth, 1992/문성훈·이현재 역, 2015: 303 참고 따라서 호네트는 투쟁이 보다 요구 수준이 높은 정치적 의미에서의 '인정투쟁'이 되려면, 상당수 사람들이 보다 광범위한 공공 영역의 차원에서 지배적 지위 질서 전체에 의문을 제기해야 한다고 주장한다.Honneth & Fraser, 2003/김원식·문성훈 역, 2014: 239

호네트는 도덕적 가치 규범과 인정 질서의 문제를 두 차원으로 제시한다. 하나는 개별 인간이 자신의 보다 높은 사회적 지위와 명예를 통해 많은 자원을 쟁취할 목적으로 자신의 특수성과 개성에 호소하는 것이다. 다른 하나는 인간이 자기 이외의 모든 사회 구성원들에게 필수적으로 요구되는 최소한의 재화나 지위를 위해 전력을 다하는 일이다. 전자의 경우, 자본주의 자유경쟁 사회에서 이루어지는 지극히 개인적이고 일상적인 투쟁의 차원에서 인간이 사회적 '업적' 성취에 따라 자신의 '차이'를 인정받길 요구할 가능성이 있다.Honneth & Fraser, 2003/김원식·문성훈 역, 2014: 235-236 반면, 후자에 해당하는 주체는 인간으로서 마땅히 존중받아야 할 동등한 권리로서 인격적 불가침성의 상호주관적 조건을 보호하기 위해 '공공의 문제'에 참여할 수 있다. 여기서 모든 구성원들을 위한 '공적 사안'은 동일한 규범과 가치를 공유할 수 있도록 하는 근거가 되며, 그것에 참여하는 이들은 '연대'함으로써 공동체 내의 상호 인정의 척도를 서로에게 요구할 수 있게 된다.

결국, 호네트는 사회 속에서 인간이 자신의 정체성을 훼손당하지 않으면서 발전시키려면 상호 인정의 질서가 '공적 관심사' 안에서 형성된 도덕적이며 규범적인 정당성에 뿌리를 두고 인격적 불가침성을 위해 '연대'하는 가운데 세워져야 한다는 것이다. '연대'는 사회구조 속에서 서로 다른 존재인 우리가 권리 주체로서 자신의 독특한 특성과 개성, 그리고 능력을 인정받기 위해 '투쟁'할 수 있도록 하는 '힘'이다. 역사 속에서 사회의 도덕적 진보를 위해 발생한 시민혁명 역시 '인정투쟁'을 위한 '연대' 없이는 불가능했다. 다만, 우리가 정당하고 도덕적인 사회의 건설을 위해 '연대'한다고 하더라도, 그것이 개별적 독특성을 지닌 우리 모두를 사회 안에서 주체로 살아가도록 할 수 있는가에 대해서는 사실 확신을 갖기 어렵다.[4] 진정한 의미에서, 아무리 공적 '연대'에 기반을 둔 도덕적이며 정당한 가치라 하더라도, 주체로서 한 인간이 추구하는 자기실현이나 존엄성을 '온전히' 보장받을 수 있을 것인가? 우리는 어떻게 도덕적 규범과 정당한 가치를 위해 '연대'하면서도 그 속에 함몰되지 않고 주체로 '투쟁'할 수 있는가?

호네트 역시 이러한 난점을 인식하고 있었던 것으로 보인다. 그는 2005년에 출간한 『물화: 인정 이론적 탐구Verdinglichung: Eine Anerkennungstheoretische Studie』(이하, 『물화』)의 한국어판 서문에서 주체의 문제를 간과한 부분들에 대해 일련의 수정과 정교화를 시도했다고 밝힌다.Honneth, 2005/강병호 역, 2015: 5-7 참고 한 인간이 어떠한 자기 관계를 지니고 있느냐에 따라 사회의 도덕적 발전이 좌우될 수 있다. 이러한 관점에서 호네트가 『인정투쟁』에서 간과했던 '사회구조 속에 함몰되지 않는 주체의 문제'는 재고되어야 할 부분이다. 프레이저도 지적했듯이, 인정 문제는 단순히 인정받지 못한 이들의 자존감이나 자부심을 고취시킴으로써 처리되는 것이 아니며, 근본적으로 사회구조 속에서 인간이 자

---

4. 조주영(2015)은 그의 연구 "비판이론의 규범적 토대로서 인정 개념의 재구성"을 통해 호네트가 말하는 인정 유보의 경험이라는 것이 규범을 공유하는 사회 내에서 적절한 인정을 주지 않는 것만을 의미하는 것처럼 보인다고 지적한다. 그러면서 호네트의 상호주관적 인정 관계의 틀 안에서, 규범을 공유하는 사회 밖으로 내몰리는 경험, 사회적 삶의 바깥에 있는 삶, 그리고 사회적이며 연대적 가치 규범 안에서 정당하게 인식되지 않는 삶은 어떻게 이해할 수 있는지를 묻고 있다(조주영, 2015: 292 참고). 결국 호네트가 이야기하고 있는 가치 규범을 공유하는 사회 안에서 이루어지는 상호주관성은 그 사회 밖의 '누군가'의 '인정'을 보증할 수 없는 개념이 되고 만다. 그렇기 때문에 한 인간이 사회 안에서 어떻게 주체로서 살아갈 수 있는가의 문제와 관련해서 호네트의 '상호 인정'은 '누군가'를 배제할 수 있는 가능성 또한 내포한다는 점에서 한계를 보인다고 하겠다.

신의 정체성과 주체성을 확립했을 때 그리고 그러한 변화 과정 속에서 해결할 수 있는 사안이다.Honneth & Fraser, 2003/김원식·문성훈 역, 2014: 135 상호 인정관계에서 주체는 타자에 의한 고정되고 정체된 특징과 가치를 단순히 받아들이는 '인정'의 순간이 아닌 사회구조적 모순과 불의적 상황 속에서 '직접'적이며, '자유'롭게, '적극'적으로 자신을 '현시'할 때 드러난다.

이를 위해, 주체로서 한 인간은 "자기 자신을 먼저 긍정해야 한다."Honneth, 2005/강병호 역, 2015: 116 인간이 자신의 욕구나 느낌을 가치 있는 것으로 받아들이지 않게 되면, 자신의 심리적, 정서적 경험을 분명하게 표출할 수 없다. 자신에 대한 긍정은 자기를 문제로 삼고 자기와의 관계를 형성하고자 하는 존재에게만 허락된다.[5] 이는 자신을 단순히 인식의 대상으로 삼는 것과는 다르다. 그것은 푸코가 '자기 배려epimeleia heautou'로 명명하고, 하이데거가 '염려sorge'라고 표현한 것처럼, 인간이 "자신의 본래적이고 고유한 존재 가능성"문성훈, 2007: 299을 자문하고 그것에 대해 고뇌하는 것을 말한다. 그것은 인간이 자기 본래의 목적과 독특함의 의미를 추구하는 것이면서 나아가 자신과 관계 맺고 있는 세계에 대해서 관심을 표방하는 일이기도 하다. 인간이 자신과 맺는 관계는 자신의 고유성이 드러나는 세계로 확장된다. 호네트는 이와 관련해서 하이데거의 관점을 수용한다. 『물화』에서 그는 자기 관계의 형성을 통해 세계와 관계 맺는 일은 인간 삶의 모든 요소들에 대한 '염려Bekümmertsein'

---

5. 해리 프랑크푸르트(Harry Frankfurt)는 '자기 사랑(self-love)'의 개념을 소개하면서 인간의 '2차 욕구(second-oder desire)'와 정체성 형성의 관련성을 주장한다. 그에 따르면, 인간에게는 자신이 '무엇을 욕구하기'를 바라는 욕구, 곧 '2차 욕구'가 있다. 가령, 약물에 중독(1차적 욕구)된 인간은 자신의 중독 상태를 중단하고자 하는 바람(2차 욕구)을 가질 수 있다. 이것이 가능한 이유는 인간에게 반성적 평가능력이 있기 때문이다. 인간은 자신의 욕구를 반성적으로 성찰하는 가운데 '2차 욕구'를 가지게 되며, 이러한 '2차 욕구'를 통해 행위자의 정체성이 결정된다(Honneth, 2005/강병호 역, 2015: 116 참고). 결국, 인간은 자신을 문제로 삼아 끊임없이 자신을 탐구하는 과정에서만 자신의 정체성 형성에 관여할 수 있게 된다.

라고 했다.Honneth, 2005/강병호 역, 2015: 52-53

인간은 자신을 둘러싸고 있는 모든 상황에 대하여 고뇌하고 염려하는 가운데 자신은 물론 세계와도 밀접해진다. 인간이 '염려'로 세계에 관여한다는 것은 우리를 둘러싼 존재들과 삶의 요소들이 갖고 있는 고유한 가치, 독특성 등을 '인정'하는 일이다. 그렇기 때문에 호네트는 인간이 세계에 가지는 근원적 관계가 '상호 인정' 관계일 수밖에 없다고 했다.문성훈, 2007: 301 참고 '상호 인정'의 관계 속에서는 어느 누구도 삶의 상황으로부터 사라지지 않는다. '누군가'를 세계에서 사라지지 않도록 하는 일은 사람들이 단순히 '결집'하는 일로는 역부족이다. 중요한 것은 사회구조 속에서 배제되지 않는 '누군가'를 위해 '연대'력을 확보하면서도 다양한 개별적 삶의 목적과 그 다양성을 허용할 수 있는 개방적이며 윤리적인 가치를 우리가 얼마나 확보하고 있는가이다. 이는 『물화』를 통해 호네트가 보완한, 도덕적 사회 발전을 위해 불의를 극복할 수 있는 새로운 형태의 '인정투쟁'이 필요함을 뜻한다. 그것은 우리 자신과 '동등하지만 다른' 누군가를 사라지지 않게 할 '또 다른 인정'의 형태가 '세계'에 지속적으로 나타나도록 우리 자신과 세계에 대해서 '걱정'하는 일로서 가능할 것이다.

IV. 도덕적 사회로의 이행을 위한 '인정'과 교육

1. 교육의 시작: '사랑'을 통한 긍정적 자기 확신

호네트가 도덕적 사회 발전을 위해 선행되어야 한다고 강조했던 '자기 관계'는 인간의 가장 기본적인 욕구와 감정인 '사랑'을 통해 형성된다. 그리고 이 '사랑'은 우리 자신과 관계하는 가장 친밀한 존재로부터 시작된다. 호네트는 자신의 이러한 주장을 뒷받침하기 위해 도널드 위니캇Donald. W. Winnicott의 '대상관계이론'을 제시한다. 위니캇에 따르면, 갓 태어난 아이와 엄마는 공생적 관계 속에서 서로를 절대적으로 의지하고 있다. 아이는 자신의 경험적 실체를 모른 채 자신의 전존재와 기능을 전적으로 엄마에게 의존한다. 아이의 엄마 또한 임신 기간 동안 아이를 자신과 동일시하면서 자신의 신체적, 정신적, 정서적 관심을 모두 아이에게만 집중한다. 아이가 자신의 원초적 욕구 사이에서 알 수 없는 불안을 극복하는 일은 오직 자신의 욕구를 이해하고, 자신을 전심으로 돌보는 데만 집중하고 있는 자신의 엄마에 의해서만 가능하다. 이러한 의존적 관계는 아이가 성장하면서 파괴된다. 점차 아이는 자신과 환경을 구분하고, 엄마의 부재를 견디며, 엄마로부터 거부된 자신의 욕구 충족에 대해 불만과 울분을 표출하면서 엄마와의 정서적 관계를 대신할 다른 대상을 찾는다.

위니캇에 의하면 아이가 자신이 선택한 대상에 '자신을 잃어버린 채' 몰두할 수 있는 이유는 엄마와 맺고 있던 공생적 상태에서 분리된 이후에도 엄마로부터 자신이 보호받고 있다는 믿음 때문이다. 이 믿음으로 인해 아이는 아무런 걱정 없이 혼자 있을 수 있다. 아이의 '혼자 있을 수 있는 능력'은 자신이 사랑하는 '누군가'가 자신을 돌봐 줄 태세가 되어 있다는 기본적인 믿음을 통해서만 실현될 수 있다.Honneth, 1992/문성훈·이현재 역, 2015: 204 따라서 부재하는 누군가에 대해 확신할 수 있는 이와 같은 '상상' 능력은 '혼자 있을 수 있는 능력'을 전제할 수밖에 없다. 이는 엄마에 대한 아이의 파괴된 '의존성'이 아이의 '혼자 있을 수 있는 능력'을 통해 '창조성'으로 전환됨을 보여 준다. 아이의 '독립성'과 '창조성'의 연관성에 대한 통찰이 중요한 이유는 아이가 세계 속에서 독립적인 존재로 성장할 수 있는가의 여부가 엄마와의 관계에서 주고받는 사랑과 애정에 따라 달라지기 때문이다. 가령 한 아이가 '모성적 보호'와 '사랑'을 통해 자기 존재를 '인정'받게 되면, 그 아이는 자신을 긍정하며 세계를 우호적으로 바라보고 세계를 마음껏 상상할 수 있는 능력을 지니게 된다는 것이다.

인간이 스스로 무언가를 희망하는 그때, 자신이 요구하는 바가 '사랑'을 통해 이루어졌던 경험들은 다른 존재와의 관계에 대한 신뢰로 그리고 자신을 마음껏 세계에 드러낼 수 있다는 확신으로 이어진다. 그러나, 호네트가 말한 첫 번째 인정 유형, 인간의 가장 기본적이며 구체적인 요구를 충족시켜 줌으로써 가능한 우리 자신과 세계에 대한 긍정은 그것이 거부될 때 우리 자신은 물론 타인과 세계에 대한 불만이나 불신으로 드러나게 된다. 결국 '사랑'을 제대로 받지 못한 아이는 '자기다움'을 현시하고, '인간다움'을 체험할 기회를 부여받지 못한다. '자기다움'과 '인간다움'이 부인될 수 있는 계기를 맞는다.Huttunen, 2011: 343 참고 가정과 교육기관 등에서 이루어지고 있는 아이에 대한 신체적, 정서적, 정신적 학대, 학업성취도 향상을 목적으로 한 억압적 교육 방식, 기술 습득이나 신체 단련을 내세운 육체적 가혹 행위, 그리고 학생과 학생, 교사와 학생 사이에서 발생하는 성적 학대와 폭력에 관한 사안들이 이와 같은 논의를 방증하고 있다. 호네트의 관점에서, 이처럼 학교 안팎에서 발생하고 있는 일련의 비인간적 형태들은 아이가 태어나서 원초적으로 욕구하게 되는 '사랑'이 거부됨으로써 나타난 결과인 것이다.

엄마와의 관계 속에서 한 인간이 경험한 '사랑'을 통해 자신의 존재에 대한 깊은 신뢰가 형성되지 않은 채 자신과 타인을 긍정하며, 세계를 자유롭게 희망할 수는 없다. 그렇다면 호네트의 주장처럼 아이의 내적 성향이나 특성, 자립심과 같은 긍정적 자기 관계는 오직 '가정'에서, '엄마'와의 '사랑'에 의해서만 길러질 수 있는 것인가? 만일, 어릴 적에 아이가 누군가로부터 사랑을 받고 있음을 느끼지 못하거나 정서적 호의를 받지 못했다면, 아이의 유보된 인정 경험은 이후의 삶에서 회복될 수는 없는 것인가? '사랑'이라는 인정 형식은 가정 이외의 공간에서는 그리고 유아기의 삶 이후에는 긍정적 자기 관계의 형성에 영향을 미치지 못하는 것인가? 아이는 자신에게 반응해 주는 누군가에게 속해 있는 대상, 사랑을 받기만 하는 대상이 아니라 사랑을 줄 수도 있으며, 자신의 고유한 특성과 능력으로 스스로 '참여'활동을 할 수 있는 바탕을 마련할 수 있는 존재이기도 하다.Thomas, 2012: 458 참고 아울러, 가정의 보살핌을 받기 어려운 취약 계층의 학생들이 학교에서 교사와의 상호작용이나 또래와의 친밀관계를 통해 자신감을 회복할 수 있다는 사실김미숙, 2016: 51은 가정 그리고 부모만이 아이에게 자기와의 신뢰 관계를 형성하게 해 주는 것은 아님을 확인할 수 있다.

따라서, '사랑'이 가정에 국한된 사적 영역에서만 이루어지는 고유한 인정 경험이라는 호네트의 논리는 수용하기 어렵다. 이러한 난점에도 불구하고 우리가 호네트의 주장을 진지하게 고려해야 하는 이유는 '사랑'을 통해 형성된 자신에 대한 믿음이 타인과 세계에 대한 신뢰로 확장된다는 사실 때문이다. 또한 간과할 수 없는 것은 사회의 긍정적 발전, 곧 인간다움이 실현될 수 있는 사회를 위해서는 아이들이 독립적인 존재로 성장하도록 그들을 돌보고 보호해 주는 '누군가'와 직접적이며 상호적인 '사랑'을 나누어야 한다는 점이다. 그렇기 때문에 아이들이 밝고 긍정적인 관점을 가지고 세계를 바라보고 그것에 참여하도록 이끄는 데 있어서 가정과 학교를 분리해서, 부모와 그 외의 다른 존재들을 구분하여 각각의 영역과 대상에 따라 보장할 수 있는 '인정'만을 고집하는 일은 지양해야 할 것이다. '사랑'을 경험해야 할 존재는 '누구의' 아이가 아니라 '모두의' 아이들이다. 아이들이 성장하여 사회 안에서 다른 존재들을 존중할 수 있는 역량은 그들이 자신을 둘러싼 상황 속에서 얼마나 '사랑'을 경험했는가에 따라 달라질 수 있다. 특히 사회구조적 불평등이 심화되어 가정의 역할과 부모의 전적인 보호와 격려를 보장할 수 없는 현실 속에서 교육은 '사랑'을 확인하고 실천할 수 있는 '요람'이 되어야 할 것이다.

2. 교육의 과정: '권리' 인정을 위한 반성적 사고

인간이 자신의 '권리'를 인정받는다는 것은 한 사회의 구성원으로서의 '존엄성'을 부여받는 일이다. 인간에 대한 '존엄성'은 서로를 자신과 동등한 존재로 받아들였을 때 실현될 수 있다. 시민 사회에서 인간이 경험하게 되는 '권리' 부정은 "이것은 내 거야"라고 말할 생각을 했던 최초의 사람에게서 비롯되는 것이 아니라 "너는 나와 동등한 사람이 아니다"라고 말할 생각을 했던 최초의 사람에게서 비롯된다.Rancière, 1987/양창렬 역, 2015: 156 그렇다면 현실적으로 동등한 관계가 가능할 수 있는가? 사회구조 안에서 인간은 과연 평등한 관계를 유지할 수 있는가? 만일 이러한 물음들에 긍정적인 답을 할 수 있는 경우라면, 그것은 어떻게 가능할까? 교육이 그것에 대한 답을 줄 수 있을까? 모든 이들이 자신의 '권리'를 온전히 '인정'받는 사회는 교육을 통해서 가능할까? 교육적 상황에서 모든 아이들이 동등하게 위치 정해지고 존중받을 수 있게 되면, 그 아이들이 성장하여 참여하게 되는 사회에서도 동일한 '인정' 질서가 작동할 수 있는 것인가? 그간 우리가 목격하고 경험했던 사회 조직의 위계적인 인간관계, 불평등한 삶의 양식, 불합리한 의사결정 등으로 인해 빚어진 비도덕적이고 비인간적이며 파괴적인 사안들은 희망 섞인 앞선 물음들을 일축해 버린다.

호네트의 '권리' 영역과 교육의 연관성을 논한 린치Lynch, 2016 역시 교육은 직접적으로 민주적 가치를 증진시키지 않는다고 주장한다. 이는 오늘날 공교육이 사유할 줄 아는 시민을 기르기보다는 직업 세계에 적합한 기술자를 양성하는 데 맞춰져 있을 뿐만 아니라 정치적 방침에 따라 좌우되기 때문이다.Lynch, 2016: 538 린치의 입장에서 인간의 권리를 '인정'하는 일이 정치적 관심사에 따라 달라진다는 것은 교육에서 정치적 이해 관계에 적합한 '권리'의 내용만이 취해질 수 있음을 시사한다. 타자를 자신과 동등한 법적 권리와 의무, 책임을 지는 존재로 받아들이려는 '권리' 인정은 인간의 도덕적 판단 능력, 사유 능력에 기반할 때 가능해질 수 있다. 교육을 통해 사회 내 민주적 가치를 증진시키고, 도덕적 발전을 꾀하기 위해서는 '투쟁'이 필요하다. 그것은 모든 이들의 '권리' 인정을 위해 힘쓰는 일처럼 아무런 노력 없이 이루어지지 않는다.Huttunen, 2012: 143 여기서 중요한 문제는 이 '투쟁'의 내용, 곧 우리가 교육에서 기울여야 하는 노력이 '무엇'인지를 구체화하는 일일 것이다. 교육은 결코 쉽게 그리고 계획한 바에 의해 순차적으로 진행되지 않는다. 그 결과 또한 가까운 미래에 가시적으로 드러나지 않는다.

말 그대로 교육은 '지난한' 과정이다. 우리는 이러한 교육을 통해 실천적이며 도덕적인 삶을 위한 가치들을 배워 왔다.Hanhela, 2014: 382 특히 학교교육은 가정, 사회, 공동체에서 강조하고 있는 도덕적 가치와 규범과 같은 삶의 윤리적 차원들을 전달하기 위해 애쓰고 있다. 그러면서도 학교는 가정과 세계 사이에 존재하는 윤리적 영역으로, 혹은 비판적 중재 기관으로서의 역할을 담당한다.Hanhela, 2014: 383 학교가 아이들에게 가정이나 사회의 오랜 전통을 비판할 수 있는 능력을 길러 주기도 하지만 시대적 요청에 따라 다양한 사회의 요구를 받아들이도록 강제하기 때문이다.Hanhela, 2014: 384 이를 뒷받침하듯, 오늘날 학교는 무엇보다도 미래 삶을 위해 우리에게 실제적이고 현실적인 능력을 함양시키는 공간으로서 그 역할이 우선시되고 있다. 그러나 우리 모두는 우리가 기대하는 학교의 역할과 기능에 앞서 학교가 아이들이 지닌 그들의 독특한 개성과 능력을 존중하고, 그들에게 자기실현을 경험할 수 있는 기회를 제공하는 곳이어야 한다는 사실에는 이견이 없다. 그렇다면 학교 안에서 모든 아이들은 학교가 제공하는 이러한 기회를 동등하게 부여받고 있는가? 아이들은 저마다 처해 있는 다양한 삶의 상황들에 따라 학교 안에서 '인정'받기도, '배제'되기도 한다.

한 아이는 학교에서 오랜 가치에 대한 비판과 새로운 요청에 대해 숙고하며 그 가운데서 자신의 고유한 개성을 발현시킬 수 있는 기회를 부여받는다. 반면, 다른 한 아이는 사회 구성원들이 확신하고 있는 바에 부합하지 않는다는 이유로, 사회경제적인 지위와 삶의 양식이 열악하기 때문에, 그리고 추구하는 가치와 관점이 '주류'적인 것과는 상이하다는 논리로 교육적 상황에서 자신을 드러낼 수 있는 기회를 '박탈'당한다. 하나의 절대적 가치로서 학업성취와 성공을 내세우는 학교에서 대다수의 아이들은 자신들의 '권리', 곧 '원하는 것을 배우고 이를 자유롭게 그리고 다양하게 표현할 권한'을 존중받지 못하고 있다. 아이들이 학교에서 경험한 '배제'는 아이들 스스로 그들 자신을 존중하지 않도록 만든다. 학교에서 학습부진아, 부적응자로 낙인찍힌 아이들이 자신을 '쓸모 없는 존재'로 인식하면서 자신의 미래 삶에 대해서도 부정함으로써 무책임하게 현재를 소비하고 있는 모습을 우리는 쉽게 접할 수 있다. 학교는 소수의 개인적 성취나 성공을 위해 프로그램을 제공하는 곳이 아니라 모든 아이들이 자기 정체성을 확인하고 존중할 수 있는 '인정'의 공간이어야 한다.

아이들이 학교에서 경험한 '인정'은 '사랑'의 유보로 파괴된 자신감은 물론 스스로에 대한 존중 의식 또한 회복할 수 있는 기회를 맞게 해 준다. 교육은 모든 아이들이 '배제되지 않은 채' 자신을 존중하고 자기를 실현할 수 있도록 그들에게 자기 삶을 책임질 자유를 보장해야 한다. 이를 위해서는 특정한 하나의 기치 아래 주도되지 않고 다양한 논리를 수용할 수 있는 교육적 분위기가 조성되어야 할 것이다. 이런 가운데 도덕적 관점과 가치에 대한 수평적 이해, 곧 어떠한 관점도 다른 관점보다 우위에 있지 않다는 점을 근거로 '현실'에 대해 물음을 가지는 일이 가능해질 것이다. 다양한 가치와 관점이 수용되는 곳, 많은 이들이 저마다의 존재적 특성을 인정받는 곳, 그리고 '질문하기'가 가능한 곳에서 우리 자신은 물론 다른 존재들의 존중감도 확인할 수 있게 된다. 학업성취나 사회적 지위 상승, 명예와 권력의 획득을 통한 '성공'에 의해 점철된 학교에서 교육자와 아이들은 조직에 순응한 채 '물화'되어 간다. 따라서 이들이 참여하는 사회는 도덕적으로도, 인간적으로도 요원할 수밖에 없다. 따라서 우리 사회의 희망적인 발전을 위해 인간 상호 간의 '권리' 존중과 이를 위한 '투쟁'의 문제는 교육 영역에서 끊임없이 고민하여 그 실천적 바탕을 마련해 주어야 할 사안이다.

3. 교육적 지향점: '인간다움'을 향한 '연대'

교육은 어떻게 우리가 사회 안에서 우리의 정당한 '권리'를 위해 투쟁할 수 있도록 도울 것인가? 그리고 나아가 우리는 우리의 독특한 개성과 능력을 사회 안에서 '인정'받기 위해 무엇을 해야 할 것인가? 그렇다면 서로 '다르게' 살아가고 있는 우리는 각자의 노력만으로 사회의 구조적 '불의'에 맞서 우리의 '권리'와 존재의 독특함을 '확인'받고 '존중'받을 수 있다고 할 수 있는가? 비판적 교육학은 사회 비판과 인간의 자유로움을 지향하며 '계몽'과 '해방'을 열쇠어로 제시한다. '계몽'과 '해방'에 대한 관심은 계급과 계층의 불평등으로 인해 사회는 물론 학교 안에서 이루어지고 있는 '무시', 그리고 다양한 갈등 상황 속에서 아이들이 경험하는 '불의'에 대한 교육적 고민을 이끌어 낸다. 그것은 억압과 폭력이 행해지는 상황들의 정체를 확인하는 데 기여할 수 있다. 이러한 관심은 물질적 폭력만이 아니라 선입견과 지배적 이념에 사로잡혀 있는, 곧 인간에게 강제적인 영향력을 행사하는 모든 상황으로 확대될 수 있다.

사회에서 요구하는 하나의 가치와 규범 아래 '구속'된 우리들은 서로를 '물화'시키고 있다. 오직 사회화 과정 속에서 자기 자신을 개별적으로 해방시키고 자신은 물론 모든 이들을 인류의 존재로 이해하고 존중하는 한에서만 인간의 '사물화'를 해체할 수 있다.^{Wulf, 1983/정은해 역, 1999: 186} 또한 우리를 억압하고 강제하는 것이 무엇인지에 대해 그 실체를 정확하게 파악하지 못하고 있을 때에도 우리는 '사물화'의 위협에 처할 수 있다. 따라서 이러한 '사로잡힘'으로부터 벗어나기 위해서 우리에게는 '자기반성'이 필요하다.^{Wulf, 1983/정은해 역, 1999: 184} 교육은 인간이 사회 속에서 경험하는 불의를 드러낼 수 있는 힘을 길러 줌으로써 사회 안에서 저항할 수 있는 동기가 되어 도덕적 사회 발전을 위한 가능성을 열어 준다. 하지만 이러한 교육의 당위성은 인간이 개별적으로 기울이는 노력 곧 '자기반성'이 전제될 때 의미를 가진다. 이 '자기반성'의 기준이 될 수 있는 것은 무엇보다 '인간다움'이어야 할 것이다.

한 인간이 주체로서 자신을 세계에 현시할 때 잊지 말아야 할 사실은 다른 존재들 역시 '인간 그 자체'로서 받아들이는 일일 것이다. 자신이 자신의 역량과 개성이 사회 안에서 '인정'받길 소원하듯이 다른 존재들 역시 그들만의 독특함과 능력이 사회에서 존중받길 원한다. 우리는 우리 모두가 동등한 인간이며, 그런 만큼 저마다의 가치와 특성이 동등하게 사회에서 실현될 수 있길 바랄 수 있어야 한다. 한 인간이 '온전히' 주체로서 살아가는 일은 자신과 동등한 존재들의 자기실현을 상정했을 때

가능하다. 그리고 그것은 어느 누구도 이 세계에서 배제시키지 않는 '인간다움'이 작동할 때 이루어질 수 있다. 동일한 가치를 공유하는 사회 속에서 각 개인들은 자신의 가치를 인정받기 위해 내적으로든, 외적으로든 '갈등' 상황에 놓이게 된다. 그리고 그 과정에서 비도덕적이며, 비인간적인 '불의'를 경험할 수도 있다. 이때 우리는 '인정'과 '인정 유보'의 경계에 놓이게 되며, 이때 우리는 사회적 불의에 항거함으로써 누구도 평화로울 수 없는 상태를 불식시킬 수 있게 된다.

그러나, 우리 각자의 개별적 '저항'만으로는 사회의 구조적 모순과 부정을 극복할 수 없다. 그렇기 때문에 우리는 '시간을 들여' 우리 주변의 상황에 끊임없이 물음을 제기하고, 다른 존재들에게 관심을 기울이며, 부당한 상황에 놓인 이들에게 참여함으로써 우리 모두의 고유함이 인정받을 수 있도록 '연대'해야 한다.Sandberg & Kubiak, 2013: 353 참고 다만 여전히 '연대'는 다른 형태로 다른 누군가를 배제할 가능성을 담고 있다.조주영, 2015: 284 애플 역시 '돌봄'과 '연대'에 집중하는 가운데 교육에서 이루어져야 할 다른 노력들은 상대적으로 저평가 되었다고 지적한다.Apple, 2012/강희룡 외 역, 2014: 47 이러한 한계에 직면하여 우리가 다시 한 번 확인해야 하는 것은 사회 안에서 인간이 자신의 정체성을 훼손당하지 않으면서 주체로서 자기 삶을 살기 위해서는 교육이 무엇을 지향해야 하는가 하는 점이다. 그리고 이렇듯 '연대'가 지닌 난점에도 불구하고, 분명한 것은 복잡다단하며 전문화된 사회가 품고 있는 모순적 실체들을 개혁하기 위해서는 우리가 서로 '연대'할 수밖에 없다는 사실이다.

따라서 교육은 우리 자신의 이익에 따라 '모이고 흩어지는' 단순한 결집이 아닌 공적인 문제에 대한 비판 의식을 갖고 우리가 주체로서 '함께' 참여할 수 있도록 '연대'를 위한 정당함의 기준이 되어야 할 것이다. 그리고 그 기준은 우리 모두가 주체로서 사는 일과 밀접하게 연결되어 있다. 주체로서 인간은 근본적으로 인간의 모든 상황들에 대하여 고민하고 일상적 삶의 질을 위협하는 문제들에 대하여 스스로 동참할 수 있는 자유롭고 능동적인 존재이다. 그렇기 때문에 주체로서 인간은 인간과 삶을 둘러싸고 있는 모든 모순적인 실체들에 대하여 독립적으로 대립해서 첨예한 갈등을 벌임남기호, 2009: 232으로써 자신이 '누구'인지를 '인정'받는다. 이때 인간은 이러한 자신의 특성과 능력의 실현을 통해 자신에 대해 자부심과 자긍심을 느끼게 된다. 자신을 가치 있는 존재로 인식하는 공동체의 '인정'에 따른 인간의 자부심과 자긍심은 공동체의 '인정'이 정당한 근거를 가졌을 때 도덕적 사회 발전을 위한 원천이 될 수 있다.Houston, 2009: 1282 참고

　공동체의 '인정'은 인간이 '인간 그 자체'로서 존엄하다는 사실에 근거해야 한다. '인간다움'이 전제되지 않는 '인정'은 도구적이며 물화된 '관계'를 가져올 뿐이다. 오늘날과 같이 다양한 가치와 삶의 방식들이 공존하는 시대에 '인정'은 분명 모든 이들이 공동체 내에서 '함께'할 수 있도록 해 주는 중요한 원칙이다. 호네트가 '사랑', '권리', '사회적 가치 부여'의 '인정' 질서를 확립하기 위해 주장한 '연대'는 인간이 끊임없이 그것의 '인간다움'의 기반을 위해 '투쟁'할 때 사회구조 속에 함몰되지 않는 '주체'를 통해 실현될 수 있을 것이다. 결국, 주체로서의 인간이 욕구하는 '인정'은 '인간 그 자체'로서 자신과 타인을 '물화'하지 않기 위해 벌이는 '인간다움'을 위한 '투쟁'인 것이다. 최근까지 각계각층에서 이루어진 '미투Me Too'와 '위드유With You' 운동은 우리 모두가 누군가의 삭제된 권리, 훼손된 인간다움을 우리 자신의 문제로 환원시켜 '주체'로서 '함께'한 투쟁이다.

　이러한 '인정투쟁'을 통해서만 우리는 우리의 '서로 다름'을 사회 속에서 온전히 존중받을 수 있게 된다. 다양성이 공존하는 사회로의 이행은

우리를 둘러싼 '인정 유보'와 '불의'적 상황들에 대한 구체성을 확보하고, 그것에 대해 진지하게 반추하고 논의하는 가운데 진행될 수 있을 것이다. 이러한 관점에서 호네트의 '인정 이론'은 앞으로 현실적이며 구체적인 사례들을 중심으로 그것이 지닌 논의의 적합성을 증명할 수 있어야 할 것이다. 마찬가지로, 교육학적으로 호네트의 비판이론이 지닌 유의미함과 그 실제적 유용성을 확인하기 위해서는 호네트의 인정 이론이 비판적 교육학에서 가지는 위상과 그 교육적 연관성을 분명히 함으로써 '인정 이론'을 교육 안에서 역동적으로 구성해 내야 할 필요가 있다. 이와 같은 과제에도 불구하고, 호네트의 '인정 이론'은 우리 사회를 도덕적으로 발전시키기 위해 교육적 상황들이 양산해 내는 자신감, 자존감, 자긍심의 훼손과 같은 '무시'를 극복해야 한다는 사실을 각인시켜 주었다는 점에서 우리 교육에 시사하는 바가 크다고 할 것이다.

V. '보다 약한 이들을 위한 연대' 그리고 교육

'인정'은 사회 속에서 한 인간이 자신의 존재를 확인받음으로써 자기관계를 긍정적으로 형성할 수 있도록 하는 사회의 기본적인 도덕적 규범이다. 호네트는 세 가지 인정 질서, 곧 '사랑', '권리', '연대'는 인간이 사회 속에서 살아가면서 경험하게 되는 인정 방식에 따라 자신감, 자기존중감, 자부심이라는 심리적, 정서적 가치를 지닐 수 있도록 해 준다고 했다. 인간이 자신의 삶 속에서 자신을 신뢰하고, 존중하며, 스스로를 자랑스럽게 생각하는 것은 사회의 도덕적인 발전을 위해서도 매우 중요한 일이다. 인간은 사회 속에서 살 수밖에 없고, 사회적 인간이 될 수밖에 없다. 물론 우리가 사회의 구성원으로서만 존재하는 것은 결코 아니다. 그럼에도 불구하고 호네트의 주장처럼 우리 모두는 사회 안에서 '인정'받고자 하는 욕망을 지니고 있다.

사회적 인간은 '인정'을 놓고 생사를 건 투쟁에 나선다. 이 투쟁에서 이긴 자는 자신과 경쟁했던 누군가를 '삭제'해 버림으로써 권력을 행사할 수 있을 거라고 믿는다. 하지만 역설적이게도 그 승자는 스스로 자신이 인정받을 수 있는 기회를 박탈해 버린 것이다. 따라서 헤겔과 그를 잇고 있는 호네트는 '인정'이 새로운 방식으로 이해되어야 할 필요가 있음을 역설한다. 그렇다면 승리한 자가 패배한 자를 살려 둠으로써 인정받을 수 있는 가능성을 열어 놓게 되면 승자는 다시 제대로 '인정'받을 수 있게 되는가? 이 또한 완전한 해결책은 아니다. 헤겔의 '주인과 노예의 변증법'을 통해서도 이미 알려져 있듯이, 노예는 주인보다 '열등한' 그리고 '비자립적인' 존재이기 때문에 주인이 그에게서 '인정'을 받는다는 것은 어떠한 의미도 가치도 없다. '인정'이라는 것은 자신과 동등한 주체를 상정했을 때에만 '진정한' 의미를 갖기 때문이다.

사회에는 다양한 형태의 '불평등'이 존재한다. 그리고 그러한 불평등을 모든 이들이 만족할 만한 수준으로 완벽하게 해소하는 일은 불가능할지도 모른다. 노동자의 최저임금 인상은 기업가들에게는 재정 악화를 불러온다는 불안감을 심어 줄 것이며, 해고된 노동자의 복직은 태만한 업무 환경 조성과 신규 채용을 불투명하게 한다는 우려를 가져올 것이다. 또한 저소득층에 대한 복지 혜택의 증대는 고소득자들에게는 세금의 부담을 안겨 줄 것이다. 여성의 인권 신장을 위한 사회적 배려는 남성들에게는 사회적 지위의 박탈감을, 평준화 교육 정책은 교육의 다양화와 자유 경쟁을 위협할 수 있다는 불만을 야기한다. 뿐만 아니라, 교사의 권위 증대는 학생의 자율성을 침해할 것이며, 학생의 인권 신장은 역으로 교사의 권한을 빼앗는 일이라고 생각할 수도 있다. 이러한 상황 속에서 우리 모두는 서로 동등한 주체로 각자의 '권리'와 자기 가치를 어떻게 '인정'받을 수 있을 것인가?

다양한 가치와 관점이 난무하는 가운데 '상호 인정'의 문화를 형성하고 도덕적인 사회 발전을 이루기 위해서는 '인정'이 무엇보다 '인간다움'의 가치를 기반으로 해야 한다. 사회 속에서 하나의 가치만을 추구하면서 그것만이 함께 살아가는 인간과 그들의 삶을 재단하는 척도가 된다고 여기는 것은 우리가 '인간다움'이라고 일컫는 가치들에 대하여 고뇌할 수 있는 가능성을 박탈한다. 우리 모두는 동등한 권리를 지닌 '인정'의 대상으로서 어느 누구도 인간의 삶 속에서 '삭제'될 수 없다. 이에 한 인간이 주체로서 자기를 현시하는 가운데 다른 '누군가'를 무시하지 않는 '인정관계'가 필요하다. 이는 사회적 가치와 도덕적 규범 질서에 함몰되지 않기 위해 끊임없이 자기를 반성하며, 사회구조 속에서 저항하는 주체들이 경험하는 '불의'를 함께 드러냄으로써 우리를 물화시키는 모든 상황들을 명료화할 수 있는 비판적 태도를 견지할 때 가능하다. 이때 교육은 '인정'과 '인정 유보'가 어떤 내용을 담고 있는지에 대하여 지속적으로 고민하고 그것으로부터 배제된 대상들에 대하여 걱정할 수 있어야 한다.

다시 말해, 교육은 우리를 둘러싸고 있는 모순적 정황들에 대하여 총체적인 의식을 지닌 독립적 존재로서 우리가 자기 삶 속에서 자신을 존중하듯 다른 존재들 또한 존중할 수 있는 바탕을 지니도록 힘써야 할 것이다. 이로써 우리는 사회 안에서 서로가 주체로서 '상호 인정'의 관계를 맺을 수 있게 될 것이다. 다만 이때의 '상호 인정'은 현대사회의 무수한 욕망과 요구들 가운데 우리가 더불어 살기 위해서 최소한 무엇을 유념해야 하는지를 서로 '인정'했을 때 가능할 것이다. 그것은 "보다 약한 측에게 힘을 불어넣는다Empowerment der schwächeren Seite"이다. 호네트 역시 이 하나의 이념만이 현대사회에서 결정적인 것처럼 여겨진다고 주장한 바 있다. 보다 약한 측에게 힘을 불어넣는 것은 무엇인가? 우리는 무엇을 통해 이러한 능력을 기를 수 있을 것인가?

2017년 10월 20일 서울의 신길역에서 휠체어에 탑승한 채 휠체어 리프트를 이용하려고 호출 버튼을 누르려던 한 시민이 계단 아래로 추락해 사망한 사건이 있었다. 사건 발생 후 장애인들은 광화문역에서 사망자에 대한 사과와 함께 휠체어 리프트의 안전한 사용 등 그들의 이동권과 생존권을 위해 '투쟁'에 나섰다. 광화문역에서 출근시간에 행해졌던 장애인들의 농성은 비장애인들에게는 이래저래 불편을 초래할 수밖에 없었다. 농성장 옆을 지나던 중년의 비장애인은 급기야 그들에게 욕설을 퍼부으며 자신의 불편함을 그들 탓으로 돌렸다. 무엇이 '불의'인가? 우리는 출근길에 불편을 겪는 비장애인과 휠체어에 몸을 의지해 농성하고 있는 장애인 중 누구를 위해 '연대'해야 할 것인가? 우리는 교육을 통해 아이들에게 '상호 인정'을 위한 어떤 규범을 제시해 주어야 할 것인가? "보다 약한 이들을 위한 연대", 그것이 우리가 세계 속에서 함께 살아가기 위해서 그리고 이 세계를 도덕적으로 발전된 방향으로 이끌기 위해서 우리가 잊지 말아야 할 유일한 '이념'인지도 모른다.

| 참고문헌

김나영·이경옥(2016). 아시아 국가 출신 유학생들의 한국 대학사회 내 인
　정의 부재와 인정투쟁에 대한 고찰: 호네트의 인정 이론을 중심으로.『다
　문화교육연구』9(1), 119-152.

김미숙(2016). 일반 고등학교 내 대안교실의 교육적 가능성과 한계.『교육
　사회학연구』26(3), 31-58.

김원식(2009). 인정(Recognition)과 재분배(Redistribution)-한국 사회 갈
　등 구조 해명을 위한 모색.『사회와 철학』17, 97-128.

남기호(2009). 헤겔 인정 이론의 구조.『사회와 철학』18, 217-250.

문성훈(2007). 물화(Verdinglichung)와 인정 망각.『해석학연구』20(20),
　279-316.

문성훈(2016). 프레이저-호네트 논쟁의 한계와 대안.『사회와 철학』32,
　219-258.

조주영(2015). 비판이론의 규범적 토대로서 인정 개념의 재구성.『시대와
　철학』26(4), 279-312.

주정립(2011). 호네트의 인정투쟁 모델의 비판적 고찰을 통한 저항 이론의
　새로운 모색.『민주주의와 인권』11(2), 511-533.

Apple, M.(2012). *Can Education Change Society?* 강희룡 외 역(2014).
　『교육은 사회를 바꿀 수 있을까?』. 서울: 살림터.

Fleming, T.(2016). Reclaiming the emancipatory potential of
　adult education: Honneth's critical theory and the struggle for
　recognition. *European Journal for Research on the Education and
　Learning of Adults* 7(1), 13-24.

Hanhela, T.(2014). Axel Honneth's idea of a drawn-out process of
　education. *Pedagogy, Culture & Society* 22(3), 369-388.

Honneth, A.(1992). K*ampf um Anerkennung*. 문성훈·이현재 역(2015).
　『인정투쟁: 사회적 갈등의 도덕적 형식론』. 고양: 사월의책.

Honneth, A. & Fraser, N.(2003). *Umverteilung oder Anerkennung?
　Eine politisch-philosophische Kontroverse*. 김원식·문성훈 역(2014).
　『분배냐, 인정이냐? 정치철학적 논쟁』. 고양: 사월의책.

Honneth, A.(2005). *Verdinglichung. Eine anerkennungstheoretische
　Studie*. 강병호 역(2015).『물화: 인정 이론적 탐구』. 파주: 나남출판.

Houston, S. & Dolan, P.(2008). Conceptualising Child and Family Support: The Contribution of Honneth's Critical Theory of Recognition. *Children & Society* 22(6), 458-469.

Houston, S.(2009). Communication, Recognition and Social Work: Aligning the Ethical Theories of Habermas and Honneth. *British Journal of Social Work* 39, 1274-1290.

Huttunen, R.(2007). Critical adult education and the political-philosophical debate between Nancy Fraser and Axel Honneth. *Educaltional Theory* 57(4), 423-433.

Huttunen, R.(2011). Hegelian Axel Honneth and Robert Williams on the Development of Human Morality. Studies in Philosophy and Education 31(4), 339-355.

Huttunen, R. & Murphy, M.(2012). Discourse and Recognition as Normative Grounds for Radical Pedagogy: Habermasian and Honnethian Ethics in the Context of Education. *Studies in Philosophy and Education* 31(2), 137-152.

Lynch, P. A.(2016). Political, recognition, and personality: Selfhood and social change in late modernity. *International Sociology Reviews* 31(5), 533-542.

Parkison, P. & DaoJensen, T.(2014). Recognition-Based Pedagogy: Teacher Candidates' Experience of Deficit. *Teacher Ecuation and Practice* 27(1), 75-89.

Rancière, J.(1987). *Le Maître Ignorant*. 양창렬 역(2015). 『무지한 스승』. 서울: 궁리출판.

Sandberg, F. & Kubiak, C.(2013). Recognition of prior learning, self-realisation and identity within Axel Honneth's theory of recognition. *Studies in Continuing Education* 35(3), 351-365.

Selznick, B. & Schafer, D.(2017). Online Higher Education and Axel Honneth's Social Freedom. *Thresholds in Education* 40(1), 6-20.

Stojanov, K.(2007). Intersubjective Recognition and the Development of Propositional Thinking. *Journal of Philosophy of Education* 41(1), 75-93.

Thomas, N.(2012). Love, rights and solidarity: Studying children's participation using Honneth's theory of recognition. *Childhood* 19(4), 453-466.

West, L. et al.(2013). Connecting Bourdieu, Winnicott, and Honneth: Understanding the experiences of non-traditional learners through an interdisciplinary lens. *Studies in the Education of Adults* 45(2), 119-134.

Wulf, C.(1983). *Theorien und Konzepte der Erziehungswissenschaft*. 정은해 역(1999). 『해석학·경험론·비판론 사이에서의 교육학』. 서울: 철학과현실사.

인터넷 자료:

https://philosophy.columbia.edu/directories/faculty/axel-honneth(검색일: 2018. 8. 30.)

레비나스의 타자성 철학과 교육[1]

우정길

I. 전능과 포기 사이의 교육

> 교사는 아이들을 좌지우지하는 노련한 광대가 되어야 한다
> (2005년 3월 23일).박남기·박점숙·문지현, 2008: 13

> 나는 내 학생들에게 전지전능한 교사가 아니었나 보다. 전지
> 전능한 교사가 되고 싶어 노력하는 교사는 되었을까? 지금은
> 씁쓸하지만 언젠가는 전지전능한 교사가 될 수 있을지? 될 수
> 있을까?(2007년 2월 12일)박남기·박점숙·문지현, 2008: 106

어느 초등학교 초임교사의 교단일기의 일부이다. 첫 인용문에서는 공간도 구성원도 낯선 교실현장에 나서는 초임교사의 의지와 자신감이 넘쳐난다. 마음만 먹으면 아이들을 휘게도 할 수 있고 곧게도 할 수 있을 것만 같은, 실상은 초보이지만 마음만은 이미 노련의 경지에 이르러 있는 "전문 광대"-교사. 그녀는 자신의 앞에 놓인 교육을 그렇게 규정짓고, 교사로서 자신의 정체를 그렇게 비유적으로나마 정의하고 있다.

---

1. 이 장은 "우정길(2009), 「타자의 타자성과 교육학 지식: 레비나스의 타자성 철학에 대한 교육학적 소고」, 『교육철학』 45, 151-174"를 이 책의 목적에 맞게 고쳐 쓴 것임을 밝힌다.

그러나 2년이라는 시간이 지난 뒤, 초임 때 가졌던 그 결연한 의지와 자신감은 더 이상 찾아보기 어렵다. 그녀의 자기질문은 이미 회의와 번민의 수준을 넘어 자괴와 자포자기에 이른 듯하다. 교사로서 그녀가 꾸었던 꿈은 "전지전능의 교사 또는 적어도 전지전능을 위해 노력하는 교사"였다. 그러나 교사는 전지전능해야 하고, 따라서 교육은 만능이어야 한다는 신념은, 다음 인용문에서 확인되듯이, 지난 두 해 동안 그녀를 지속적으로 깊은 시름에 빠뜨리곤 하였다.

> 대책은 없고 걱정만 한가득이다. / 어쩌면 벌써 나도 아이들
> 을 이해하지 못하는 어른이 되어 버렸나? / 땀범벅으로 눈물
> 을 흘리는 은정이는 정말 뉘우치고 있었을까? 내가 그렇게 만
> 들 수가 있을까? / 나만 다른 세상에서 꿈을 꾸고 있었던 것
> 같다.박남기·박점숙·문지현, 2008: 83, 73, 94, 102

교육학을 전공하고 교생실습까지 마치면서 이제는 속속들이 잘 알 것 같다고 믿었던 아이들, 어려서 뭘 알까 싶었던 그 초등학생들이 "좌지우지"는커녕 "노련한 전문 광대"를 자처하는 자신의 뜻대로 잘 되지도 않는 상황을 몸소 체험한 그녀는 이제 적잖은 자기정체성의 고민에 직면하게 된다. 그 고민의 과정에는 대학의 교사양성과정에서 익혔던 교육학 지식의 도구상자가 별다른 도움이 되지는 않는 것 같다. 2년간의 교단일기를 통틀어 대학 교재에 나왔음 직한 교육이론가의 이름이나 이론에 대한 언급은 전무하다.

혹자는 이 초임교사의 고민은 일천한 현장 경험에서 비롯된 것이라는 분석을 내어놓을 수도 있을 것이다. 그러나 흥미로운 것은, 이 책을 함께 써서 엮은 27년 차 베테랑 교사의 기록에서도 흡사한 고민의 궤적들이

여실히 드러나고 있다는 사실이다. 교육부장관상을 수상한 경력까지 있는 "노련미 넘치는 전문 광대"인 그녀에게도 교육 일상은 마찬가지로 회의와 번민 그리고 놀라움의 뒤범벅이다.

> 교육이 아이들에게 미치는 힘은 어느 정도일까? 아이들은 늘 그렇다. (…) 그래서 어떨 땐 회의감이 들기도 한다. / 아, 아이들은 가르친다고 배우는 것이 아니라 스스로 배우는 것이구나. / 사랑은 골고루 전해졌을까? 내가 뱉은 한마디의 말로 상처를 받은 아이는 없었을까? 꿈을 꺾어 버리진 않았을까? (…) 아, 언제쯤 뿌듯함을 느낄 수 있을까? (…) 난 해마다 이날이면 이렇게 한없이 혼자 외롭다.박남기·박점숙·문지현, 2008: 177, 214, 229

고등교육을 통한 수련과정과 27년간의 현장 경험을 거친 후에도 "아이들은 늘 그렇다"라고 고백하고 있는 그녀 역시 지식과 실천의 괴리 속에서 "한없이 혼자 외롭다"고만 말할 뿐, 그 어떤 이론이나 지식도 그녀에게 실천적 지침과 위로를 제공해 주지는 못하고 있거나 혹은 그녀 스스로가 그 필요를 느끼지 못하고 있다. 앞서 초임교사가 추구하였던 "전지전능의 교사상"은 이 베테랑 교사에게도 하나의 이상일 뿐, 교육의 가능성에 대한 절실한 물음은 여전하다. 오히려 그녀의 경력은 그녀로 하여금 가르침의 행위 또는 교육을 통한 형성 가능성의 한계를 깨우치게 한 듯하다. "스스로 배우는" 아이들 앞에서 그녀는 교사인 자신의 역할과 정체성과 책임성에 대해 고민하고 심지어 반성하기까지 한다. 자신의 교육행위가 갖는 인간적 의미에 대해 깊은 성찰을 거듭하는 이 교사들에게 누군가 더 엄격한 교육윤리와 헌신의 정신을 요구하거나 교원평가의 잣대를 들이대려 한다면, 이는 분명 윤리와 평가의 과잉일 것이다.

　그럼에도 불구하고 교육의 효능에 대한 질문 또는 이에 대한 신념의 문제는 분명 해결되지 않은 채 남아 있다. 위의 예에서 읽을 수 있는 사실 한 가지는, 교육현장 경험이 적을수록 전지전능의 교사관과 교육을 통한 인간 형성에 대한 신념은 확고하다는 것, 그러나 현장 경험이 축적되어 갈수록 이 신념은 점차 희석되어 간다는 점, 그리고 교사는 이렇게 희석된 신념을 포기할 수도 그렇다고 이를 계속 붙잡고만 있을 수도 없는 역할갈등 상황에 들게 된다는 사실이다. 결국 이들은 교육 실재와 상관이 적은 지식이론의 세계 그리고 쉴 새 없이 진행되는 교육 실천 현장이라는 두 가지 세계를 넘나들며, 때로 더 큰 사랑의 실천을 강조하는 더 공고해진 윤리와 규범을 스스로에게 요구해 보기도 하고, 또 때로는 교사를 거스르는 아이들을 향해 억제하기 힘든 인간적 배신감을 남몰래 삭이는 고통을 감내하기도 한다. 교육에 대해 더 진지하게 성찰할수록 그리고 교사로서 자신의 정체성을 더 깊이 고민할수록 이러한 괴리감의 골은 더욱 깊어진다.

　위의 예와는 전혀 다른 전형의 교육이해가 있기도 하다. 16개월 된 아이를 향해 어느 아버지가 보내는 편지의 한 단락의 행간에서 우리는 또 다른 방식의 교육관 또는 교사관을 읽게 된다.

　　이 눈이 네게 척도가 되지 않게 하여라. 그리고 언젠가 네가, 내가 네게 나의 관점이 너의 척도가 되어야 한다고 말하고 있다고 느끼게 되거든, (…) 그땐 나를 잊어 주기를 바란다. 혹시라도 내가 어린이인 너의 지금 모습을 그저 어른이 되기 위한 준비단계로 그리고 세상을 보는 어떤 최종적인 눈을 갖기 위한 준비단계로만 보려 하거든, 그리고 혹 내가 지금 네 어린

이임을 그저 지나치는 하나의 에피소드로만 보려 하거든, 그 땐 이러한 나의 관점을 의심해 보도록 하여라.Kolleritsch, 1986: 79; Lippitz, 1993: 273 재인용

이제 갓 16개월 된 아이를 향해 "나를 잊어라"고 말하는 아버지의 편지글을 우리는 어떻게 이해해야 할 것인가? 과연 이 아버지는 자녀에 대한 '교육 포기 선언'이나 '교육 책임 회피'를 일찌감치 문서화하고 있는 것일까? 초등학교 혹은 유아학교 교사들보다 더 일찍 교육적 관계 속에 들게 되는 부모, 적어도 자신의 자녀라는 구체적 아동의 초기아동기에 관한 한 전문가라 할 만한 부모는 혈육인 아동에 관해서만큼은 여느 교사들보다 더 구체적으로 알 것이고, 느껴도 더 깊이 느꼈을 것임이 분명하다. 그럼에도 불구하고 이 아버지는 자신의 자녀를 마주하여 전지전능의 교육자를 자처하기는커녕, "나를 잊어라"고 말한다.

그러나 위 편지글의 독해를 위한 또 하나의 열쇠어는 아마도 '척도'가 아닌가 한다. "나를 잊어라"고 말하는 아버지는 '내 척도가 네 척도가 아닐 수 있다'는 가능성에 대해 말하고 있는 것이다. 이는 교육 포기 선언이나 교육 책임 회피가 아니라 교육적 척도에 대한 철학적 성찰이라고 이해하는 것이 더 적절할 것이다. 아버지이고 성인이면서 동시에 한 개인일 뿐인 자신의 '눈', 즉 삶과 사유와 행위와 관계와 세계에 관한 그 나름의 척도가 얼마나 보편적일 수 있는가 혹은 보편적일 수 없는가에 대한 철학적 성찰이 그로 하여금 이런 편지글을 미리부터 쓰게 한 것이다. 즉 그는 교육 대상 또는 교육 상대인 자신의 아이를 앞서 소개하였던 초등학교 교사들과는 다른 관점에서 조명하고 있는 것이다. 그러므로 이는 교육의 포기 선언이 아니라, 다른 교육(관)의 추구이다. 다른 교육(학)은 다른 관점을 통해서만 가능하다.

그렇다면 위 초등학교 교사들의 교단일기와 아버지의 편지에서 포착되는 관점의 차이는 어떤 것일까? 전능은 전지가 동반될 때만 가능한 것인데, 과연 교육에서 전지는 가능한가? 위 교사들과 같이, 교육적 전지와 전능의 불가능성 또는 부분적 가능성만을 확인해 나가는 이른바 성공적 좌절의 과정이 제 교육자의 삶이라면, 우리는 어떤 이론으로 이들 교육 일상의 "한없는 외로움"과 크고 작은 실패감을 설명하고 위로할 수 있을까? 혹은 이러한 '성공적 좌절'을 애초부터 달리 볼 수 있는 관점, 즉 교육적 전지전능의 불가능성 또는 부분적 불가능성을 허용 또는 포용하는 교육(학) 이해는 가능한가?

　이러한 일련의 질문들은 아마도 위 교사들과 한 아버지를 이어 주는, 사실상 제 교육자들이 자신의 교육 실천의 매 순간 성찰하지 않을 수 없는 철학적 물음일 것이다. 그리고 실상 서양 근대 교육학의 역사는, 빔머의 표현을 빌리자면, "우리가 알지도 못할 뿐 아니라 알 수도 없는 아동을 마주하여 그들의 낯섦 및 규정 불가능성과 관련된 질문들에 대한 대답을 찾으려는 시도들"Wimmer, 2007: 155이라고 볼 수 있다. 이는, 본고가 주로 참조하고 있는, 이른바 현대 교육현상학자들만의 독점적 발견이 아니라, 벤너의 지적처럼, 제 교육 실천과 근대 교육이론 일반의 대전제 중 하나라 할 수 있다. 즉 "근대 교육은 인간의 이미 알려진 출처와 미래들을 다루는 것이 아니라, 개별자의 규정과 관련하여 알지 못함Nicht-Wissen과 알 수 없음Nicht-wissen-Können을 다룸이다."Benner, 1999: 9 그러나 이 "알지 못함"과 "알 수 없음"은 아동에 대한 교육학 지식의 총체적 불가능성이나 교육학 지식활동의 무의미성을 이름은 아니다. 우리가 교육학의 역사를 통틀어 추구해 온 아동에 관한 교육적 지식의 총체는 그 나름의 문화적 맥락 속에서 제한적이나마 설명력을 가지며, 또한 이러한 발견들을 근거로 하여 교육학은 인간을 위한 최상의 교육활동을 추구한다는 혹은 이를 위한 노력을 경주한다는 점에는 이론의 여지가 없다.

그러나 이 모든 교육적 지식이 벤너의 표현대로 "가정적 성격"을 지닌다는 점 역시 인정하지 않을 수 없다. 여기서 "가정적 성격"이라 함은 비단 포스트모더니즘의 기치인 토대·정초주의나 거대서사의 몰락을 의미하는 것만은 아니다.조상식, 2002: 128f 참조 자세히 보면 이러한 교육적 지식과 행위의 가정적 성격에는 다음과 같은 소소하지만 중요한 차이들이 중요한 요소들로 등장한다. 즉, 성인의 과거가 아동의 현재와 일치하지 않는다는 물리적·인간학적 차이, 현재의 아동이 미래의 성인과는 같지 않다는 개별자의 전기적 차이, 인간 보편의 이상이 구체적 개별자 욕망의 대명사가 아닐 수 있다는 유명론과 실재론의 차이, 나는 너와 혹은 너는 나와 다르다는 실존적 차이 등의 개념으로 표현될 만한 각종 차이들이 그것이다. 교육이론과 교육행위의 이러한 가정적 성격과 관련하여 몰렌하우어는 "아이를 완전한 계산 가능성에 포섭시키는 것은 분명 형성 가능성에 대한 일종의 형이상학에 속한다. (…) 우리는 단지 형성가능성의 '가정'이 교육학적 실천과 사유의 역사적 과정에서 겪은 여러 가지 상이한 해석들을 제시할 수 있을 뿐이다"Mollenhauer, 2003: 89f/정창호, 2006: 122f [2]라고 말한다. 그가 인간의 형성 가능성과 관련하여 "말할 수 있는 것과 말할 수 없는 것 사이의 경계, 주체성과 상호주관성 사이의 경계"에서 이뤄지는 교육의 속성들, 즉 "아동의 미래를 향해 열려 있는 실험의 성격 및 교육의 예언자적 성격"을 언급하는 것 역시 같은 맥락에서 이해해 볼 수 있다.Mollenhauer, 2003: 78-104/정창호, 2006: 107-140 참조

이러한 사태를 마주하여 "우리가 아동을 개념화하려고 했을 때, 우

---

2. 번역본을 인용·참조한 경우는 '원저자, 출판 연도: 쪽수/번역자, 출판 연도: 쪽수'로 표기하기로 한다.

리는 아동으로서 아동을 (또는, 있는 그대로의 아동을) 전혀 알지 못했다"Liebsch, 2007: 36라고 말하는 립쉬나 혹은 "앎의 한계"Gamm, 2007: 149를 언급하는 감의 자조적인 그러나 사태적합적인 진단 또는 선언은 실로 교육학 연구의 가정적 성격을 상기시켜 주는 혹은 교육활동의 본원적 한계를 확인케 해 주는 이정표가 된다. 우리가 아동에 관한 기존의 혹은 일반적 교육 지식에 기반하여 교육 목적과 목표를 설정하고, 수업을 계획하고 시행하고 그 결과를 평가할 때, 그리고 그 교육학적 지식에 기반하여 윤리와 규범과 사회화와 도야를 말할 때, 그 속에는 분명 개별자에 대한 교육하는 이 일반의 "유토피아적 희망과 소망 그리고 환상"Mollenhauer, 2003: 89/정창호, 2006: 122이 담겨 있다. 그러나 "희망과 소망, 그리고 환상의 유토피아"를 지식의 확실성의 범주 속에 포함시키고 교육 실천에 임할 경우 교육행위는 개별자에 대한 선의의 강압적 성격을 띠게 된다. 그리고 이러한 교육 지식의 불확실성의 근원적 결함들을 교육 이상에 대한 신념이나 여하의 형이상학적 담론으로 포장하려 할 경우, 리핏츠의 표현대로, "아는 것(지식)은 힘이 아니라, 역설적이게도, 폭력"Lippitz, 2003: 45이 되기도 한다. 교육학의 지식은, 사유의 보고 속에 소장만 되어도 그 가치가 인정받는 철학의 지식과는 달리, 실천을 위한 지침이 되며 또한 이는 교육 실천의 현장에서 고스란히 그 영향력을 드러내기 때문이다.

다시 위 인용문에 나타난 교육이해로 돌아와 본다. 이들은 공히 교육을 통한 인간의 형성 가능성을 둘러싼 세간의 이해를 대변하고 있는 두 가지 유형이다. 위 초등학교 교사들의 교단일기에서 드러나는 교육이해는, 굳이 전지전능의 교육관이라고까지는 부르지 않는다 하더라도, 적어도 교육을 통해 인간을 만들 수 있다는 공학적 교육관 또는 교육을 통해 인간을 길러 낼 수 있다는 유기체적 교육관에 대한 다소간의 신넘을 표현한 예라고 볼 수 있다. 이들의 고민은 교육을 통한 인간의 형성 가능성에 대한 이 신념이 교육 실천의 과정에서 단선적 성공을 보장하지만은 않는다는 데 있다. 이는 물론 교육행위의 비인과적·비단선적 성공의 가능성—혹은 볼노의 표현으로는 "비연속적 형식의 교육 가능성"Bollnow, 1959: 9-20/이규호: 1967: 9-19—을 의미하기도 하지만, 다른 한편 단선적 교육 이해의 실패 가능성을 의미하기도 한다는 것이 이들 교단일기의 단면을 통해 우리가 얻게 되는 현장 이해의 하나이다. 그리고 이 단선적 교육 가능성의 좌절은 교육의 대상인 아동에 대한 앎의 가능성 여부와 불가분의 관계에 있다. 즉 "알 수 있음" 즉 지식의 확실성이라는 전제에서 출발할 경우 교육행위의 실제는 지식의 불확실성이라는 벽에 곧장 부딪히고 만다는 것이다. 앞서 지적한 바대로 아동은—그리고 모든 개별 존재는—궁극적으로는 알 수도 없거니와 우리의 언어로 표현될 수 없는 "다르고 낯선 존재들"Meyer-Drawe and Waldenfels, 1988: 271이기 때문이다. 리핏츠의 표현대로, "개별자인 아동의 정수는 지향성의 언어로는 닿을 수 없다."Lippitz, 2003: 167; Gamm, 2007: 143, 148f 참조

아동이라는 개별 존재의 다름과 낯섦을 교육적 성찰의 사안으로 민감하게 받아들인 예가 바로 세 번째 인용문에 소개된 아버지의 편지글이다. 그는 자식을 교육적 작용의 대상으로 이해하지 않는다. 알 수도 없거니와 형성할 수도 없는 대상, 그리고 형성하기를 시도한다는 것이 엄밀한 의미에서는, 역설적이게도, 비윤리적인 그래서 비교육적인 행위일 수도 있는 그런 존재-이것이 그가 이해하는 또 하나의 교육인간학이다. 그는 교육자로서 자신의 책무성을 위 교사들과는 다른 데서 추구한다. 즉 교육자가 철저히 소극성을 견지하고 교육 대상에 대한 자신의 영향을 최소화하는 것, 한 개인의 실존적 유일성과 나름성에 대해 가능한 한 최대의 보전을 꾀하는 것, 자신을 비롯한 기존 세대의 지식체계로 이

유일무이한 개인을 파악하기를 중단하는 것, 근원적 비교 불가능의 존재인 각각의 인간을 대상화하고 범주화하는 일을 멈추는 것, 선한 의도에서나마 외부적 작용을 통해 이 개인을 형성하려는 혹은 강제하려는 일을 멈추는 것 등이 바로 그것이다.

교육에 대한 이러한 다소 극단적이고 심지어 이단적이기까지 한 이해는 칸트I. Kant와 루소J. J. Rousseau 혹은 근대 교육학의 시조라 불리는 코메니우스J.A. Comenius 이래 유럽의 근대 교육철학사 전반에 걸쳐 사실상 그 예를 찾아보기 어렵다. 20세기를 풍미했던 세 가지 교육이론 조류인 대화교육학(부버), 의사소통교육학(비판이론적 교육학) 그리고 반권위적 개혁교육학과 반교육학 역시 교육행위의 지향성에 대한 비판과 교육적 책무성에 대한 이해의 극단적 전복을 이루어 내지는 못한 것으로 혹은 그 기획이 결국 절반의 성공만을 이뤄 낸 것으로 평가받고 있다.이에 관한 짧은 개괄은 Schäfer, 2007: 10-16 참조 우선 완전한 상호성을 추구하였던 대화교육학은 그 이론적 가능성에 대한 심각한 비판이 있었거나 제안자 스스로가 자신의 사상을 부득불 수정하기에 이르게 되었고우정길, 2007a 참조, 대화 참여자들 사이의 자율적 참여와 기회균등의 이념을 추구하였던 의사소통교육학 역시 의사소통과정과 생활세계의 반초월적halbtranszendental 형이상학화라는 이론적 난제를 해소시키지 못하였다.우정길, 2007b 참조 그런가 하면 반권위적·탈권위적 교육을 지향하였던 현대의 교육이론들은 권위적 교육학의 폐해를 환기시킴과 동시에 아동중심의 민주적 교육 방식을 복원시키려던 소기의 목적을 달성한 후, 전통적 교육학이 시대적 상황에 맞추어 변형된 형태의 하나라는 후언을 남긴 채 이론적 공세를 멈추었다.우정길, 2007c: 231-233 참조 이들이 각각 표방하였던 민주성, 상호성, 기회균등의 참여와 의사소통은 기존의 교육이론이 쉽사리 결별할 수 없었던 주체중심적 주객구도를 벗어나 교육 주체들이 동등하고 대등한 관계를 이루는 방식의 교육이론의 가능성과 필요성 그리고 새로운 교육이론에 대한 민감도를 증진시키는 데 각각 기여하였지만, 그 이론적 한계 역시 오늘날의 관점에서 새롭게 조명되고 있는 실정이다.Wimmer, 2007: 176f 참조: Lippitz, 2003: 166f 참조: Lippitz and Woo, 2008: 411-417 참조

그러나 위 세 번째 인용문에서 소개하였던 교육이해는, 아래에서 상술하게 되겠지만, 이보다 한 걸음 더 나아가 교육 주체의 주체성을 극단적으로 물음에 부치는 사유방식의 단초를 보여 준다. 즉 여기서는 첫째, 주체와 주체의 동등관계가 아니라 타자에 종속되는 주체가, 둘째, 주체와 주체가 대칭구조를 이루고 대화·의사소통하는 이상적 참여가 아니라 타자가 묻고 주체는 대답할 뿐인 응답적 관계가, 그리고 마지막으로, 주체와 주체가 서로를 향해 책임을 묻고 책임을 지는 공동의 책임론이 아니라 주체의 지적 노력과 행위의 지향성이 닿을 수 없는, 이른바 존재의 저편에 상존하는 타자에 대한 나의 절대적 책임성이 화두가 된다. 이러한 사유의 전형을 우리는 에마뉘엘 레비나스Emmanuel Lévinas에게서 발견하게 된다. 철학자인 그가 교육을 직접 개념화하지는 않았지만, 우리는 그의 사상이 앞서 소개되었던 "아버지의 편지" 저자의 교육이해에서 단적으로 드러날 뿐 아니라 현대의 새로운 교육이론 형성에 직간접적 영향을 미치고 있다는 사실을 목도하게 된다.

II. 레비나스-"마주한 얼굴들"

본 장에서는 레비나스의 타자성의 철학 중 본고의 논의와 직접 관련이 있다고 판단되는 세 가지, 즉 있음(존재), 앎(지식) 그리고 관계(책임)에 대해서만 간략히 정리·소개하고자 한다. 이 세 범주는 각각 기존의

존재론과 인식론 그리고 윤리학에 반하는 레비나스의 비판적 대답임과 동시에 현대 교육이론이 당면한 구조적 문제의 실체를 조명해 주는 관점들이기도 하다.

1. 그저 있음il y a

레비나스 존재론의 출발점은 있음(존재)이다. 그러나 이 있음은 있는 것(존재자)와 직접 관련이 없다. 있는 것으로부터 있음이 유추될 경우 있음은 단지 없음에 대한 안티테제의 의미를 가질 뿐이다. 즉 있는 것의 부재가 없음이고, 없음의 극복이 곧 있음이 된다. 그러나 있는 것의 해명이 곧 있음의 의미인가? 레비나스는 아니라고 대답한다. 레비나스는 근대 철학이 "사실, 있은 것을 다룰 뿐, 있음에 대해서는 파헤치지 않으면서 있음을 이해했다고들 믿는다"고 말한다. "그런 사람들은 있음을 파헤치려고 해 보지도 않는다. '한 말'이 말의 내용에 관한 것이라면 '하는 말'은 상대방에게 말을 걸고 있다는 사실에 관한 것과 같은 이치이다."Lévinas, 1996: 31/양명수, 2000: 50 참조

레비나스는 있음의 의미를 "그저 있음il y a"으로 설명한다. il y a는 같은 의미에 해당하는 독일어 es gibt라는 표현보다는 there is의 의미에 가깝다. es gibt에는 '주다'라는 의미의 동사 geben이 들어 있기 때문이다. "귀를 막으면 텅 빈 곳에 뭐가 꽉 차는 듯하고 적막함이 소리를 낸다. 그런 것과 같다. 아무것도 없지만, 그저 뭐가 있는 듯하다. 뚜렷한 무엇이 있지는 않다. 그러나 '그저 있는' 존재의 무대가 열린다. 완전한 텅 빈 것 가운데, 창조 전에 '그저 있음'이 있다.위의 책: 35/위의 책: 56 그저 있음인 있음을 통해 레비나스가 말하고자 하는 것은 있음의 비인칭성이다. 즉 있음은 있는 것에 선행하며, "주어 없는 술어의 구조" 또는 "존재자 없는 존재"강영안, 2005: 89와 같은 것이다. 이를 레비나스는 "불면의 현상"

을 들어 설명하고 있다.

> 그 어떤 것도 우리를 깨우지 않고 깨어 있어야 할 아무런 이
> 유가 없는데도 우리는 깨어 있다. (…) 우리는 모든 대상으로부
> 터 떨어져 나올 수 있지만, (여전히) 현전은 존재한다. 무의 배
> 후에서 솟아 나오는 현전은 하나의 존재도 아니요, 공허에 대
> 해 발휘되는 의식의 기능도 아니다. 그것은 사물들과 의식을
> 포괄하는 있음의 보편적 사실이다.Lévinas, 1997: 79/서동욱, 2001: 108

즉 불면의 현상 중에 나는 의식의 주체도 아니며 외부로부터 구별되
는 내부적 존재도 아니다. "불면 상태에는 전혀 대상이 없다."위의 책: 79/
위의 책: 109 즉 "비인간적 중립성"위의 책: 13/위의 책: 11의 상황이다. 그러므로
불면이라는 그저 있음의 상황에서 나는 자는 것도 아니고 깨어 있는 것
도 아니다. 아니, 자고 있는 나도 없고 깨어 있는 나도 없으며, 생각하는
나도 없고 생각되는 대상도 없다. 이 상황 속에서 나는 있지도 않고 없
지도 않다. 의미형성의 주체인 '나'는 여기에 없다. "깨어 있음은 엄밀한
의미에서 '나'의 깨어 있음이 아니라 깨어 있음 그 자체이며, 목적도 내
용도, 시작도 끝도 없는 상태이다."강영안, 2005: 92 그저 있음은 레비나스의
표현대로 "음악을 지속할 수도 멈출 수도 없는 총체적 불가능성"Lévinas,
1996: 36/양명수, 2000: 58이다. 그리고 나의 익명성에 대한 환기는 곧 앎과 이
해와 경험의 대상의 무화를 동반한다. 이는 곧 타자가 내 철학함의 대상
일 수 없다는 선언이다. 나의 존재성이 철학적으로 증발된 곳에는 철학
함의 대상인 타자의 있음 자체가 성립되지 않기 때문이다. 타자는 그 자
체로 존재하는 것이며 그 자체로 타당하므로, 타자를 나의 척도로 개념
화하는 시도는 논리적으로 가능하지 않다.

2. 앎과 사귐

이 존재론적 "총체적 불가능성"의 탈출구를 레비나스는 "남과 사귀는 관계"와 "사심 없는 관계"에서 찾는다. 사심 없는 관계는 "있음을 벗어난다"를 의미하며, "비인간적 중립성"에서 "남에 대해 있음"Lévinas, 1996: 39/양명수, 2000: 63으로의 전환을 의미한다. 그렇다면 "사귐"과 "남에 대해 있음"은 무엇을 의미하는가? 레비나스는 사귐을 앎과 구분한다. 타자는 앎의 대상이 아니다. 타자는 나의 변형태도 아니며, 공감이나 연민을 통해 파악되는 존재도 아니다. 타자는 "철저히 다른 것이자, 외재성"이며, 타자와의 관계는 "신비와의 관계"이다.Lévinas, 1995: 48/강영안, 2001: 85 레비나스가 남녀 간의 사랑의 분석에서 말하고 있듯이, "남녀의 사랑을 이끄는 것은 상대방의 어떤 다른 성질이 아니라 상대방의 타자성"Lévinas, 1996: 50/양명수, 2000: 82이다. 나에 의해 생각되고 구성된 타자성은 타자의 본질이 아니다. 있는 그대로의 타자, 그리고 이 타자의 불가지성, 비교 불가능한 유일성이 타자의 본질이다. 여기에 중립적 상호관계 또는 중립적 상호성은 없다. 레비나스에게 있어서 근대 이성의 심판자적 역할은 무의미하다. "앎은 타자성을 눌러 버린다."Lévinas, 1996: 50/양명수, 2000: 82 레비나스의 사귐의 관계는 타자성의 중립화가 아니라 타자성의 보존을 지향한다. 타자가 중립화된 관계는 관계가 아니라, 서로 무관한 삶일 뿐이다. 앎의 대상으로서 타자는 내 소유의 대상일 뿐 있음의 의미를 고스란히 지닌 타자 그 자체와는 무관하다. "앎은 항상 생각과 생각하는 것 사이를 갖다 맞추는 것이다. (…) 앎은 사귐을 대신할 수 없고, 앎은 여전히 그리고 앞으로도 홀로다. (…) 결국 앎 속에는 자기로부터 벗어날 가능성이 없다."Lévinas, 1996: 46/양명수, 2000: 75

그러므로 사귐은 자아의 표상활동 또는 주체의 지향성으로 환원되지 않는다. "묘사되는 타자는 이미 타자성을 잃어버렸다."Lévinas, 1996: 23/양명수, 2000: 38 사귐의 관계는 앎의 전달 관계도 아니고, 종합적 공동 영역의 창출도 아니며, 객관적 토대의 마련도 아니다. 타자의 타자성은 종합될 수도 객관화될 수도 없는 타자의 고유성이다. 타자의 종합적 객관화는 근대 서양 철학이 설정한 "전체성의 향수"Lévinas, 1996: 58/양명수, 2000: 98일 뿐이다. 사귐은 "마치 무슨 계획도 기획도 없는 놀이와 같은 것" 또는 "내용 없는 미래를 기다리는 것"Lévinas, 1996: 53/양명수, 2000: 87이다. 그러므로 사귐은 "이론적이지 않은 지향성, 곧 앎으로 환원될 수 없는 지향성, 환원 불가능한 지향성, 지향성의 단절"Lévinas, 1996: 24/양명수, 2000: 39이다. 달리 표현하자면, 사귐은 응답성의 구조이다. "마주 봄"이라는 의미의 사귐은 "응답함"이다. "말 된 것"보다 "말함" 자체가 응답의 핵심이다. 응답은 정These과 반Antithese 사이의 합Synthese이 아니다. 응답은 마주보며 함께 있음이고, 기다림이며, 대답함이다. 그저 있음의 상황에서는 응답의 인위적 요청도 없고, 응답의 강박적 필요도 없다. 타자성 그 자체가 곧 대답의 요청이며, 함께 있음은 응답적 관계의 생성이다. 응답의 법칙은 지향성도 의사소통성도 아니다. 응답의 유일한 법칙은 타자와의 관계 그 자체이며, 따라서 가능성이다. 그러므로 레비나스는 사귐을 홀로 있음의 자리를 벗어남u-topie이라고 한다. 주객 분리의 홀로 있음으로부터, 이성주의와 자아중심주의의 홀로 있음으로부터 그리고 객관주의와 중립적 존재론의 지형론Topo-logie으로부터 벗어남이 사귐의 시작이다. 외면으로부터 폐쇄된 내면성에서 벗어나 타자와 마주함, 그것이 곧 응답이다. 그러므로 응답으로서 있음은 그 본질상 다원적이다. "다원성의 전제 없는 사귐은 미래 없는 현재와 같다."Lévinas, 1995: 48/강영안, 2001: 84f 참조

3. 타자의 얼굴

레비나스에게 있어서 타자는 얼굴로 상징된다. 레비나스는 얼굴에 상

당히 많은 의미를 부여한다. 우선 얼굴은 숨김없이 드러나는 정직함이며, 얼굴은 헐벗음이다. 얼굴은 위협 앞에 철저히 노출되어 있으나, 오히려 그로 인해 살인을 거부하고 금지한다. 얼굴은 어떤 인물의 부속물이나 장식품이 아니라, 그것 자체로 의미이다. 이 얼굴의 의미는 맥락이나 상황에 따라 달라질 수 있는 것이 아니라, 절대적이다. "얼굴은 오직 자신에 대한 의미이다. 너는 너다."Lévinas, 1996: 65/양명수, 2000: 111 얼굴은 사유나 인식이나 앎이나 심지어 지각의 대상이 될 수 없다. 얼굴을 본다 또는 발견한다는 것은 이미 얼굴을 대상화한다는 것이며, 이는 곧 "같게 만드는 것"위의 책: 65/위의 책: 111; Lévinas, 2002: 93 참조이기 때문이다. 그리고 "이 타자는 자신의 다름Andersartigkeit 속에서 보전되고 확증된다."Lévinas, 2002: 87 그래서 레비나스는 얼굴의 "현상학"이라는 표현을 거부한다. 현상학은 "있는 그대로"를 "기술"하고자 하기 때문이다. 레비나스에게 있어 얼굴의 "있는 그대로"는 기술과 환원이 가능하지 않은 어떤 것이다. "부름받은 이Der Angerufene는 내 이해의 대상이 아니다. 그는 어떠한 범주에도 속하지 않는다. 그는 나와 대화하는 바로 그이며, 그는 자기 자신에게만 관계될 뿐, '무엇의 특성Washeit'을 갖지 않는다."Lévinas, 2002: 93 얼굴로 은유되는 타자의 타자성은 "비밀과 신비의 형이상학"Lévinas, 1996: 52, 61/양명수, 2000: 85, 103 참조이다. 여기서 우리는 운동 주체의 무게중심 이동을 확인하게 된다. 즉 타자와의 관계에서 나는 더 이상 의미형성의 주체가 아니다. 나는 그저 타자의 얼굴로 나아가는, 즉 나의 "그저 있음"에서 "사귐"으로 자리를 옮겨 가는 또는 옮겨 갈 수밖에 없는 존재일 뿐이다.

레비나스의 얼굴은 말한다. 말을 한다기보다는 말을 건다. 우선 그 얼굴의 정직함과 헐벗음은 "살인하지 말라"라는 메시지를 나에게 건네고, 나는 이에 응답한다. 여기서 중요한 것은 "말함"이라는 행위의 행위성이지 "말 된 것" 즉 행위된 내용이 아니다.^{Lévinas, 1995: 48/강영안, 2001: 84} 참조 "살인하지 말라"라는 표현은 응답의 불가피성의 은유적 표현이다. 입을 열어 말을 하지 않아도, 귀에 아무런 음성이 전달되지 않아도 이미 우리는 타자의 얼굴 앞에서 응답의 요청을 받고 있는 것이다. 낯선 사람과 함께 있는 상황에서의 (언어적) 침묵이 때로 우리에게 규정불명의 불편함이 되는 것도 바로 우리가 타자와 이미 응답적 관계에 들어와 있다는 사실의 반증이다. 그러므로 "말을 하는 것은 일종의 인사요, 다른 사람에게 인사한다는 것은 이미 그를 책임지는 것이다."^{Lévinas, 1996: 67/양명수, 2000: 113}

그러므로 응답적 관계는 윤리적 관계이다. 레비나스의 사귐은 대답하지 않을 수 없다는 의미의 윤리성이다. 이 존재론적 관계 혹은 응답적 관계 안에 있는 나는 타자에게 대답을 빚진 자이며, 따라서 나는 타자에게 책임이 있다. 이 책임성은 내가 누구를 책임져야 한다는 이성의 정언명법이 아니다. 내가 타자를 책임지겠다는 전통 주체철학의 책임성, 내 척도의 담론적 보편화 시도 그리고 타자에 대한 이 척도의 적용은 레비나스의 얼굴의 책임성 및 얼굴의 절대적 명령과는 질적으로 다르다. 얼굴의 "살인하지 말라"는 메시지는 타자와의 응답적 관계 그 자체에서 발생하는 명령이며, 이 명령은 내가 선택할 수 있는 것이 아니다. 관계의 근원적 불균형, "비대칭적 상호주관성"^{Lévinas, 1997: 118/서동욱, 2001: 161}, "책임관계의 비가역성"은 레비나스의 타자성 철학의 근간을 이루는 요소이다. 레비나스는 책임성을 "주체성의 바탕을 이루는 제일 구조"^{위의 책: 72/위의 책: 123}로 본다. 즉 그는 주체에 대한 윤리의 종속성을 전복시킨다. "윤리란 무슨 실존의 바탕이 미리 거기 있고, 거기에 덧붙여진 것이 아니다. 윤리 곧 책임성 안에서만 주체의 실마리가 풀린다."^{위의 책: 72/위의 책: 123} 즉 우선 주체가 있고, 이 주체들이 하나의 질서와 규범체계로서 윤리담론을 생산하는 것이 아니라, 타자와의 관계, 즉 윤리적 관계에 들어와 있으므로 주체는 타자에 의해서, 타자와의 사귐 속에서 구성되고, 이 과정 속에서 윤리적 의미를 획득한다는 것이다. 주체는 의미 있는 존재로 자신을 규정하는 자리 잡음position을 통해서가 아니라, 타자를 향한 책임성 속으로 자리 벗음disposition, ou topos을 통해서만 그 의미가 부여된다. 응답과 책임은 있음의 선택사항이 아니라 있음(존재)의 필수조건이다. "인간은 응답적 존재이다. 대답하지 않을 수 없는 것이 인간의 운명이다."Waldenfels, 1998: 45 참조 레비나스에게 있어서 철학은 곧 윤리학이며, 있음은 곧 타자를 향한 윤리성을 근거로만 의미가 있다.

III. 응답성과 책임성의 교육

본 장은 제II장에서 고찰한 레비나스 타자성의 철학이 교육학의 언어로 번역될 때 어떠한 모습이 될 수 있을 것인가에 대한 시론적 사유이다. 레비나스의 사유를 따라 교육에 대해 철학하자면, 전통적 또는 기존의 교육학에 대한 극단적 비판 또는 과도한 도약이 불가피한 경우가 있다. 그러나 본고에서는 그리고 본 장에서는 가급적 회의와 비판을 삼가고, 레비나스의 타자성의 철학이 교육학에 어떠한 사유의 단초를 제공할 수 있을지에 대해서만 간략히 고찰해 보고자 한다.

첫째, 근대 교육학이 터하고 있는 주체 중심의 교육관은 전복 또는 극복될 필요가 있다. 근대의 주체철학이 설정하고 있는 주체-주체 또는 주체-객체라는 구조의 본질은 주체 또는 자아를 제 행위의 중심에 둔, 타자의 대상화·도구화이며, 이에 따른 교육관은 필연적으로 자아로부터 타자에게로 향하는 일방향적 폭력성을 동반한다. "결코 무너뜨려서는 안 되는 타자의 자유가 파괴된다는 의미에서 이는 폭력이자 부정의이다."Lévinas, 2002: 95 참조 '누가 누구를 향한 어떤 목적의 실현'이라는 의미에의 교육은 '타자와 사회를 위한 (선한) 의도의 실현'이라는 사회제도적·사회정서적 범위 내에서는 용인되고 촉진되는 활동일 수는 있으나, 레비나스의 타자성의 철학의 관점에서는 그야말로 타자에 대한 폭력이자 총체성에 대한 향수의 표출일 뿐이다. 그가 존재의 존재성을 "그저 있음"이라고 말하면서 존재의 익명성을 말할 때, 그는 근대 교육학의 근본 개념인 주체성의 철학적 포기를 요구하고 있는 것이다. 존재가 익명적으로 있다는 사실은 근대적 주체의 폐위를 의미함과 동시에 레비나스가 말하는 타자와의 사귐을 위한 전제조건이 된다. 즉 레비나스의 타자성의 철학은 있음의 중립존재론의 불가능을 지적함으로써 타자에게로의 문을 열어 놓았다. 그는 홀로 있음의 닫힌 공간을 타자에게 엶으로써 있음의 의미형성 가능성을 보여 주었다. 사귐은 변화이며, 변화는 새로운 의미형성, 즉 교육의 또 다른 하나의 차원이다. 그러므로 교육은 어느 한 교육 주체의 권한에 좌우되지 않는다. 교육은 익명의 행위이다. 교육은 소유의 재생산이 아니라 있음과 있음의 응답적 변형생성이다. 교육은 타자와 함께 있음 또는 타자에게로 나아감, 즉 사귐이다. 타자를 앎의 대상으로 대상화하는 순간, 타자를 만들고 생산하고 자라게 하려는 의도를 발현하는 순간, 교육은 타자의 고유성을 무너뜨리려는 "교육철학적 제국주의"강영안, 2005: 251 참조의 성격을 띤다. 기존의 의미·질서체계의 반복이 아닌 새로운 의미와 질서의 형성으로서 교육은 있음의 복수성Pluralität을 통해서만 이루어질 수 있다. 그리고 교육적 복수성은 계몽의 철학이 아닌 타자성의 철학을 통해 가능하다.

둘째, 교육은 대답함 또는 응답이다. "그저 있음"의 자리에 머무르는 사람, "자기 동일성"Lévinas, 1995: 26/강영안, 2001: 47의 확인에 만족하는 사람은 자기 속에서 닫힌 고독을 먹고 산다. 교육의 전제는 이러한 단자고독으로부터의 탈출이다. 그리고 그 탈출의 코드는 타자와의 사귐이다. "타자에게로 나아감"은 대답이다. 이때 타자에게로 나아감은 공존재적 관계 속에서 내가 타자를 향해 나의 의도를 실현해야 함을 의미하는 것이 아니다. 나는 타자의 얼굴과 마주하여 있고, 타자의 얼굴은 내게 말을 걸어온다는 것, 그리고 나는 이 말 걸어옴에 응답하지 않을 수 없는 존재로 있다는 존재적 사태, 이것이 바로 레비나스가 말하는 사귐의 형상이고 응답성의 구조이다. 그리고 이 응답의 구조 속에서 나는 타자를 변화시키려는 의도를 관철시키는 것이 아니라, 타자의 부름에 응답함으로써 자아가 변화된다. 만약 레비나스의 타자성의 교육학이라는 것이 가능하다면, 이러한 '공존재적 응답적 구조 속에서의 익명적 변화의 발생'이 그 열쇠어가 될 수 있을 것이다. 엄밀한 의미에서 독백은 없다. 인간은 대화를 위해 태어났고, 대화를 통해 끊임없이 다시 태어난다. 교육은 변화이고, 변화는 대화적 관계이며, 대화적 관계는 타자와의 사귐이다. 사귐은 인간과 인간 사이 종합의 변증법이 아니라, 공존의 신비이다. "타자성을 없애 중립화하지 않고, 타자성을 보존하는 관계"Lévinas, 1996: 51/양명수, 2000: 84, "상대방이 철저하게 다르면서 동시에 그가 나인 관계"Lévinas, 1996: 53/양명수, 2000: 88가 레비나스적 의미에서의 사귐이며, 이는 곧 교육의 전제이자 목적이다. 계몽과 통합의 교육은 (타자와) 함께 있음의 교육과는 그 철학적 양립이 불가능한, 교육이해의 또 다른 하나의 차원이다.

셋째, 대답으로서 교육은 책임성이다. 대답하지 않을 수 없는 응답적 관계에서 나는 타자와 윤리적 연관에 있다. 즉 교육적 관계는 윤리적 관계이다. 주체가 있고 주체 간의 사이세계가 존재하는 것이 아닌 것처럼, 교육이 있고 교육의 목적으로 윤리학이 있는 것이 아니다. 윤리 또는 도덕은 교육자가 피교육자에게 전달해야 할 어떤 지식체계나 행위지침이 아니다. 교육의 윤리학이나 윤리적 교육학이 따로 있는 것이 아니라, 교육은 곧 윤리학이다. 레비나스의 사유와 표현을 적용해 보자면, "윤리학이 바로 제1교육학이다." 비판이론적 교육학이 추구하였던 교사와 학습자 사이의 동등한 위치나 대화교육학이 추구하였던 대화적 관계가 각각 "부러진 지향성"과 "지도적 대화"를 통해 근대적 주체성으로부터 완전히 결별하지 못했던 바로 그 지점에서 레비나스 철학의 라디칼함이 고스란히 드러난다.Lippitz, 2003; Lippitz and Woo, 2008 참조 관계의 상호성 또는 상호주관성을 교육의 출발점으로 삼지 않는 한 교육은 폭력의 반복이고, 교육적 관계는 도구적 관계일 수밖에 없다. 교육은, 표면상의 일방적 방향성에도 불구하고, 그 경험적·구체적 과정에서는 철저히 상호적이며, 비대칭적이다. 어느 한 개인만의 책임성이나 서로 동등한 책임성이란 없다. 책임은 항상 타자와 마주한 각자의 몫이며, 책임의 비대칭성은 타자와의 사귐의 관계 속에 있는 실존의 근본 양상이다.

IV. 교육-타자와 더불어, 타자를 위하여

피교육자, 특히 아동이라는 존재를 알 수 있는가라는 질문은 일견 단순해 보인다. 실상 근대에서 현재에 이르기까지 서양 교육학 이론은 기본적으로 아동에 대한 앎의 문제를 그리 심각하게 제기해 본 적이 없다고 보아도 과언이 아니다. 특히 이 앎이라는 것이 단순히 아동의 일반적(이라고 여겨지는 어떤) 특징들을 열거하는 것을 의미하는 것이 아니라, 아동이라는 한 개인, 즉 성인의 과거와는 전혀 다른 혹은 다를 수 있는 아동이라는 존재에 관한 것이라면, 또는 '또 하나의 나ein alter ego'가 아니라 나와는 완전히 분리되고 독립된 유일한 개체인 아동의 존재성에 관계된 것이라면, 실상 교육학은 아동을 알고 있다고 혹은 알 수 있다고는 말할 수 없는 위치에 놓이게 된다. 이는 절대적 앎 또는 앎의 절대성에 대한 강박적 요구가 아니라, 교육의 현장에서 나와는 전적으로 다른 사람과 마주한 내가 나 스스로에게 묻게 되는 타자라는 존재의 의미에 관한 것이다. 즉 교육자로서 내가 마주한 이 타자를 나는 어떻게 이해할 수 있는지, 그리고 이들을 향해 내가 '교육'이라는 명분 아래 실천하고 있는 이 행위가 윤리적으로 어떻게 정당화될 수 있는지에 대한 철학적 성찰이 교육적 행위의 매 순간 불가피하다는 사실을 의미한다. 적어도 교육학이 추구하는 혹은 교육 실천이 대상으로 하는 것이 형이상학적 인간 일반이 아니라 경험적 인간이라면, 교육학은 이러한 지극히 상대적인 개인들 각각의 의미 그리고 이들 사이의 공존재적 관계에서 그 출발점을 구할 수밖에 없다. 그리고 여기서 우리가 아동에 대한 앎을 추구할 경우, 이 앎 속에는 그 시작에서부터 불확실성이 내재되어 있다. 개별자에 관한 한, 형이상성Metaphysikalität을 묶어 낼 만한 이상Meta이라는 것이 있을 수 없거나, 혹은 그러한 것이 있다 하더라도 앎의 영역을 벗어난 제 신념의 영역에서만 발견될 수 있을 것이기 때문이다. 나 또는 자아, 의식 혹은 주체 등의 근대 철학의 제 언어로는 환원될 수 없는, 그야말로 "수수께끼 같은 사실성"Lévinas, 1983: 246 참조 또는 "표현 불가능성"Mollenhauer, 2003: 89이 바로 아동이라는 타자이다. 그리고 이 타자 앞에서 나 또는 교육하는 이는 타자에게 대답을 빚진 자로, 그리고 타자에 철저히 의존적인 존재로 서 있을 뿐, 타자를 향해 어떤 작용을 계획하거나 계몽을 기획하거나 심지어 모종의 교화를 일삼을 수 있는 권능의 자리에 있지 못하다.

레비나스의 이른바 타자성의 철학이 교육학에게 여하한 불편의 사유가 되는 것도 바로 이 때문이다. 레비나스는 기존 서양의 자아·주체·의식중심적 교육철학이 간과하거나 회피해 온 타자성의 문제를 철학적 사유의 정점에 놓고, 이것이 제일철학이자 제일윤리학이라고 말한다. 그의 이러한 사상은 교육학 내부에 상존해 오던 희망Wollen과 가능Können의 지체현상, 앎과 실천의 부조화의 문제, 자유와 강제 사이 역설구조의 해명의 문제, 교육행위의 윤리적 정당성의 해명 문제 등을 더욱 선명하게 드러내는 조명등의 기능을 하기에, 현대의 교육학자들에게 레비나스의 철학은 이른바 매력적인 독약 또는 불가피한 극약의 의미를 갖는다. 그간 애써 외면해 왔던 한계가 비로소 한계라고 선언된 시점에서 선택 가능한 이론적 출구에 대한 논의가 근래에 진행 중이지만, 아직 이렇다할 이론적 합의는 이뤄지지 않고 있다. 필자의 견문에 국한하여 볼 때, "아동의 타자성과 교육"이라는 주제가 가장 대규모로 논의된 예로 독일 교육철학학회 2006년 연차대회를 들 수 있을 것 같다. 그리고 이 연차대회에서 발표·논의된 논문들을 엮어 2007년도에 "아동의 낯섦과 교육적 정의(공정)Kindliche Fremdheit und Pädagogische Gerechtigkeit"라는 제목의 책으로 출판하였는데, 엮은이 쉐퍼가 쓴 서론에 위와 같은 문제의식이 잘 드러나 있다.

> 낯선 이를, 그의 낯섦을 파괴하지 않으면서도 낯선 이로 공정하게 대할 수 없다는 것, 그럼에도 불구하고 그에게 공정하여야 하고, 이를 통해 원래는 불가능한 (교육학적) 앎과 행위를 마치 가능한 것처럼 주장해야 하는 필연성, 바로 이것이 교육적 실재의 구성을 극단적으로 만용 어린 기도가 되게 한다. 교육적 실천의 당위성과 불가능성의 역설적 연결은 곧 이 문제의 해명 불가능성의 근거가 된다. 근대 교육학의 담론이 오늘날까

지도 이 역설적 구조 속에서 움직이고 있다는 주장은 결코 과
장이 아닐 것이다.Schäfer, 2007: 10. 옮긴이

그리고 이들은 공히 교육을 "불가능한 것을 가능하게 만드는 일"Schäfer,
2007: 8 또는 "충족이 불가능한 요구들 또는 불가능의 요구"Wimmer, 2007:
166 등의 역설적인 표현들을 동원하여 근대 교육학의 본원적 난제를 정의
한다. 그리고 이 "탈역설화 전략들"Entparadoxierungsstrategien: Schäfer, 2007: 12
속에는 어김없이 레비나스의 타자성의 철학이 언급된다. 이 논저에 게재
된 총 열한 편의 논문 중 레비나스의 타자성의 철학을 중심 주제로 설
정하고 있는 논문만 네 편에 이를 정도로, 레비나스의 사상은 현대 교
육학이 회피할 수 없는 중요한 주제로 인식되고 있다. 그리고 이들은 공
히 타자성에 대한 사유를 철저히 레비나스의 관점에 천착하여—비록
그 출구가 아직은 불투명하거나 혹은 심지어 교육행위의 이론적 무정부
주의로 기울게 되기도 하지만Liebsch, 2007: 35 참조—교육이론 형성의 기초
로 삼고 있다.[3]

물론 레비나스의 극단적 사유에 마주하여 레비나스의 관점을 끝까지
관철시키기보다는 전통적 교육학의 사유로 선회하는 모습을 보이는 예
가 없지는 않다. 2000년에 발표된 슈타우디글의 박사학위 논문 『책임의
윤리학』이 그 예라 할 수 있는데, 그녀는 위 학자들이 마주하였던 소위
교육행위의 불가능성과 필연성의 조합이라는 이론적 난제 앞에서 레비
나스 사상의 교육학적 적용의 불가능성을 선언한다. 그녀는 "레비나스

---

3. 이 "탈역설화 전략들"의 이론적 가능성과 한계에 대한 종합적 소개와 평가는 다
   음 서평을 참조 바람: Woo, J.-G(2008): Rezension von: Schäfer, A.(Ed.,):
   Kindliche Fremdheit und pädagogische Gerechtigkeit. Paderborn: Schöningh
   2007. Erziehungswissenschaftliche Revue 7(5) (https://www.klinkhardt.de/
   ewr/978350676448.html. 검색일: 2019. 1. 27.)

식 윤리학의 극단적 요구는 기존의 혹은 제도적 교육 영역에서 수용될 수 없다. 왜냐하면 교육이 시행되기 위해서는 규범이 필요 불가결하기 때문이다"Staudigl, 2000: 298라고 말함으로써, 자신의 방대한 레비나스 연구의 전체 기조에 사실상 상응하지 않는 결론을 내릴 수밖에 없는 지점에 이르고 만다.[4]

위와 같은 선회의 방식보다 조금 더 진솔한 수용 시도의 예로 박재주의 『서양의 도덕교육사상』에 나타난 레비나스 독해를 들 수 있다. 소크라테스에서 레비나스에 이르는 서양의 도덕교육사상을 망라한 이 저서의 서문에서 그는 "도덕철학과 도덕교육을 무리하게 접목시키려는 시도 역시 비판을 피하기 힘들 것으로 생각한다"2003: 6라고 쓰고 있는데, 이러한 비판 가능성에 대한 사전 고백은 아마도 그가 특히 이 저서의 마지막 장에 꼼꼼히 정리하고 있는 레비나스의 윤리학을 염두에 두고 한 것으로 필자는 이해한다. 이 저서의 대부분의 장을 그는 "누구의 도덕교육론"이라고 제목을 붙이고 있지만, 유독 레비나스에 와서는 "레비나스의 '타자의 얼굴'의 윤리학적 의미"2003: 331f라고 명명할 뿐 아니라, 실제로 그 장에서 (도덕)교육을 직접 언급하지 못하고 있기 때문이다.

---

4. 슈타우디글은 레비나스의 철학의 교육학적 적용에서 아동만을 타자로 규정한다. 어른과 교사의 입장에서만 생각하면 아동은 그저 영원한 타자일 뿐 향유의 공유 주체가 되지 못한다. 그러나 이는, 필자가 보기에, 교육적 관계를 철저히 레비나스의 관점에서 보지 않은 데서 기인하는 관점 설정의 문제이다. 교육 상황에서 아동이 타자인 것은 교사의 입장에서 이지만, 아동에게 교사 역시 타자인 것이다. 레비나스의 관점에서 보자면, 이 둘은 서로에게 말을 걸고, 서로 대답을 빚지고 있으며, 서로가 서로에게 책임의 존재이다. 다만 교사의 입장에서는 아동에게 책임을 강요할 수 없으며, 아동 역시 스스로가 대답의 책임을 자기 나름의 방식으로 져야 한다는 것이 레비나스식 존재윤리학이다. 또한 슈타우디글이 말하는 "교육의 전제로서 최소 규범" 역시 레비나스의 구상과는 거리가 멀다. 즉 레비나스의 관점에서는 "교육의 불가결한 규범"을 인위적으로 설정하려는 자세가 바로 타자에 대한 피상적 이해 또는 타자에 대한 몰이해 그 자체이다. 레비나스의 철학에는 슈타우디글의 "교육의 불가결한 규범성" 같은 최소한의 전제라는 것이 없다. 레비나스는 오히려 '나'의 입장에서 '나'에 의해 설정된 최소 규범의 불가피성을 파기하라고 요구한다. 레비나스의 관점에서 유의미한 것은 "교육의 불가결한 규범성"이 아니라 타자의 얼굴이 표상하는 "나를 죽이지 말라"는 명령이며, 이것이 바로 제1철학이요, 윤리학이자 교육학인 것이다.

그러나 이는 박재주의 문제가 아니라 레비나스의 문제, 즉 레비나스의 철학이 표방하는 타자성에 대한 철학적 절대우위성의 부여에 따른 논리적 귀결이다. 레비나스 자신의 간접적 언급 속에서 이러한 난점이 포착된다. 그는 "남녀의 사랑과 친자관계"라는 주제와 관련하여 "상대방이 철저하게 다르면서 동시에 그가 나인 관계", 즉 우리가 맺게 되는 일반적 인간관계 속에서도 경험하게 되는 이른바 "가능성을 넘어"의 경우들을 설명하면서 교육적 관계에 대해 다음과 같이 짤막하게 언급한다.

네모: 정신으로 맺어진 친자관계의 예를 들어 줄 수 있는가? 스승과 제자도 그런 관계라 할 수 있는가? / 레비나스: 친자식이나 형제관계는 일상생활에서 흔히 쓰는 은유가 아닌가? 스승과 제자의 관계가 정확히 그런 관계라 할 수 없지만, 분명히 그런 모습을 띠고 있다.Lévinas, 1996: 35/양명수, 2000: 90

다른 저서에서 레비나스는 교육적 관계의 이러한 특수한 성격을 "얼굴과 얼굴을 마주한 관계가 아니라, 얼굴을 측면에서 보는 관계"Lévinas, 2002: 95 참조라고 한층 더 분명하게 표현하고 있다. 순수철학과 교육학의 관점의 차이 또는 문제 설정과 해명의 구조적 차이가 간접적으로나마 확인되는 장면이다.

이로써 타자의 타자성에 대한 교육지식의 문제와 관련하여 현대 교육이론이 당면한 난제와 과제가 좀 더 분명해졌을 뿐 아니라 매 교육행위의 현장에서 경험하게 되는 실천적 난제를 조명하는 관점의 가능성도 조금 더 풍부해졌으리라 생각된다. 본고의 서두에서 반추해 보았던 교사들과 한 아버지의 실천적 고민 역시 교육학자들의 그것과 실상 다르지 않다고 필자는 이해한다. 즉 교육을 통해 인간을 만들 수 있다는 혹은 그래야만 한다는 전통적 교육이해가 내포하고 있는 전지전능의 교육관에 대한 신념은 아동이라는 타자의 타자성에 대한 성찰이 진지하고 깊어질수록 약화될 가능성이 크다. 특히 교사보다는 교사와 마주한 타자에게 무게중심이 놓이는 레비나스의 타자성 철학의 관점을 수용할 경우, 주체철학에 기초한 교육의 필연성과 교육의 가능성에 대한 신념은 필연적으로 좌초할 수밖에 없거나 혹은 애초에 성립 자체가 가능하지 않다는 사실을 인정하지 않을 수 없다. 비록 이것이 교육기획의 총체적 좌초나 완전한 실패는 아니라 하더라도, 현대 교육학 이론은 스스로를 수정하거나 또는 적어도 근본적 성찰을 감행해야 하는 철학적 도전에 직면하게 되는 것이다. 이에 긍정적으로 임하여 교육학의 새로운 이론적 출구를 모색해 내게 된다면, 그 두 분 교사들이 토로하는 교사 실존적 외로움의 부담이 경감될 이론적 가능성이 마련될 수 있거나 혹은 교육적 관계와 교육적 행위가 다른 관점에서 조명될 수 있는 여지가 생길 수 있게 될 것이다.

그러나 만약 이 지점에서 우리가 레비나스식 윤리학의 관점을 수용하지 않거나 혹은 슈타우디글과 같은 방식으로 레비나스와의 이론적 결별을 선언하게 될 경우, 이들 교사들에게 우리는 전통적 교육학에서 그래왔던 것보다 더욱 첨예화된 교사윤리의 내면화와 더불어 더욱 준엄한 타자강제를 주문하여야 할 것이다. 그리 된다면, 이들의 교단일기를 담은 저서 『교사는 어떻게 성장하는가』의 "성장"은, 초임에게나 베테랑에게나 동일하게, 원천적으로 해결 불가능한 타자성의 문제를 마주하여 얼마나 더 성공적으로 실패할 것인가의 문제로 귀결될 확률이 크다. 즉 교사들은 타자인 아동에 대한 앎이 원천적으로는 가능하지 않음에도 불구하고 이것이 가능하다는 가정하에, 교실현장에서 "노련한 광대"로서 교육적 실천을 지속해 나가야 하는 것이다. 매일 펼쳐지는 이 "노련한 광대"의 눈부신 활동은 응당 선한 취지의 것이고, 그 이면에 숨은 노력과 수고는 그 자체로 고귀하며 존경받아 마땅한 것이다. 그러나 무대에서 내려오는 어느 순간 밀려들 "교사 실존적 외로움"은 제 교육학 이론이 해소해 주기 어려운 교사 개인의 몫으로 남게 된다. 이러한 부정적 경험이 누적될 경우 교직은 얼마나 덜 상처 입은 채 지나갈 수 있는가의 문제, 즉 효율적 자기관리의 문제로 귀결될 가능성도 배제할 수 없다. 가정적 이론은 교육적 행위의 계기와 동력이 될 수는 있어도, 교육적 행위의 윤리적 정당성을 확보해 줄 수는 없으며, 최종적으로는 이론과 실제의 부조화가 교육의 현장에서 야기하게 될 갈등과 갈증을 해소해 줄 수 없다. 오히려 이 경우 교육학 이론은 교육적 실제를 있는 그대로 반영하는 것이 아니며, 교사의 성장은 다만 실천을 통해서만 체득할 수 있는 것이라는, 이른바 이론과 실천의 괴리, 이론—비우호적 경향 또는 이론—무용론이 현재보다 더욱 심화되는 풍토가 조성될 수도 있다는 부적 가능성도 배제할 수 없다.

레비나스의 타자성의 철학이 교육학에 수용되는 과정에서 발생되는 이러한 난점에도 불구하고 레비나스의 철학에 관심을 기울일 필요가 있다면, 그것은 교육의 관계적 본질 때문이다. 주지하는 바와 같이, 교육은 혼자만의 일도 아니고 혼자서 해 낼 수 있는 일도 아니다. 교육은 그 시작부터 타자를 위한 기획이며, 타자와 더불어 수행될 수밖에 없다는 속성을 지닌다. 타자는 나의 교육적 행위의 목적임과 동시에 나의 파트너이다. 이러한 타자의 고유한 위상과 의미를 전통적 교육학은 오랫동안 망각하거나 대상화하여 온 것이 사실이다. 이러한 타자의 망각과 타자의 대상화가 일상화된 학문적·실천적 환경 속에서 레비나스의 타자성의 철학은 다시금 강력한 어조로 타자의 존재성을 환기시키고 그 의미를 일깨워 주고 있다. 즉 그의 타자성의 철학은 교육이 누구를 위한 기획인지를 반추하게 하고, 우리가 교육이라는 이름 아래 하고 있는 일의 관계적 성격이 어떠한 것인지를 선명하게 보여 주는 거울이 된다. 관계성에 대한 고려와 타자에 대한 감수성-이것이 곧 교육의 출발점이자 토대라는 사실을 우리는 레비나스의 철학으로부터 재확인할 수 있게 된다.

| 참고문헌

강영안(2005).『타인의 얼굴-레비나스의 철학』. 서울: 문학과지성사.

박남기·박점숙·문지현(2008).『교사는 어떻게 성장하는가』. 서울: 우리교육.

박재주(2003).『서양의 도덕교육사상』. 서울: 청계.

서동욱(2000).『차이와 타자』. 서울: 문학과지성사.

조상식(2002).『현상학과 교육학』. 서울: 원미사.

우정길(2007a). 대화철학과 대화교육학의 임계점에 관하여.『교육철학』40, 139-161.

우정길(2007b). 의사소통적 상호주관성의 교육학적 수용 가능성 검토.『교육철학』39, 99-122.

우정길(2007c): 지향적 교육행위의 한계 또는 교육학의 경계적 속성, 그리고 대안적 사유에 관한 일 고찰.『교육의 이론과 실천』12-1, 231-255.

우정길(2009). 타자의 타자성과 교육학 지식: 레비나스의 타자성 철학에 대한 교육학적 소고.『교육철학』45, 151-174.

Benner, D.(1999). Der Begriff moderner Kindheit und Erziehung bei Rousseau, im Philanthropismus und in der deutschen Klassik. *Zeitschrift für Pädagogik* 45, 1-18.

Bollnow, O. F.(1959). *Existenzphilosophie und Pädagogik*. Stuttgart: Kohlhammer. 이규호 역(1967).『실존철학과 교육학』. 서울: 배영사.

Gamm, G.(2007). Wissen und Verantwortung. Schäfer, A.(Ed.). *Kindliche Fremdheit und pädagogische Gerechtigkeit*. Paderborn: Schöningh, 137-153.

Heitger, M.(1991). Das Ende des Subjekts? Zur pädagogischen Konzeption von Subjektivität. Pädagogik ohne Subjekt: eineige Überlegungen zu einer Unverzichtbarkeit. *Vierteljahrschrift für wissenschaftliche Pädagogik*. 61, 401-419.

Lévinas, E.(1983). *Die Spuren des Anderen. Untersuchungen zur Phänomenologie und Sozialphilosophie*. Freiburg/München: Alber.

Lévinas, E.(1995). *Die Zeit und der Andere*. Wenzler, L.(trans). Hamburg: Meiner. 강영안 역(2001).『시간과 타자』. 서울: 문예출판사.

Lévinas, E.(1996). *Ethik und Unendliches: Gespräche mit Philippe Nemo*. Schmidt, D. (trans.). Wien: Passagen. 양명수 역(2000).『윤리

와 무한』. 서울: 다산글방.

Lévinas, E.(1997). *Vom Sein zum Seienden*. Krewani, A. M. & Krewani, W. N.(trans). Freiburg/München: Alber. 서동욱 역(2001). 『존재에서 존재자로』. 서울: 민음사.

Lévinas, E.(2002). *Totalität und Unendlichkeit*. Krewani, W. N.(trans). München: Alber.

Liebsch, B.(2007). *Fremdheit und pädagogische Gerechtigkeit-mit Blick auf Goldschmidt, Rousseau und Merleau-Ponty*. Schäfer, A.(Ed.). *Kindliche Fremdheit und pädagogische Gerechtigkeit*. Paderborn: Schöningh, 25-66.

Lippitz, W.(1993). *Phänomenologische Studien in der Pädagogik*. Weinheim: Deutscher Studien Verlag.

Lippitz, W.(2003). *Differenz und Fremdheit*. F.a..M.: Peter Lang.

Lippitz, W. and Woo, J.-G.(2008). *Pädagogischer Bezug. Erzieherisches Verhältnis*. Mertens, G. and Frost, U. and Böhm, W. and Ladenthin, W.(Ed.). *Handbuch der Erziehungswissenschaft. Bd. I*. Paderborn: Schöningh, 405-419.

Ludwig, H. W.(2000). Einwirkung als unverzichtbares Konzept jeglichen erzieherischen Handelns. *Zeitschrift für Pädagogik 46*, 585-600.

Meyer-Drawe, K. and Waldenfels, B.(1988). Kinder als Fremder. *Vierteljahrschrift für wissenschaftliche Pädagogik, 64*, 271-287.

Mollenhauer, K.(2003). *Vergessene Zusammenhänge*. Weinheim/München: Juventa. 정창호 역(2006). 『가르치기 힘든 시대의 교육』. 서울: 삼우반.

Schäfer, A.(2007). Einleitung-Kindliche Fremdheit und pädagogische Gerechtigkeit. Schäfer, A.(Ed.). *Kindliche Fremdheit und pädagogische Gerechtigkeit*. Paderborn: Schöningh, 7-23.

Staudigl, B.(2000). *Ethik und Verantwortung*. Würzburg: Ergon.

Waldenfels, W.(1998). Anwort auf das Fremde. Grundzüge einer responsiver Phänomenologie. Waldenfels, B. and Därrmann, I.(Ed.). *Der Anspruch des Anderen. Perspektiven phänomenologischer Ethik.*. München: Wilhelm Fink, 35-49.

Wimmer, M.(2007). Wie dem Anderen gerecht werden? Herausforderung für Denken, Wissen und Handeln. Schäfer, A.(Ed.).

Kindliche Fremdheit und pädagogische Gerechtigkeit. Paderborn: Schöningh, 155-184.

Woo, J.-G.: Rezension von: Schäfer, A.(Ed.). *Kindliche Fremdheit und pädagogische Gerechtigkeit*. Paderborn: Schöningh 2007. *Erziehungswissenschaftliche Revue* 7(5), http://www.klinkhardt. de/ewr/978350676448.html(검색일: 2019. 1. 27.)

제3부

평등과 민주주의

메리토크라시에서 데모크라시로:
마이클 영의 교훈[1]

성열관

I. 세대 간 릴레이 경주

산업화 초반에는 세습보다는 교육이 지위이동의 사다리 역할을 담당하였으나 이제는 직접 상속신광영, 2009, 소득양극화김낙년 2012; 방하남·김기헌, 2002, 사교육 이용하기윤형호·김성준, 2009, 거주지 분화손준종, 2004; 이두휴, 2011, 학교 서열화성기선, 2009 등 직간접적인 방식으로 부의 대물림이 일어나고 있다. 이로써 1985년을 전후하여 감소하던 불평등 정도가 2000년대 들어와 다시 상승하였고, 최근에는 오히려 1985년에 비해 불평등도가 더 높아졌다는 연구 결과도 있다.여유진 외, 2007 이러한 연구들은 부모세대의 사회경제적 지위가 그대로 자녀세대로 대물림되고 있고, 그 반대의 경우는 매우 극소한 경우에만 나타나고 있음을 알려 주고 있다.

그래서 메리토크라시[2]는 단순한 일회적 경주가 아니라 '세대 간 릴레이 경주'McNamee & Miller, 2009: 55라는 비판도 등장하였다. 이 '릴레이 경

---

1. 이 장은 "성열관(2015), 「메리토크라시에서 데모크라시로: 마이클 영(Michael Young)의 논의를 중심으로」, 『교육학연구』 53(2), 55-79"를 이 책의 목적에 맞게 고쳐 쓴 것임을 밝힌다.
2. 메리토크라시 용어를 창안한 마이클 영은 이 용어를 단순이 상식적 수준에서 능력주의, 실력주의 또는 업적주의로 번역될 수 있는 개념으로 사용하지 않았다. 저자의 활용에서 메리토크라시는 데모크라시와 같은 수준에서의 정치체제(즉, '크라시') 개념이자 줄곧 이 두 가지를 대비적으로 사용한다. 그러므로 이 글에서는 메리토크라시와 데모크라시 용어를 번역하지 않고 그대로 사용하였다.

주' 은유는 메리토크라시에 대한 믿음에 균열을 내는 것이며, 그동안 많은 실증적 연구들이 이를 뒷받침해 주고 있다.김낙년, 2012: 여유진, 2008: Arrow, Bowles & Durlauf, 2000: McNamee & Miller, 2009: Karabel, 2005: Orfield, 2001 이러한 연구 결과는 교육 기회의 확대만으로는 양극화와 대물림 현상을 극복하기에는 어려우며, 설사 적극적 차별시정조치affirmative action를 통한다 해도 그 효과는 제한적일 수밖에 없음을 시사해 준다. 이는 그동안 교육의 평등효과에 대한 과도한 믿음에 대해 회의와 성찰의 기회를 갖도록 한다. 이러한 기회란 다시 말해 '시험을 매개로한 차별의 사회적 인정 시스템'을 기본 원리로 하는 메리토크라시에 대한 회의와 성찰의 기회라 할 수 있다.

이러한 회의와 성찰은 메리토크라시라는 말이 처음 세상에 나오게 된 1958년, 『메리토크라시의 발흥The rise of the meritocracy』의 출판으로부터 시작되었다. 메리토크라시 개념을 만들어 낸 마이클 영Michael Young, 1958은 오늘날 보통 긍정적으로 쓰이고 있는 이 용어를 암울한 미래 예측에 사용하기 위해 창안한 것이었다. 그는 '메리트merit'를 '지능+노력 intelligence+effort'이라고 간단히 정의하였다. 그리고 메리토크라시는 메리트의 정도에 따라, 즉 능력의 차이에 따라 사회적 지위를 분배하는 보상과 인정 시스템이라고 보았다. 특히 능력이 높은 사람이 정부의 고위직을 차지해야 하며, 사회적으로도 중요한 역할을 맡아야 한다고 믿는 체제를 메리토크라시라고 불렀다.

이 장은 우선 『메리토크라시의 발흥』에 대한 엄밀한 분석에서 출발하려고 한다. 그런 다음, 메리토크라시의 특징과 한계를 밝히고, 이에 대한 현재적 시사점에 대해 고찰해 보고자 한다. 특히 '시험에 의한 차별의 인정 시스템'이라는 메리토크라시 원리는 오늘날 한국 사회에서 어떤 의미를 지니는지 살펴보고자 한다.

Ⅱ. 『메리토크라시의 발흥』은 어떤 책인가?

영의 『메리토크라시의 발흥』은 실은 그것의 '발흥'보다도 '전복'에 관심이 있었다. 왜냐하면 영은 메리토크라시를 유토피아가 아니고 디스토피아로 묘사하고 있기 때문이다. 그래서 이 책의 내용을 메리토크라시의 성장과 전복으로 나누어 살펴보자.

1. 메리토크라시의 탄생과 성장

이 책의 핵심 내용은 양차 세계대전 시기에 시험과 지능검사 중심의 교육체제가 등장한 이후 과학의 발전에 힘입어 모든 인간의 능력과 직업이 1:1 대응되는 메리토크라시가 완성되지만 종국에는 여성과 아래로부터의 혁명이 일어나고, 이로 인해 메리토크라시 체제가 전복된다는 것이다. 이러한 줄거리에 기초한 이 풍자소설의 핵심적 메시지는 다음과 같이 정리될 수 있다.

① 메리토크라시의 동기는 봉건사회의 극복과 국가발전에 있다.
② 지능검사의 발전이 선별 시스템을 완성시킨다.
③ 메리토크라시는 노동자 의식의 쇠퇴와 데모크라시의 종말을 가져온다.
④ 지위세습이 메리토크라시의 전복을 가져온다.

이 밖에도 『메리토크라시의 발흥』은 미래에 벌어질 다양한 사건과 상황에 대해 예언하다. 이 중에서 주요 예언을 소개하면 다음과 같다.

① 자동화로 인해 대규모 실업과 고용불안이 발생한다.

② 산업부문의 고용이 적어지고, 대안으로 각종 사회복지나 가사도 우미 업종이 늘어난다.

③ 여성의 정치세력화가 일어난다.

④ 국가는 성인의 능력을 평생에 걸쳐 측정하고 노동시장 재진입을 위한 훈련을 중시한다.

⑤ 메리토크라시가 완성될 즈음에는 조기 지능검사가 발전해서 아예 학교에서는 시험을 볼 필요가 없어진다.

⑥ 과학의 발전으로 유전자를 조작할 수 있고 이로 인해, 태아에 대한 우생학적 관심이 늘어난다.

이러한 예언은 그것이 있은 지 약 60여 년 후인 오늘날에 볼 때 매우 인상적이다. 왜냐하면 상당히 많은 것들을 미리 통찰하고 있었기 때문이다. 하지만 이 책은 논문이 아니고 풍자소설이기 때문에 이상에서 열거된 것을 항목별로 그 맞고 틀림에 대해 그리 예민하게 논의할 필요는 없을 것이다. 다만 이러한 예언의 이면, 즉 행간의 의미를 파악하고 해석하는 것이 중요한 과업이라 볼 수 있다.

이 책은 사회학자였던 저자, 영이 글 쓰는 미래 시점을 2034년으로 설정하고 그 시점으로부터 160년 전부터 이어지는 메리토크라시의 흥망에 대해 연대기적으로 쓴 에세이 형식의 풍자소설이다. 이 책의 위대성은 세계 지성사에 '메리토크라시'라는 용어를 남겨 놓았다는 것이다. 그리고 더 흥미로운 것은 오늘날 '메리토크라시' 용어는 당초 원저자가 의도했던 부정적 의미와 전혀 다른 방식으로, 즉 매우 긍정적인 개념으로 변용되었다는 점이다. 더구나 오늘날 메리토크라시는 공정한 사회 또는 평등한 교육 기회의 보장과 같은 의미로 쓰이는 경우도 많다.

하지만 『메리토크라시의 발흥』에서 '메리토크라시'는 지능검사가 발전하게 되어 교육과 노동시장의 연계에서 낭비적 요소를 없애는 체제를 설명하기 위해 고안되었다. 영이 1958년 당시에 예언한 바에 따르면, 1960년대까지는 회사들이 고급 인력을 선취하기 위해, 대학에 진학하기 이전에 명문고교 학생들(그래머 스쿨)을 고용하고, 이때 부족한 전문성 교육은 회사에서 제공한다. 그러나 1969년에 이르러서 정부와 산업체의 협력 체제를 통한 국가 인력 충원 시스템이 마련된다는 것이다. 그리고 이를 통해 인적자원 선별에서 낭비적 요소를 없애고 종국에는 국가경제와 정부의 고등교육 계획이 서로 긴밀히 대응된다. 그런 다음 1989년에는 컴퓨터로 지능을 정확히 잴 수 있는 기술이 나와, 그 이후에는 지능검사로 아이들을 선별하여 높은 교육 기회와 지위를 배분하는 체제가 거의 완성된다는 것이다.

영이 이러한 생각의 단초를 마련한 것은 영국의 1944년 교육법1944 Education Act에 의해서이다. 이 법은 '11+ 시험'을 도입하였으며, 시험 결과에 따라 학생들을 3개의 집단(그래머 스쿨, 세컨더리 모던 스쿨, 테크니컬 스쿨)로 선별하는 것이 그 핵심이었다. 이 법은 그 이전 시기에 비하면 11세까지 의무적으로 국가가 책임진다는 측면에서 상당히 진보적인 법안이었으나 11세 이후에는 명확히 선별을 핵심으로 하였기 때문에 이후 세대가 보았을 때는 보수적인 성격을 갖고 있다. 즉, 과거에 비해 진보적이었으나 오늘날 기준으로 보면 보수적인 시험 정책이다. 그리고 이러한 발상은 역사적으로 1870년으로 거슬러 올라간다. 이때부터 영국 교육은 의무화되기 시작하였고 관직 임용에 경쟁체제를 도입하였으며, 이로써 근대 교육 시대가 열린다.

『메리토크라시의 발흥』에 따르면, 이 이후에는 오직 능력(메리트)이 지위 획득의 유일한 기준이 되는 사회가 도래한다. 유능한 아이들은 그래머 스쿨을 통해 관료나 경영 집단으로 나아갔고, 그렇지 못한 아이들은 기초 교육만 받고 노동 계급으로 편입되었다. 그래서 『메리토크라시의 발흥』에서 정의하는 부정의injustice는 머리가 나쁜 사람이 높은 위치에 있고, 머리가 좋은 사람이 허드렛일을 할 때 발생한다. 그렇지만 메리토크라시의 발전으로 능력과 교육 기회가 서로 일치되었고, 그 결과 부정의가 사라지기 시작했다는 것이다. 영은 2034년 시점에서 지능 위주의 메리토크라시가 최고의 자리에 오른 것은 바로 1870년 공개적 관직임용 시스템의 개혁에서 유래된 것이라고 설명하고 있다.

영은 이 과정에서 영국이 미국과 러시아로부터 많은 영향을 받은 것으로 보았다. 특히 효율성과 국가발전 이데올로기가 메리토크라시의 주요 동기가 되었다고 썼다. 영국에서는 미국이 평등한 종합학교 시스템을 만들었고, 대학 단계에 가서야 엘리트 학생을 선발함으로써 평등성과 효율성을 동시에 유지하고 있는 것처럼 보았다. 러시아에 대해서는 사회적 반감이 있었지만, 1957년 러시아가 스푸트니크호를 성공적으로 발사한 후 영국인들의 인식이 달라지기 시작하였다. 그런데 여기서 평등교육을 주장하던 영국 노동당원들이 미국과 러시아의 교육체제에 대해 매우 호의적이었다. 러시아에서는 모든 학생이 7세에서 17세까지 같은 학교에 다니고, 능력별 계열화streaming가 없었다. 그래서 사회주의자(영국 노동당원)들은 미국과 영국의 공통 교육 시스템이 국가의 효율성을 높이게 되었다고 찬양하였다.

그 이전에도 노동당원들은 메리트 중심의 사고를 진작시키기 위해 노력해 왔다. 19세기 중엽까지만 해도 이들은 능력의 차이에 관계없이 모든 아이들이 같은 교육을 받아야 한다고 생각했다. 왜냐하면 분리교육은 계급의 분화를 촉진시키기 때문이었다. 평등교육에 대한 신념과 국가 경쟁력 이데올로기가 결합되어 노동당원들은 미국과 러시아와 같은 강대국 교육에 대한 관심이 많았다. 그래서 대안으로 떠오른 것이 종합학교 제도이다. 그렇지만 종합학교 운동은 '공부 잘하는' 자녀를 둔 부모들(당시에는 주로 상류 계급)의 반발로 인해 실패하였다. 이에 대해 영은 이러한 현상을 '재능의 귀족주의aristocracy of talent'라고 풍자하였다. 다시 말해, 능력 있는 아이들을 가진 부모는 이미 자녀들을 그래머 스쿨에 보냈으며, 기존 학교 시스템과 사회질서를 유지하고자 종합학교 운동에 강하게 저항하였다는 것이다.

여기서 한 가지 더 흥미로운 관찰은 교사들도 지능검사나 시험 위주의 선별 체제를 선호하였다는 것이다. 그 이유는 낮은 성적을 받은 학생들과 그 부모들로부터 나오는 불만과 이의제기에서 자유로울 수 있었기 때문이다. 또한 연구자들도 지능검사가 낮은 계층 아이들에게 덜 편파적이라 보았기 때문에 시험과 검사는 누구에게나 진보적인 것으로 비쳐지는 경향이 있었다는 것이 영의 설명이다.

2. 메리토크라시의 전복

영은 이 책에서 한편으로는 엘리트주의자와 대결을 벌이면서 한편으로는 모든 동시대인들의 사고를 풍자했으며, 그 이면에는 누구보다도 영국 노동당원들에 대한 불만이 녹아 있었다. 『메리토크라시의 발흥』에 따르면, 메리토크라시의 성립에 따라 사회는 인간들을 오직 능력에 의해 분류되는 시스템으로 진화하게 된다. 그런데 오직 능력만이 기준이 되자, 사람들은 더 이상 인간이 평등하다는 신념을 버리고, 능력에 따른 차별을 받아들이게 된다. 왜냐하면 지능검사에 의해 정확하게 능력을 변별해 주는 메리토크라시가 사람들을 설득해 주기 때문이다. 즉 메리토크라시의 윤리가 사회적으로 정착된다는 것이다. 이는 영이 메리토크라시를 사회구조나 체제로 볼 뿐만 아니라 이데올로기로 보고 있다는 것을 말해 준다. 영은 이러한 사회적 윤리에 노동당도 동화되었다고 비판하였다. 노동당조차 능력 있는 사람이 더 높은 교육을 받아야 하고, 더 많은 보상과 존중을 받아야 한다는 것에 반대하지 못하였다는 것이다. 이로써 누구나 공적deeds에 따라 더 많이 받아야 한다는 윤리에 동의하였다는 것이다.

물론 노동당은 봉건제도에 강하게 저항했으며, 그 결과 재능의 시대를 열었다. 영은 이로 인해 영국의 노동계층은 더 이상 노동계층이 되지 않기를 원했으며 노동labor이라는 용어 자체를 싫어하게 되었다고 보았다. 이러한 현상을 풍자하기 위해 영은 사회의 모든 영역에서 노동자 대신 기술자technicians라는 용어가 쓰이기 시작하였고, 모든 노동조합의 이름에서 노동 대신 기술로 용어가 대체되었으며, 마침내 노동당 역시 기술자당Technicians Party으로 개명할 것이라 풍자하였다.

영은 메리토크라시가 완전히 정착됨에 따라 노동계층에게는 저항을 효과적으로 조직할 수 있는 '능력 있는' 사람을 잃는 것이 가장 큰 문제로 보았다. 그는 사회 곳곳에서 소득과 부의 차이가 벌어지고, 자산과 능력이 세습되고, 노동계급은 인간의 존엄성을 인정받지 못할 것이라고 암울한 예언을 하였다. 그리고 이러한 세습은 사람들의 마음에 분노를 일으키고 그 분노는 메리토크라시를 전복하는 전조가 된다. 이 책은 이러한 전복이 거의 임박했음을 암시하며 끝난다.

책의 후반부에서 영은 데모크라시를 다시 불러들임으로써 메리토크라시를 전복시킨다. 영에 따르면, 1990년대로 넘어오면서, 메리토크라시가 정착되어 갔는데 이때부터 지능도 유전되는 경향이 발견되었다. 이는 상속과 능력이라는 양대 원리가 충돌했던 시대와 정 반대의 현상이었다. 즉 상속을 대체하려고 봉건사회를 능력 사회로 재편했는데, 이제는 능력이 상속되는 위기에 직면한 것이다. 더욱이 2030년대에 다가가면서 지배계급 중에서 능력이 낮은 자녀를 가진 부모들이 가능한 모든 수단을 동원해서 자신들의 지위와 그에 따른 특권을 세습하려는 순간 메리 토크라시는 또 한 번의 혁명에 의해 전복된다. 그 이전의 혁명은 메리토 크라시를 열기 위한 근대시민혁명이었고, 2030년대의 혁명은 메리토크 라시를 전복시키는 혁명이라는 점에서 매우 흥미 있는 풍자이다.

Ⅲ. 메리토크라시는 어떤 체제인가?

1. 능력의 국가관리

영에 따르면 메리토크라시는 맨 처음 공직임용개혁civil service reform에 의해 시작되었다. 역사적으로 볼 때 메리토크라시는 봉건사회의 정실주 의nepotism에 의한 통치를 대체하는 것이었다. 영은, 봉건사회에서는 남 자 아이에게 "커서 뭐가 되고 싶어?"와 같은 질문은 아예 존재하지 않았 다고 쓰고 있다. 왜냐하면 자식은 아버지가 했던 것을 해야 했기 때문이 다. 그러나 근대사회가 열리면서 계급사회가 봉건사회를 대체하게 된다. 이에 대해 영은 다음과 같이 표현하였다.

> 땅은 카스트를 키우고, 기계는 계급을 만들었다The soil
> grows castes; the machine makes classes.p.24

영은 영국에서 산업화 이후 100년 동안 정실주의가 성행하였다고 보 았다. 왜냐하면 영국은 자주 침략당해 본 적이 없고, 전쟁에서 완전히 패한 적이 없었으며, 정치 혁명에 의해 사회가 완전히 전복된 적이 없었 기 때문이다. 그래서 영국에서는 정실주의를 단번에 해소하기 어려웠다 는 것이다. 하지만 국가의 현대화와 발전 요구에 따라 봉건사회에서 메

리토크라시 사회로 이행하게 된다.[3]

영은 메리토크라시가 성장하는 과정에서 그래머 스쿨 출신 대학 졸업자와 엘리트 직업 세계에서의 일자리가 서로 잘 대응될 것이라 예상하였다. 또한 '세컨더리 미들 스쿨'(중등기초 교육기관)에서는 보다 육체적인 일자리를 위한 교육이 진행될 것으로 보았다. 능력과 일자리를 서로 맞추는 과업이 한 치의 오차도 없이 국가의 관리 속에서 통제되어야만 메리토크라시가 완성된다는 것이다.[4] 간단히 말해, 메리토크라시란 능력의 국가관리 체제라 볼 수 있다. 영은 이러한 체제가 다음과 같은 사회적 승인을 얻어서 성립 가능하게 되었다고 썼다.

① 가족의 지위세습은 국가경쟁력에 저해가 된다.
② 국가발전을 위해 국가가 개인의 능력을 관리한다.
③ 지능검사의 발전으로 효율적 선발이 가능해진다.

메리토크라시는 단순하게 말해 시험에 의한 지위배분 체제인데, 이는 평등과 공정성 보다는 국가경쟁력 강화라는 이념에 의해 정당화되었다는 점이 중요하다. 그래서 메리토크라시를 둘러싸고 '세습 vs 평등'보다는 '가족 vs. 국가'의 이항대립이 더 설득력을 발휘했다는 것이 영의 주장이다. 왜냐하면 가족은 개인의 수호자이며, 국가는 집단적 효과성의

---

3. 영은 풍자적으로 "봉건사회에서 아버지는 상속을 통해 죽지 않고 살아 있게 된다"(p.29)고 썼다. 생물학적으로는 아버지가 죽어도, 세습된 재화 속에서 여전히 남아 있기 때문이다. 그러나 메리토크라시의 도래에 따라 점차 사회적 효율성을 위해 능력이 중시되어야 한다는 여론이 높아져, 능력이 가정의 세습욕구보다 더 중요한 사회적 분배 기준이 되었다고 썼다.
4. 영에 따르면, 영국의 노동당원들은 메리토크라시의 산파였다. 이들은 초등교육이 더 나아질 수 있도록 지원하고, 중등교육을 무상화하고, 고등교육에서는 장학금을 늘리도록 했다. 그리하여 능력 있는 아이들이 더 높은 교육을 받을 수 있도록 하는 시스템을 만들고자 도 왔다. 영은 영국 노동당원들조차 부강한 국가를 만들기 위해—인간 존엄성이 아니라—메리토크라시의 필요성을 설득하였다고 우회적으로 비판하였다.

수호자였기 때문이다. 국가는 능력에 따른 직업 시스템을 왜곡시킬 수 있는 세습의 영향력을 막기 위해 가정을 통제하였다. 그렇지만 정실주의의 저항은 만만치 않았다. 이에 대해 영은 다음과 같이 표현하였다.

가정은 여전히 반동의 비옥한 모판이었다The home is still the most fertile seed-bed of reaction.p.31

역사적으로 볼 때, 가족은 메리토크라시의 성장에 방해가 되었다. 그렇지만 영은 영국이 국제경쟁 압력하에 놓이게 되자 어쩔 수 없이 능력이 중시되는 정치 체제로 나아갈 수밖에 없었다고 보았다. 영에 따르면, 다른 국가들(러시아, 미국, 중국 등)은 이미 가장 똑똑한 아이들이 시험을 통해 가장 높은 지위를 차지하여 국가의 경쟁력과 효율성을 높이고 있다고 인식되었다. 영국도 똑같이 하지 않는다면 머지않아 쇠락해질 것이었기 때문에 국제 경쟁은 메리토크라시를 가져오게 되는 원동력이었다는 것이다.

하지만 국가 경쟁력 강화 요구에 따라 메리토크라시가 가족의 세습 욕망을 이기고 정착하게 된다는 이와 같은 주장은 적어도 다음의 두 가지 측면에서 더 논의해 볼 필요가 있다.

첫째, 메리토크라시가 봉건사회를 대체하게 되는 데 있어 국가발전 요구가 중요한 역할을 한 것은 사실이지만, 메리토크라시가 세습의 욕망을 제어하지는 못했다. 설사 공직이나 자격증은 국가의 관리하에 들어오게 되었다 할지라도 그 밖의 사적 영역에서는 여전히 메리토크라시가 작동하는 것은 아니다. 영이 말한 완벽한 메리토크라시의 미래와는 다르게, 우리는 여전히 메리토크라시와 네포토크라시nepotocracy가 공존하는 사회에 살고 있다. 아마도 인간은 영원히 '능력과 세습'이 분배의 주요 원리가 되는 사회를 이루며 살지도 모른다. 봉건사회가 거의 전적으로 귀속적 지위에 의해 분배된 사회였다면, 근대사회는 능력과 계급이 공존하는 사회로 볼 수 있을 것이다. 물론 이러한 공존 때문에 분배와 재분배에 대한 윤리적, 정치적 충돌이 남아 있다. 그렇지만 능력 또는 세습 중 하나가 나머지 하나를 전적으로 지배하는 사회는 인류 역사상 한 번도 실현된 적이 없다.

둘째, 국가발전 이념은 메리토크라시의 엘리트 중심 분배 원리와 그 차별적인 분배 결과를 정당화하는 데 이용된다. 국가경쟁력 또는 사회효율성 담론은 '인간의 존엄성' 또는 평등이 사회 비판의 준거가 되지 못하도록 막는 효과를 발휘하고 있다. 물론 국가발전 이념은 세습이라는 봉건적 질서를 새로운 근대국가의 질서로 재편하는 과정에서 상당히 효과적이었음을 알 수 있다. 그러나 이미 후기산업사회로 돌입한 오늘날의 사회에서조차 여전히 국가경쟁력 담론은 인간의 존엄성 담론을 압도하고 있으며, 다양한 인정투쟁조차 국가의 효율적 운영에 방해가 될 수 있다는 이유로 존중받지 못하고 있는 실정이다. 오늘날에도 메리토크라시가 국가발전 이념과 결부될 때, 그 논리는 사회적 약자와 소수자의 인권보다 엘리트 중심 사회체제를 정당화시키는 데 활용되고 있다.

2. 응분과 승복의 윤리

메리토크라시는 윤리 그 자체일 수 있다. 메리토크라시는 그것이 최초로 정립되고, 유지되는 과정에서 그것을 지탱해 줄 수 있는 윤리가 필요했다. 적어도 영의 저서에서 읽히는 메리토크라시의 정의는 능력에 의한 효율적 계급사회이다. 이러한 계급사회에서는 낮은 계급에 속한 사람들의 불만을 잠재우고 높은 계급에 속한 사람들의 우월감을 정당화해 주는 윤리가 필요한 것이다.

영은 이러한 갈등을 해소하는 방편으로 낮은 계급이지만 기꺼이 자부심을 갖는 윤리적 장치가 생길 것이라 예견하였다. 그의 이야기에서 이러한 장치는 '개척단Pioneer Corps'으로 나타나게 된다. 영에 따르면 사회에서 누구도 하기 싫어하는 '더러운' 일dirty work을 맡아야 하는 개척단Pioneer Corps이 생기게 되었다. 이들은 낮은 지능으로 매우 균질한 집단이었으며, 낮은 지능이 맡아야 하는 일을 맡게 되었다는 점에서 자부심을 갖고 있었다. 이러한 자부심은 사회가 메리토크라시 윤리를 이의제기 없이 뒷받침해 주고 있기 때문에 나올 수 있다. 이러한 영의 디스토피아에 따르면, 메리토크라시 윤리하에서 국가는 우생원Eugenic House을 설립하고 시민 개인마다 국가 I.Q. 증서를 발행하여 능력에 적합한 일자리를 배급하는 데 조금의 오차도 없는 체제이다.

여기서 주목해 보아야 하는 것이 과학이다. 과학이야말로 현대사회의 윤리로서Beck, 1992, 영은 메리토크라시는 과학의 발전에 의해 구현될 수 있다고 예측했다. 메리토크라시는 이러한 과학적 배치로 말미암아 혹시나 있을 수 있는 낮은 계급의 적개심과 상대적 박탈감을 미연에 방지하고 사회를 안정적으로 유지할 수 있다는 것이다. 영은 '평등한 지능에 평등한 지위를 부여하는 원리principle of equal status for equal intelligence'는 효율성을 위한 것이자 윤리라고 보았다.

그럼에도 불구하고 영은 낮은 계급의 자기 존중감이 떨어지는 문제를 목도하게 되면서 메리토크라시 사회는 이 문제를 해결해야 했다고 쓰고 있다. 영은 이를 극복하기 위해서 다음과 같은 전략이 대두될 것이라고 예상했다. 첫째, 능력에 따른 교육이다. 이는 능력이 낮은 학생들이 다니는 학교에서는 직업에서 필요한 기초능력과 여가 활용을 중심으로 교육하며, 특히 육체적 강인함physical strength, 신체적 훈육bodily discipline, 수작업의 능숙성manual dexterity을 중시하여 가르치는 전략이다. 둘째,

성인교육을 통한 전략이다. 이는 지역 성인교육센터에서 매 5년마다 지능검사를 하도록 하여 각자 알맞은 직위를 재조정하는 전략이다. 셋째, 부모가 위로하는 방법이다. 이는 비록 지금은 낮은 계급에 속해 있지만, 결혼하여 자녀를 낳으면 언젠가는 사회이동의 기회가 있을 것이라는 기대를 주는 전략이다. 넷째, 낮은 지능 그 자체를 이용하는 것이다. 지능이 낮은 사람들은 주어진 일과 가족에 충실할 뿐 순응적이기 때문에 체제 전복의 염려가 없다는 것이다. 이들은 현대사회의 현실을 구성하는 복잡한 원리에 대해 충분히 이해할 능력이 없기 때문에 효과적으로 이의를 제기하지 못한다는 것이다.

영의 이러한 풍자는 매우 통렬하다. 특히 메리토크라시가 윤리적으로 뒷받침되지 않으면 능력 중심의 효율적 계급사회는 지탱 가능하지 않음을 우회적으로 보여 준다. 영은 메리토크라시가 본궤도에 오르면서 "머리가 나쁜 자녀가 높은 지위에 오르기를 바라는 것은 죄악"p.130이라는 윤리를 확립하였다고 쓰고 있다.

한편 영은 사회적 효율성을 신봉하는 윤리와 함께 경쟁을 통한 사회이동에 대한 선망이 유지되어야만 메리토크라시가 존립될 수 있다고 보았다. 이를 위해서 국가는 노동계급에게는 사회이동의 포부를 갖도록 해야 한다. 그래서 영은 메리토크라시가 노동자들이 그들의 자녀가 사업주를 선망하도록 하고, 그러한 선망이 경쟁의식을 촉진할 수 있도록 하는 장치를 가지고 있다고 말하였다. 그렇지만 이 두 가지는 서로 충돌할 수 있는데, 영은 경쟁은 조장하되, 능력이 낮은 사람이 지나치게 높은 선망을 갖고 있다가 결국 좌절을 경험할 경우, 불만을 갖지 않도록 동화시키는 윤리가 있어야만 메리토크라시를 떠받칠 수 있다고 말한 바 있다.[5] 참으로 실랄한 풍자가 아닐 수 없다.

이상에서 살펴본 응분과 승복의 윤리라는 주제로 볼 때, 메리토크라시는 적어도 다음 두 가지 측면에서 한계가 있다.

첫째, 응분의 주제와 관련해서 과연 개인의 능력에 따라 응분의 몫이 정해져 있다고 볼 수 있는가의 문제이다. 메리토크라시는 능력에 따른 응분의 몫에 근거해서 사회적 지위와 명예를 분배하는 체제이다. 그렇지만 응분의 것이란 고정된 것은 아니며, 어떤 자격과 그것에 합당한 응분의 몫도 기계적으로 1:1 대응되는 것이라 보긴 어렵다. 뿐만 아니라 기실 롤스Rawls, 1971에 의해서 '응분의 몫' 주장은 그 정당성이 설 자리를 잃었다.

또한 왈쩌Walzer, 1983도 이 문제에 대해 말한 바 있다. 누군가를 선발하는 상황에서는 사람들이 가지고 있는 능력, 즉 자격이 있는 사람들의 자질 범위 안에서 상대적으로 더 많은 능력을 가진 사람이 경쟁을 통해 선발된다. 하지만 선발된 사람의 몫은 처음부터 고정된 것이 아니기 때문에 응분의 몫이라는 개념도 불안정한 것일 수밖에 없다. 대개 그 몫은 시장의 수요, 공급 곡선이 만나는 지점에 정해진다. 그러나 이것은 시장이 정치를 지배하는 결과를 초래하는 것으로, 롤스는 시장이 인간의 존엄성을 훼손할 경우 이를 제어하지 않는 것은 입헌 민주주의에 어긋난다고 보았다.

이와 관련해서 왈쩌는 메리토크라시—응분의 몫이 정해져 있다는 의미에서의—는 개념만 있을 뿐 실제로는 존재하는 것이 아니라고 보았다. 대신 응분의 몫은 시민적 통제, 즉 그 사회 성원들이 생각하는 정도에 따라 정해진다. 왈쩌 이외에도 많은 사람들Rawls, 1971; Sen, 2000; 장은주, 2011이 응분의 몫 주장을 윤리학적 관점에서 비판하고 있다. 그렇지만 왈쩌

---

5. 이는 영이 영국 노동당에 대한 노골적인 불만으로 세태를 풍자하고 있는 것으로 볼 수 있다. 왜냐하면 영은 영국 노동당이 메리토크라시 윤리에 동조하면서 불평등 문제에 대해서는 소극적이었다고 생각하였기 때문이다.

의 주장만 들어도 메리토크라시의 '응분의 몫' 주장은 그 근거가 매우 취약해진다.

둘째, 승복의 주제와 관련해서 과연 능력이 낮은 사람들은 능력이 낮다는 이유로 차별에 승복할 수 있는가? 또는 승복해야 하는가의 문제이다. 어느 사회에서나 불평등한 상황에 놓인 사람들이 그 불평등을 기꺼이 받아들이도록 하는 윤리가 필요하다. '더러운' 일은 누구나 하기 싫은 일이지만 누군가는 담당해야 하는 일이다. 문제는 능력의 차이로 인한 차별적 대우가 인간의 존엄성을 훼손하고 그 상황에 놓인 사람들을 무시하는 경우에 발생한다. 그러므로 승복의 문제는 자동적으로 인정 Honneth, 1995과 공동체Sandel, 1982의 문제를 불러온다.

어떤 평등주의자도 소위 더럽고 위험한 일을 없앨 수는 없을 것이다. 이와 관련해서 왈쩌는 노동의 윤리적 특성에 대해 논한 바 있다. 그는 '더러운' 일을 없앨 수 없다면, 그 일의 윤리적 성격은 바꿀 수 있다고 보았다. 왈쩌는 이러한 주장을 뒷받침하기 위해 이스라엘의 키부츠를 사례로 든다. 키부츠에서는 노동의 존엄성을 높이기 위해 구성권들이 그 노동을 분담함으로써 누구나 하기 싫은 노동의 윤리적 특성을 바꾸어 놓았기 때문이다.

전술한 것처럼 '더러운' 노동이 문제가 되는 것은 그것이 사회적으로 불명예스러운 것으로 인식되기 때문이다. 영이 말하는 바대로, 메리토크라시는 사회의 효율성이라는 공리를 위해 능력이 낮은 사람들이 그것을 맡아야 한다는 윤리에 의해 지탱된다. 그러나 노동시장에서 '더러운' 일을 담당하는 사람들이 설사 가장 낮은 위계에 속한다 할지라도, 불명예까지 받아야 하는 것은 정의롭지 못하다.Walzer, 1983 그러한 노동이 불명예스러운 것으로 계속 남아 있게 할 것인가는 우리가 어떤 사회를 향해 나아가는가에 따라 달라질 수 있다.

3. 데모크라시와의 충돌

영은 산업사회 후기에는 기술의 발달로 인한 실업의 문제가 사회를 위협할 것이라고 예견하였다. 산업혁명 이후 기계의 발전은 육체노동을 도와주는 것이었으나 2차 세계대전 중에 있었던 전기 및 기술의 발달로 인해 손으로 할 수 있는 일을 기계가 대체하기 시작하였다. 영은, 엘리트 집단의 업무는 기계가 대신할 수 없으므로 실업 문제가 발생하지 않았지만, 공장 노동자들에게는 타격을 주었다고 썼다.

흥미롭게도 영은 1988년에 이르러 급기야 성인의 3분의 1이 실업 상태에 놓이게 되고, 그 결과 서비스 직종이 늘어나게 될 것이라 예상했다. 국가는 실업 문제를 해결하기 위해 가사 도우미나 서비스 직종을 늘려 실업문제를 해결할 수밖에 없다는 것이다. 이는 오늘날의 상황과도 유사하다고 볼 수 있기 때문에 상당히 잘 예측한 것으로 볼 수도 있다. 영은 실업난이 가중되면 열등한 사람이 우월한 이에게 서비스를 제공해야 하고, 그 대가로 생계를 보장받으면 된다는 생각이 다시 나타났다고 보았다.

하지만 이러한 계급적 분화는 사회의 갈등 요소를 내포하게 된다. 메리토크라시 사회는 언제나 계급사회이기 때문에 계급 갈등이 잠재되어 있는 것이다. 영은 메리토크라시가 데모크라시 체제를 갖고 있지 않기 때문에 스스로 전복될 것이라고 경고하였다. 그에 따르면 데모크라시는 카스트에서 메리토크라시 사회로 올 수 있도록 해 주었다. 그것은 1인 1표라는 평등주의에 기반을 두었기 때문이다. 카스트 사회에서는 봉건 귀족이 지배자였다면, 현대사회는 계급 지배에 의해 운영된다. 그러나 메리토크라시는 자기파괴적인 장치를 스스로 내포하고 있다는 것이 영의 주장이다. 그의 저서에서 이를 엿볼 수 있는 이야기가 '의회의 쇠퇴decline of parliament'라는 절에서 나온다. 이 절의 내용을 요약하면 다음과 같다.

> 카스트에서 현대사회로 넘어오는 중간 시기, 수백 년 동안
> 에는 '피가 뇌와 권력을 나누어 갖는 사회'였다. 누구에게나 보
> 통선거권이 주어짐에 따라, 계급의 고하를 막론하고 모든 성원
> 들이 평등한 투표권을 행사하였고, 그 결과 의회는 재능의 의
> 회parliament of talents―계급과 상관없이 능력 있는 사람들로 구
> 성된―가 되었다. 선거에서 다양한 노동자들이 당선될 수 있었
> 다. 그러나 메리토크라시가 정착되면서 노동자 출신 의원들의
> 지능이 현저히 떨어졌고, 그 이유로 이들은 의회 안에서 권력
> 을 장악하지 못하였다. 심지어는 개인의 지능에 따라 투표vote
> 의 수를 비율적으로 분배하는 안도 제기되었다.pp.134-139

이와 같은 영의 풍자는 메리토크라시 사회가 생각할 수 있는 힘을 가
진 노동자 계급을 잃음으로써 디스토피아에 빠질 수 있음을 보여 주기
위한 것이었다. 그는 풍자를 통해 "2020년에 이르러 경영 관리자 측에서
는 I.Q.가 140이 넘었고, 노동자 측에서는 약 99였으며, 1944년 교육법
이후 20년이 지나자 지능이 높은 노동자의 자녀들은 그래머 스쿨에 진
학했고, 그 이후에는 케임브리지로 가는 등 더 이상 노동계층에는 머리
가 좋은 사람이 거의 남지 않았다"p.144고 썼다. 이러한 풍자는 영국 노
동당원들과 노동자들에 던지는 신랄한 경고였다.

그 경고는 노동자들이 스스로 생각하고 자신의 인권을 옹호하기 위해
어떤 자세를 갖고 행동해야 하는지에 대한 것이었다. 영은 메리토크라시
가 노동자들에게 스스로 생각할 수 있는 능력을 빼앗고, 차별에 저항할
수 있는 조직을 갖지 못하게 하며, 스스로에 대한 존엄성을 지킬 수 있

는 의지와 능력을 앗아간다고 경고했다.[6]

그렇다면 영은 결국 메리토크라시에 대한 책을 쓰면서 속으로는 데모크라시에 대한 주장을 하고 있었다고도 볼 수 있다. 영이 정의하는 메리토크라시는 어떤 사회가 좋은 사회인가 그리고 어떤 사회를 만들어 나가야 하는가에 대한 질문을 던지지 않는다. 왜냐하면 이미 사회체제의 분배원리와 그것을 뒷받침하는 윤리가 타율적으로 정해졌기 때문이다.

그러한 점에서 메리토크라시는 적어도 다음 두 가지 측면에서 비판받을 수 있다.

첫째, 메리토크라시는 자기파괴적 모순을 안고 있다. 자기파괴적인 성격은 바로 데모크라시의 결여에 있다. 메리토크라시 체제는 노동계급에는 더 이상 생각할 수 있는 힘이 없는 사람만 남겨 놓게 됨으로써 사회적 저항의 싹을 죽여 버린다. 더 이상 노동계급을 교양하고, 지도하고, 조직화할 수 있는 사람 자체를 남겨 놓지 않는 것이 메리토크라시의 계급사회가 2034년까지 발휘한 통치기술이다. 흥미롭게도 영은 2034년 메리토크라시가 붕괴되는 모습을 마치 메리토크라시가 중세 봉건사회를 무너뜨리게 되는 것과 유사한 동기로 파악하고 있다. 즉 메리토크라시가 결국 고착된 계급을 세습하려고 드는 순간 붕괴되었으며, 그 동기는 근대혁명에서 메리토크라시를 불러들인 방식과 유사하다.

둘째, 메리토크라시는 사회가 지향하는 가치에 대해 윤리적으로 생각할 수 있는 기회를 허용하지 않는다. 메리토크라시를 매우 간단히 표현

---

6. 이러한 경고는 다음과 같은 풍자의 형식으로 이루어졌다. 영은 무력한 노동조합을 운영하기 위해 다음과 같이 세 가지 방식이 대안으로 제시되었다고 썼다. 첫째, 아주 탁월하지는 않지만 대체로 높은 능력(115-120 범위)을 가진 사람을 고용하는 방법이다. 둘째, 조직의 역할을 줄여 별로 할 일을 만들지 않는 것이다. 협상도 국가 수준에서 중앙집권적으로 운영한다. 가상적으로 1991년 이후 파업은 없어졌기 때문에 노동조합이 해야 할 일이 이미 없어졌다. 셋째, 스스로 허위의 존중감을 갖도록 노동자들에게 공로패를 수여하고 노동조합을 영예로운 기구인 것처럼 만드는 방안이다.

하면 능력, 즉 메리트에 따른 차별적 보상에 대한 인정 체제라 할 수 있다. 그러므로 능력, 즉 메리트가 무엇인가에 따라 보상의 양이 달라질 것이다. 영은 능력을 '지능+노력'으로 한정하였지만 이는 메리트에 대한 논의를 확장시키지 못하는 단점이 있다. 왜냐하면 메리트는 그 사회가 어떤 능력을 중시하는지에 대해 조건적으로 정의될 수 있기 때문이다. 그리고 더 나아가 그 사회가 어떤 가치를 지향하는지에 따라 중시하는 능력이 달라질 수 있기 때문이다.

IV. 메리토크라시를 어떻게 볼 것인가?

1. 마음의 습관

능력의 국가관리를 핵심으로 하는 메리토크라시는 근대사회의 지위 배분의 원리로 등장한 것이지만 실은 동아시아의 과거제도에 그 기원이 있다. 특히 동아시아의 유교사회는 메리토크라시에서 중시되는 개인적 노력은 물론 경쟁과 선발의 시스템을 갖고 있으며, 선발의 결과는 엄격한 서열화를 전제하는 질서를 가지고 있다. 이에 대해 이윤미[2012: 23]는 동아시아 사회에서는 "개인의 노력-경쟁-서열(위계)-반평등주의(신분적 귀천의식, 위계·서열의 정당화)를 연결시키는 논리구조를 지니고 있으며 이러한 규칙의 구조가 근대화 이후에도 이어진다"고 설명한 바 있다. 한국에서의 과거제 역시 메리토크라시 이념과 객관적이고 공정성을 지닌 선발 제도로 인식되었으며, 근대화 이후에도 한국인들의 마음속에서 지위지향적, 결과주의적, 가족주의적, 상징주의적 교육 경쟁의 성격을 형성한 직접적인 원인으로 남아 있다.[강창동, 2005] 메리토크라시는 너무나 익숙한 마음의 습관이 된 것이다.

이에 대해 장은주[2011]도 한국에서의 메리토크라시는 유교적 근대화와 깊은 관련성이 있다고 주장한다. 서구 자본주의 발전과정에서 프로테스탄티즘 윤리가 수행했던 역할을 한국에서는 유교적 입신양명이 대신했다는 것이다. 그래서 과거의 과거급제는 오늘날 명문 대학 진학이나 고시 합격이 가문의 영광으로 인식되는 문화 속에서 그대로 남아 있다는 것이다. 그뿐만 아니라 급속한 산업화 과정에서 유교적 근대화는 메리토크라시 윤리와 결합하여 한국 자본주의를 발전시키는 원동력이 되었다.[Green, 1999]

한편 점수에 기초한 승복윤리는 메리토크라시의 이상ideal이 아니라 이데올로기ideology로서의 기능을 한다는 비판에 직면해 있다.[김종엽, 2003; 장은주, 2011] 영이 메리토크라시의 숙명적 자기파괴적 기제가 '대물림'에 있다고 한 것과 마찬가지로 최근 한국에서도 '대물림'이 주요 사회비판적 화두가 되었다.

오늘날 한국에서 중등교육까지의 기회는 편만해졌으며 고등교육진학률이 증가하여 80% 이상을 상회한 지 오래되었다. 그럼에도 불구하고 사회적 지위, 물질적 재산, 교육 기회와 결과를 결정하는 데 미치는 귀속적 배경의 영향력이 계속 확대일로에 있다. 해방 이후 급속한 산업화 과정에서 졸업장이 지위상승의 첩경이라는 경험이 체화되었고 그 결과 누구나 거의 예외 없이 교육경쟁 체제에 참여하였다. 산업화 초반에는 근대적 계급분화의 와중에서 학력이 지위배분 역할을 담당함으로써 사회이동의 통로가 되었으나, 최근에는 사회의 계급구조가 대물림됨에 따라 교육제도는 대체로 계급 재생산의 기제로 고착화되고 있다.[김종엽, 2003] 이 과정에서 중상층 계급은 사교육 시장은 물론 서열화되는 고교 체제와 분화되는 거주지 선택을 통해 경제적 자본, 문화적 자본, 사회적 자본의 양과 질을 최대화하려는 시도를 보여 주고 있다. 그럼에도 이러한 문제를 적극적으로 시정하려는 의지가 약한 것은 이미 메리토크라시가 한국 사회 구성원들의 마음속에 깊이 공정한 윤리로 자리 잡고 있기 때문이다.

2. 무시의 윤리적 근거

개인의 인적자본을 극대화려는 의도를 갖고 교육에 접근하는 현대사회는 교육을 통한 경쟁력의 확보를 최고의 가치로 삼고 있다. 그런데 문제는 개인의 능력과 인간에 대한 평가가 분리되지 않는 경우가 너무 많다는 데 있다. 최근 메리토크라시의 윤리적 문제에 대해 이의를 제기하는 많은 학자들은 특히 이 문제에 대해 깊이 우려하면서 능력의 차이로 인한 인간의 존엄성이 훼손되는 경향에 대해 비판하고 있다. 특히 호네트Honneth와 같이 인정recognition의 주제에 대해 탐구하는 학자들은 사회적 인정관계가 확대되는 것이 그 사회의 윤리 수준이 높아지는 것이고 결국 사회가 발전하는 것으로 본다. 이러한 견해에 따른다면 메리토크라시는 분명 좋은 인정 질서를 구축하는 데 있어 부정적일 수밖에 없다.

이에 대해 문성훈[2014]은 메리토크라시에서 중시하는 능력이라는 기준이 "시장에서의 경쟁력을 보편적 인정의 기준으로 삼고 있다는 점에서 인간을 경쟁력이라는 하나의 잣대를 통해 서열화할 뿐만 아니라 다양한 개성을 허용하지 않음으로써 성공적인 자기실현이 아니라, 극심한 자기억압을 낳는"[p.114] 것이라고 비판하고 있다. 여기서 자기실현 또는 자아실현이라는 말이 중요한데, 그 이유는 인정 문제를 다루는 연구자들에게 불평등이란 자아실현을 방해하는 것으로 보이기 때문일 뿐만 아니라 교육에서 자아실현이란 보편적으로 받아들여지는 최고의 교육 목적이기 때문이다.

그래서 불평등에 있어서 인정의 문제는 결국 정체성에 관련된 것이다. 인정투쟁에서의 인정이란 어떤 개인의 갖고 있는 능력이나 사회의 공리를 높여 주는 기여—영이 정의하는 메리트와 유사한—가 아니고 개인의 차이와 개성이 존중되고 누구나 존엄한 인간으로서 인식되고 동시에 대우받는 것을 말한다. 이러한 관점에 기초한다면, 능력의 높고 낮음 또는 성적의 높고 낮음이 한 인간의 존엄성이 높고 낮음의 기준이 되어서는 안 된다. 누구나 존엄성을 인정받는다면 한 조직이나 사회에서는 무시당하는 사람, 소외되는 사람, 비가시적(아무도 거들떠보지 않는) 존재가 없어야 한다. 그러나 메리토크라시는 경쟁에서 낙오한 사람들을 '무시해도 되는' 윤리적 근거로 기능하고 있다는 면에서 큰 문제이다.

호네트의 인정 이론에서의 틀과 유사하게 번스타인Bernstein, 2000은 학교가 학생에게 세 가지 권리를 충족시켜 주어야 한다고 말한 바 있다. 이는 개인적 차원에서는 향상될 권리, 사회적 차원에서는 무시당하지 않을 권리, 그리고 정치적 차원에서는 적극적으로 참여할 수 있는 권리이다. 학교에서 어떤 학생이 향상되기 위해서는 자신감을 높여 줄 수 있는 교육을 해야 한다. 그리고 사회적으로 무시당하지 않기 위해서는 서로의 차이를 긍정하는 인간적 공동체가 학교에 자리 잡아야 한다. 그리고 의사결정에서 참여할 수 있기 위해서는 공적 장이 활성화되어야 한다. 이러한 번스타인의 교육적 권고가 학교와 교실에서 잘 실현되고 있는가?

미드Mead는 개인의 자기 존중감이 자아실현에 가장 필수적인 것이라 보았으며, 이러한 존중감은 상호작용에 임하는 타인들의 인식—자신에 대한—을 자신이 다시 인식할 때 형성되는 것으로 보았다. 물론 타인들이 자신을 무시하는 경우 개인은 적극적으로 조직의 활동에 참여하기 어려워진다. 학교와 교실에서도 마찬가지이다. 한 학생이 교실에서 성장한다는 것은 교실에서의 규범에 적극적으로 참여함으로써만 가능하다. 이러한 예는 아이들이 게임에 임하는 태도에서 엿볼 수 있다. 한 아이가 게임의 참여자로서 다른 아이들에게 어떤 행위를 하였을 때, 이 행위가 그들 사이에서 의미 있는 것으로 받아들여져야만 그 아이의 정체성이 긍정적으로 발달하게 된다. 마찬가지로 존중받는 상호작용 과정을 통하지 않고서는 교실에서 어떤 아이도 자아실현을 경험할 수 없다.

이렇게 본다면 교실 수준에서의 메리토크라시 윤리는 인정의 윤리와 충돌한다고 볼 수 있다. 이러한 사실은 교육연구자들에게, 학교와 교실 수준에서 누가 인정받는가? 의식적 또는 무의식적으로 무시당하는 학생들이 있는가? 이들은 그러한 무시와 불인정에 대해서 지각하고 있는가? 인정질서를 가진 교실과 그렇지 않은 교실의 특징은 무엇이고 이러한 차이는 어떤 결과를 만들어 내는가? 등 많은 연구질문을 던져 주고 있다.

3. 데모크라시와의 모순

영의 메리토크라시에 대한 경고는 오늘날 한국 사회에 어떤 의미를 가질까? 그 의미는 오늘날 한국 사회가 처한 현실에서 데모크라시를 어떻게 지키고 또 그 과업을 위해 교육은 어떤 모습으로 전개되어야 할까에 대해 성찰하는 과정에서 드러날 수 있다. 한국은 한국전쟁 직후 계급 형성이 미약했던 사회에서 산업화를 거쳐 계급 분화를 상당히 구축하였다. 이제는 다양한 방식으로 기득권을 세습할 수 있는 장치들이 마련되고 있다. 영의 예측은, 한국 사회에 기계적으로 대입할 수 없다 하더라도, 그의 풍자는 오늘날의 통렬한 현실을 생생하게 보여 준다.

최근 논란이 되는 자율형사립고 논쟁 등 많은 이슈들에서도 메리토크라시에 대한 믿음이 그 근저에 놓여 있다. 자율형사립고는 일반고에 비해 3배 이상의 등록금을 받음으로써 계층 배제의 문제를 낳고 있음에도 불구하고 효율성을 빌미로 중산층 이상 가족의 욕망이 대표될 수 있는 통로를 마련하였다. 비록 자율형사립고 제도가 사회통합전형 등 차별보완 조치를 가지고 있으나, 이는 더 큰 불평등을 용인하기 위한 도구이다.

뿐만 아니라 한국은 오늘날 매우 급격한 사회변동을 겪고 있다. 최근의 사회변동은 새로운 정체성을 만들어 내고 있다. 그것은 대체로 유동하는 사회로의 변동과 새로운 주체의 형성과 관련이 된다.Bauman, 2000; Beck, 1992 이러한 불안의 사회 변동을 겪고 있는 한국 사회에서 영이 말해 주는 교훈이 있다면, 그것은 인간의 존엄성과 같은 인본주의적 가치를 중심으로 '우리가 원하는 사회'를 함께 만들어 나가는 데모크라시 과업을 일깨워 주는 것이 아닐까?

그 사회가 어떤 사회인가는 가치판단의 주제이기 때문에 쉽게 기계적으로 합의할 수는 없을 것이다. 한편 누구나 행복을 추구할 수 있는 사회, 부모의 가난이 자식의 삶에 불리하게 대물림되지 않는 사회, 모든 이의 개성이 발휘되고 차이와 다양성을 인정받는 사회, 어떤 사람도 존엄성이 훼손되지 않는 인본주의 사회, 누구나 열심히 일한다면 인간다운 삶을 영위하는 데 필요한 소득을 보장받는 사회 등 대부분의 사회 성원이 동의할 수 있는 공동체의 기준은 설정할 수 있을 것이다. 최근의 사회변동을 고려할 때 위험과 불안은 '한 배를 탄' 한국이라는 국가공동체 구성원 모두의 당면 과제이다.

그러므로 학교교육은 사회과나 도덕과뿐만 아니라 모든 영역에서 민주주의, 사회정의와 같은 가치를 다루어야 하며, 이를 통해 인간의 존엄성을 옹호하는 동시에 더 좋은 세상을 만들어 가는 데 기여하는 책임감 있는 시민으로 학생들을 성장시킬 수 있어야 한다. 이를 위해서는 학교가 학생들로 하여금 민주적 공동체에 직접 기여할 수 있는 참여와 실천의 경험을 제공할 필요가 있을 뿐만 아니라 학교 자체가 민주적인 조직으로 거듭날 필요가 있다. 학생들은 자신의 주변에 있는 유의미한 타자로부터 모방을 통해 중요한 것을 배운다는 사실을 상기할 때 데모크라시를 가르치기 위해 가장 필요한 것은 학교가 민주적인 일상 공간이 되는 일이다. 영의 교훈은, 학교가 갖고 있는 메리토크라시 원리, 즉 우월감과 승복의 질서에 대해 성찰하고, 데모크라시의 일상 공간이 되도록 노력해야 하는 과업의 중요성을 상기시켜 준다.

V. 마이클 영의 교훈

이 장에서 나는 『메리토크라시의 발흥』에 나타난 메리토크라시에 대한 그의 예언에 대해 살펴보고, 메리토크라시의 특징과 한계를 알아 본 다음 이에 대한 현재적 의미와 교훈에 대해 재음미해 보고자 하였다. 이 풍자소설을 통해서 저자는 2034년 시점에서, 사회가 데모크라시를 추구하지 못하고, 메리토크라시 체제를 구축한 것이 얼마나 노동계층을 비참하게 만들게 되었는지에 대해 개탄한다. 영은 우리에게 데모크라시를 지키지 못했을 때, 사회는 다시 신분세습을 고착시킨다고 경고하는 것이다. 그래서 영에 의해서 메리토크라시는 디스토피아로 그려진 것이다. 한편 이러한 메리토크라시의 디스토피아론에 반해 데모크라시의 유토피아론을 역설한 학자가 있다. 정치학자 다알^{Dahl, 1989}은 유토피아를 추구하는 행위로서 데모크라시의 중요성에 대해 역설하였다. 다알에 따르면 주어진 사회가 데모크라시의 조건을 갖추고 있는지 윤리적으로 심의해 보아야 하는 것이 유토피아를 추구하는 일이다. 그에 따른다면, 유토피아는 결코 달성할 수 없는 것이지만 그것에 가까이 가고자 하는 시민들의 노력만이 그나마 인간의 존엄성을 바탕으로 불안사회를 헤쳐 나갈 수 있는 윤리적인 힘이 될 수 있다. 이러한 논의를 이제 학교와 교실에 적용해 볼 필요가 있다. 물론 학교가 평등한 교육을 제공하는 경우에도 학업성취 결과는 평등하지 않을 수 있다. 어떤 학생들은 앞서 나가고 어떤 학생들은 학습 속도가 느리기 때문에 학업성취도의 차이가 발생한다. 그러나 학업성취도는 영예의 불평등을 만들 수는 있어도 그것이 부와 권력을 분배하는 기준이 될 필요는 반드시 없다.Walzer, 1983 누군가가 학업의 남다른 성취를 이룩했다면 그것으로 권위와 명성을 차지할 수 있지만 지위와 권력을 보장할 필요는 없기 때문이다. 이러한 주장은 메리토크라시와 많은 차이를 보여 준다. 이러한 주장을 받아들인다면, 학교는 성적에 의해 우월감 또는 열등감을 느끼도록 해서는 안 된다. 어떤 학생도 학업성취의 속도와 숙달도에서 차이가 날지언정 그것 때문에 다른 학생을 무시하거나 또는 그들로부터 무시를 당해서는 안 된다. 이러한 주장이 설사 완전하게 실현되기 매우 어려운 일일지라도 교육이 추구해야 하는 이상은 성취의 차이에 관계없이 누구나 존중받을 수 있어야 한다는 것이다.

오늘날 한국 사회에서도 매우 익숙한 사회 문제 어휘들은 청년실업, 불안, 불안정, 고령화, 노인 일자리, 1인가구, 개인화 등이다. 이제 불안과 위험을 숙명적으로 안고 살아가게 될 아이들에게 교육자들은 어떤 공동체를 물려줄 것이며, 교육을 통해 아이들에게 어떤 힘을 길러 줄 것인가? 자라나는 아이들에게 더 나은 세상, 더 살기 좋은 사회를 스스로의 힘으로 열어 갈 수 있도록 도와주기 위해서는 어떤 교육이 필요한가? 이러한 질문에 대한 대답을 준비하면서 영이 남겨 놓은 교훈은 무엇일까? 아마도 그의 교훈은 더 좋은 사회란 모두의 존엄성이 인정되는 사회, 스스로의 인권을 옹호할 수 있는 사회, 누구나 품위 있는 삶을 영위

할 수 있는 소득이 주어지는 사회로 볼 수 있을 것이다. 그래서 불안, 위험, 불확실성과 함께 더불어 살아가야 할 아이들이 '누구나 존엄하고 품위 있는 삶을 영위'할 수 있기 위해서는 데모크라시를 그 윤리적 방향으로 추구해야 할 것이다. 나는 이것이 영의 저서가 후세대에 남겨 놓은 교훈이라고 생각한다.

| 참고문헌

강창동(2005). 과거제 선발 경쟁의 교육사회학적 성격에 관한 연구.『교육문제연구』22, 177-204.

김낙년(2012). 한국의 소득불평등, 1963-2010.『경제발전연구』18(2), 125-158.

김정숙·성열관(2014). 자율형 사립고 사회통합전형에 대한 교사들의 인식.『한국교육』41(3), 119-145.

김종엽(2003). 한국 사회의 교육 불평등.『경제와 사회』59, 55-77.

문성훈(2014).『인정의 시대』. 서울: 사월의책.

방하남·김기헌(2002). 기회와 불평등: 고등교육 기회에 있어서 사회계층간 불평등의 분석.『한국 사회학』36(4), 193-224.

성기선(2009). 평준화의 위기와 해법.『교육비평』26, 142-165.

손준종(2004). 교육공간으로서 강남 읽기.『교육사회학연구』14(3), 107-131.

신광영(2009). 세대, 계급과 불평등.『경제와 사회』81, 35-60.

여유진(2008). 한국에서의 교육을 통한 사회이동 경향에 대한 연구.『보건사회연구』28(2), 53-80.

여유진·김수정·구인회·김계연(2007). 교육불평등과 빈곤의 대물림. 한국보건사회연구원.

윤형호·김성준(2009). 부의 대물림?: 가계소득과 사교육이 자녀소득에 미치는 영향.『한국행정논집』21(1), 49-68.

이두휴(2011). 도시와 농촌간 교육양극화 실태 분석.『교육사회학연구』21(2), 121-148.

이윤미(2012). 동아시아 모델의 교육적 적용 가능성 탐색.『비교교육연구』22(5), 1-32.

장은주(2011). 한국 사회에서 '메리토크라시의 발흥'과 교육 문제.『사회와 철학』21, 71-106.

Arrow, K., Bowles, S., & Durlauf, S.(2000). *Meritocracy and economic inequality*. New Jersey: Princeton University Press.

Bauman, Z.(2000). *Liquid Modernity*. Cambridge: Polity.

Beck, U.(1992). *Risk Society: Towards a New Modernity*. London: Sage.

Bernstein, B.(2000). *Pedagogy, Symbolic Control and Identity*. Oxford, England: Rowman & Littlefield Publishers, Inc.

Dahl, R.(1989). *Democracy and Its Critics*. Connecticut: Yale University.

Green, A.(1999). Education and globalization in Europe and East Asia: convergent and divergent trends. *Journal of Educational Policy*, 14(1), 55-71.

Honneth, A.(1995). *The Struggle for Recognition: The Grammar of Social Conflicts*. Cambridge: Polity.

James, E.(1951). *Education and leadership*. Harrap.

Karabel, J.(2005). *The Chosen: The Hidden History of Admission and Exclusion at Harvard*, Yale, and Princeton. New York: Houghton Mifflin.

McNamee, S. & Miller, R.(2009). *The Meritocracy Myth*. New York: Rowman & Littlefield.

Mead, G.(1934). *Mind, Self and Society*. Chicago: University of Chicago Press.

Orfield, G.(2001). *Schools more separate: Consequences of a decade of resegregation*. Harvard University, The Civil Rights Project.

Rawls, J.(1971). *A Theory of Justice*, Oxford: Oxford University Press.

Sandel, M.(1982). *Liberalism and the Limits of Justice*. Cambridge University Press.

Sen, A.(2000). Merit and Justice. In Arrow, K., Bowles, S., & Durlauf, S.(Eds.) *Meritocracy and economic inequality*, 5-16. New Jersey: Princeton University Press.

Walzer, M.(l983). *Spheres of Justice*, Oxford, Basil Blackwell.

Young. M.(1958). *The Rise of the Meritocracy*. New Jersey: Transaction.

윌리엄즈와 노동계급 교육: 공적 페다고지 관점[1]

이윤미

I. 레이먼드 윌리엄즈의 교육론과 공적 페다고지 관점

레이먼드 윌리엄즈Raymond Williams, 1921~1988는 문화이론cultural studies 분야의 선구자로박거용, 1992; 김호석, 1993; 김영희, 1993; 정태진, 2000, 마이클 애플Michael Apple이나 헨리 지루Henry Giroux 등에 의해 빈번히 인용되면서 비판적 교육학에서 중요하게 간주되어 왔다. 장구한 혁명long revolution, 감정의 구조structure of feeling, 선택적 전통selective tradition 등 윌리엄즈의 문화마르크스주의적 키워드들은 교육학 논의에서도 다루어지지만, 정작 그의 교육론은 잘 알려져 있지 않다. 특히 국내 교육학 분야에서 윌리엄즈의 교육론을 조명한 연구는 거의 없다.이윤미, 2016 이러한 사정은 그가 주로 활동한 영미권에서도 비슷하다. 이는 윌리엄즈가 성인교육 분야에 참여했던 시기가 활동 초기 기간이었고, 그 이후는 문화이론가로서 주로 알려졌기 때문에 그의 교육론에 대한 관심이 상대적으로 낮았기 때문이라고 할 수 있다.

윌리엄즈는 영국 케임브리지대학 교수를 지낸 학자이자 마르크스주의

---

1. 이 글은 이 책의 목적에 맞게 기존 원고를 수정·보완한 것이다[이윤미(2016), 「레이먼드 윌리엄즈의 노동계급 교육사상-공적 페다고지의 관점에서」, 『교육사상연구』 30(1), 207 -230].

적 실천가였고, 동시에 노동자교육을 직접 수행한 교육활동가이기도 했다. 이론 및 문학창작 분야에 광범하게 걸친 그의 저작들은 노동계급에 대한 깊은 신뢰에 기초하여 쓰여 있는데, 이는 몸소 실천한 노동자 교육 활동에서 깊게 영향받은 것이었다. 윌리엄즈는 1950년대 이후 '문화'에 대해 주목하면서, 당시까지의 정통 마르크스주의 논의에서 비중을 갖지 못하던 문화라는 용어를 하나의 주요어로 부각시키는 데 기여했고, 문화이론cultural studies이라는 새로운 분야가 형성되는 데 주역을 담당했다. 그의 문화유물론은 한편으로는 마르크스주의를 계승한 것이면서 다른 한편으로는 문화라는 개념을 기반으로 마르크스주의를 재정립한 것이기도 하다. 이러한 논의를 위해 동원된 그의 역사적, 문화적 분석은 광범한 자료에 기반하고 있다.

윌리엄즈는 영국 노동계급의 교육을 노동자교육의 오랜 전통 속에서 중요하게 다루고 있고, 자본주의사회의 근본적 변혁 혹은 혁명은 노동자계급의 자기교육과 문화형성에 기반한 것이어야 한다고 보았다. 그는 대중문화와 대중매체의 변화 속에서 나타나는 교육의 새로운 수단과 가능성을 주목했다.

이러한 점에서 윌리엄즈는 오늘날 '공적 페다고지public pedagogy' 논의의 이론적 기초를 제공하는 것으로 주목되기도 한다.Cole, 2008; Giroux, 2004a 공적 페다고지는 '교육' 기능을 수행하는 학교 외의 다양한 제도들(가족, 교회, 도서관, 박물관, 출판사, 라디오, 연구기관, 군사조직 등)이 지니는 지배적 기능과 저항적, 변혁적 기능에 착목하는 연구 주제로 주목되어 왔다.Sandlin et al., 2010

이 글은 두 가지 목적을 지니고 있다. 첫째는, 레이먼드 윌리엄즈의 문화마르크스주의의 핵심 개념들을 검토하면서 이를 기초로 한 노동계급 교육론을 살펴보는 것이다. 윌리엄즈의 노동계급 교육론은 생애에 걸친 일관된 관점으로 나타나기도 하지만, 특히 그의 초기 교육활동과 연관되기 때문에 필자는 이러한 저술들을 통하여 윌리엄즈의 관점들을 밝혀 보고자 한다. 특히, 1946년에서 1961년의 15년간에 걸친 노동자교육에 참여했던 기간 동안 저술된 초기 저작들에 초점을 두어 그 교육론을 확인하고자 한다.[2]

둘째는, 윌리엄즈의 사상을 구미의 진보적 교육학자들을 중심으로 다루어져 온 '공적 페다고지'의 맥락 속에서 살펴보면서 그 시사점을 논의하고자 하는 것이다. 윌리엄즈의 논의는 20세기 중후반 영국을 배경으로 하고 있지만, 이를 살펴보는 것은 그 자체의 학술적 의미에 더하여 오늘날의 교육과 관련해서도 상당한 시사점을 갖는다고 보기 때문이다.

II. 몇 가지 배경

1. 공적 페다고지public pedagogy는 무엇인가

공적 페다고지라는 용어는 문화마르크스주의 교육학자인 헨리 지루 Henry Giroux가 주창하고 대중화한 용어로 알려져 있다. 공적 페다고지는 페다고지pedagogy를 학교 안에서의 교수학이 아닌 문화가 지닌 폭넓은 교육적 기능 속에서 접근하고자 하는 것이다.Giroux, 2000: Giroux, 2004a: Mayo, 2002 지루에 의하면, 문화는 역사를 매개할 뿐 아니라 그것을 형성하며, 다양한 내러티브나 비유, 이미지 등을 통해 사람들이 스스로에 대

---

2. 1958년 저작인 『문화와 사회(Culture and society 1780-1950)』 이전의 저술들은 잘 알려져 있지 않거나 분산되어 있다. 이 논문에서는 1993년에 수집·편집된 J. McIlroy & S. Westwood(eds.), Border country: Raymond Williams in adult education, Leicester, England: National Institute of adult continuing education, 1993에 수록된 윌리엄즈의 저술들을 이 시기에 접근하는 기본 텍스트로 다룬다.

해 인식하고 타인과의 관계에 대해 사고하는 데 강력한 교육적 힘을 발휘한다. 그는 문화가 정치적, 경제적 그리고 '교육적'인 힘으로 작동하는 방식에 주목하며 이에 개입하는 공적 지식인의 역할을 강조한다. 특히 현대사회에서 문화가 하는 다면적 기능에 비추어 볼 때 페다고지는 더 이상 학교 안에서의 과정에 국한되지 않는다.Giroux, 2000; Giroux, 2004a; Giroux, 2004b

지루는 그의 개념을 레이먼드 윌리엄즈Williams, 1967의 "영속적인 교육 permanent education" 개념으로부터 가져온다. 지루는 윌리엄즈의 영속적인 교육을 언급하면서 교육이 제도적, 비제도적 교육뿐 아니라 제도 및 관계 등을 포괄하는 총체적 환경과 관련된다는 것을 강조한다. 교육은 문화정치cultural politics[3]와 불가분하게 관련된다고 보는 것이다.Giroux, 2004a: 63 윌리엄즈에게 있어 영속적 교육이 지니는 효과는 우리로 하여금 세계에 대해 알게 하고, 우리 스스로와 그 가능성에 대해 알게 해 주는 장field들에서 비롯된다. 우리는 이러한 장들에 대한 통제력을 가져야 한다.Williams, 1967: 14-16

지루Giroux, 2004b에 의하면 신자유주의도 문화정치의 한 형태이며, 그 자체의 공적 페다고지를 산출하는 힘을 갖고 있다. 즉 자본주의 기업 주도의 공적 페다고지는 시장적 정체성과 가치들을 형성하고 비판적 사회적 실천들을 원자화하는 데 영향력을 발휘해 왔다. 지배 질서는 지성적 성격을 가지고 지식, 정보, 신념, 사고 등에 관여하기도 하는 것이다. 지루는 신자유주의 자본주의의 힘이 지나치게 강하다기보다 민주주의의

---

3. 문화정치(cultural politics)는 문화이론 분야에서 일반적으로 통용되는 용어이다. 문화적인 "선택과 거부, 의미의 생산, 가치 부여" 등을 통해, 의미작용(signification)이 이루어지고 문화에 대한 능동적 참여가 이루어지는 활동 속에서 작동하는 사회적 관계에 관심을 둔다(Storey, 1995: 288). 지루에 의하면, 문화는 사회적 결합과 개입을 통해, 다원적, 우연적, 개방적으로 정치가 실현되는 원초적인 장이다(Giroux, 2004a: 62).

힘이 너무 약한 것이 문제라고 본다. 신자유주의적 공적 페다고지는 다양한 장에서 자본권력의 지식, 가치, 정체성 등을 형성해 왔다. 지루는 '비판의 페다고지'를 넘어 '개입의 페다고지'를 통해 비판적 시민권과 포용적 민주주의 그리고 전 지구적 공공 영역의 과제들을 풀어 가야 한다고 본다. 공적 페다고지의 핵심은 문화이며, 문화정치에 개입하는 것이라고 말한다.

공적 페다고지의 개념은 지루에 의해 대중화되었지만, 문화에 대한 유사한 문제의식은 다양한 논자들에 의해 공유되며, 공적 페다고지의 이름으로 문화정치와 교육에 관련한 다양한 분석들을 산출해 내고 있다.[4] 공적 페다고지 연구들에서는 학교체제 밖에서 대중문화, 인터넷, 공적 공간들(박물관, 공원 등), 상업적 공간들, 새로운 사회운동 영역 등을 통해 이루어지는 교육적 재생산과 저항에 주목한다. 대중문화가 지니는 헤게모니적이고 왜곡된 교육miseducative의 측면도 분석 대상이지만, 그것을 넘어서고자 하는 비판적이고 대항 헤게모니적 가능성에 대해서도 주목해 오고 있다.Sandlin et al., 2010 즉 시장논리와 상품화가 지배하는 상황에서 공적 영역을 어떻게 재활성화할 수 있는가의 문제가 주된 관심이라고 할 수 있다. 교육의 영향은 단지 학교에 한정되지 않으며 인간 형성에 영향을 주는 전체적 환경 속에서 논의될 필요가 있는 것이다.

2. 영국 노동계급의 자기교육 전통

영국에서는 18세기 말 이래 노동계급을 중심으로 한 자기교육 활동이 전개되었다. 윌리엄즈가 가졌던 노동계급 교육에 대한 관심도 이러한 전통 속에서 살펴봐야 한다. 노동계급에 대한 교육은 중간계급에 의해

---

4. 공적 페다고지는 개념어라기보다는 학교를 넘어선 다양한 제도들에서의 교육을 의미하는 일반적 용어로 사용되고 있다(Sandlin et al., 2010).

주도되었으나 18세기 후반에 이르면 노동계급 스스로가 '상호향상적' 모임mutual improvement societies을 통해 스스로 교육활동의 주체로 나서는 것을 볼 수 있다.

노동계급에 대한 초기의 교육은 아래로부터의 요구가 아니라 중간계급의 필요를 반영한 것이었다. 지배를 위해서도 문맹율이 낮을 필요가 있었고 종교적 신앙과 계몽의 확대를 위한 노력은 당시의 시대적 분위기를 반영한 것이기도 했다.Harrison, 1961: 39-40; Simon, 1974

18세기에 이르면 대중강연, 문해학교, 상호향상회 등의 형태로 노동계급 스스로에 의한 교육이 형성되고 있다. 노동계급 교육의 초기 과정에서는 중간계급으로부터 3Rs 수준의 기초적 교육활동을 보급받았으나 점차 노동계급의 지적 요구가 높아지고 대중모임이나 인쇄물 등이 증가하면서 스스로 자신들의 학습을 이끌어 가게 되었다. 급진적 저널이나 대중모임, 독서와 토론을 위한 모임에 대한 접근성이 높았으며 학습에 대한 적극적 태도들을 갖게 되었다. 각종 '상호향상회' 모임에서는 문해, 수학, 당대 정치경제 이슈 등 다양한 방면에서 학습 자원이 재생산되고 공유된 바 있다.홍유희, 2011[5]

19세기 초·중반(1838~1842)에는 '공상적 사회주의'로 알려져 있는 오웬주의Owenism가 힘을 얻었다. 로버트 오웬의 협동(조합)적 공동체론 cooperative community에 기반한 각종 공동체 활동이 전개되어, 다양한 강연, 토론, 지역단위 모임 등이 조직되고, 잡지, 팸플릿 등이 제작·공유되었다.Harrison, 1961: 109-110 19세기 말 이후에는 노동계급의 조직화와

---

5. 홍유희(2011)는 산업화 시기 노동계급 출신 교육운동 지도자들인 윌리엄 코베트(William Cobbett), 사무엘 뱀포드(Samuel Bamford), 윌리엄 로베트(William Lovett), 토마스 쿠퍼(Thomas Cooper) 등의 사례를 검토함으로써, 새로운 지식과 정보에 대한 욕구가 높아지고 교육적 공유활동을 통한 공동 성장이 중시되면서 노동계급이 스스로 주도하는 독서모임과 인쇄매체 등의 증가가 나타났다고 보았다.

사회주의 사상의 확산에 따라 노동계급 주도의 교육활동이 새롭고 급진적 요구들을 반영하며 전개되었다.Simon, 1965 1890년대에 마르크스주의적 이론에 입각한 학습조직들이 독자적 재생산체계를 가지고 활발하게 활동을 했고, 20세기 초에는 마르크스주의가 노동운동에 큰 영향을 주기에 이르렀다. 노동운동 내부를 볼 때, 사회민주주의총연맹Social Democratic Federation, SDF과 사회주의노동당Social Labour Party, SLP은 마르크스주의를 지향한 반면, 독립노동당Independent Labour Party, ILP은 대륙 사회민주주의계열을 지지했다.Simon, 1965: 302

20세기 초에 이르면 사회주의 매체에 기반한 광범한 조직활동을 전개했던 클레리온The Clarion 운동 등이 최고조에 달하고, 협동조합운동에서의 사회문화활동의 폭이 넓어졌다. 또한 노동교회운동, 사회주의일요학교 등이 전국조직을 형성하여 복잡성을 드러내고 있었다. 교육적 차원에서 볼 때, 다양한 활동 중에서 마르크스주의 학습을 기반으로 학습조직의 지속에 영향을 주고 새로운 상황을 이끌어 내는 데 기여한 것은 사회주의세력이었다고 할 수 있다. 한편, 20세기 초에 새롭게 열정적으로 나타난 현상으로 성인학교운동을 주목할 수 있는데, 1909에서 1910년 사이에 2,000여 개의 학교에서 10만 명 이상의 성인 학생이 조직되었다.Simon, 1965: 303-304

이러한 흐름과 다소 다른 차원에서 전개된 것으로 대학연계성인교육University Extension work이 있었다. 이는 대학교수들과 노동계급 성인학생을 연계하는 활동으로, 1850년대부터 옥스퍼드, 케임브리지대학을 중심으로 전개되었다. 이러한 활동은 '인민대중이 대학으로 들어오기가 어렵다면 대학이 그들에게로 간다'는 정신으로 이루어진 것으로, 대학 밖의 지역에 강좌를 개설하는 것이었다. 당사자들에게는 일종의 국내 '선교활동missionary work'이었다고 일컬어지기도 하고, 민주주의를 확장하려는 노력이었다고 보기도 한다. 이를 계기로 지역별로 신생 대학이 설립되기도 했다.Harrison, 1967: 235 그러나 19세기 말에 대학연계교육은 노동계급의 지지를 상대적으로 많이 받지는 못했던 편이라고 평가된다. 이들은 노동자들의 정치투쟁을 직접적으로 지원하기보다는 고등지식의 학습을 통한 자유교육적-인문주의적 목표를 추구하는 경향이 있었다.Simon, 1965: 304

사이먼Simon, 1965에 의하면 이러한 대학연계교육활동은 정치투쟁을 전면에 내세운 사회주의운동과 대립되는 것처럼 보이지만 상당한 공유점을 지니고 있었다. 특히 그들 모두 교육의 목적을 개인적 삶의 '물질적 향상'에 두지 않았다. 즉 교육받은 노동자들이 그들의 계급을 벗어나기 위해서가 아니라 그들 계급 전체의 이익을 위해 영향력을 발휘할 수 있어야 한다고 보았다. 양자 간의 차이가 있다면 사회주의운동이 '사회 변화'에 직접적으로 관심을 둔 반면, 대학성인교육은 개인의 변화에 관심을 두었다는 점이다. 대학 프로그램의 주도세력이 노동계급투쟁에 우호적이긴 했어도 사회주의운동과 방법상의 차별성을 견지한 것이라고 할 수 있다.Simon, 1965: 305

레이먼드 윌리엄즈가 관여했던 성인교육활동도 옥스퍼드대학이 주도한 대학연계성인교육이었으며, 노동자교육협회Workers' Educational Association, WEA라는 단체에 의해 연계 운영된 것이었다. 노동자교육협회WEA는 역사적으로는 19세기 대학연계성인교육의 연장선상에서 출범하게 된 것이었고, 맨스브리지Albert Mansbridge라는 활동가가 1903년에 창설한 단체이다. 초기에는 노동자 고등교육증진협회An Association to promote the Higher Education of Working Men라는 명칭으로 시작했다가 1905년에 노동자교육협회Workers' Educational Association로 개칭하여 현재까지 이어지고 있다. 이 조직은 영국 내에서만이 아니라 국외에도 지회

를 가진 조직으로 성장해 왔다.^{Harrison, 1967; Simon, 1965}

레이먼드 윌리엄즈와 함께 노동자교육협회WEA와 연계된 대학성인 교육활동에 참여했던 저명한 지식인들로는 호가트Richard Hoggart, 톰슨Edward P. Thompson, 하지킨Thomas L. Hodgkin 등이 있다. 윌리엄즈는 1946년부터 옥스퍼드대학연계성인교육에 참여하여 활동하다가 1960년대 초에 이르러 노동계급 교육으로서의 활동에 회의를 품은 채⁶ 그만두게 된다.^{McIlroy & Westwood, 1993: 313-314}

3. 윌리엄즈 문화유물론의 핵심 개념과 노동계급관

레이먼드 윌리엄즈는 호가트, 톰슨 등과 더불어 영국 문화연구의 3대 시조로 인정되어 왔다. 그는 대부분의 이론가들과 달리 몇 안 되는 노동계급 출신 지식인이기도 하다.^{김호석, 1993: 195-197} 윌리엄즈는 케임브리지대 교수를 역임하면서 5편의 소설과 5편의 희곡을 저술할 정도로 이론가이면서 문학가이기도 한 다채로운 경력을 가지고 있다. 앞서 언급한 대로, 15년간 옥스퍼드대학연계성인교육활동에 참여하기도 했다. 윌리엄즈의 대표적 이론서로는 『문화와 사회Culture and society』(1780~1950), 『장구한 혁명The Long revolution』, 『키워즈Keywords』, 『마르크스주의와 문학Marxism and literature』, 『텔레비전론Television』 등을 꼽을 수 있지만, 이외에도 수많은 저작을 통해 그의 생각들을 남기고 있다.^{Higgins, 2001}

윌리엄즈는 웨일스 출신으로 아버지가 철도노동자로 일하던 변경에서 성장했다. 케임브리지대학을 다니며 학생공산주의자가 되었지만 1940년에 군대를 가면서 당을 사실상 탈퇴했다. 참전 경험은 그의 인생에 깊은 영향을 주었다. 제2차 대전 직후 그는 미국의 반공적 히스테리와 스

---

6. 이에 대해서는 본 논문 III장 1절 참조.

탈린주의의 경직성 모두에 대해 비판적이었다. 그는 '내부적 망명internal exile'이라는 여정을 시작했고, 외부와 고립된 채 작업을 했던 것으로 알려진다.[7]

1950년대 중반 이후 신좌파 경향들을 접하면서 자신의 문화적 관점과 매우 유사한 것을 통해 고무되었는데, 영국에서 흔히 마르크스주의라고 하는 것과는 '급진적으로 다른 마르크스주의'를 접하게 되었다.Williams, 1977: 2-3 이때 루카치, 브레히트 등 당시 잘 알려지지 않았던 저작들을 읽었고, 엥겔스 후기 저작, 플레하노프, 소비에트 마르크스주의에 대해 공부를 했다. 이를 통해 1930년대 영국 마르크스주의자들을 새로운 관점에서 보게 되었고, 마르크스주의를 발달적, 미완성적, 논쟁적인 것으로 다시 보게 되었다. 많은 질문들에 대해 개방적으로 접하면서 해결되지 않은 문제들을 재조명하게 되었다. 1970년대 초 이러한 이슈들을 수업에서 다루기도 하고, 광범한 국제 교류(이태리, 스칸디나비아, 프랑스, 북아메리카, 독일, 헝가리, 유고슬라비아, 소련 등)를 하면서 자신의 논의의 폭을 확장했다. 그는 이때 "인생 처음으로 마음 편안한 영역과 분야에 속해 있다는 느낌을 받았다"고 회고했다.Williams, 1977: 4-5

이러한 과정을 거쳐, 1950~1960년대에 시작된 윌리엄즈의 문화에 대한 관심은 1970년대에 들어가면서 문화유물론cultural materialism으로 발전하게 된다. 윌리엄즈가 마르크스주의자로 간주되기 시작한 것도 『마르크스주의와 문학Marxism and literature』을 저술한 1970년대 이후라고 보기도 한다. 초기 저작에서는 인간지각활동의 창조성을 강조하고, 문화가 지닌 일상성과 일차성을 강조했으며, 1970년대에 들어 토대와 상부구조 및 문화의 관계에 대한 기존 마르크스주의 이해를 넘어서고자 했

---

7. 윌리엄즈는 약 10년 동안 대외적 교류 없이 개인적 저술 작업을 했다고 밝힌 바 있다 (Barnett, 2011: xiii).

다. 문화가 토대에 의해 규정되는 상부구조에 불과한 것이 아니라 그 자체로서 물적 속성을 지닌다는 것이 그의 문화유물론의 기본 아이디어이며, 이는 문화활동의 기반이 되는 언어의 성격을 해명하는 것과 관련된다. 즉 언어가 지닌 구성적, 물적 성격에 관심을 두는 것으로, 언어가 물적이라는 사실을 통해 이에 기반한 문화도 물적이라는 것을 확인하고 있는 것이다.

윌리엄즈는 본격적인 마르크스주의 문화이론서라고 할 수 있는 『마르크스주의와 문학』에서 문화유물론의 정립을 제안하고 있다. 이 책은 몇 가지 기본 개념(문화, 언어, 문학, 이데올로기)들과 문화이론의 기초(토대와 상부구조, 결정, 생산력, 반영에서 매개로, 헤게모니, 감정의 구조 등)를 개념적이고 역사적으로 다루면서 핵심논지를 전개하고 있다.

윌리엄즈에 의하면 사회, 경제, 문화 등의 용어는 근대사회의 전개과정에서 상호 영향을 받으며 복잡한 전화를 이루어 왔다. 예컨대 사회society는 동료집단, 결사체, 공통행위 등을 의미하는 말에서 일반적 체제나 질서를 의미하는 것으로 변화해 왔고, 경제economy는 가정이나 공동체 경영과 관련한 용어였다가 생산, 분배, 교환의 체계를 기술하는 것으로 전화되었다. 문화culture는 곡물이나 동물의 생장 등을 의미하다가 확대되어 인간기능의 생장을 포괄하는 의미로 변화해 왔다. 또한, 개인의 출현도 주목된다. 개인을 의미하는 용어individual는 원래는 사회의 '분리될 수 없는 구성원indivisible'의 뜻을 가졌지만, 나중에 사회와 대립되는 것으로 전화되었다. 대부분의 사회사상들이 이 개념들에서 비롯되었음에도 불구하고 그 형성과정에 대해서는 무관심하게, 마치 그 자체가 실체인 양 접근되어 왔음을 비판적으로 지적한다.Williams, 1977: 11-12

문화라는 용어는 18세기까지는 과정process과 관련한 명사로 곡물, 동물, 정신 등의 생장에 관한 의미를 지니고 있었다. 16세기 말과 17세기에 경제나 사회의 의미변화가 종료되고, 18세기에 들어 문명civilization이라는 용어가 등장하면서 문화의 의미가 전화했다고 본다. 18세기 말에는 문명화와 문화가 공히 양성cultivation을 의미하는 것으로, 공통적 의미를 가지고 상호 대체적으로 사용되었다. 완성태와 발달태의 의미를 모두 가지고 있었으나, 점차 문명화가 지니는 외면적이고 피상적인 성격이 비판되고 인간적 필요나 동기 등이 강조되면서 이 둘 간의 분리가 시도되기 시작했다. 문화는 내면적 과정이나 실천과 관련되고, 주체성이나 상상력과 연결되었다. 문화행위의 인간적이고 주관적인 성격이 부각되는 한편, 새로운 문화 개념 속에 상상력, 창조성, 영감, 미학 등의 다소 '유사 형이상학적pseudo-metaphysical' 요소들도 들어오게 되었다.Williams, 1977: 14-20

윌리엄즈는, 마르크스주의에 대해 다음과 같이 말한다. 우선, 인간이 생존수단의 생산을 통해 스스로의 역사를 만든다는 것을 밝힌 것은 근대 사회사상에서 가장 중요한 지적 발전이라는 것이다. 마르크스주의는 사회와 자연, 사회와 경제의 관계를 발견함으로써 역사의 전체성을 재발견했다. 그러나 단선적 진보발전관을 가정하고 사회 발전에 대한 과학적 법칙성을 추구하다 보니 행위자에 의해 세계가 형성되는 측면이 간과되었다고 지적한다. 문화를 종속적, 부차적, 상부구조적으로 규정함으로써, 단순하게 아이디어, 신념, 예술, 관습의 영역으로 간주하는 문제가 발생했다는 것이다. 이는 단지 '환원주의'이기 때문에 문제인 것이 아니라 '물질적인' 사회적인 삶으로부터 문화를 분리하는 것이기 때문에 문제가 된다고 본다. 사회를 형성하고 특정한 삶의 방식을 만드는 것으로서의 문화개념은 마르크스주의 안에서 오랫동안 간과되었다는 것이다. 그는 문화사도 물질화되어야 한다고 본다.Williams, 1977: 19-20

윌리엄즈는 문화의 물질성과 구성력과 관련해 언어, 이데올로기 등의 문제를 다루고 있고, 토대와 상부구조, 결정 등에 관한 마르크스주의의 논의를 비판적으로 검토한다. 그는 특히 생산력의 개념을 물질적 경제토대를 추상화하는 방식으로 규정해서는 안 된다고 보며, 상품시장을 만들기 위한 사회정치질서 등이 단지 상부구조적 활동이 아니라 '생산적'이라는 점을 부각한다. 문화적 질서가 생산되는 것을 경제적인 것과 분리해서 보게 되면 그 유물론은 실패하는 것이라고 지적한다. 생산력 개념과 상부구조 개념을 분리된 것으로 추상화해서 보는 것은 환원주의가 아니라 이론적 회피라고 비판하며, 생산력을 구성하는 모든 활동과 실천은 총체적으로 봐야 한다고 주장한다.Williams, 1977: 75-100

이러한 문화유물론에서 핵심적 개념의 하나는 '매개mediation'이다. 단순한 반영이론은 기계적 유물론에서 비롯된 것이며, 모든 존재나 의식 간의 활동적 관계는 매개되는 것이라고 본다. 매개는 그 자체가 대상이면서 대상과 그것을 이끄는 것 사이에 있는 것이다. 따라서 매개는 사회적 실제에서의 능동적, 긍정적 과정이다. 즉 매개는 투사, 은폐, 해석 등을 통해 사회적 현실에 수동적으로 부가되는 것이 아니라 적극적이고 실제적인 과정으로 주목되어야 한다. 매개과정은 능동적, 실체적 행위를 통해 의미와 가치를 생성하며 의미작용과 커뮤니케이션의 일반적 사회적 과정을 구성한다.Williams, 1977: 95-100

이러한 능동성과 관련하여 주목되는 개념이 '헤게모니'이다. 윌리엄즈는 그람시의 작업에서 온 이 개념이 마르크스주의적 문화이론에서 거대한 전환점을 형성한다고 보았다. 헤게모니는 문화나 이데올로기 등을 넘어서는 체험된lived 사회적 과정의 전체성wholeness과 관련된다. 윌리엄즈는 헤게모니 개념을 통해 두 가지 장점을 취할 수 있다고 본다. 첫째로, 헤게모니 개념은 선진 자본주의 국가들의 사회 조직이나 통제지배 양식을 보다 잘 드러내 준다. 이는 대항 헤게모니 형성을 위해 단지 경제나 정치영역의 변화가 아니라 심화되고 적극적인 혁명활동이 필요하다는 것을 보여 준다. 노동계급은 헤게모니를 지닐 수 있는 잠재성을 보유하고 있지만, 하나의 '계급으로 형성될' 필요가 있는 것이다. 둘째로, 문화활동을 보는 전혀 다른 관점을 제시한다. 문화작업은 상부구조가 아니라는 점을 보여 주며 살아 있는 문화가 매우 확장적이라는 것을 드러낸다. 살아 있는 헤게모니는 언제나 '과정'이지 체계나 구조가 아니다. 경험, 관계, 활동의 현실화된 복합체이며 수동적인 지배의 양식으로 존재하는 것이 아니다. 항상 갱신하며 재창조되고, 방어되고 변형되며, 저항되며 제한되고, 변화되고 도전된다.Williams, 1977: 108-114

레이먼드 윌리엄즈의 노동계급관은 어떻게 이해될 수 있는가? 그에게 있어 노동계급은 정태적 범주가 아니며, 조작 가능한 대중mass이 아니다. 노동계급은 문화행위의 주체이자, 민주주의의 주체이며, 사회의 근본적 변화를 이끄는 혁명의 주체로 간주된다.

이를 이해하기 위해서는 사회의 근본적 변화에 대한 그의 관점을 살펴볼 필요가 있다. 그의 초기 저서에 해당하는 『장구한 혁명Long revolution』은 문화 논의를 위해 영국의 교육사를 개관하는 내용이 포함되어 있다.Williams, 2011 '장구한 혁명'은 혁명이 경제결정론적 변화에 의해 단기적으로 수행될 수 없다는 의미를 포함하고 있지만, 이는 윌리엄즈가 일관되게 강조해 온 문화의 일차성과 관련이 된다. 장구한 혁명에는 윌리엄즈가 강조해 온 주제들이 함축되어 있다.Barnett, 2011: viii-x 첫째는 이루고자 하는 것의 어려움에 대해 인정하는 것으로, 어려운 혁명이라는 것이다. 둘째는 혁명이 복합적 총체성을 이룬다는 것이다. 즉 산업, 민주주의, 문화 간의 상호작용, 상호침투, 환류 등을 통해 이루어져야 하는 전체적 변혁이라는 것이다. 셋째는 혁명은 체험되는 것으로서 그 에너지를 이해해야 한다는 것이다. 윌리엄즈에 의하면 혁명은 비극을 피하기보다는 깊고 비극적인 무질서를 통과해야 한다. 혁명은 폭력적이고 갑작스럽게 국가권력을 잡는 것과 동일시되어서는 안 되며, 그렇게 되었다 하더라도 더 본질적 변혁을 위해서는 '긴' 혁명이 요구되는 것이다. 윌리엄즈는 이를 '짧은' 혁명과 대조시킨다.

윌리엄즈에 의하면 혁명은 그 사회의 감정적 심층구조의 변화 여부와 관련된다.Williams, 1977: 128-135 물질적 조건의 변화나 기존 구조에 새롭게 결합시키는 것만으로는 혁명이 성립되지 않는다. 혁명이 필요한 사회는 개개의 인간이 전인적으로 결합되기 위해 사회 전체의 근본 형식이 바뀌지 않으면 안 될 때이다. 혁명이 필요한 이유는 일부 사람이 그것을 희망하기 때문이 아니라, 특정 계급의 인간성 전체가 부정된 채 존속하는 인간 질서는 용납될 수 없기 때문이다. 따라서 장구한 혁명은 인간적 혁명을 지향하는 것이다. 타인의 자유는 우리의 자유를 위해 중요하며 국가독재의 존재는 그 대상이 사회의 일부라 하더라도 우리 모두를 노예화하는 것이다. 바넷Barnett에 의하면 윌리엄즈의 이러한 관점은 스키너Q. Skinner의 '자유주의 이전의 자유Liberty before liberalism'에 나타난 공화주의적 주장에 기반하고 있다.Barnett, 2011: x

윌리엄즈는 스탈린주의Stalinism 등 당대의 지배적 사회주의에 대립하는 관점을 취했다. 현실사회주의의 심각한 오류는 계급사회에 대한 적대를 정치적 반대세력에 대한 것으로 제한함으로써, 인간적 질서보다는 경제적, 정치적 질서를 제시한 것에 있다. 윌리엄즈의 혁명론은 인간이 스스로를 다스릴 수 있다는 확신에 기반해 있다. 지난함, 복잡한 전체성, 인간적 측면 등은 기계적, 결정론적, 환원주의적인 것에 대한 대립의 의미를 갖는다.

윌리엄즈에 의하면 모든 사람은 그 사회의 문화에 대해 말할 자격이 있다. 이는 모든 시대와 세대가 '감정의 구조structure of feeling'를 가지고 있다는 입장에 반영되어 있다. 감정의 구조는 그 시대의 문화이며 특정한 삶의 형식이다. 의사소통이 실제적으로 기반하는 지점이며 매우 깊고 광범하게 소유된 것이다. 이것은 학습으로 얻게 되는 것이 아니라 모든 공동체가 그 과정에 개입함으로써 형성되는 것이다. 그 과정에서 어느 누구의 경험도 다른 사람의 것 못지않게 중요하다는 것이 그의 계급적 주장이다. 이때 '감정'이란 세계관이나 이데올로기와 같은 형식적 개념을 대체하기 위해 사용한 것이다. 현실적으로 체험되고 느껴진 의미나 가치들을 고려한 것으로, 윌리엄즈는 이를 '경험의 구조'로 대안적으로 명명할 수도 있다고 말한다. 사고보다 감정을 우선시하려는 것이 아니라 '느껴진 사고, 사고된 느낌'을 강조하기 위해 이 용어를 사용하는 것이다. 또한 이를 내적 관계를 지닌 '구조'로 보고 있다. 감정의 구조는 개인적 수준과 사회적 수준, 오래된 것과 새로운 것에 모두 나타나 있는 것이다. 윌리엄즈는, 어떤 세대나 시대의 요소들, 그리고 그 요소들 간의 관계를 보기 위한 '방법론적인 문화적 가설'로 이를 채택하고 있는 것이다.Williams, 1977: 128-135

그의 논의는 좌파 진영 내부의 혁명관에 대한 비판의 성격을 강하게 지닌다. 윌리엄즈는 1983년에 쓰인 『2000년을 향하여Towards 2000』에서, 1950년대부터 그가 커뮤니케이션, 언론, 텔레비전, 라디오 등에 대해 언급할 때마다 좌파 언론에서 보였던 부정적 반응을 잊지 못한다고 회고했다.Williams, 1983a 심지어 소위 구좌파로부터는 현실정치로부터 이탈되었다는 비판도 받은 바 있다. 그러나 1980년대에 이르면서 노동운동은 미디어의 역할을 간과할 수 없게 되었던 것이다.

윌리엄즈에게 가장 치열했던 지점은 우파보다도 오히려 그의 편 내부에서의 투쟁이었다. 윌리엄즈는 '대중mass'이라는 용어의 사용에 대해 비판적이었다.Williams, 1958: 297-300 대중을 수동적이고 조작가능하다고 본다는 점에서 레닌주의도 비판했다. 그는 좌파 내에서는 비인간주의적 전통을 비판하고, 우파에 대해서는 엘리트주의와 착취를 공격했다. 윌리엄즈는 인민이 스스로를 다스릴 수 있고 전인적 인간성을 갖추고 있다고 강조했다.

윌리엄즈는 그람시주의자이다. 그는 자본주의적 사고의 승리가 어떤 기초에서 형성되었는지 알아야 한다고 보면서, 노동운동과 좌파는 일반적 이익general interest이라는 개념을 수용하도록 하는 데 실패했다고 주장한다. 『2000년을 향하여』에서 그는 플랜엑스Plan X라는 것을 언급하고 있다. 좌파가 일반적 이익에 대한 대안을 내놓는 것에 실패한 가운데, 국제경제질서는 플랜엑스로의 미래를 향하고 있다고 보았다. 플랜엑스는 음모론이 아닌 엘리트들의 목적의식적인 합리성에 의한 것이며, 정치, 미디어, 군사, 마케팅, 재정 등의 전 분야에 걸쳐 작동한다. 이 플랜엑스는-물론-'신자유주의'이다. 윌리엄즈는 이를 대체하기 위해서는 희망을 위한 자원을 모아야 한다고 말한다. 이를 해결할 수 있는 쉬운 답은 없으며, 어렵지만 '접근가능하고 발견가능한' 그런 답들을 찾아내야 한다고 보았다.Williams, 1983a: 245; Barnett, 2011: xiv

그에게 있어 장구한 혁명은 민주주의를 실현하는 것이다. 혁명은 상황에 대한 '준비'와 관련이 되어 있다고 본다. 이는 '근본적' 변혁과 대립되는 '점진주의'를 의미하는 것이 아니다. 혁명적 논의에서 '요새를 공격해야 한다'는 단순논리가 잘못된 군사적 사고라고 비판하는 것이다. 좌파가 혁명의 준비과정을 심사숙고의 대상으로 삼지 않는다면, 그것은 승리 이후에 대해서도 사고하지 않는 것이라고 지적한다. 단기에 이루어지는 혁명은 노동인민으로 하여금 짧은 시간 내의 전복에 따른 위험을 감수하도록 하는 것이기 때문에, 혁명적 좌파는 그들 스스로의 전망이 충분히 민주적이라는 것을 인민들에게 보여 줄 필요가 있는 것이다. 왜 사회주의가 더 민주적인가를 아주 상세하게 보여 줄 수 있어야 하며, 사회주의혁명과 노동운동 내부의 민주적 과정들이 왜 실패해 왔는가에 대해서도 매우 분명한 입장을 취할 수 있어야 한다. 윌리엄즈는 디지털커뮤니케이션의 발달이 인민의 자기통치를 위한 특별한 능력을 보여줄 수 있을 것이라고 보면서, 새로운 기술의 가능성에 대한 기대를 드러냈다.Williams, 1979: 420-435

Ⅲ. 윌리엄즈의 노동계급 교육론

1. 윌리엄즈의 노동자교육 활동

레이먼드 윌리엄즈가 성인교육활동에 참여한 기간은 그가 제2차 세계대전 참전 후 옥스퍼드대학연계성인교육기관Extra-Mural Delegacy at Oxford에서 강사를 하게 된 1946년부터 케임브리지대학 강사직을 수락하기 위해 활동을 그만둔 1961년까지이다. 이 기간 이후 그의 주요 저서들이 본격적으로 발간되면서 윌리엄즈는 문화연구 분야의 주요 이론가로 알려졌다. 그러한 이유로 그의 '교육활동가'로서의 경험은 제대로 주목되지 못했다.

충분히 조명되지는 못했으나, 윌리엄즈는 영국 노동계급문화에 대한 역사사회학적 논의로 잘 알려진 톰슨E. P. Thompson과 마찬가지로 노동계급 교육활동에 십수 년간 참여하면서 학문적인 영감을 크게 받았다. 이는 1958년에 출간된 『문화와 사회Culture and society』의 서문에서 그가 감사를 표한 인물들이 모두 당시의 성인교육 참여자들이었던 점에서도 드러난다.McIlroy, 1993: 3 윌리엄즈는 자신의 문화 개념이 성인교육을 하는 동안 형성되었다고 회고한 바 있으며,Williams, 1979: 97 성인교육활동을 그만둔 1961년 이후에도 성인교육 및 노동계급 교육과 관련한 글들을 다수 쓴 바 있다.

옥스퍼드대학연계성인교육기관은 노동자교육협회WEA와 연계·운영되었고, 북쪽으로는 스태포드셔Staffordshire, 남쪽으로는 서섹스Sussex에 이르는 지역을 관장했다. 윌리엄스는 서섹스의 동부에서 주로 활동을 했다. 「뉴레프트 리뷰New Left Review」와의 회고 인터뷰Williams, 1979: 78-83에서 윌리엄스는 그가 초기에 가르친 학생의 구성이 다양했다고 회고했다. 임금 노동자와 가정주부 등이 혼합되어 있었고, 요구에 따라 가르치는 내용도 달랐다. 전후 성인교육은 주로 중간계급을 중심으로 확대되었지만, 당시 노동자교육협회WEA의 학생들은 39%가 노동계층(하급 사무직 노동자도 포함)이었고, 11%는 교사, 35%는 가정주부(남성층과 유사계급 출신)로 구성되어 있었다.Williams, 1959: 218-221

윌리엄스가 문학 강사로서 했던 교육활동의 단면은 다음과 같은 회고에서 엿볼 수 있다.

> 최근에 나는 광산 노동자들과 로렌스D. H. Lawrence에 대해 토론했고, 건설 노동자들과 논증 방법에 대해 논했다. 젊은 노조위원들과 신문을 읽고 토론했으며, 훈련 중인 도제들과 텔레비전에 대해 논의했다.Williams, 1961: 224

윌리엄스가 활동하던 당시, 대학 측 대표였던 콜G. D. H. Cole은 성인교육기관이 일반 성인교육이 아닌 노동자교육workers' education이 되어야 한다고 주장했는데, 이는 지속적으로 갈등의 대상이 된 이슈였다.[8] 옥스퍼드의 프로그램을 이끈 하지킨Hodgkin도 대중적인 노동계급 교육의 개발에 관심을 가지면서, 헌신적인 사회주의자들이 그 역할을 담당해야 한다고 보았다. 하지킨은 강사tutor들이 수업에서 자신의 정치적 입장을 밝힐 수 있어야 한다고 주장했다. 이러한 입장은, 수업 내용이 보다 개방적이고 덜 폐쇄적이어야 한다는 관점과 늘상 부딪쳤다. 1940년대 말과 1950년대 초에 이르러, 하지킨의 입장에 대한 도전이 거세었는데, 이는 당시 보수적인 냉전 분위기가 성인교육 프로그램에 반영된 것이기도 했다.Williams, 1979

1950년대 중반 이후 복지제도의 확대와 함께 노동자교육협회WEA의 성인교육도 중간계급의 여가 및 교육에 활용되는 등 성격 변화가 두드러졌다. 윌리엄즈는 이러한 경향 자체에 대해 비판적이지는 않았지만 노동계급의 조건에서 필요한 내용(노동조합 관련 내용 등)들이 보완되어야 한다는 관점을 갖고 있었다.

한편, 대학 측에서는 교육의 질을 높이고 서술식 과제를 강화하라는 요구를 지속적으로 제기했다. 이는 결국 중등교육을 받지 않은 사람들의 수강을 제한하는 방향으로 나아가게 했다. 이렇듯, 재정 지원을 하는 대학과 교육부의 기준을 충족하는 것과 관련된 조치들이 이어지면서 논란이 계속되었다.

1960년에 이르러 윌리엄즈는 전임강사senior tutor로 안정적 지위를 갖게 되었다. 그러나 그 무렵 성인교육 프로그램이 기숙형 칼리지college로 전환되어 초급 관리자들을 대상으로 한 과정으로 변모하면서 기존과는 상당히 다른 성격을 띠게 되었다. 그러한 프로그램은 노동계급 성인교육으로서 의미가 없다고 여겨 윌리엄즈는 이직을 결심했고, 결국 케임브리지대학의 강사직을 수락하게 되었다.

---

8. 결국 콜의 입장은 소수 입장이 되었는데, 이러한 조짐은 이미 제1차 세계대전 이전부터 나타난 것이었다. 당시 사회주의계열의 활동가들에 의해 주도된 러스킨(Ruskin) 파동이라는 사건 이후 이들에 의해 플레브스 리그(The Plebs League)와 전국노동자대학협의회(National Council of Labour College)가 결성되었다(Craik, 1964). 이 계열은 대학연계 성인고등교육을 주된 방식으로 하는 노동자교육협회(WEA)와 대립하고 있었는데, 대립의 핵심은 노동계급적 관점의 명시성과 관련된다(Williams, 1979).

월리엄즈는 노동자교육협회WEA 연계 성인교육활동과 관련하여 당시의 상황을 다음과 같이 평가했다. 한편으로, 폐쇄적이고 선동적이지 않으면서 인문교양에 기초한 개방적인 노동자교육이 가능했던 점은 긍정적이었다는 것이다. 다른 한편으로는 대학에 의해 재정적으로나 학술적으로 통제되면서 순수한 노동계급 교육을 하기는 어려웠던 점이 한계라고 보았다.Williams, 1979

2. 노동계급 교육에 대한 관점

월리엄즈의 교육관은 그가 쓴 다양한 글들에 나타난 단상 등을 통해 접근할 수밖에 없지만, 적어도 몇 가지 수준에서 일관되게 논의할 수 있는 관점들을 정리해 볼 수는 있다.

우선, 교육을 왜 하고 왜 받아야 하는가의 문제와 관련해서 그는 '교육 사다리' 관점을 부정한다. 월리엄즈는 교육 사다리educational ladder라는 용어를 진화론자인 헉슬리T. H. Huxley가 쓴 『기술교육Technical Education』이라는 글에서 인용하며 그에 대해 비판적으로 논박하고 있다.Williams, 1954: 207

헉슬리에 의하면 교육의 역할은 사람들에게 기회 향상 혹은 지위 상승을 위한 '사다리'를 제공하는 것이어야 한다. 사다리는 '높은 곳'으로, '올라간다'는 의미와 함께 한 번에 한 사람만이 사용할 수 있다는 점 때문에 매우 선별적selective이고 배타적exclusive인 의미가 함축되어 있다. 정도의 차이가 종류의 차이가 되고, 사람 간의 위계를 강조하게 된다는 것이다. 월리엄즈는, 교육 사다리 비유를 쓴다는 것은 다음의 관점을 수용하는 것이라고 말한다. 첫째, 교육이라는 것을 고도로 선별적이고 배타적인 것으로 간주하는 것으로, 교육체제의 가장 중요한 목표가 이러한 예외적 인물을 가려내는 것이라고 보는 것이다. 둘째, 지적인 차이를 마치 사다리 오르듯 (지적이고 사회적인 차원에서) 몇 단계 위계를 거치는 수직적인 것으로 보는 것이다. 셋째, 올라가야 할 자가 반드시 올라갈 수 있도록 선별을 보장한다는 점에서 교육을 확실한 경제적 가치가 있는 것으로 정당화하는 것이다.

현재의 체제에서는, 너무 많은 사람들이 오르려고 할 경우 사다리가 부러진다는 것에 대해 잘 알고 있다. 따라서 기회를 제한하는 것을 정당화하며, 올라가지 못할 것에 대해서는 기대를 하지 못하도록 유도한다. 가장 심각한 문제는 교육 사다리 가정假定이 사회적으로 인정되는 한, 올라가지 못하는 사람들에 대해서는 '인간으로서 실패자'라는 낙인효과가 발생한다는 것이다.Williams, 1954: 209-210

윌리엄즈는 사다리를 타고 지붕으로 올라가야 하는 그 집이 '누구의 집이냐'고 묻는다. 집 밖에서 올라가는 자들은 누군가 다른 사람이 붙잡아 주는 동안 사다리에 올라타야 하지만,[9] 집의 내부에서는 더 빠르고 넉넉한 공간의 엘리베이터가 있는 것은 아닌지 의심해 보는 것이다. 교육 사다리 논의에는 필연적으로 불평등한 사회에 대한 가정이 내재되어 있다고 지적한다. 또한, 이러한 사회에서는 인간의 가치를 경쟁체제 안에서만 이해하고 있다고 비판한다.

이렇듯 윌리엄즈는 교육이 선별을 위한 기제가 되는 것에 대해 비판적이었고, 기존의 사회제도 내에서 엘리트를 가려내는 기능만 이루어지는 것을 지적했다. 대표적 후기 저작의 하나인 『키워즈Keywords』에서 그가 교육에 대해 기술하고 있는 내용도 흥미롭다. 용어사전처럼 정리된 이 책에서 교육은 '교육받은educated'이라는 용어와 관련해 언급된다. 그

---

9. 웨일스 변방의 노동계급 출신으로 지역사회의 후원을 받으며 엘리트 코스인 케임브리지대학에 입학하여 고등교육을 받았던 윌리엄즈에게 '교육 사다리' 문제는 치열한 실존적 딜레마와 관련된 것이기도 했다(Williams, 1979).

는 과거에 조직화된 교육이 보편적으로 이루어지지 않았을 때 교육받은 것educated과 교육받지 않은 것uneducated의 차이는 명백했지만, 보편교육이 실시된 이후에도 이 구분은 여전히 보편화되어 있다고 말한다. 이러한 구분 속에는 계층적 감각class sense이 강하게 작동되고 있으며, 교육받은 층이 확대되어도 지속적으로 특정 수준 아래에 다수의 사람들이 머물러 있도록 '기준에 대한 지속적인 재조정'이 이루어져 왔다고 꼬집는다. 교육받았다는 것이 '적절히 양육된properly brought-up' 것을 의미해 왔기 때문에 그 기준은 특정 집단이 자의적으로 규정하기에 따라 달라질 수 있다는 것이다. 지나치게 교육받았다over-educated거나 제대로 교육받지 않았다half-educated는 식의 말들이 19세기에 만들어져 사용되어 왔는데, 이는 교육받은educated 사람들이 그들과 타인들을 구분하기 위한 용도로 써 온 것이라는 것이다.Williams, 1976

이처럼 제도적 교육의 확대에도 불구하고 교육 내부에는 구별 짓기와 노동계급에 대한 대상화가 이루어져 왔다. 윌리엄즈는 대중mass이라는 용어에 대해 매우 거부적인 반응을 보였다. 이 세상에 대중은 없으며 오직 그렇게 보려고 하는 시선만이 존재할 뿐이라고 본다. 존엄한 가치를 지닌 인간들human being이 있을 뿐이며, 인간은 책임 있는 공중public으로 존재하는 것이다.

그는 보통 사람들ordinary people이 높은 수준의 교육을 받아야 하며, 이는 그 자체를 목적으로 하는 것이지 권력의 수단으로 삼기 위한 것이 아니라고 본다. 사회는 구성원들이 공통적이고 일반적으로 참여하는 장소이다. 사회는 엘리트에 의해 가치로운 것들이 하향식으로 전달되는 곳이 아니라 인민이 스스로 그것을 가치로운 것으로 만드는 곳이다. 그는 교육, 특히 성인교육은 사회이동을 지향하거나 엘리트층을 다양화하기 위해 존재하는 것이 아니라 '교양 있는 민주주의educated democracy'를 위

해 존재하는 것이라고 강조한다.Williams, 1961a: 223

윌리엄즈는 영국 교육체제를 형성해 온 교육세력을 크게 3개의 흐름으로 구분한다. 구인문주의Old Humanist, 산업훈련주의Industrial Trainer, 공공교육주의Public Educator의 3부류가 그것이다. 주류 교육체제는 구인문주의와 산업훈련주의 관점에서 조직되어 있다고 본다. 인문주의는 교육이 특정 가치들을 전수하는 곳이라고 보며 고도의 자격을 갖춘 소수 엘리트들에 기반한 교육을 중시해 왔고, 산업훈련주의 관점에서는 모든 사람을 산업구조에 맞는 인력으로 양성하는 것을 중시한다. 윌리엄즈는 이 둘 외에 제3의 부류인 공공교육주의 관점이 있다고 보는데, 그 핵심을 다음과 같이 서술한다. "국가의 제일 의무는 인민이 생각할 줄 아는 존재라는 것을 아는 것이다."Williams, 1961b: 228 이러한 관점에서는 교육을 사회의 주요 업무를 위해 훈련하거나, 상대적으로 소수정예에 의해 지켜질 수 있는 가치를 실현하는 과정으로 보지 않는다. 공공교육 관점에서는 민주주의를 중시하며, 모든 사람의 참여를 전제한다.

이러한 관점에서 교육은 변화한 사회의 요구를 반영해야 한다고 본다. 당시 영국사회의 맥락에서 볼 때, 이는 '다수가 결정하는 사회로의 변화'라고 보았으며, 대중매체가 그러한 변화를 반영한다고 보았다. 이제는 노동계급이 절대빈곤에 시달리거나 절제운동Temperance movement에서처럼 도덕적으로 구제되어야 할 대상으로서 교육을 받는 것이 아니라, 스스로 주체화할 수 있는 상황이 되었다고 본다. 윌리엄즈는 이를 완곡하게 표현하여, "역사상 처음으로 노동 인민이 타인에 의해 구제받지 않아도 되는 지위에 이르게 되었다"고 말한다.Williams, 1961b: 229 특히 변화한 현대사회의 커뮤니케이션 방식에 주목해야 하며, 성인교육도 이러한 매체들을 기반으로 업데이트될 필요가 있다고 본다. 그는 언론이 소수에 의해 독점되어 있는 상황은 경계하면서도, 소통이 가능하고 참여가 가능하다는 점에서 신문, 방송, 텔레비전 등의 발달은 "민주주의의 거대한 희망"이라고 말한다.Williams, 1961b: 230; Williams, 1974

3. 노동계급 교육과 사회변혁

앞서 살펴본 것처럼 윌리엄즈는 구인문주의나 산업훈련주의 관점과는 다른 각도에서 교육을 바라보고 있고, 특히 노동계급을 위한 성인교육의 역할을 규정하고 있다. 그에 의하면 노동계급 성인교육의 목표는 사회변혁에 기여하는 것이어야 한다.Williams, 1983b

이러한 시각은 노동계급과 문화의 관계에 대한 그의 입장에 잘 나타나 있다. 윌리엄즈는 노동계급과 문화의 관계에서 다음을 강조한다. 첫째는 문화가 일상적ordinary이라는 것이다. 문화는 당대 사회의 과거와 현재를 아우르며, 모든 계급과 관련되어 있는 점에서 전체적인 성격 wholeness을 지니며, 인민의 감정의 구조를 반영한다. 둘째, 사회는 공통 문화common culture를 지향해야 한다. 이때의 공통문화는 참여적으로 만들어지는 것으로, 민주주의가 전제가 된다. 노동계급의 교육은 공통 문화의 구성을 통해 사회 변화에 기여하는 것이라고 본다. 셋째는 학습 공동체learning community 만들기이다. 학습은 사회 변화 과정의 일부라고 본다. 윌리엄즈는 스스로 학습공동체를 조직한 19세기 노동자교육의 선구자들을 통해 노동계급이 스스로 학습하고 변화에 참여하는 것을 주목한다. 특히 19세기 노동계급 출신의 조직가였던 코베트Cobbett 등은 노동자의 자기교육self-educated을 주도한 위대한 성인교육자였다고 칭송 한다.Williams, 1983b: 257

노동계급의 교육은 노동자의 삶의 문제와 가장 긴밀하게 결합될 때 의미가 있는 것이라고 본다. 사회적 의식의 형성은 세계에 대한 진정한 의식, 진정한 이해로부터 비롯되는 것이다. 이는 정치학이나 경제학 지식과 같은 커리큘럼에서 오는 것이 아니고 삶의 상황으로부터 형성되는 것이다. 이를 위해 교육자는 무사심無私心의 지성disinterested intelligence에 머물기보다는 자신의 정치적 정체성을 드러낼 수 있어야 하고, 공공적 교육자public educator가 되어야 한다. 그리고 학습자로부터 배울 수 있어야 한다. 노동계급 교육은 교육 사다리에 올라탈 수 있는 엘리트를 더 많이 키우고 확산하기 위한 것이 아니라, 엘리트주의를 없애고 교육받은 인민들이 민주주의의 주체가 되도록 하는 데 있다.Williams, 1983b

IV. 윌리엄즈와 공적 페다고지: 장구한 혁명과 교양 있는 민주주의

이상에서 레이먼드 윌리엄즈의 문화유물론과 그에 기초한 노동계급 교육론을 살펴보았다. 윌리엄즈의 사상에서 가장 핵심적인 키워드는 '문화'이다. 그는 현실분석과 변혁에서 문화의 우선성을 강조하고 있으며 문화의 정치화를 주장한다. 문화는 경제적 토대를 그대로 반영하는 단순한 상부구조가 아니다. 문화는 지배와 저항, 변혁의 가능성이 관철되는 장으로, 제한되기도 하고 능동적인 형성력을 지니기도 한다. 윌리엄즈는 인간주의적 마르크스주의를 표방하면서 민주주의의 기초로서 노동계급의 자기교육과 사회변혁에 기대를 걸었다. 1980년대까지 대중매체의 발달을 목격하면서 매체가 지니는 새로운 가능성에 대해 상당한 기대를 걸기도 했다.

문화주의에 기반한 윌리엄즈의 논의는 마르크스주의이론이나 문화이론 흐름 안에서 다양한 논쟁의 대상이 되기도 하지만, 교육을 문화정치의 맥락에서 보게 함으로써 교육학의 연구 시야를 확장하는 데 기여해 왔음은 부정하기 어렵다. 특히 윌리엄즈의 관점은 비판적 교육학자들을 중심으로 한 공적 페다고지public pedagogy 논의의 기초가 되어 왔다.

창조적 지성과 상상력을 가지고 공통문화 형성과 사회변혁에 참여하는 것이 교육의 목적이라면 이러한 교육은 제도교육에만 국한되는 것이 아니며 평생에 걸쳐 이루어지는 것이고, 학교만이 아니라 '교육'의 기능을 하는 모든 영역과 관련이 되는 것이다. 능력주의라는 '교육 사다리'에 의존하는 제도교육은 사다리에 오르는 자와 오르지 못하는 자를 구분해 왔고, 심지어는 오르지 못하는 자들에 대해서는 인간으로서의 가치조차 폄하해 오기도 했다. 윌리엄즈는 계층화된 사회구조 안에서 사다리에 오르지 못했거나 오르지 못할 자들로서의 노동계급 교육에 대해 논의하면서 교육은 문화의 주체를 형성하는 것이고 사회변혁에 복무해야 하는 것이라고 말한다.

이때의 사회변혁은 소수 엘리트가 가치를 결정하고 전유하는 사회로부터 벗어나 모두가 공통문화의 참여에 기여하는 민주주의사회를 실현하는 것을 지향점으로 한다. 윌리엄즈는 이러한 사회변혁이 정치경제적 변혁으로 일시에 이루어질 것이라는 기대는 잘못되었다고 보고, 지난하지만 총체적이고 복합적 지배와 대립하는 '어려운' 혁명을 각오해야 한다고 강조한다. 그에게 있어 긴 혁명은 점진적인 혁명이 아니라 어려운 혁명이다. 혁명이 어려운 이유는 지배가 복합적이고 전면적이며 일상에서 동의에 기반한 '헤게모니'를 구축하고 있기 때문이다. 그는 말년에 신자유주의의 전개를 목도하면서 정치적 좌파가 설득력 있는 비전을 제출하고 있지 못한 점을 강하게 비판한 바 있다.

레이먼드 윌리엄즈의 논의는 이런 점에서 공적 페다고지의 문제의식과 결합되고 있는 것이다. 공적 페다고지 논의에서는 학교를 중심으로만 교육을 바라보던 관점에서 시각을 확장하여 각종 공적 영역에서 이루어지고 있는 '교육'에 주목한다. 특히 신자유주의 이후 기업에 의한 경쟁원리는 학교제도를 지배할 뿐 아니라 직접적이고 전방위적으로 다양한 영역에서 다양한 방식으로 '교육'—혹은 '반교육反教育'—을 수행해 왔다. 교육이 민주주의사회의 주체 형성의 장이라기보다는 시장경제 속에서 한편으로는 스스로를 상품화하여 판매하고, 다른 한편으로는 소비·소유하는 개인으로 인간들을 위치 짓는 상황에서 공적 페다고지에 대한 관심은 설득력을 갖는다. 시장 메커니즘의 공적 페다고지를 넘어서는 저항적이고 대안적인 공적 페다고지의 형성이 요구되는 것이다. 이러한 '대안적 공적 페다고지'는 비판적 공적 지식인public intellectual으로서의 실천적 개입을 요구하며, 지배를 넘어서기 위한 '대안세력' 간의—특정 그룹이 주도하지 않는—탈중심적인 연대decentered unity를 필요로 하는 것이다.Apple, 2013

윌리엄즈의 문화유물론 논의의 핵심에 있는 노동계급의 문제가 중요한 이유는 이러한 대안적 공적 페다고지의 형성에서 매우 근본적인 철학적 방향을 제시해 주기 때문이다. 그것은 '특정 계급의 인간성 전체가 부정된 채 존속하는 인간질서는 용납될 수 없다는 것'과 '타인의 자유가 중요한 이유는 국가독재의 존재가 사회의 일부를 향한 것이라도 우리 모두를 노예화하는 것'이라는 '공화주의적' 원칙과 관련된다. 교육 사다리는 일부만이 올라가기 때문에 문제이기도 하지만, 그 사다리로 인해 인간성을 부정당하는 사람들이 있기 때문에 해악적이다. 그러한 부정을 근간으로 하여 조직되고 운용되는 사회구조에 대한 근본적 변혁을, '긴 혁명'의 관점에서, 그리고 '교양 있는 민주주의'라는 과제 속에서 조명하고 있는 윌리엄즈의 문제의식은 오늘날의 교육철학 정립에 유효한 시사점을 제공하고 있다.

특히 문화정치의 관점에 기반한 공적 페다고지의 문제의식은 한국

교육에 대해 의미 있게 성찰하도록 해 준다. 신자유주의의 폐해는 공공성의 약화로 극단화하여 윌리엄즈가 목격한 '플랜엑스'의 헤게모니는 이미 크게 도전받고 있는지 모른다. 그러나 학교교육이 지향해야 할 인간교육의 차원에서 볼 때, 교육은 여전히 강력한 선별 기제로서 '올라타기'와 '밀어내기'의 극한 경쟁으로부터 자유롭지 않다. '7포 세대'나 '금수저·흙수저' 등의 자조적自嘲的 용어들은 오늘날 한국 교육 사다리의 현실과 담론 상황을 고스란히 보여 주는 일종의 문화적 키워드들이 되고 있다 해도 과언이 아니다. 자기파괴적 경쟁으로부터 벗어날 수 있는, '대항 헤게모니'를 형성하고 '변혁력'을 지닌 민주주의 주체 형성을 위한 교육, 즉 윌리엄즈식으로 말하면 새로운 '공통문화' 건설에 전면적으로 참여하는 주체를 형성하는 교육이 요구된다.

무엇보다, 교육 사다리에 기반한 엘리트주의와 능력주의를 대체하는 교육철학이 필요할 것이다. 즉 누구의 인간성도 부정될 수 없으며 어느 누구도 노예화되어서는 안 된다는, 인간존엄성에 기초한 '공화주의적인' 교육철학이 필요할 것이다. 노동계급은 자본주의사회에서 착취의 대상을 지칭하는 추상적 범주가 아니며, 인간주의적 실천 속에서 스스로의 인간성을 형성하고 사회의 주체가 되어 가는 살아 있는 행위자인 것이다.

이를 위해서는, 세계에 대해 깨어 있고 스스로의 가능성을 실현하도록 하는 '영속적인 교육'이 요구된다. 이러한 영속적인 교육의 장은 학교나 특정 제도에 제한되지 않으며, 공적 페다고지가 이루어지는 모든 장과 관련된다. 최근 우리 사회에서 지방자치 및 풀뿌리 민주주의의 확산과 함께 전개되는 공공적 교육운동(마을교육생태계, 혁신교육지구, 마을결합형학교 등)은 스스로를 공동체적으로 교육하고, 왜곡된 공적 페다고지에 저항하며, 민주적 참여에 기반한 대안적 공적 페다고지를 실현하는 구체적 사례들로 주목될 수 있을 것이다. 이러한 실천들이 학교의 안과 밖에서, 아동과 성인 사이, 다양한 계층들 사이를 이어 내면서 어떠한 효과를 이끌어 낼지는 문화정치의 양상에 따라 달라질 것이며, 그 양상은 우리 사회의 '교양 있는 민주주의'의 현주소를 드러내게 될 것이다.

| 참고문헌

김영희(1993). 레이먼드 윌리엄즈: 그의 문화적 유물론에 대하여. 『이론』 4(봄호), 151-171.

김호석(1993). 레이먼드 윌리암즈: '문화', 맑스주의 위기의 탈출구. 『한국언론정보학보』 10, 194-227.

박거용(1992). 레이먼드 윌리엄즈의 문화유물론 연구. 『문화과학』 창간호, 135-152.

이윤미(2016). 레이먼드 윌리엄즈의 노동계급 교육사상-공적 페다고지의 관점에서. 『교육사상연구』 30(1), 207-230.

정태진(2000). 레이먼드 윌리엄즈의 "감정 구조" 연구. 『영어영문학연구』 26(1), 319-336.

홍유희(2011). 산업화 시기 영국 노동계급의 토착적 성인교육활동: 상호향상회(mutual improvement societies)를 중심으로. 『한국교육사학』 33(2), 171-198.

Apple, M. W.(2013). *Can education change society?*. New York: Routledge.

Barnett, A.(2011). Foreword. in R. Williams, *Long revolution*. Cardigan, UK: Parthian.

Cole, J.(2008). Raymond Williams and education-low reach again for control. *The Encyclopedia of Informal Education*, www.infed.org/thinkers/raymond_williams.htm

Craik, W. W.(1964). *The central labour college 1909-1929, a chapter in the history of adult working-class education*, London: Lawrence & Wishart.

Giroux, H. A.(2000). Public pedagogy as cultural politics: Stuart Hall and the 'crisis' of culture. *Cultural Studies*. 14(2), pp.341-360.

Giroux, H. A.(2004a). Cultural studies, public pedagogy, and the responsibility of intellectuals. *Communication and Critical/Cultural Studies*. 1(1), pp.59-79.

Giroux, H. A.(2004b). Public pedagogy and the politics of neo-liberalism: making the political more pedagogical. *Policy Futures in Education*. 2(3-4), pp.494-503.

Harrison, J. F. C.(1961). *Learning and living 1790-1960: a study in the history of the English adult education movement.* London: Routledge & Kegan Paul.

Higgins, J.(2001). *The Raymond Williams Reader.* Oxford: Blackwell Publishers Ltd.

Mayo, P.(2002). Public pedagogy and the quest for a substantive democracy. *Interchange.* 33(2), pp.193-207.

McIlroy, J. & Westwood, S. (eds.)(1993). *Border country: Raymond Williams in adult education.* Leicester, England: National Institute of Adult Continuing Education.

McIlroy, J.(1993). The unknown Raymond Williams, in J. McIlroy & S. Westwood(eds.)(1993). *Border country: Raymond Williams in adult education,* Leicester, England: National Institute of Adult Continuing Education.

Sandlin, J. A., Schultz, B. D., Burdick, J.(eds.)(2010). *Handbook of public pedagogy: education and learning beyond schooling.* New York: Routledge.

Simon, B.(1965). *Education and the labour movement 1870-1920.* London: Lawrence & Wishart.

Simon, B.(1974). *The two nations & the educational structure 1780-1870.* London: Lawrence & Wishart.

Storey, J.(1993). *An introductory guide to cultural theory and popular culture,* Athens: University of Georgia Press, 박모 역(1995). 『문화연구와 문화이론』. 현실문화연구.

Williams, R.(1954). Figures and shadows. *The Highway. February,* pp.169-172, in J. McIlroy & S. Westwood(eds.)(1993), *Border country: Raymond Williams in adult education,* Leicester, England: National Institute of Adult Continuing Education.

Williams, R.(1958). *Culture & society 1780-1950.* New York: Columbia University Press.

Williams, R.(1959). Going on learning. *The New Statesman.* 30 May, in J. McIlroy & S. Westwood(eds.)(1993), *Border country: Raymond Williams in adult education,* Leicester, England: National Institute of Adult Continuing Education.

Williams, R.(1961a). An open letter to WEA tutors. WEA. in J. McIlroy

& S. Westwood(eds.)(1993), *Border country: Raymond Williams in adult education*, Leicester, England: National Institute of Adult Continuing Education.

Williams, R.(1961b), The common good. *Adult Education*. XXXIV, 4, November, pp.192-199, in J. McIlroy & S. Westwood(eds.)(1993), *Border country: Raymond Williams in adult education*, Leicester, England: National Institute of Adult Continuing Education.

Williams, R.(1967). *Communications*. New York: Barnes & Noble.

Williams, R.(1974). *Television*, London: Routledge.

Williams, R.(1976). *Keywords: a vocabulary of cullture and society* (revised edition. New York: Oxford University Press.

Williams, R.(1979). *Politics and letters: interviews with New Left Review*. London: Verso.

Williams, R.(1983a). *Towards 2000*. London: Chatto & Windus.

Williams, R.(1983b). Adult education and social change: lecture and reminiscences in honour of Tony McLean. WEA Southern District, pp.9-24, in J. McIlroy & S. Westwood(eds.)(1993). *Border country: Raymond Williams in adult education*, Leicester, England: National Institute of Adult Continuing Education.

Williams, R.(2011). *Long revolution*. Cardigan, UK: Parthian.

랑시에르와 지적 해방을 위한 평등주의 교육

신병현

I. 평등과 지적 해방의 교육 실천을 찾아서

> 무지한 자도 다른 무지한 자를 가르칠 수 있다.
> 모든 사람들은 지적으로 평등하다.
> 설명에 의존하는 교육은 바보만들기 교육에 불과하다.
>
> 랑시에르, 2008a

이 표현들은 프랑스 철학자 자크 랑시에르J. Rancière의 평등주의 교육 실천에 중심적인 담론들이 무엇인지를 잘 보여 준다. 여기에는 제도화된 교육론에서는 상상하기조차 힘든 도전적인 생각들이 담겨 있다. 아이러니하게도 이 언표들은 오래전부터 전래되어 온 인류 문화 보편적인 가르침과 배움의 교육론을 평등주의라는 독특한 견해 속에 담아 표현하고 있을 뿐이다. 하지만 이런 생각 자체가 기존 교육철학 분야에 매우 문제적일 수 있다.

랑시에르는 『무지한 스승』이란 책에서 "보편적 가르침"에 관한 조제프 자코토Joseph Jacotot의 견해와 그의 특이하고 스캔들적인 삶을 소개한 바 있다.랑시에르, 2008a 이 책에서 랑시에르는 자코토의 교육론에 기대면서 기존의 엘리트주의적 계몽주의 교육론에 근본적으로 반대하는 평등주의 교육론을 매우 흥미롭게 전개하고 있다. 그는 "한 무지한 자가 다른 무지한 자에게 자신이 알지 못하는 것을 가르칠 수 있고, 모든 이는 지적인 능력에서 평등하며, 교육제도를 통한 지도instruction가 아닌 지적 해방intellectual emancipation이 필요하다"는 점을 주장한 자코토의 삶과 교육 실천을 소개하는 형식으로 자신의 독특한 평등주의 교육론을 펼치고 있다. 그는 다른 저작들에서도 기존의 엘리트 중심의 철학적 글쓰기나 계몽적 교육론에 대한 비판과 더불어 평등주의적인 지적 해방의 실천 방안에 대해 모색해 왔다.[1]

쟈크 랑시에르는 에티엔 발리바르E. Balibar, 알랭 바디우A. Badiou와 더불어 한국에 비교적 널리 알려진 포스트-알튀세리언post-Althusser 정치철학자이다. 그는 프랑스 68혁명 당시 적극적인 학생 활동가로서 가르치고 배우는 것을 직접 체험하였다. 그 뒤 그는 혁명과 비판적 교육에도 불구하고 여전히 불평등과 위계 구조가 재생산된다는 점에 주목하여, 지적 해방과 평등주의에 대해 탐구했다. 그는 최근까지도 여전히 정치철학, 미학비평, 교육철학 장르에서 활발한 글쓰기를 하고 있다. 그는 프랑스혁명 당시의 문서들을 검토하여 실제 당시의 노동자들의 문화와 노동자 정체성을 밝혀내고자 했다. 그는 당시의 노동자들이 단순히 철학자나 엘리트 지식인들의 사유 대상으로서가 아닌, 한 명의 동등한 인간으로서 희망과 의지, 지적 열정 갖고 이성적으로 사유하면서 새로운 시대를 살아가고자 했음을 구체적으로 밝혀냄으로써, 역사적으로 왜곡되고

---

1. 랑시에르는 『무지한 스승』(The Ignorant Schoolmaster, 1987), 『노동자의 밤』(The Nights of Labor, 1981), 『철학자와 그의 빈자들』(The Philosopher and His Poor, 1983), 『감각의 분할(미학의 정치)』(The Politics of Aesthetics, 2000), 『해방된 관객』(The Emancipated Spectator, 2008), 『이미지의 운명』(Le destin des images, 2003)과 같은 저작들에서 지식-육체노동 분할의 모순과 평등주의적인 지적 해방의 문제가 우리들이 보고, 듣고, 말하고, 느끼는 기존의 질서 지어진 감각의 분할 체제에서의 변화와 불가분의 관계에 있음을 일관되게 탐구하였다.

이데올로기적으로 착색된 기존의 노동자에 대한 이미지를 전복시키고, 평등주의적인 지적 해방의 새로운 가능성을 탐구했다. 그가 검토한 평등주의적이고 해방적인 교육 실천은 진보적이고 비판적인 실천과 이론에서 자칫 간과되거나 재생산되는 지식-육체노동 분할의 모순을 극복할 수 있는 새로운 방향을 탐색하는 데 크게 도움이 될 수 있을 것이다.신병현, 2014

이 글에서는 교육 실천과 관련된 랑시에르의 가장 기본적인 생각을 담고 있는 보편적 가르침의 핵심적인 내용을 중심으로 그의 평등주의 교육론을 정리해 보고, 그것의 고유성을 형성하는 요소들은 무엇이며 이것들이 기존의 교육론에 어떠한 쟁점을 야기하고 있는지를 필자가 읽은 방식대로 '번역' 소개함으로써, 비판적 교육 실천에 기여할 수 있는 하나의 성찰적 텍스트를 마련하는 것을 목적으로 한다.[2]

II. 무지한 스승과 보편적 가르침

어떤 분야에서 그 분야에 대한 것을 전혀 모르는 사람이 다른 사람을 가르칠 수 있을까? 랑시에르는 요즘 시대에는 상식적으로 생각하기 어려운 이런 생각을 우연히 실험하고 발견한 역사적 인물인 조셉 자코토를 통해서 평등주의, 반엘리트주의에 기초한 이질론적heterological 교육론을 전개하였다. 랑시에르의 교육론은 교육 실천 현장의 미적 재구조화를 통해 감각적 경관의 변화를 초래하고자 한다는 점에서 매우 특이한 이질적인 노선을 따른다.랑시에르, 2008c, 90

---

2. 여기서는 랑시에르의 주체화와 정치와 관련된 내용은 다루지 못한다. 이것들은 별도로 다루어야 할 주제라고 생각된다.

조셉 자코토는 급격한 사회적 전환기인 18세기 말(1770년)에 프랑스 디종에서 태어나 교사, 교수, 변호사, 장교, 국회의원을 역임하였으나, 제2왕정복고 때문에 벨기에로 망명해야 했던 역동적인 삶을 살았다. 그는 정치적 이유로 인해 네덜란드어를 전혀 알지 못함에도 불구하고 망명지인 루뱅에 있는 가톨릭 대학에서 프랑스어를 강의해야 했는데, 그 과정에서 우연하게 '보편적 가르침'을 실험하고 그것의 놀라운 결과를 발견하게 된다. 네덜란드어를 전혀 몰랐던 그는 언어로 소통이 불가능했기에 오로지 페늘롱의 『텔레마코스의 모험』이란 책의 프랑스어-네덜란드어 대조 번역판 교재 하나만을 매개로 삼아 학생들에게 프랑스어를 가르쳐야 했다. 자코토는 통역을 통해서 학생들이 이 번역본을 이용하여 프랑스어를 익히라고 주문했다. 그는 학생들이 1장의 반 정도에 이른 후에 익힌 것을 반복해서 읽고 외우라고 시켰다. 이후 학생들에게 그들이 읽은 내용에 대해 생각하는 바를 프랑스어로 써 보라고 주문했다. 부정확과 무능을 예상했던 것과는 달리 그 결과는 놀라울 정도로 성공적이었다.

자코토가 학생들에게 프랑스어의 철자법과 동사변화 같은 기본적인 원리조차 설명해 주지 않았음에도, 학생들은 자신이 아는 단어에 상응하는 프랑스 단어를 확인하고 그 단어들의 어미변화의 이치를 스스로 찾아냈다.랑시에르, 2008a, 14 나아가 철자법도 점차 정확해지고, 학생들은 단어를 조합하여 작가 수준의 문장까지도 만들어 낼 수 있었다.랑시에르, 2008a, 14 이 학생들에게 스승의 설명은 필요 없었다.

이런 가르침은 기존 교육론들의 가르침들과 매우 다르다. 예컨대, 그것은 스승이 학생에게 지식을 주입하고 그것을 앵무새처럼 되풀이하도록 하는 것과 다르며, 중요한 것, 부수적인 것, 원리, 결론을 구별할 수 있도록 설명하는 가르침과도 다르다. 우선 기존의 가르침들과 보편적 가르침은 그 기본 전제에서 어떻게 다른지 『무지한 스승』의 관련된 부분을 읽어 가며 살펴보자.

1. 설명하는 스승과 바보만들기의 질서

자코토의 가르침에서는 원리를 설명하지 않는다. 그렇다고 지식을 단순히 주입하고 암기시키는 것도 아니다. 대부분의 교육론에서는 스승의 설명과 지도가 필수적이라고 당연히 전제하지만, 랑시에르는 그러한 설명의 전제는 전복되어야 할 신화라고 본다.랑시에르, 2008a, 19 그 허구적인 논리와 질서는 단절되고 전복되어야만 한다는 것이다.랑시에르, 2008a, 19 랑시에르에게 설명하는 스승master explicator의 질서는 필수적이지도 않고 당연하지도 않은 "바보만들기stultification, abrutissement의 원리"에 기초한 질서라는 것이다.

기존 교육학에서 일반화되어 온 방식인 "설명하는 방식의 가르침"은 스승이 학생에게 지식을 전달함으로써, 학생이 스승의 지식수준에 도달하도록 점차 끌어올리는 방식의 가르침이다. 즉, 지식 전달과 체계적인 정신 형성으로 나가도록 하는 방식의 가르침이라는 것이다.[13] 설명하는 가르침의 방식에서 스승이 행하는 것은 그 본질에서 학생이 "우연의 길에서 길을 잃지 않도록", 원리부터 단순한 상태에서 복잡한 것으로 앎을 체계화시키고 사회적 용도에 따라 요구되는 수준의 판단과 취향을 형성시키는 일이다. 아마도 그 방식은 엘리트들이 통치할 수 있도록 그들을 가르치고 성장시키는 목적의 가르침이거나, 과학자들이 정규적인 학문적 경력을 쌓고 새로운 발견을 하도록 성장시키는 방식일 것이다.

랑시에르는 설명자의 질서에 대해 다음과 같이 의문을 제기한다. 첫째로, 책이 있는데 왜 스승의 설명과 추론이 필요한가? 책에서도 스승과 동일하게 설명하고 추론하는데 왜 스승의 추가적인 설명과 추론이 필요한 지를 묻는다. 책 속에 들어 있는 지적 능력(지능)은 스승의 지능과 다른 것인가? 인간의 활동과 관련된 여러 지능들은 그 속성에서 차별적으로 대해야만 할 근거가 있는 것일까? 랑시에르는 스승의 설명과 추론이 더 나을 것이라는 근거는 무엇이며, 그것을 가능하게 하는 질서는 어떤 것인지를 따져 보아야 한다는 것이다. 둘째로, 글로 쓴 책보다 말이 가르침에서 더 효과적인가? 영원히 존재하는 글보다 말하는 순간 흩어져버리는 스승의 말이 학생의 정신 속에서 더 잘 새겨진다는 전제는 무슨 근거로 그러한 것인가? 글에 대한 말의 우위 또는 권력, 시각에 대한 청각의 역설적 우위를 어떻게 이해해야 하는가?[17] 말의 권력과 스승의 영향력은 어떤 관계가 있는 것일까? 셋째로, 이해하지 못하는 무능력을 바로잡기 위해서는 스승의 설명이 반드시 필요한가? 어린 시절 모국어를 배울 때처럼 자율적으로 학습하고 검증하는 관계가 더 이상 스스로 작동하지 않고, 스승의 설명에 종속되어야만 이해할 수 있다고 보는 것은 왜 그런가?

이 질문들은 모두 한마디로 답하기 어려운 것들이다. 이것들은 음성 언어와 문자, 시각과 청각, 엘리트와 대중(또는 '철학자와 빈자') 사이의 관계에 관한 철학적이고 사회이론적인 논의들과 관련된 어렵고 심각한 문제들이다. 하지만 랑시에르는 이를 자코토의 실험으로 치환하여 경험적이고 역사적인 맥락 속에 놓고, 이 질문에 대한 답변들이 보편적 가르침의 세계에서는 모두 "그렇지 않다"는 점을 재치 있게 보여 준다. 이것들은 모두 특정한 감각적 분할을 야기하는 사회적 정치적 질서와 연관된 통념들이라는 것이다. 랑시에르 자신의 경험은 뒤에서 살펴보고 우선 자코토의 경험과 관련된 랑시에르의 해석들을 살펴보자.

이 의문들은 모두 기존 가르침에 대한 접근들에서 당연시되었던 암묵적 전제들과 관련된 것들이고 랑시에르는 이를 역설, 또는 위계적 질서를 합리화하는 허구라고 부른다. 랑시에르는 이런 역설들과 새로운 역설을 대질시킴으로써 기존 가르침의 질서가 디디고 있는 토대의 허구적 성격을 폭로하고, 그것을 "바보만들기" 원리에 기초한 교육 질서라고 이름 붙인다.[31]

랑시에르는 아이가 말하고 알아들을 수 있는 정도로 모국어를 배우는 자율적인 학습과 검증의 시기와 취학하여 아이가 겪는 타율적인 지도와 검증의 시기 사이의 불연속성에 주목하고 그 역설적 관계를 문제화한다.

아이들은 부모를 비롯한 주위사람들을 보고 말을 배운다. 이 시기에 아이들은 누구나 말하고, 듣고, 기억하고, 따라 하고, 틀리고 고치는 등의 과정을 통해서 반복적으로 익혀 말하고 알아들을 수 있게 된다. 이것은 일종의 자율적인 학습과 검증의 관계이다. 이것은 아이가 갖고 있는 고유의 지적 능력을 통해서 익히는 것이다. 그 관계 속에서 아이는 어머니나 주위의 사람들처럼, 언어가 어떤 것인가에 대한 설명 같은 것은 할 수 없는 스승들 즉, '무지한 스승들'을 통해 말하는 법을 배운다. 그러나 이 아이가 취학한 이후에는 전혀 다른 학습과 검증의 체계로 들어간다. 학교에서 아이는 설명 통해 이해시켜 주는 스승에 의해 지도받고, "스승에 의해 측정되는 학습 결과와 이해의 정도 사이의 차이"로 '무지'를 확인하는 과정 속에서, 체계적인 교육을 받는다.[3] 설명을 받기 이전에 말을 스스로 배울 수 있었던 아이가 이제는 설명을 받지 않으면 이해할 수 없고 배울 수 없는 의존적인 아이가 되는 역설을 우리는 어떻게 보아야 하는가?

설명하는 질서의 정체는 무엇일까? 랑시에르는 '설명자로서 스승'의

---

3. 그런데 그 설명을 통해 이해시키는 방법은 언제나 그 효율성에서 의문시되기 때문에 나날이 개선됨에도 불구하고 늘 더 쉽게 이해할 수 있도록 새로운 설명으로 개선되어야 한다.

비밀은 가르친 교과와 지도해야 할 주체 사이의 "거리를 식별할 줄 아는 기술", 배우는 것과 이해하는 것 사이의 거리를 식별하는 기술을 지닌 자, 곧 거리를 설정하고 없애는 자라고 본다.[20] 그는 말을 통해서 여러 정신들을 유식-무식, 성숙-미숙, 유능-무능, 똑똑한 자-바보 같은 자 등으로 분할하고, 지능도 역시 열등한 지능과 우월한 지능을 분할하여 지적인 위계의 세계를 수립하는 권위적인 존재라는 것이다.[20] 그러한 스승은 단어, 음절, 문자를 통해서 아이가 배워야 할 것들을 설정한다. 아이도 부모도 음절이나 단어나 문자를 알지 못하고 단지 말하는 것을 배워 알기 때문에 단어, 음절, 문자를 통한 배움의 내용과 무지가 설정된다. 이러한 질서에서는 무작위로 담아 넣고 기억하고 해석하거나 경험과 습관과 욕구를 통해서 알아 가는 것은 열등한 지능을 지닌 보통 사람들의 접근 방식으로 간주한다. 반면 우월한 지능은 이성에 의해 사물을 인식하고 단순한 것에서 복잡한 것으로, 부분에서 전체로 체계적으로 나간다고 본다. 그 때문에 우월한 지능을 가진 스승은 자신의 지식을 학생에 맞추어 전달할 수 있고, 그 결과를 검증할 수 있다는 것이다. 랑시에르는 이것을 설명의 원리라고 부른다.[20][4]

이와 같이 설명하는 스승은 설명에 의해 학생들을 이해시킬 수 있는 방법을 고민하고 개선하려고 노력하는 스승일 것이다. 바보만들기 stultification, abrutissement는 이처럼 이해를 우려하면서 설명하는 스승에 의해 창출되는 "무능의 연출"을 통해서, 그리고 그로 인해 자신이 무능하고 지적으로 열등하다는 느낌, 즉 "바보 된 느낌"을 갖게 된 학생의 상태를 일컫는 말이다.[21] 그런데 안타깝게도 이 스승은 결코 기존 과학

---

4. 이런 지식에 대한 접근은 곧 과학적이고 합리적이며 근대적인 교육학적 접근이라고 한다면, 그것에 전래하는 문제해결법과 지식을 전승하는 공동체적 배움에 대한 접근을 대립시킬 수 있다.

적 교육학의 세계에서 뒤처진 스승이 아니다. 그는 오히려 그 세계에서 인정받고 유능하며 선한 실력파 스승일 가능성이 크다. 랑시에르에 따르면 그러한 스승은 지능을 둘로 나누고[5] 상식과 과학을 구분하는 방식으로 지능의 세계에 위계를 수립하고, 학생으로 하여금 열등감을 갖게 하고, 우월한 지능을 지닌 스승이 제공하는 설명에 의해서만 이해할 수 있는 의존적인 사람이 되도록 변화시키는 스승이다. 그러한 스승의 세계와 배움의 장은 우월과 열등의 불평등으로 질서 지어진 위계의 구조를 띠게 된다. 이는 지적으로 우월한 진보적인 엘리트들이 몽매한 자들을 점진적으로 계몽시킬 수 있다는 논리, 즉 무지한 학생의 무지를 유식한 스승이 점진적으로 대체시켜 감으로써 불평등을 지속적으로 재생산한다는 논리로 번역될 수 있는 논리다. 우리가 뒤에서 살펴보듯이, 이러한 인식은 랑시에르의 진보교육 및 비판교육 실천에 대한 비판적 문제제기의 요체라 할 수 있다.

2. 해방하는 스승과 보편적 가르침

자코토의 실험과 우연한 발견은 설명하는 스승의 논리와 바보만들기 질서에 매우 이질적인 것이었다. 그것의 논리와 질서는 설명하는 스승 중심의 관계와 세계관을 중심으로 이루어지는 가르침과 배움의 그것과는 전혀 다르다. 무지한 스승 자코토가 우연히 발견한 것은 아이들이 스스로 프랑스어를 익혔다는 사실이다. 여기서 스승 자코토가 한 일은 무엇인가?

그는 페늘롱의 텍스트를 주고 학생들을 그대로 두었다. 그는 단지 스

---

5. 랑시에르의 논의는 지능을 둘로 나누어지지 않는 하나로 봄으로써 지능의 꼬뮨주의를 주장하는 것이라 볼 수 있다. 지능은 모든 이의 지능인 것으로서 사회적 지위나 직업에 따라 분할되지 않은 것, 모든 이가 전유하는 하나의 지능이라는 것이다. 해방은 바로 이러한 평등한 지능의 전유과정에 참여하는 것이 된다(신병현, 2014, 96-97).

승 자신도 모르는 출구를 학생들이 스스로 찾아가도록 명령하였을 뿐, 자신의 지능을 전혀 사용하지 않았다.[24] 따라서 여기서는 바보만들기의 거리는 존재하지 않는다. 단지 인쇄된 지능과 초심자의 지능, 번역자의 지능 사이의 연결만 있었다. 자코토는 이와 같은 사실로부터 우연히 발견한 것을 학생들도 발견하도록 안내해 준 것이다.

이런 발견은 문장을 만들어 내는 모든 지능은 항상 같은 본성에 속한다는 점에 대한 새로운 인식으로 나간다. 즉, 모든 지능은 평등하다는 것이다. 문장들을 만들고 이해하고 번역하는 것은 모두 다르지 않은 지능의 작업이라는 것이다. 어떤 텍스트의 이해, 단어나 문장을 이해하는 것은 그에 상응하는 다른 말, 다른 단어나 문장을 사용 하는 것이지, 결코 그 이유를 제공하는 것이 아니다.[24] 우리는 그 단어나 문장은 다른 사람이 쓴 것과 본성에서 결코 다르지 않은 문장이나 단어를 통해서 이해하고 번역한다는 것이다. 곧 이해하는 것은 다른 말, 다른 문장, 다른 언어로 번역하는 것과 다르지 않다는 것이다.[25] 그래서 랑시에르는 배우고 이해하는 것은 번역하는 행위라고 본다. 즉, 스스로 표현하려는 의지와 동일하다는 것이다.[25] 여기서 번역가로서의 행위는 전달되는 말을 분간하여 그에 답하는 지적으로 평등한 인간에 의한 행위이고, 그것은 "평등의 징표" 아래 이루어지는 활동이라는 것이다.[27]

무지한 스승이 무엇인가를 가르쳤다면 그것은 무엇인가? 그는 다만 학생들 스스로 자신들의 지능을 쓰도록 명령하였을 뿐이다. 사람들이 강렬한 욕망이 추동하거나 상황이 강제할 때에는 스승 없이도 배울 수 있듯이, 학생들은 스승의 강제하에서 자신들의 지능을 사용하여 책의 지능과 관계 맺게 된다. 랑시에르는 이를 "의지의 방법"이라 부른다.[29]

랑시에르는 배우고 가르치는 행위에서는 지능과 의지의 기능이 작동하는데, 그 하나는 식자의 기능이고 다른 하나는 스승의 기능이라고 본다. 설명하는 스승의 실천이 이 두 가지 기능으로 묶인 것이고, '무능의 고리'에 학생을 가둔다면, 무지한 스승 자코토의 실천에서 이 기능들은 분리된다. 지능과 의지가 서로에게서 자유롭게 해방된다는 것이다. 무지한 스승은 책에게 지능의 기능을 맡기고, 자신은 오직 의지를 강제하는 스승의 기능을 통해서, 학생들이 자신의 지능으로 책의 지능과 씨름하는 고리 즉, '역량의 고리'에 그들을 가두는 스승의 역할만 수행하였다는 것이다.[30-34] 상황의 강제가 자코토의 의지에 따른 명령과 지시라는 형태를 띠고 전달되었고, 학생이 여기서 배운 것은 스승의 학식이 아닌 자신들만의 의지에 따라 역량의 고리로 스스로를 가두는 법이었던 것이다.

랑시에르는 의지와 의지의 관계와 지능과 지능의 관계가 식별되고, 이 관계의 차이가 인정되고 유지되는 이와 같은 분리를 지적인 해방이라 부른다. 여기서는 한 "의지가 다른 의지에 복종한다 할지라도," 지적인 행위는 자신의 지능에만 복종한다.[31]

따라서 우리는 자코토의 보편적 가르침을 다음과 같이 '번역'해 볼 수 있을 것이다. 먼저 보편적 가르침은 "무언가를 혼자의 힘으로, 설명해 주는 스승 없이 배우는" 전래된 학습 방법이다. 학습자가 자신만의 지적인 역량의 고리에 가둬지고, 스스로 배울 수 있는 것은 오직 지적인 해방이 있어야 가능한 것이다. 그것은 지능과 의지의 관계가 묶여있는 설명자 스승의 실천에서 두 기능이 서로 분리되어야만 가능하다. 따라서 보편적 가르침은 지능과 지능의 복종 관계로부터 가르치는 이와 학습자 모두가 해방되어야 시작될 수 있다. 결국 보편적 가르침은 지능에서 평등한 스승 또는 긴요한 상황과 학습자가 의지에서의 복종관계와 불가피함에 종속된 가운데 이루어지는 가르침과 배움의 관계로 볼 수 있을 것이다.

이처럼 보편적 가르침은 지적인 평등을 전제하고 지적으로 해방되고 의지에서 복종적인 관계하에서 개시되는 가르침과 배움의 '방법'인 것이다. 이 가르침은 오랜 역사를 지닌 민중적 지혜의 한 유형이어서, 사람들을 지도하기 위한 방법이 아니라, 빈자들에게 알려야 할 '혜택'이었다.[40-41] 그것은 빈자들도 자신이 모르는 것을 자신의 아이들에게 가르칠 수 있는 '방법', 가난하고 무지해도 스스로 해방만 된다면 자기 아이를 교육할 수 있는 '방법'인 것이다.[41]

III. 보편적 가르침의 주요 요소들

랑시에르가 소개하는 자코토의 실험과 발견을 체계화된 교육학의 방법이라고 말하기는 어려울 것이다. 하나의 교육 '방법'으로서 보편적 가르침을 생각한다면, 그것은 방법에 대한 교육학적 분류로서 전통주의, 진보주의, 비판적 페다고지와는 결코 비교될 수 없는 이론적 체계성이 결여된 것이기에 교육 방법에 크게 미달할 것이다.[6] 랑시에르가 소개하고 있듯이, 당시 사회적 차원에서 시행된 경우, 자코토의 '방법'은 철저히 실패하였고 조롱받았다. 그럼에도 그의 '방법'은 역사적으로 중요한 시기에 하나의 스캔들로서 또는 하나의 해결책으로서 등장하고 주목받아 온 '방법'이기도 하다. 그것은 프랑스혁명기 근대세계의 형성과 관련된 격변 속에서(1818년), 프랑스 68혁명 시기와 관련된 엘리트주의

---

6. 보편적 가르침이 해방의 가르침만이 아니라 '학습의 방법'이 될 수 있는지, 또는 학교에서 설명하는 교사가 불필요한 것인지와 같은 질문은 사실상 랑시에르의 관심 밖에 있다. 랑시에르는 근본적으로 플라톤의 지식-육체노동 분할의 전복을 위한 이질론에 관심이 있기 때문이다. 랑시에르의 보편적 가르침과 기존의 교육론의 관계와 관련된 다양한 논의가 있을 수 있다. 대표적인 예로 C. Bingham & G. Biesta(2010), Bieata(2010), Pelletier(2009, 2012).

에 대한 비판적 성찰 속에서(1968년 이후), 가깝게는 프랑스 좌파 미테랑 정부집권 시기 '다문화' 관련 교육개혁과 관련해서(1981년) 주목되었다.Rancière, 2004 보편적 가르침은 교육 방법에 미달됨에도 불구하고 왜 기존 교육학의 관심들과 평행한 관계를 맺으며 간헐적으로 재등장하는 것일까?

영미 교육철학계에 랑시에르를 소개해 온 찰스 빙햄C. Bingham은 전통주의 교육론을 비판하는 진보주의 교육론과 비판적 교육론 모두 가르침teaching의 방법에서는 전통주의와 동일하다고 본다.Bingham, 2009 그런 점에서 가르침 자체에 주목하는 랑시에르의 보편적 가르침은 전혀 다른 길로 나가는 이질적인 접근이라는 것이다. 빙햄이 은유적인 의미에서 보편적 가르침을 하나의 교육 방법으로 말할 수 있다고 보듯이, 그것을 하나의 온전한 교육학적 방법으로 규정하기에는 어려움이 있을 것이다. 하지만, 그것에 대한 관심이나 스캔들의 강도에 비례해서, 보편적 가르침을 특징짓는 요소들을 찾아보려는 유혹의 강도 역시 증가하는 것도 어쩔 수 없는 것 같다. 여기서는 랑시에르가 말하는 의미의 이해 방식으로 필자 나름대로 랑시에르의 보편적 가르침에 대해 읽고, 그것을 번역한 것을 정리해 본다. 각자가 읽은 것을 표현하면서 그것이 이해되는 것이라고 할 때, 보편적 가르침을 특징짓는 주요 요소들을 분석적으로 추출하고 그에 대해 어떻게 생각하는지 의견을 나누는 것도 한 가지 이해의 방식일 수 있다.

첫째, 평등의 전제와 그에 따른 해방의 실천이다.『무지한 스승』에서 랑시에르는 사실 기존의 교육학적 방법들과 보편적 가르침이 어떻게 다른지에 대해 여러 곳에서 언급하고 있다. 하지만 그러한 비교의 공통적인 귀결점으로서 보편적 가르침을 특징짓는 것은 평등의 전제와 그에 따르는 스승과 학습자 모두의 해방이다.

랑시에르는 엘리트와 무지한 자를 분리시키고 무지에 대한 지식과 우열의 정념을 갖게 하는 것은 불평등주의 원리이며, 이는 식자의 기능과 스승의 기능을 결합한 가운데 설명하는 교육자의 실천원리라고 본다. 반면, 평등주의와 해방에 기초한 보편적 가르침의 실천은 식자의 기능과 스승의 기능이 자유롭게 분리되고, 평등을 전제로 한 가운데 시작된다. 보편적 가르침에서 평등은 목적지가 아니라 출발점인 것이다. 인간은 모두 동일한 지적 역량을 가지고 있고, 그 지능의 발현을 통해서 그러한 평등을 입증해 간다는 것이다. 따라서 그것은 가능한 어떤 것 즉, 지능의 평등을 입증해 가기 위한 수행적performative이고 "현동적인actual" 실천의 장을 여는 전제인 것이다.^{랑시에르, 2008a, 142}

수행적이고 현동적인 실천을 통해 평등을 입증해 가는 지적 역량은 "사물들 사이의 유사함과 차이를 파악하고 그것을 이미 알고 있는 것들과 연관시킬 수 있는 지능, 즉 주의를 기울이고 연관시키고 비교하는 지적 역량"이다.[59, 142] 이것은 인간이면 누구나 갖고 있다. 이것은 예컨대, 책을 쓰거나 읽거나 하는 인간의 활동들 속에서 발현되는 동일한 지적 역량이다.[59] 책을 쓰거나 책을 읽는 지적 역량은 동일한 지적인 산물이다. 따라서 모든 인간은 지적인 능력에서 평등하다는 것이다. 우리는 이것을 다양한 지적인 발현들 속에서 입증해 간다는 것이다. 누구는 우월한 지능을 갖고 있고 누구는 열등한 지능을 갖고 있는 것이 아니라, 그 지적인 역량의 발현에서의 차이 즉, 지능을 사용하게 강제하는 의지의 강도 여하에 따라, 지능의 발현 여하도 달라진다는 것이다. 따라서 우리가 관찰할 수 있는 개별적인 지적 활동에서의 차이는 지적인 발현 여하에서의 불평등에 기인한다는 것이다.[61]

랑시에르의 이러한 지적 평등주의는 그저 한 '아나키스트적인 성향을 띤'[7] 정치철학자의 주장으로만 볼 수 없는 역사 사회적인 배경을 갖고 있다.Hallward, 2009 한편으로, 그것은 사회적이고 개인적인 경험에 기초한 사유의 산물이다. 랑시에르는 프랑스 68혁명 당시 대학 내의 투쟁에 대한 회고에서, 학생들의 투쟁 현장에서 부르주아 지식은 의문시되었고 지식이 갖는 정치적 의미도 마찬가지로 의문시되었다고 말했다.[8] 당시 스승인 루이 알튀세르L. Althusser는 이론적 지식을 옹호하고 학생운동과 거리를 두었기에 제자들로부터 비판받았다.[9] 랑시에르는 "근본적으로 알튀세르주의는 교육론"이며, "모든 교육론은 그것이 폭로하여 알게 하는 바로 그 권력을 보호"한다고 보았다.Rancière, 2011 그의 알튀세르에 대한 비판은 세인들의 이데올로기적인 비판과 달리, 한편으로 이론과 교육자의 정치적 위상에 대한 문제제기이고, 다른 한편으로는 교육론적인 비판이었다.Benton, 1984; 신병현, 2014; Lewis, 2012 타이슨 루이스T. Lewis에 의하면 랑시에르는 알튀세르와의 관계에서 철저한 단절보다는 스승과 제자 간의 다소 복잡하고 미묘한 관계를 보인다고 한다. 앞서 살펴보았듯이, 랑시에르는 모든 설명은 바보만들기로 변형되기 때문에 '설명하는 스승'의 상에 대해 비판하였다.랑시에르, 2008a 알튀세르는 대중에게 이러한 방식으로 교육했다고 한다.Lewis, 2012, 22-38 그러나 제자들에게는 그러한 방식으로 대하지 않고 다른 면을 보였다고 한다. 랑시에르가 인터뷰에서 회고한 바에 따르면 스승으로서 알튀세르는 조금밖에 가르치지 않았으며, 철학적 전문성이 아닌, 그의 교육적 요령이 제자들을 매료시켰었다고 한다.Lewis, 2012, 22-38 알튀세르는 이론의 개척자로서 전문적 작업에 열정

---

7. 랑시에르는 여러 곳에서 다음과 같이 말한다. 개인들이 이성적이지 사회는 이성일 수 없고 (152, 158), 우월한 열등자들의 역설로 특징지어지는 곳이 바로 무분별이 지배하는 사회이며(166), 이곳에서 해방된 존재는 단지 이성적 헛소리만을 할 뿐이고(175), 보편적 가르침은 사회적 차원에서 결코 제도화 될 수 없다고 본다는(202) 점에서 그렇게 말할 수 있을지 모른다.
8. 더 상세한 논의는 신병현(2014)을 참고할 수 있다.
9. 포스트-알튀세르주의자들은 스승 알튀세르가 이데올로기와 정치를 강조했으나 그 자신은 정치에 대해 모호한 입장을 가졌던 모습과는 달리 모두 정치에 천착하는 모습을 보인다.

적으로 몰입시키게 하는 능력이 있었다는 것이다. 그의 세미나에서 제자들은 이론의 권위, 지식을 지닌 자로서의 권위를 부여받았고, 이를 중심으로 감각적인 것을 조직화함으로써 수동에서 능동으로 정념을 새로이 배분하는 방식을 배웠다는 것이다.신병현, 2014

다른 한편으로 그것은 자코토에 의한 보편적 가르침의 발견과 그것의 실험이라는 구체적인 역사적 사례에 근거하는 성찰이기도 하다. 또한 이러한 가르침은 문화적인 인간의 발달 과정에서 수없이 그 효력이 입증되고 전승되어 온 지적 경험의 산물이기도 하다. 랑시에르가 설정한 설명하는 스승과 무지한 스승의 대당은 혁명기 근대 부르주아 사회질서의 확립 과정에서 이단적인 앎의 방식과 '과학적인' 앎의 방식 사이의 대결을 염두에 두고 있다. 그것은 예컨대 대학에서 강의하는 표준화되고 형식화된 의학과 전통적 자연치료술인 마그네티즘의 대당, 또는 체계적이고 표준화된 교육학과 무엇을 배우고 그것을 다른 모든 것들과 연결시켜 사고하는 접근으로서 보편적인 가르침이나 이단적인 교육론의 대당, 또는 질문을 통해 진리를 깨닫게 하는 소크라테스적인 스승의 형상과 무지한 상태에서 인간적인 방식으로 묻는 무지한 스승의 형상, 엘리트에 의한 인민의 지도와 무지한 자들의 해방 등의 대당 설정과 연속선상에 있다.랑시에르, 2008a, 64-68; Rancière, 2003

랑시에르는 무지한 스승의 실천은 "시간도 없고, 돈도 없고, 아는 것도 없는 빈자로 하여금 그의 아이들을 지도할 수 있게 해 주는 단순한 방편만은 아니라고 한다."70 "그 실천은 학식이 더 이상 도움을 주지 않는 곳에서 이성의 순수한 힘들을 해방하는" 실험이라는 것이다.70-71 인간 모두에게 공통적인 것으로서 '참된 이성'은 "너는 어떻게 생각하니"와 같은 무지한 스승들의 '인간적인' 질문에서 발현된다. 곧, 배우는 이의 앎과 무지한 스승의 무지가 서로 평등함이 증명되는 곳에서 인간의 이성이 발현된다는 것이다.[69] 이러한 생각은 식자들이나 엘리트들의 제도화된 학자들의 과학과 대비되는 민중들의 과학들이 결코 비이성적이거나 어두운 미신이나 신비주의에 기초한 것이 아니라는 점과 관련된다.Rancière, 2003

랑시에르는 칸트가 근대 과학기술과 사회변혁의 시기에 감성과 이성의 조화로운 종합과 통일에 대해 깊이 사유한 점에 주목한다.랑시에르, 2016 그는 칸트를 따라서 감각적 경관의 단절 또는 혁명적인 변화가 산출하는 감각적 경관의 변화와 이에 따른 해방의 정치에 대해 숙고했다.신병현, 2014 보편적 가르침의 핵심이 지적인 해방 즉, 평등한 시선으로 세상을 다르게 보기 시작하는 것을 내용으로 갖는 해방인 것은 바로 이런 맥락에서 그렇다.랑시에르, 2008a; 신병현, 2014 인간이 봉건적인 인격적 예속에서 벗어난 평등한 존재로 선언된 혁명기의 세계에서, 감각적 풍경의 변화가 의미하는 것은, 사람들을 위계화하는 지배적이고 제도화된 지식체계와 그것이 합리화하는 질서와는 전혀 다른 인간, 즉 평등한 인간으로서 공유하는 공통감각에 의거해서 동등하게 세상을 볼 수 있게 되었다는 것을 의미한다. 그리고 이에 따라 기존의 사회에서와는 다른 역할 관계 속에서 관계 맺기 시작하게 됨을 의미한다.랑시에르, 2008c 이러한 새로운 감각의 분할에 의한 새로운 관계는 '지적인 해방' 실천으로 드러날 수 있다.신병현, 2014

랑시에르는 그의 책 『무지한 스승』에서 데카르트의 명제 "나는 생각한다. 고로 존재한다"를 뒤집어서 해방의 의미를 제시한다.랑시에르, 2008a, 78 "나는 인간이다. 고로 생각한다." 그는 이를 통해 인간 주체를 코기토의 평등 안에 포함시킨다. 생각하는 것은 인류의 속성이라는 것이다. 그는 보편적 가르침의 모든 실천은 "너는 그것에 대해 어떻게 생각하는가?"라는 질문으로 요약된다고 말한다.[78] 아버지가 자기 자신을 앎으로써, 즉 주체가 되는 지적 행위들을 검토함으로써 그가 자신의 행위 속에서 사유하는 존재의 힘을 쓰는 방식에 주목함으로써 시작한다면, 자기 자식을 해방할 수 있다는 것이다.[78] 이처럼 생각하는 힘을 쓰는 방식을 깨닫고 자식에게 그것을 사용하기를 요구할 때, 모두가 해방된다는 것이다. 따라서 보편적 가르침에서 말하는 "해방이란 모든 인간이 가진 지적 주체로서의 본성을 의식하는 것"[77]이다.

둘째, 텍스트는 지적 역량의 동어반복이고, 지적 해방의 물질적 매개물이다. 인간의 활동과 사고는 문화적 수단인 기호나 도구에 의해 물질적으로 매개된다. 우리가 창작한 다양한 예술작품이나 문학텍스트들, 학술서적과 문화적 인공물들은 그것을 만들거나 읽고 감상하는 지능들과 동일한 지적 역량을 담고 있는 물질적 매개물들이다. 당연히 자코토가 채택한 네덜란드어-프랑스어 대조 번역 텍스트인『텔레마코스의 모험』도 그러한 지적 매개물이다. 랑시에르는 "전체는 전체 안에 있다"는 모나드monad 개념을 통해서 텍스트가 갖는 지적 해방의 물질적 매개물로서의 고유한 기능을 강조한다.[125-6]

자코토의 실험에서 학생이 책에서 본 것, 생각한 것, 행한 것의 근거를 책에서 찾아서 제시하고 검증받기를 요구받는다. 고전 책 한 권 그것은 하나의 전체로서 학생이 배워야 할 모든 것들을 연결하는 "어떤 중심", "바탕이 되는 어떤 고리"다.[47] 랑시에르는 보편적 가르침의 제일의 원리는 "무언가를 배우고, 그것을 나머지 전체와 연관시키라"는 명제라고 강조한다.[47] 학생은 스스로의 힘으로 모든 것을 보고, 비교하고, 다음과 같은 질문에 답해야 한다. "무엇을 보고 있니? 너는 그것에 대해 어떻게 생각하니? 너는 그것을 가지고 무엇을 하니?"[54] 여기서 "책은 학생의 손에 쥐어진 전체"인 것이다.[54] 전체가 그 책 안에 있으며, 이해해야 할 것은 아무것도 없고, 오직 이야기할 것만 있다는 것이다.

전체가 전체 안에 있다는 말은 '역량의 동어반복'을 말하는 것이다. 언어의 모든 역량이 한 권의 책 전체 속에 들어 있으므로, 문자, 단어, 문장, 생각들을 조합하는 것을 배우는 것도 역시 책을 만드는 지능과 동일한 지능의 산물을 이용하는 것이다. 책 속에 있는 전체는 "인간의 모든 발현에 들어 있는 지능의 역량"이며 동일한 지적인 산물이라는 것이다.[6] 이러한 언어와 기호들이 실어 나르는 생각들에 담겨 있는 관념의 중요한 물질적 현실은 그것들이 사람들 사이의 모든 위계를 부정한다는 점이다. 언어 기호에 의해 만들어진 모든 작품은 같은 방식으로 이해되고 이용되기 때문이다. 자코토가 무지한 스승으로서 실천한 것들은 플라톤이 『파이드로스』에서 살아 있는 말과 죽은 문자를 대립시키는 가운데 문자의 자의성을 비판했던 바로 그 모습과 그것이 기초한 사회적 관계 자체를 부정하는 것이다. 책은 바로 평등한 지능의 증거라는 것이다.[81] 플라톤이 문자언어에 대해 견딜 수 없었던 핵심은 바로 언어 기호들의 자유로운 전유로 드러나는 사회적 지위와 직업적 역할들, 즉 현실 세계의 사회적 위계를 넘어서는 인간들 사이의 평등이라는 상황이었을 것이다.Plato, 2010

셋째, 의지와 의지의 관계 속에서 작동되는 능동의 정념이다. 자코토의 학생들은 『텔레마코스의 모험』을 자코토의 지시에 따라 반복적으로 읽고 암송하면서, 책 속의 프랑스 글을 깨쳤고, 나아가 자기만의 문장과 시를 쓸 수 있었다. 보편적 가르침의 실천에서 스승은 질문하기와 명령하기의 행위를 통해 학생의 지능에 강제적인 상황을 조성한다. 이에 따라 의지와 의지의 관계 속에서 학생의 지능은 스승의 의지에 종속되고, 그럼으로써 보편적 가르침의 역량의 고리가 능동적으로 작동한다.

그런데 이 질문하기는 소크라테스가 질문을 통해 진리를 스스로 깨닫게 하는 방법과는 다르다. 소크라테스의 방법에는 "앎의 길은 있을지

언정 해방의 길은 없기" 때문이다.[65] 거기서 노예의 앎의 방식은 스승에 의존해야 하는 길, 즉 무능의 증명을 통한 길로 나가는 것이다. 따라서 "소크라테스주의는 바보만들기의 개선된 형태"인 것이다.[65] 소크라테스는 식자의 방식으로 질문을 던짐으로써 지도한다. 반면, 보편적 가르침에서는 "인간적인 방식으로" 질문한다. 우리의 이웃이나 부모들은 누구나 아이의 말이나 글에 주의를 기울이기만 한다면 비교하고 구별하고 인식하여 알아보고 질문할 수 있다. 이와 같이 비교하고 식별하여 인간적으로 질문하는 것은 모국어를 배우는 아이가 언어와 기호의 세계로 진입하여 지능을 자율적으로 발휘하도록 강제하는 "진정한" 질문들인 것이다.[66-67]

이처럼 랑시에르는 보편적 가르침에서의 "스승이란 구하는 자가 그 길을 계속 가도록" 유지하기 위해 강제하는 자라고 부른다.[72] 스승은 곧 배우는 자로 하여금 계속적으로 경계하기 즉, 새로운 것을 찾는 것에 게을러지거나 부주의에 빠지고 사회적, 이성적 무분별에 굴종하고 열등한 정념에 휩쓸리지 않도록 강제하는 자, 배우는 자가 도처에서 관찰하고 비교하고 조합하고 만들고 어떻게 했는지 주목함으로써 반성적 실천을 강제하는 자인 것이다. 보편적 가르침에서는 의지의 무조건적인 요청으로 나타나는 완고한 스승만이 역설적으로 수동으로부터 능동으로 정념을 정향시킴으로써 지적으로 해방시킬 수 있다는 것이다.

IV. 평등주의 교육론이 제기하는 주요 쟁점들

랑시에르의 평등과 해방의 교육론은 기존 교육론과는 뚜렷하게 단절되고 이질적인 교육론이다. 그것은 기존 교육론이 전통주의적인 교육론이든 진보주의 교육론이든 비판적 교육론이든 간에 전혀 다른 내용과 전제에 기초한 교육론이라는 점에서 매우 특이한 교육론이라 할 수 있다. 그가 소개하는 보편적 가르침이 갖고 있는 특이성은 전통주의 교육론이나 진보주의, 비판 교육론 모두의 관심을 끌지만, 그것들과 접점을 형성하기는 쉽지 않았다. 보편적 가르침의 특이성은 역사적으로 기존 교육론들과 복잡하고 양가적이거나 평행적인 관계를 맺게 했기 때문이다.랑시에르, 2008a; Bingham, 2009 따라서 랑시에르가 전개하는 논의의 이런 양가성은 현 시기에도 여러 가지 측면에서 교육론적 쟁점을 형성하게 한다. 여기서는 랑시에르의 보편적 교육론이 기존의 진보적 교육 실천에 대해 갖는 비판적 함의를 살펴본다.

1. 보편적 가르침과 공교육

랑시에르의 지적 해방에 관한 논의에 접하면서 우리는 학교교육이나 평생교육 등 공교육의 결함을 보완하거나 문제를 개선하기 위한 방책으로 활용할 수 있지 않을까 하는 유혹에 빠질 수 있다. 그러나 그의 지적 해방에 관한 논의를 상자 속의 도구나 부품처럼, 교육 정책이나 방법 개선에 손쉽게 선택하여 활용할 수 있다고 생각하는 것은, 그의 논의가 갖고 있는 미덕에 비해 너무 지나치거나 아니면 너무 부족한 처사일 수 있다. 지적 해방의 교육 실천은 그 근본에서부터 전통적인 교육론과는 상이한 배경을 갖고 있어서, 공교육의 부품으로 적절히 기능하기 어렵기에 과도한 상상일 것이다. 또한, 그것은 우리들의 일상생활 속에 자리해 왔던 다양한 문제해결 장치들 중 하나인 동시에, 전혀 새로운 미래를 품고 있는 새로운 교육 장소와 교육 관계를 개방하는 잠재성일 수도 있다는 점에서 그 가능성을 지나치게 협소화시키는 것일 수 있다. 앞서 살펴보았듯이, 랑시에르의 보편적 가르침은 지적인 평등과 해방의 전제에서 출발하지 않는다면 실패할 수밖에 없는 실천이라는 점이 강조될 필요가 있다. 따라서 우리는 섣부른 정책방안으로 고려하기 이전에, 그러한 평등의 전제와 해방적 실천을 가능하게 하는 사회생태적 조건 조성이 과연 가능한지를 먼저 검토해야 할 것이다.[10]

우선, 랑시에르가 지적 역량이 배태된 장소로서 텍스트를 강조한 점을 보면, 교육 장소를 공교육의 장이 아닌 다양한 문화적 장소들로 전위시키는 것을 생각해 볼 수 있을 것이다. 즉, 가정이나 다양한 열린 공동체들에서 자녀, 부모, 동료들과 형성하는 곳으로 교육의 장소를 재조정시키는 것이다. 랑시에르의 "전체는 전체 속에 있다"는 생각에 따르면, 지능은 예술작품이나 공동체 실천들에 배태되어 있고, 이것들은 우리들의 다양한 일상적 활동들 속에서 발현될 수 있다.신병현, 2014, 102 주위의 무지한 스승들은 "언제나 이미 우리들에게 배움을 주고" 있고, 줄 준비가 되어 있다.[102] 또한 더 체계적이고 공동체적인 배움의 장들을 공동의 협력을 통해 마련할 수 있다. 문제는 그러한 교육의 잠재적인 장소들을 유효한 교육 장치들로 어떻게 현실화시킬 것인가이다.

그런데 교육학적 관점에서 제일 관심사는 아마도 공교육이 보편적 가르침을 실천할 수 있는 장치로 기능할 여지가 있을까라는 의문일 것이다. 과연 교사가 공교육 현장에서 보편적 가르침을 제대로 실천하고 지적인 해방으로 나가기 위한 노력을 지속적으로 수행할 수 있을까?

교육을 이데올로기적 국가장치로 보는 알튀세르는 그 속에서의 실천을 "비이데올로기적 교육 실천"과 "이데올로기적 국가장치로서의 교육 실천"으로 구분한다.Althusser, 2007[11] 국가 장치로서의 교육 장치는 재생산의 장소이다. 그곳에서 계급관계와 기술적 분업의 유지와 재생산이 이루

---

10. 랑시에르의 보편적 가르침이 공교육과 만날 수 있도록 하는 조건에 대해서는 신병현 (2014).

어지는 장소라는 것이다.Althusser, 2007 그러한 교육조직 속에서, 교사들의 일상화된 교육 실천은 대부분이 비 의식의 상태에서 구조의 재생산 기능을 수행한다는 것이다. 따라서 공교육 조직이 그러한 재생산의 장소로 획일화되지 않게 하려면, 그 국가 장치들 내에서 그것을 비 이데올로기적 장소로 변화시키기 위한 다양한 실천이 펼쳐져야 하는 것이다.신병현, 2014 그것도 고립된 실천이 아닌, 조직적이고 횡단적인 실천으로 펼쳐질 수 있게 하고, 그를 위한 사회생태적인 조건이 마련되어야만 한다.

그런 조건은 전혀 불가능하지는 않을 것이다. 하지만, 가르치는 자와 배우는 자의 이자二者 관계에서 평등주의의 전제가 충족될 수 없는 한, '지식의 기능'과 '스승의 기능'의 자유로운 분리와 해방도 없다. 따라서 그로 인해 불가피하게 대면하게 되는 "사회적인 중력"으로 인하여, 무지한 스승에 의한 의지의 복종과 강제는 불가능하게 된다.랑시에르, 2008a 그러한 조건이 충족되기는 실질적으로 어려울 것이다. 스피노자에 의하면 인간이 행동의 원인에 대한 적합한 관념을 가질 때, 외부 원인에 따라서 수동적 정념에 의해 움직이기보다는 능동적 정념에 의해 움직일수 있기 때문에 자유롭다고 한다.마르통, 2008 다시 말하자면, 적합한 지식에 의해 안내되면 우리는 외부의 사회적 힘들에 의한 결정으로부터 자유로울 수 있다는 것이다. "진리는 적합한 관념의 상관물이고 불완전한관념은 허위의 주요 특징이며, 자유 의지는 인간이 능동적일 때 발생한다."신병현, 2014 랑시에르도 이성과 의지의 중요성을 강조하는 점을 앞서 살펴보았다.

스웨덴의 한 교육학자는 해방은 항상 학교교육과의 어떤 단절이 발

---

11. 『재생산에 대하여』는 알튀세르의 이데올로기에 대한 글의 여러 판본을 모아 놓은 책이다. 이 책은 여러 비판들에 대한 답변을 부분적으로 반영하고 있고, 수차례 수정한 판본들과 대중들을 대상으로 쓴 판본, 보다 이론적으로 쓴 판본, 그리고 논쟁에 관련된 보론을 포함하고 있다.

생과 더불어 이루어진다고 주장한다. 여기서 해방은 교육이란 개념과 관련된 사건으로서 특정한 진리의 질서와 그 질서의 교란과 관련해서 발생한다는 것이다. 즉, 해방은 학교교육과의 "어떤 단절"이라는 것이다.Säfström, 2011 따라서 교육적 단절을 보장할 수 있는 조건이 중요하다는 것이다.신병현, 2014

이런 논의들은 교육 실천의 지혜들과 장치들은 우리들의 역사 문화적이고 공동체적인 일상의 삶 속에서 전승되거나 생성되고 무지한 스승들에 의해 다양하게 발명되고 실천된다는 점을 배경으로 하고 있다.아감벤, 2010 이런 관점에서 다시 알튀세르의 국가장치와 재생산 개념에 따르자면, 국가장치 외부의 다양한 일상적인 "비이데올로기적 교육 실천들은 언제나 국가의 통치담론에 의해 특정한 방식으로 분할되고 포획되어 국가장치들의 체계 속으로 편성"될 수 있고, 대부분 그러한 경향을 띤다.신병현, 2014, 107-108 따라서 교사의 해방은 기본적으로 이 국가장치로부터의 종속을 벗어나기 위한 '지속적인 단절'의 수행적performative 실천 과정 속에서 현실적인 것으로the actual 작동할 것이다.108 그리고 그러한 실천은 곧 일상의 교육 장치들을 평등과 해방의 시선으로 새롭게 바라보는 것으로부터 시작될 것이다.108[12]

2. 불평등 감소를 위한 진보적 교육개혁에 대한 비판

랑시에르의 평등주의 교육론은 엘리트주의적이지 않은 가운데 지적 해방의 가능성을 모색하는 교육론이다. 사실 그가 소개하는 보편적 가르침의 교훈들은 지적 차별에 기초한 차별은 계급모순이 극복된 이후에도 여전히 존재할 수 있다는 반성과 연관되어 있다. 그는 여러 저작들을

---

12. 아감벤은 일상의 다양한 장치들의 잠재적 가능성에 대해 비교적 상세하게 검토한 바 있다. 이에 대해서는 아감벤(2012; 2010)을 참조할 수 있다.

통해 기존 진보적 조직 내에서 잔존해 온 '지식-육체노동의 분할'의 모순과 진정한 해방의 정치에 대해 성찰해 왔다.[13]

그는 '지식-육체노동의 분할'의 모순과 지적 해방의 문제가 우리들이 "보고, 듣고, 말하고, 느끼는" 방식에 영향을 미치는 사회적 역할 및 직업적 질서, 곧 기존의 질서 지어진 감각의 분할 체제에서의 변화와 불가분의 관계에 있음을 여러 저작들에서 탐구하였다. 기술발전, 희소한 사건들, 예술적 창작물, 나아가 직업과 역할관계에서의 변화는 우리들이 주위 세계를 인식하는 방식에서의 변화와 밀접한 관계가 있다는 것이다.랑시에르, 2016 이 새로운 감각의 분할로 인하여 우리들은 새로운 방식으로 보고 느끼게 된다. 이러한 감각의 분할은 우리들의 일상적 사고와 소통을 위한 기본적인 역량의 형성에 영향을 미치게 된다. 곧 공통감각의 변형이 이루어진다. 그것은 우리들이 일상적으로 수행하는 재현 실천의 근본 조건이라 할 수 있다. 그것들은 기호 및 언어 상징 공동체에서의 변화와 긴밀하게 관련된다. 랑시에르는 이러한 자유롭고 평등한 것으로 선언된 세계에서, 사람들은 과거와 다르게 자유롭고 평등한 한 개인으로 믿고, 실제로 그런 것처럼 사유하고 행동하고 욕망하거나 유토피아를 추구한다는 점을 프랑스혁명기의 노동자들이 남긴 문헌들을 통해서 확인하였다. 하지만, 그는 역사적으로 대부분의 진보적인 사회와 실천들에서는 빈자, 민중, 노동자 등에 대해 엘리트들에 의해 허구적으로 주조된 형상을 기준으로 삼아 계몽화, 의식화시키고자 했다는 점을 비판한다.

랑시에르는 그의 책 『노동자의 밤』에서 기존 마르크스주의에서 당연시되었던 노동자 형상을 전복시킨다.Rancière, 2004, 219 그는 프랑스혁명기

---

13. 진보주의 교육개혁 비판에 관한 논의의 내용은 신병현(2014)의 랑시에르에 대한 논의 부분을 수정한 것임.

의 문서를 검토하면서 노동자 계급 해방이라는 생각은 노동하는 세계에 특수한 "문화와 가치"를 수용하고 실행하는 것이 아니라, 그 "가치들"의 토대가 되는 사물들의 질서와 단절하는 것을 의미했다는 것이다.[219] 그것은 특정한 사람들에게만 사유의 특권을 부여하고, 다른 이들에게는 생산하는 일을 할당하는 플라톤 식의 지식-육체노동의 분할로부터의 단절이었다.플라톤, 1997

19C의 프랑스 노동자들은 일하는 사람으로서의 문화를 추구하기보다는, 신문과 결사체들을 만들고 시를 쓰거나 유토피아 그룹에 참여하고, 온전하게 말하고 이성적으로 사고하는 존재로서의 자신들을 드러내고자 했다는 것이다.Rancière, 2004, 219-227 또한 노동자들의 운동이 탄생할 당시에는 과학적 사상이나 독자적인 노동자문화도 없었다고 한다.신병현, 2014; Rancière, 2004, 219-227 노동자들은 그 대신 "시인과 사상가들의 밤을 전유하려는 '일탈적인' 의지, 그리고 타자의 언어와 문화를 전유하려는 의지"를 추구했다는 것이다.Rancière, 2004, 219-227; 신병현, 2014, 93 그들은 지적인 평등이 마치 실제이고 유효한 것처럼 행동하려는 의지를 수행하였다고 한다.219-227

또한 그는 『철학자와 그의 빈자』에서 철학적 성찰과 담론들에서는 철학자와 장인들 각각의 몫을 할당하는 시간과 직업의 분할을 유지하려는 근원적 성향이 있음을 검토하였다.Rancière, 2004; 신병현, 2014, 93 그는 진보적이거나 혁명적이건 간에 이러한 경향은 여전히 보존되어 왔음을 보여 주고자 했다. 특히 이러한 검토는 프랑스에서 일시적인 좌파의 집권에 따라 시행되었던 '교육을 통한 불평등의 감소'를 위한 교육개혁 프로그램과 관련된다.신병현, 2014, 93 저명한 사회학자인 피에르 부르디외P. Bourdieu의 『재생산』과 『구별』이 그 프로그램의 이론적 기반이었다고 한다.Rancière, 2004; Pelletier, 2009; 신병현, 2014, 93 랑시에르에 의하면, 이 책들의 내용은 피지배계급을 그들의 자리에 위치시키려는 상징폭력에 관한 내용들인데, 그런 폭력은 부과를 통해 드러나고, 학교에서의 배제의 의례는 피지배계급들이 사회적으로 적응할 수 없다는 정념을 갖게 하여, 실패에 대한 비난을 자신들 스스로 감내하도록 한다는 것이다. 곧, 항구적인 성향 체계로서 아비투스habitus를 생산하는 것이 국가기구로서 교육의 기능이라는 것이다.신병현, 2014: Rancière, 2004, 219-227: Pelletier, 2009

이로부터 사회주의 개혁주의자들이 도출했던 프로그램은 학교의 불평등들을 줄이는 데 목적을 두었다고 한다. 이에 따라서 학교에서는 고급문화의 몫이 감축되고, 보다 흥겹고 저소득층과 다문화 아동들이 더 생활하기 적합한 교과과정으로 수정되었다고 한다.Rancière, 2004: 신병현, 2014. 93-94 그런데 이런 접근은 여러 문화 집단들의 가치들을 고려하는 것이긴 하지만, 동시에 또 다른 선별된 사람들만이 고급문화의 세련됨에 접할 수 있게 하는 특수한 분할과 관련된다는 것이다. 이것을 둘러싼 논쟁은 동일한 학습 기회를 제공하라는 보편주의 시민교육의 주장과 소수자들의 필요와 방식에 따르는 학습과 문화정치에 기초하는 교육론 사이에 이루어졌다.Rancière, 2004, 221: 신병현, 2014. 93-94 보수적 보편주의 교육 담론과 진보주의 교육 담론의 기묘한 대립이 형성하는 이러한 역설적인 상황에 랑시에르가 개입한 것이다.

이와 관련해서 랑시에르가 『무지한 스승』에서 말하고자 하는 바는 다음과 같이 요약해 볼 수 있을 것이다. "교육과 계몽을 통해서 불평등을 줄이고자 하는 진보적이고 비판적인 시도들은 그 과녁을 빗나가고, 오히려 기존의 감각의 분할들 즉, 계몽하는 자와 계몽되는 자, 해방시키는 자와 해방되는 자, 가르치는 스승과 배우는 자, 고급문화를 배우는 자와 저급문화와 자신들의 아비투스만 주입받는 자 등의 분할과 기존의 위계 지어진 질서를 재생산한다는" 점이다.랑시에르, 2008a: 신병현, 2014. 96 이런 시도들은 계몽과 불평등의 개선이 아니라, 여전히 바보만들기의 교육 실천에 머물고 있는 것이다. 우리는 따라서 왜 교육하는가라는 질문을 다시 하게 되며, 그에 대한 답변으로 지적인 해방과 평등의 전제를 말해야만 하는 것이다.

랑시에르는 최근 들어 지적인 해방을 개인 수준을 넘어서 집합적 수준에서 적극적으로 사유하는 모습을 보여 주고 있다. 무지한 스승에서 강조하듯이, 지적인 해방은 개인에게서 개인으로 전달되는 행위 형태이기 때문에, 그것을 공동체의 수준에서 어떻게 시행할 것인가가 중요한 문제로 대두되는 것이다.^{랑시에르, 2008a} 이러한 문제의식이 문학, 연극, 예술작품의 정치와 해방에 대한 최근 작업의 배경이라고 할 수 있다.^{Rancière, 2016, 2009}

3. 관객의 역설과 해방된 관객

랑시에르는 『해방된 관객』에서 보편적 가르침의 교육 실천을 연극을 비롯하여 퍼포먼스가 매개하는 모든 형태의 스펙터클로 확장시켜서 검토한 바 있다.^{랑시에르, 2016} 그는 이미지나 몸짓에 의한 퍼포먼스들이 매개하는 엘리트와 관객의 상호작용을 염두에 두고, '바보만들기 실천'과 '지적 해방의 실천'을 대비시킨다.^{랑시에르, 2016; 신병현, 2018}[14] 이 퍼포먼스의 기획자로는 연극을 연출하는 연출가나 작가, 수업 진행하는 강단의 교사, 대중을 설득하기 위해 연설하는 정치가, 활동가 등의 엘리트들이 포함될 수 있을 것이다.^{신병현, 2018}

랑시에르는 관객들이 연극의 외관 이면에 있는 현실이 자신들의 문제

---

14. 관객의 역설에 관한 논의는 신병현(2018)의 일부 내용을 참고한 것이다. 하지만, 그 글의 초점은 기호작용의 문화정치에 맞추어져 있고, 이미지나 몸짓, 배치 등에 의한 기호작용(semiosis)의 문화정치를 가타리, 바르트, 랑시에르의 모델로 나누어서 비교 검토하는 글이다.

임을 인식하지 못하고, 연극을 즐기는 '무지'와 관련해서, 작가나 연출가들과 맺는 수동적 관계성을 "관객의 역설"이라고 부른다.랑시에르, 2016, 9 이역설을 넘어서고자 연극을 개혁하려는 시도나 정치 모델의 탐색은 역사적으로 다양하게 시도되었다. 하지만, 이런 시도들은 기본적으로 평등주의의 전제에서 출발하지 못하기 때문에, 여전히 '바보만들기의 원리'에 머문다고 비판받는다.랑시에르, 2016, 9-16 예컨대, 관객들이 이미지에 현혹되거나 수동적으로 구경하는 대신, 능동적인 참여자가 되는 연극을 기획하려는 시도들, 또는 작가와 관객 사이의 거리를 좁히려 했던 정치 기획들은 평등의 원리에 근거하지 못함으로써 실패하고 만다는 것이다.랑시에르, 2014 랑시에르는 연극의 정치적 효과 및 작가와 관객 사이의 관계에 관한 기존의 엘리트주의 모델을 근본적으로 문제시하고 있는 것이다.랑시에르, 2016 이러한 생각은 의식화하고자 하는 계몽적 기획 모델에 근거한 소통과 교육, 미적 실천들에 대한 비판으로 확장될 수 있다.

랑시에르는 작가와 관객, 엘리트와 대중 사이의 관계에서 지적 해방은 "기존의 말하고 보고 행하는 관계 구조를 의문시하는 것에서" 시작된다고 본다.24-25 곧, 지적 해방은 관객의 주어진 역할로서 보기와 행위자로서의 작가나 엘리트들의 대립 구조를 의문시하는 것에서 시작된다는 것이다. 여기서 관객은 "마치 학생이나 학자처럼 관찰, 선별, 비교, 해석하는"과정에 참여하여, "보고 느끼고 이해하면서, 자신이 지금 보는 것과 다른 곳에서 보았던 것을 연결시키고, 눈앞에 제시된 스펙터클을 자기 나름대로 해석하며, 이러한 지적인 모험을 다른 이들과 소통하려 한다는 점에서" 평등하다.신병현, 2018 능동적인 해석자로서 관객도 역시 이 퍼포먼스에 참여하여 자기만의 것을 배우고 생각하고 행한다는 점에서 그렇다.랑시에르, 2016, 25; 신병현, 2018 결국, 평등한 관객들은 무대나 작품과 대할 때, 각자의 기억을 끌어와서 해석하고 소통한다.랑시에르, 2016, 25 누구에게나 공통적인 이 평등한 지적 역량은 다른 이들과 서로 연결시켜 각자의 해석을 교환할 수 있게 하며 동시에, 개인들을 분리시켜 자신만의 고유한 이야기를 그리는 데 그것을 사용하도록 한다._{랑시에르, 2016, 29} 랑시에르는 이 자유로운 연결과 분리가 주는 힘에 각자의 해방이 따른다고 보는 것이다._{신병현, 2018}

그러므로 우리는 만약 엘리트주의에 반대하고 지적 해방과 평등주의를 추구하는 비판적 교육론의 관점에 선다면, 우리가 "무대나 단이 설치된 장소에서 대중들과 만나는" 방식의 효과에 대해서 의문시해야 할 것이다._{신병현, 2018, 136} 그러한 곳에서 기획되고, 기대되는 "정치적 효과나 의식화에의 효능"에 대한 생각들에 근본적으로 의문을 제기해야만 할 것이다.[136] 즉, 여러 사람들과 만나는 교육적 기획들 그리고 집회 시 무대 위의 공연이나 선동, 대표자의 연설 장면 등의 정치적 선전 모델이나 기획들은 과연 엘리트주의 바보만들기의 교육 실천을 답습하고 있지는 않은가 성찰해 보아야 할 것이다.

V. 텍스트라는 전체 속에 있는 전체

랑시에르의 보편적 가르침은 평등의 전제로부터 개시되어 자유롭게 펼쳐지는 해방적 교육 실천이다. 그것은 평등을 그 수행적 실천 속에서 지속적으로 입증해 가는 주체화 과정이기도 하다. 따라서 평등은 개인이 갖는 확신에 찬 의견이어야 한다. 보편적 가르침에서는 이러한 평등에 대한 주관적 몰입의 전제가 상황과 의지의 강제하에서 다양한 텍스트들을 매개로 삼아 새로운 역량의 고리를 작동시킴으로써 지적 해방을 가능하게 한다는 점을 강조한다. 비판적 교육 실천 현장들에서도 평등과 자유로움이 강조되긴 하지만, 그것은 교육 실천을 개시하는 전제가 아니라, 그 결과로서 상정되는 경우가 대부분이다. 랑시에르의 평등주의적인 해방적 교육 실천은 기존의 계몽적이고 엘리트 중심의 사회운동 실천들이 비록 비판적 지향성을 보일지라도 지식-육체노동의 분할로 인한 모순을 제대로 의문시하지 못했고, 이것이 국가장치로서의 기능을 지속적으로 재생산할 수 있으며, 조직 내적인 차별의 문화를 조장할 수 있다는 것을 명확히 인식한 사유의 산물이다.

랑시에르가 해방된 관객에서 강조하듯이, 진보적이고 비판적인 예술가나 교육자 또는 활동가들이 대중들과 만나는 장에서 기획되거나 연출되는 다양한 유형의 엘리트 중심의 계몽적 교육 실천들은 여전이 평등을 전제하기보다는 결과를 통해서 도달할 지점으로 생각하는 경향이 크다. 결국 그 실천은 바보만들기의 교육 실천일 뿐이며, 그 효과로 열등자로서의 정념을 산출할 위험성을 갖는다는 것이다. 이는 비판적 교육 실천에서 진지하게 성찰해 보아야 할 매우 중요한 교훈이라고 생각된다.

랑시에르는 사회적 규모로 이루어지는 보편적 가르침의 교육 실천은 "사회적 중력"으로 인해 실패할 수밖에 없다고 보는 아나키스트적인 견해를 견지해 왔다. 그는 최근 들어 집합적 수준에서 과연 감각적 공동체가 구성될 수 있는지에 대해서도 관심을 갖는다. 문학 및 예술작품, 또는 무대로 은유화할 수 있는 것으로서 이미지나 몸짓, 공연, 연설 등 기호작용의 효과를 노리는 다양한 연출들은, 관객이 읽고 번역하며 다른 이들과 생각을 공유할 수 있는, 일종의 텍스트를 제공한다. 이렇게 보면, 오직 번역 역량만 평등하게 공유한 관객들의 번역들이 이 텍스트를 매개로 어떤 "감각의 공동체"를 구성할 수 있지 않을까 생각해 본다.신병현, 2018, 134 비록 그것이 일시적이긴 하지만, 우리는 이 감각의 공동체들과 그 장소에 고유한 주체성들의 연결을 다양하게 사유해 볼 수 있을 것이다.Hinderliter, 2009

교육현장에서 교사와 학생이 책과 예술작품을 매개로 하여, 그 결과를 알 수 없긴 하지만, 작가 혹은 기획자로서 스승과 관객으로서 학생이 마주하는 것으로 본다면, 그리고 국가장치의 지배적인 담론들의 영향과 포획 시도로부터 벗어나고자 한다면, 해방적인 실천의 지속적인 수행성이 보장되는 조건의 조성이 필요함을 살펴보았다. 따라서 우리는 단순히 국가장치 내적인 담론과 실천들로부터 거리를 두거나 반동일화counter identification 하는 수준을 넘어서서, "비동일화dis-identification의 실천으로 나갈 수 있게 하는 조직적 실천"이 중요하다고 말할 수 있을 것이다.Voelker, 2011; 신병현, 2014, 109 교육현장이 이런 공동체의 현장이 될 수 있게 하는 다양한 요소들이 있을 것이지만, 우리는 우선적으로 전체는 전체 속에 있다는 자코토의 교훈에 따라서 유용한 "텍스트"들을 개발하고 교육 현장을 횡단하는 여러 비국가장치들을 활용하려는 보다 적극적인 노력이 필요하다고 말할 수 있을 것이다.

신병현(2013). 비고츠키와 그의 '과학적' 방법에 대하여-문화역사이론 형성의 역사 사회적 맥락.『경제와사회』97(1), 319-358.

신병현(2014). 비고츠키와 랑시에르: 교육문화운동의 새로운 패러다임을 찾아서.『문화연구』3(1), 73-114.

신병현(2018). 기호-기술 환경 변화에 따른 기호작용의 문화정치적 쟁점에 대하여.『경제와사회』117(1), 106-145.

Agamben, G.(2006). *Che cos'è un dispositive?/L'amico/Che cos'è il contemporaneo?* 양창렬 편역(2010).『장치란 무엇인가? 장치학을 위한 서론』. 서울: 난장.

Agamben, G.(2005). *Profanazioni*. 김상운 역(2010).『세속화 예찬: 정치 미학을 위한 10개의 노트』. 서울: 난장.

Althusser, L.(1995). *Sur la reproduction*. 김웅권 역(2007).『재생산에 대하여(자크 비데 서문)』. 서울: 동문선.

Benton, T.(1984). *The Rise and Fall of Structural Marxism: Althusser and His Influence*. N.Y.: St. Martin's Press.

Bingham, C.(2009). Under the Name of Method: On Jaques Rancière's Presumptive Tautology. *Journal of Philosophy of Education* 43(3), 405-420.

Biesta G. & C. Bingham(2012). Response to Caroline Pelletier's Review of Jaques Rancière: Education, Truth, Emancipation. *Studies in Philosophy and Education* 31, 621-623.

Hallward, P.(2009). Staging Equality: Rancière's Theatrocracy and the Limits of Anarchic Equality. G. Rockhill & P. Watts(Eds.). *Jaques Rancière: History, Politics, Aesthetics*. Durham: Duke University Press, 140-157.

Hinderliter, B. et. al.(2009). Introduction: Communities of Sense. Hinderliter, B. et. al.(Eds.). *Communities of Sense: Rethinking Aesthetics and Politics*. Durham: Duke Univ. Press, 1-28.

Lewis, Tyson E.(2012). *The Aesthetics of Education: Theatre, Curiosity, and Politics in the Work of Jaques Rancière and Paulo Ferire*. N.Y.: Continuum Books.

Lewis, Tyson E.(2012). The Future of the Image in Critical Pedagogy. *The Aesthetics of Education*, N.Y.: Continuum Books, 137-153.

Martheron, A.(1988). *Individu et Communauté chez Spinoza by Alexandre Matheron*. 김문수·김은주 역(2008).『스피노자 철학에서 개인과 공동체』. 서울: 그린비.

Pelletier, C.(2009). Emancipation, equality and education: Rancière's critique of Bourdieu and the question of performativity. *Discourse: Studies in the Cultural Politics of Education* 30(2), 137-150.

Pelletier, C.(2012). Review of Charles Bingham and Gert Biesta, Jaques Rancière: Education, Truth, Emancipation. *Studies in Philosophy and Education* 31, 613-619.

Plato. *Phaidros*. 조대호 역해(2016). 서울: 문예출판사.

Plato. *Politeia*. 박종현 역주(1997). 서울: 서광사

Rancière, J.(1983). *Le Philosophe et ses pauvres*. A. Parker(Ed. & trans.). (2004). Durham: Duke Univ. Press.

Rancière, J.(1987). *Le Maitre Ignorant: cinq leçons sur l'émancipation intellectuelle*. 양창렬 역(2008a).『무지한 스승: 지적 해방에 대한 다섯 가지 교훈』. 서울: 궁리.

Rancière, J.(1992). *Aux bords du politique*. 양창렬 역(2008b).『정치적인 것의 가장자리에서』. 서울: 길.

Rancière, J.(2000). *Le partage du sensible: esthétique et politique*. 오윤성 역(2008c).『감성의 분할-미학과 정치』. 서울: 도서출판b.

Rancière, J.(2007). *La Politique de la littérature*. 유재홍 역(2009).『문학의 정치』. 고양: 인간사랑.

Rancière, J.(2008). *Le spectateur émancipé*. 양창렬 역(2016).『해방된 관객』. 서울: 현실문화.

Rancière, J.(2003). *Le destin des images*. 김상운 역(2014).『이미지의 운명』. 서울: 현실문화.

Rancière, J.(1974). *La leçon d'Althusser*. E. Battista(trans.).(2011). London: Continuum.

Rancière, J.(2003), Savoires heretiques et Emancipation du pauvre(이단적 앎과 빈자의 해방). *Les Scenes du peuple: les revoltes logiques, 1975-1985*. Horlieu, 35-54.

Säfström, C. A.(2011). Rethinking Emancipation, Rethinking Education. *Studies in Philosophy and Education*, 30, 199-209.

Voelker, J.(2011). Communist Education. Jason E. Smith & Annette Weisser(Eds.). *Everything is in everything: Jaques Rancière between intellectual emancipation and aesthetic education*, Switzerland: Art Center Graduate Press, 64-88.

오웬의 유토피아적 공동체와 교육[1]

이윤미

I. 유토피아 사회주의자 로버트 오웬과 교육

로버트 오웬Robert Owen, 1771-1858은 프랑스의 생시몽Saint-Simon, 푸리에Fourier 등과 함께 '공상적空想的' 사회주의자로 알려져 있다. 이들에 대한 호칭은 마르크스와 엥겔스의 '과학적 사회주의'와 대비되어 잘 알려진 것으로, 본래 '유토피안 사회주의'가 번역 과정에서 '공상적 사회주의'로 된 것이다. 엥겔스는 기존 사회주의와 마르크스 사회주의의 차이를 드러내기 위해 생시몽, 푸리에, 오웬을 언급하면서, 이 '유토피안'들은 모두 프랑스혁명의 유산 위에서 사회주의를 주장하지만, 계급적대에 대한 의식이 약하고 특정한 계급의 해방 이전에 모두를 한 번에 해방하고자 하는 조급한 포부를 드러낸다고 비판하였다. 엥겔스는 마르크스가 체계적으로 제시한 사적 유물론과 착취의 본질로서의 잉여가치에 기초한, '과학적 사회주의'만이 자본주의 모순을 극복하고 실질적인 노동해방을 이끌 수 있다고 보았다.Engels, 1908

'과학적 사회주의'와의 대비에서 두드러지게 나타나는 차이는 '계급적

---

1. 이 글은 이 책의 목적에 맞게 기존 원고를 수정·보완한 것이다[이윤미(2018), 「유토피아와 교육: 로버트 오웬(Robert Owen)의 「도덕적 신세계」에 나타난 교육사상」, 『교육사상연구』 32(1), 135-160].

대'와 '이행의 방법'이었다. 마르크스와 엥겔스가 『공산당선언Manifesto of the Communist Party』[1888]에서 긍정적으로 평가했듯이 오웬은 당시의 사회체제에 대해 철저하게 비판하고 부정하고 있었지만, 계급투쟁보다는 계급연대를 강조했고 지배자들에 대한 계몽(인간과 사회변혁에 대한 과학 혹은 진리를 통한 설득)을 통해 새로운 사회의 완전한 구축이 이루어지기를 기대했다는 점에서 근본적 차이가 있다고 보았다.

이렇게 오웬은 한편으로는 자본주의사회의 모순을 사회주의적 대안으로 극복하고자 한 급진적 개혁가였음과 동시에 그 방법에서 이상주의적 즉 '유토피아적' 요소가 강했고, 교육을 통한 계몽에 대한 믿음이 강했다. 로버트 오웬은 협력공동체를 통해 인류역사의 악과 오류를 제거하고 모든 개인의 행복이 실현되는 합리적 사회체제의 구축을 기대한 계몽가로서, 그 핵심에 교육을 두었다.

유토피아 담론의 관점에서 볼 때, 교육은 인간 삶의 궁극적 희망과 관련되어 있다는 점에서 유토피아와 내재적으로 연결되어 있고[Halpin, 2001], 대부분의 교육 실천 안에는 유토피아적 정신이 다양하게 드러나 있다.[Lewis, 2006] 유토피아는 인간과 사회의 '근본 변화re-education'와 관련되어 있기에, 그 자체가 교육적 담론의 요소를 지닌다. 이렇게 유토피아와 교육의 긴밀한 연계로 인해 토마스 모어Thomas More의 『유토피아』에서 나타나듯이 많은 유토피아 담론들에는 교육에 대한 논의가 구체적으로 포함되어 있다.[Harrison, 1969; Logan & Adams, 2002; Halpin, 2001; Lewis, 2006; 팽영일, 2005]

오웬의 교육사상은 당대의 계몽주의에 기반하여 과학과 합리성을 지향한 것이며, 환경의 변화를 통한 근본적 인간 변화의 가능성을 주장하는 것이었다. 이상적 협력공동체 안에서 인간이 원래의 좋은 본성을 되찾고 누구도 예외없이 지덕체를 온전히 계발하고 공동체생활에 기여하게 하려 했다. 이러한 그의 논의는 오늘날까지도 협력적 공동체운동들에서 지향하는 바이기도 하다. 오웬의 공동체론이나 사회주의사상에 대한 연구는 국내에서도 이루어져 왔지만 교육과 관련한 논의는 많지 않다.유왕효, 1986: 정혜경, 1987: 김영훈, 2002: 김희태, 2004: 김홍순, 2006: 김정원, 2012: 신명직, 2012: 박주원, 2016 국외의 고전적 연구로는 오웬과 오웬주의자들의 계보와 저작들을 망라한 해리슨Harrison, 1969의 저술이 포괄성과 치밀성에서 독보적이라고 할 수 있으며, 주요 연구자들을 중심으로 그의 유산에 대한 재평가가 꾸준히 이루어지고 있다.Thompson & Williams, 2011: Tsuzuki, 2005

오웬은 영국의 기업가로서 자본주의 형성 초기 방적공장의 노동자 공동체를 협력적 조합으로 만들고 이를 통해 사회악을 개선하고자 했다. 그의 사상과 실천은 당대 영국 노동운동에 큰 영향을 주었고, 오늘날까지도 협동조합운동의 역사에서 언급되고 있다. 오웬에 대한 평가는 1989년 이후 구소비에트연방의 붕괴로 '과학적 사회주의'를 재평가하는 과정에서 다시 새롭게 조명되기도 했다.Claeys, 2010, 2011 역설적으로 볼 때, 오히려 이상주의자였기 때문에 시대를 넘어서 회자된 측면도 있다. 최근 국내에서도 지역공동체, 협동조합론 등 공동체에 대한 관심의 증대로 오웬주의가 재주목되는 경향이 있다.김정원, 2012: 김홍순, 2006: 신명직, 2012: 김영훈, 2002[2]

오웬은 현재 세계문화유산으로 지정된 스코틀랜드 뉴 래너크(New Lanark)의 공장지역에서 2,000명 내외의 주민을 대상으로 이상적 공동체를 실제로 구축한 바 있다. 이 실천에 기반한 협동조합론과 유아학교 등은 그의 업적으로 오늘날까지도 인정되는 것들이다. 과학적 사회주의에

---

2. 일본의 경우, 오웬주의는 20세기 초부터 주목되기 시작해서 현재도 협동조합운동의 기초로 중시되고, 일본로버트오웬협회를 통한 국내외 활동이 전개되고 있다(Tsuzuki, 1992, 2005: 北出俊昭, 2012: 堀越芳昭/JC, 2014: 五島茂, 1994: 中川雄一郎·杉本貴志, 2012).

대비되는 '공상적'이라는 칭호로 인해 다분히 폄하된 경향도 있지만, 오웬은 사회주의의 역사에서도 여전히 중요한 위치를 차지한다. 그는 '영국 사회주의의 아버지'로 불리었고, 1840년대 영국에서는 오웬주의와 사회주의가 동일시된 경향이 있었다. 이로 인해 마르크스와 엥겔스가 그들의 『공산당선언』을 발표하면서 사회주의Socialist라는 용어 대신에 공산주의Communist라는 용어를 선택한 것으로 알려지기도 한다.Harrison, 1969: 45

오웬을 지칭할 때 사용되는 유토피아utopia는 주지하다시피 토마스 모어Thomas More, 1478~1535의 조어로서 '현실에 존재하지 않는 곳'을 지칭한다. 인간들에게 궁극적 희망의 대상이지만 현재에는 없는, 그러한 이상성에 대한 염원으로 인해 유토피아 담론은 지속적으로 재생산되어 왔으며 유토피아eutopia, 디스토피아dystopia, 헤테로토피아heterotopia 등으로 그 논의가 변용되기도 한다.Logan & Adams, 2002; Claeys, 2010; Foucault, 2015; Manuel & Manuel, 1982; Olson, 1982, Pohl, 2010

일반적 유토피아 논의에 비해 볼 때, 오웬의 사상은 그것이 궁극적으로 실현되기 쉽지 않다는 점 때문에 유토피아적이라고 볼 수 있지만, 현실에 부재하는 이상향이 아닌 강한 '현재지향성'을 지니고 있는 것이 사실이다. 오웬 스스로도 자서전에서 남들이 자신을 '공상가visionary'라고 부르는 것에 대해 의식하면서 "내가 공상가라고 불리는 유일한 이유는 내가 주장한 원리가 사람들이 이제까지 관심 갖고 있던 지역적 범위를 넘어서는 너무 포괄적인 것이기 때문"이라고 변론하기도 했다.Harrison, 1969: 146, 재인용

최근 지역공동체운동이나 협동조합운동이 활성화되면서박주희 외, 2015 작은 공동체 안에서 이상적 질서를 통해 세계를 변화시키고자 했던 오웬에 대한 관심이 현재적으로 재조명되는 경향이 있다. 그럼에도 그의 교육론은 제대로 알려져 있지 않고, 따라서 현재적 시사점과의 접점

을 다룰 기초 논의가 형성되어 있지 않다. 오웬의 교육론이 드러나 있다고 볼 수 있는 대표적 두 저작은 『사회에 대한 새로운 관점A new view of society』1816과 『도덕적 신세계The book of the new moral world』1842이다.

1816년에 저술된 『사회에 대한 새로운 관점』은 후자에 비해 더 많이 인용·논의되는 편이며, 교육에 대한 생각들도 중요한 비중으로 다루어져 있다.Owen, 1991; O'Hagan, 2011 이 저작이 그가 뉴 래너크에서 관리자로 활동하면서 경험한 바를 기초로 논의한 것이라면, 『도덕적 신세계』는 인생 후반에 쓰인 것으로 이상론적 주장이 더욱 강하게 드러나 있다. 이 글에서는 주요 저작이지만, 덜 소개되어 있고 유토피아적 교육론의 특징이 더 두드러지는 『도덕적 신세계』를 중심으로 하여, 오웬의 사회사상과 교육론을 살펴보고 그 현재적 의미를 논의한다.

II. 오웬 사상 이해의 맥락

1. 키워드: 유토피아, 사회주의, 교육

'유토피아 사회주의자'라는 별칭으로 불리는 로버트 오웬에 대한 이해를 위해서는 유토피아, 사회주의, 그리고 교육이라는 키워드들을 연관성 있게 살펴볼 필요가 있다. 마르크스와 엥겔스는 생시몽, 푸리에, 그리고 오웬을 '유토피안'이라고 부르고 있지만, 오웬은 스스로를 유토피안이라고 생각하지 않았다. 오히려 그는 유토피아에 대해 부정적으로 쓰고 있으며, 스스로의 사회구상은 유토피아 논의와는 달리 실재적real인 것이라고 믿고 있었다.Owen, 1970

그는 『도덕적 신세계』에서, 플라톤을 비롯하여 당시까지 이루어진 논의에 나타난 유토피아적 이상들에 대해 언급하고 있다. 오웬은 이들이 이상의 '실행'에 대해서도 강한 관심을 가졌음에도 불구하고, 관점상의 결함으로 인해 그저 이상에 머물고 말았다고 지적하면서 "현실을 변화시키지 못한 유토피아였을 뿐"이라고 표현했다.Owen, 1970, Book 2: 48-49 유토피아의 제안자들(오웬에 의하면, 플라톤부터 푸리에까지)이 실패했던 이유는 그들이 '모든 인간을 연대시키고, 모두를 탁월하고 행복하게 하는 원리'에 대해 알지 못한 채 대립적이고 갈등적인 원리들을 제기했기 때문이라고 보았다.ibid: 48-49

오웬 자신이 삶에서의 실천적 난관들을 거친 이후 1840년대에 저술한 『도덕적 신세계』는 구세계를 종식시키고 새로운 도덕 세계를 열어야 한다는 주장이 담긴 이상론이다. 그 설계와 내용도 모두 이상주의적이어서 유토피아론이라고 불리기에 충분하다.

유토피아라는 용어는 16세기 토마스 모어의 저술에서 처음 등장한 것이지만 유토피아문학의 기원은 플라톤The Republic으로 거슬러 올라가며 프란시스 베이컨New Atlantis, 푸리에Harmony, 제임스 해링턴Oceana, 존 밸러즈Proposal for raising a colledge of industry, 윌리엄 모리스News from nowhere, 에드워드 벨라미Looking Backward 등으로 이어진다.Davis, 1983; Logan & Adams, 2002; Wootton, 1999; Manuel & Manuel, 1982; Olson, 1982; Pohl, 2010; 김영한, 1989

이러한 유토피아주의는 현대적 논의에서는 유토피아eutopia, 디스토피아dystopia, 헤테로토피아heterotopia 등의 변용적 용어[3]들을 통해 비틀어져 사용되기도 한다.Logan & Adams, 2002; Claeys, 2010; Vieira, 2010; Foucault, 2015; Manuel & Manuel, 1982; Olson, 1982; Pohl, 2010 이들은 모두 현실에는 없는 공

---

3. 비에이라(Vieira)에 의하면 utopia라는 용어는 다양한 새로운 조어들의 원천이 되어 왔다. 파생된 용어들에는 eutopia, dystopia, anti-utopia, euchronia, heterotopia, ecotopia, hyperutopia 등이 있다(Vieira, 2010).

간적 의미를 지니며, 현실을 넘어서고, 비판하거나 비트는 데 관심이 있다. 유토피아 담론의 효과는 현실에 있지 않은 것을 통해 새로운 것을 상상하고, 보다 완전한 것을 꿈꾸며, 대안적 공간과 주체를 탐색하는 것과 관련되어 있다. 따라서 이는 기본적으로 이상주의적이며, 한편으로는 비현실적이고, 그렇기 때문에 심지어 '공상적'이기도 한 것이다. 아이러니한 것은 '과학적 사회주의'를 주창한 마르크스와 엥겔스의 논의들(Manifesto of the Communist Party 등)도 유토피아문학의 일부로 간주된다는 점이다.Manuel & Manuel, 1982

플라톤이나 모어 등 유토피아 담론의 원형들에서 제시되는 사회체제가 공산주의적 공동체를 지향하는 점도 주목된다. 특히, 모어의 경우는 현존 사회 신분제도를 부정하면서 노동계급이 지식자산을 향유하는 '평등주의적' 공동체를 제시하고 있다. 모어는 당시 성직자, 특권층(부유층)을 비판하고 동료 인문주의자들의 각성을 촉구하기 위해 문학적 접근을 통하여 관습적 사고를 이질화하고 신화적 완전성을 희구하는 풍자적 양식을 사용한다. 이러한 점에서 모어는 플라톤의 공산사회, 신약성서의 노동중시 아이디어에 평등주의egalitarianism를 추가했다고 논의되기도 한다.Wootton, 1999

모어의 유토피아 사회는 적게 일하고 많은 여가를 누리며 모든 사람이 인문교양을 지닌 사회이다. 모든 사람이 일하며(하루 6시간) 모두가 여가를 향유한다. 모든 사람에 대한 교육이 이루어지는데 지식인 계급은 노동으로부터 제외되어 학문에 전념할 수 있도록 한다. 유토피아 사회에서의 교육은 정신적 자유와 교양에 기반한 행복한 삶을 목적으로 한다. 남녀 모두가 교육을 받으며 아동기의 올바른 습관에 기초한 시민 도덕교양이 중요하다. 인문주의교양(그리스, 라틴문학, 논리, 철학, 수학, 천문학 등)을 중시하며 평생에 걸친 교양교육과 유용한 기술습득 및 직업교육도 실시한다.Logan & Adams, 2002; Wootton, 1999; Halpin, 2001; 팽영일, 2005

모어의 이러한 평등성과 지성의 공유에 대한 아이디어는 오웬에게도 강하게 드러나고 있다. 새로운 공동체를 급진적으로 상상하기 위해서는 정치체제에 대한 공학적 접근으로는 한계가 있고, 구성원들을 새롭게 변경시켜 내야 하며 이는 '교육'과 직접적으로 관련된다.박주원, 2016 오웬에게 있어 교육은 새로운 인간 성격character 형성에 대한 것으로 유아기부터 성인기까지를 모두 포괄하는 과제이다. 교육은 공동체적 삶이 표현된 방식이기도 하고, 다른 한편으로는 그것을 통해 공동체가 만들어지는 방식이기도 하다는 점에서 목적과 수단의 양면적 의미가 있다.Harrison, 1969: 144 다음 절에서는 오웬 사상 형성의 배경과 주요 특징을 살펴보기로 한다.

2. 오웬의 활동: 협동조합에 기반한 지역공동체 건설

로버트 오웬은 억압적이고 비합리적인 사회관계를 낳는 자본주의사회의 사유재산제도, 결혼제도, 종교에 대해 비판을 집중하면서 소규모 단위 지역공동체에 기반하여 노동 및 사회개혁을 이루고자 했다. 작은 공동체가 기반이 된 그의 사회개혁 모델은 실제 뉴 래너크에서 괄목할 만한 성공을 거두었고, 당대 영국과 미국에서 영향력을 발휘했다. 1830년대까지 영국에서 오웬의 영향은 상당했으며, 많은 오웬주의자들과 오웬주의적 공동체들을 양산함으로써 '협동조합운동의 아버지'라는 호칭도 얻은 바 있다. 테일러Taylor, 1982에 의하면, 유토피아 사회주의의 특징은 조화harmony를 강조하고, 연합association, 공동체community, 협력cooperation 등을 중시하는 공통적 특징이 있다. 오웬은 이를 그의 지역공동체 운영활동(혹은 통치) 속에 실제로 적용하고 이에 기반하여 인간 개선 및 사회 개선을 도모하고자 했다.

로버트 오웬의 일생을 보면, 1771년 웨일스에서 출생한 후 17세에 맨체스터의 면공장 관리를 하게 된 것을 필두로 여러 공장들을 관리하며 기업인으로 성장했다. 1799년에 스코틀랜드 글래스고 근처 뉴 래너크의 공장주였던 데이비드 데일David Dale의 딸과 결혼한 후 그 지역에 정착하면서, 새로운 실험을 하게 되었다. 그는 인간은 환경에 의해 형성되는 존재라고 믿고 있었고, 교육과 협력적 생활을 통해 이상적인 사회를 이룰 수 있다고 생각했다. 뉴 래너크에는 장인 데이비드 데일이 발명가 아크라이트Richard Arkwright의 협력을 얻어서 최신식 기계를 정비하고 있었다. 1799년 당시 뉴 래너크는 스코틀랜드 최대의 면방적 공장으로 지역에서는 2,500인의 주민이 살고 있었다. 이 공장을 이어받았던 오웬은 면방적 공장 외에 일상품 가게, 교육시설(학교, 탁아소), 공동의 취사장과 식당, 학습실과 교회를 갖춘 건물, 주민주택 등을 갖추고 자본주의사회와는 다른 협동조합에 의한 지역공동체의 건설을 목적으로 했다.Harrison, 1969

그 특징을 보면, 일상품 가게 등을 협동조합적으로 시스템을 개선하고 좋은 물건을 주로 원가에 판매하고 이익을 지역에 환원하여 교육 등 필요한 자금으로 활용했다. 오웬은 가혹한 노동조건과 장시간 노동이 특히 아동에게 악영향을 주는 실태를 개선하기 위해 빈민 아동들이 악한 습관에 물들지 않도록 막고, 그들에게 유용한 훈련과 교육을 베풀어 그들 자신과 사회에 최대의 이익을 이끌어 내고자 했다. 그는 넓은 놀이터와 운동장이 있는 학교 2개(3~6세의 유아 대상 학교와 6~12세 아동 대상 학교)를 지었다. 또한, 10세 이하의 아동은 공장에서 노동하게 하지 않을 뿐 아니라 야간교실을 열고, 출석을 권하기 위해 노동시간을 삭감했다. 교육 내용도 자연 연구, 수예, 음악, 댄스 등 넓은 분야에 걸쳐 있었다.Harrison, 1969: 160-161[4]

오웬은 인간성의 실현을 위해 자본주의체제의 개혁을 주장했으나 전면적 변혁보다는 소규모 지역적 협동조합에 의해 그것이 가능하다고 보았다. 그는 노동자의 근무태도 등을 개선하기 위해서는 본래의 인간성 발휘를 저해하는 환경이 개선되고, 사적 이익과 공공적 이익이 일관되게 함께 증대해야만 한다고 보았다. 따라서 그는 최소량의 노동으로 생산자와 사회에 최대의 이익이 되기 위해, 거주단위를 제한하고, 공동체를 하나의 가정으로 간주해서 각종 시설을 공동화하고 공동식사를 하도록 구상했다. 아동의 의복도 신체가 건강하게 발달하도록 활동적으로 개선하고, 예절과 교육이 철저히 이루어지도록 했다. 공동체에는 '연령과 경험' 이외의 어떠한 차별도 없으며, 개인적 경쟁과 상벌로 인간을 타락하게 하는 제도들(재판소, 형무소, 형벌 등)은 불필요하다고 보았다.Harrison, 1969; 北出俊昭, 2012

오웬은 1813년 이후 에세이 저작 등을 통해 자신의 활동과 구상에 대해 글을 쓰고 발표를 하기 시작하였다. 뉴 래너크에서의 경험에 바탕을 둔 『새로운 사회에 대한 관점A new view of society』1816은 그의 활동을 널리 알리게 한 책이다. 그는 이후 뉴 래너크를 지인에게 매각하고, 1825년에 신대륙 미국으로 건너가 인디애나주에서 '뉴 하모니New Harmony'라고 하는 새로운 이상적 공동체를 구현하고자 했다. 그러나 결국 실패하고 3년 후 영국으로 되돌아오게 된다. 오웬은 많은 자산을 잃은 상태에서 이상주의적 논의를 계속 전개했다. 이러한 활동을 통해 1830년대에

---

4. 뉴 래너크에서 그가 도입한 노동자 감독체제는 'silent monitor'제도로, 각 면에 검정, 파랑, 황색, 흰색의 가로, 세로 3.5cm 정도의 사각형 나무조각에 색별로 '좋지 않음, 가도 불가도 아님, 좋음, 우수함' 등을 표시하여 눈에 잘 보이는 곳에 걸어 두고, 근무장부에도 체크하며 생산영역별로 정리하여 매일 협의하는 방식이었다. 이러한 감독제도는 단순히 신체적 관리를 엄격히 하는 것만이 아니라 노동자의 자각을 높이고 스스로 일하고자 하는 새로운 정신을 갖게 하려는 취지가 있었다. 이는 근무태만 등의 노동 행태 관리에도 유효했던 것으로 알려져 있다(北出俊昭, 2012).

서 1850년대까지 오웬주의 사회체제를 구상하는 사람들 사이에서 '협동조합운동의 사회적 아버지'로 불리며 광범한 영향을 주었다.Harrison, 1969; Thompson & Williams, 2011

오웬의 사상과 실천에서 교육은 핵심적 지위를 차지한다. 후술하는 내용에서 오웬이 이성에 호소하고 있고, 자연의 법을 따르며, 교육의 힘을 믿는 환경론자였음을 알 수 있다. 이는 그가 당시 18세기 이래의 계몽주의적 합리주의, 특히 스코틀랜드 합리주의의 영향을 받았음을 보여 준다. 오웬은 학자가 아니었지만, 20대 초였던 1792년에 맨체스터 문학·철학회Manchester Literary and Philosophical Society에 가입하여 강연 등을 통해 계몽주의적 합리주의의 전통을 접할 수 있었다.Davis, 2011 이러한 접촉의 영향으로, 그의 사상은 벤담Bentham, 밀James Mill, 고드윈Godwin과 유사한 경향을 지니며, 프랑스 계몽주의자인 엘베시우스Helvétius의 환경만능론과도 유사점이 있다.Harrison, 1969; Davis, 2011

그를 계승한 오웬주의자들에 의해서도 교육과 교육적 공동체는 매우 중요한 요소로 간주되었다. 교육은 공동체와 상호 강화적이고 불가분적 관계 속에 있기 때문에, 공동체 개념은 교육적 과정의 일부를 이루기도 하고, 교육은 공동체를 구축하기 위한 불가결한 수단이 되기도 하는 것이었다.Harrison, 1969: 144-145; Halpin, 2001 그의 교육론의 핵심이 체계적으로 제시된 『도덕적 신세계』를 통해 그 구체적 내용을 살펴보기로 한다.

Ⅲ. 『도덕적 신세계』에 나타난 교육론

1. 교육과 사회 재편의 구상

『도덕적 신세계』 즉 The book of the new moral world는 전체 7권(파

트)으로 이루어진 방대한 저작으로 현실 문제에 대한 그의 진단과 비판, 그리고 대안들을 제시하고 있다. 이 글은 영국의 통치자들에게 새로운 체제의 필요성을 알리고 방침을 제시하는 형식으로 이루어져 있다. 오웬은 근본적 변화를 이끌어 내기 위해서는 국가 지배층을 설득해야 한다고 생각했고, 자연에 근거한 불변의 법칙이 있음을 알아야 한다고 보았다.Owen, 1970, Book 7: 46 책의 서두에서 그는 서문과 서론에 앞서 '영국 왕 윌리엄 4세에게 올리는 글(헌사),' '모든 국가의 정부와 국민에게 주는 글'을 첨부하고 있고, 책 전체에 걸쳐 인간의 변화와 사회의 변화에 대한 원리를 반복적으로 제시하고 있다. 책의 서문Preface에는 다음과 같은 선언이 있다.

> 무지와 이기심에 의해 초래된 세계 안의 악의 정신이 자연적 과정에 의해 사라질 시기가 도래했다. 그에 대신해서, 사실과 경험에 기반한, 새로운 정신이 부상하여 모든 사고, 감성, 행위에 새로운 방향을 부여하고, 인류에게 지혜와 선의의 성격 character을 만들어 낼 그러한 시기가 왔다.Owen, 1970, Preface: 1

오웬은 인류가 보편적 오류universal error를 극복하고 새로운 도덕적 세계를 열어야 한다고 주장한다. 이 새로운 세계에서는 전 인류가 선의와 애정affection의 정신으로 가득할 것이라고 보았다. 신세계에서는 연대 union에 의해 사람들이 더 행복해질 것이며 인간 간, 국가 간의 갈등이 사라질 것이라고 보았다. 그에 의하면, 지식의 진보로 인해, 어떤 아동도 무지, 미신, 열등한 습관에 빠지지 않고, 사회적 법, 자연법, 삶의 기술 등에 대해 무지할 수 없게 될 것이며, 이제까지 오류error에 의해 퇴화해온 것들은 모두 사라지게 될 것이다. 사회체제를 과학적이고 합리적으로 바꾸어 무지와 빈곤을 퇴치하고, 모든 악의 근원이 되는 '돈money'이 삶을 지배하지 않도록 해야 한다고 보았다. 사람들이 오직 자신의 나이와 경험에 따라 사회적인 직업활동(고용)을 하게 함으로써 모든 사람이 각자의 행복을 보장받도록 해야 한다고 보았다.Owen, 1970, Introduction: xxiv

이러한 논의를 위해 이 책에서는 현존하는 제도의 문제점을 논의하고 새로운 사회를 위한 구상들을 구체적으로 제안하고 있다. 이 책은 전체가 교육론이라고 해도 무방하지만, 그의 신사회구상과 함께 교육에 대한 아이디어가 특히 상세히 제시되어 있는 부분은 제5권이다.Owen, 1970, Book 5 제5권에서는 인생의 시기를 단계에 따라 제시하고 있다. 각 단계는 하나의 집단, 즉 '클래스class'를 이루어 구성원들이 공동으로 성장한다. 각 클래스 혹은 단계에 대해 그가 기술하는 바를 요약하면 다음과 같다.

첫째 단계는 출생부터 5세까지이다. 이 시기는 충실한 음식, 가볍고 느슨한 의복, 정결한 환경에서 규칙적인 훈련 등을 제공해야 한다. 유아기부터 사람들에 대한 선의와 애정affection을 갖추게 하는 것이 필요하다. 특히 타인의 생각과 감정이 자신과 같다는 것을 일찍부터 알게 할 필요가 있다. 건강하고 안정적인 마음, 좋은 습관, 탁월한 자연적 태도, 좋은 기질, 유용한 지식 등을 갖게 하여 나이에 맞게 합리적으로 생각하고, 말하고, 행동할 수 있게 해야 한다고 보았다.Owen, 1970, Book 5: 66-67

둘째 단계는 5세에서 10세까지의 시기이다. 이 시기도 첫 번째 시기와 동일한 원리에 의해 의식주가 제공되지만 나이에 따른 차이가 있을 뿐이다. 보다 영구적이고 유용한 것들을 훈련해야 하고, 산업과 관련한 가벼운 기능들을 능력에 따라 익혀야 한다. 이러한 훈련은 기존(구세계)의 쓸모없는 장난감들을 대체하게 된다. 아동은 대신 사물들을 탐구하고 경험 많은 사람들과 친밀한 대화를 나눔으로써 지식들을 얻는다. 이들은 7세가 되면 가사일이나 정원관리를 지적으로 보조할 능력을 갖추게 되며, 일에 임할 때는 즐겁게 하고, 동료들과 공동으로 일하는 것을 익힌다. 7~10세 아동의 활동은 상급단계인 제3클래스 주니어(하급연령)들의 지도하에 이루어진다.Owen, 1970, Book 5: 67-68

제3단계는 10세에서 15세이다. 이 시기의 첫 2년간(10~12세)은 7~10세 아동을 가정, 정원, 놀이터 등에서 지도하고 도와주는 역할을 한다. 12세에서 15세는 보다 심화된, 유용한 삶의 기술의 원리와 실제에 대한 지식을 얻음으로써 사회적으로 가치로운 부의 (단기적) 생산에 도움을 주도록 한다. 이 생산활동은 토지, 광산, 어업, 제조업, 일상품, 직조, 건축, 가구, 기계 등과 관련한 것들, 그리고 사회가 필요로 하는 모든 것들을 생산하고 준비하고 실행하는 것을 포함한다. 12세에서 15세는 그들의 건강, 지적 능력, 도덕적 감성 등을 해치지 않는 한에서 바로 위 단계의 선배로부터 지도를 받으며 이러한 일들에 참여하게 된다. 이 5년 동안에는 '모든 과학'에 대한 지식도 크게 늘어나게 된다. 이 기간은 가장 가치로운 것들을 가장 빠른 시간 안에 습득하는 시기이다.Owen, 1970, Book 5: 68-70

제4단계는 15세에서 20세이다. 오웬에 의하면, 이 시기는 인생에서 가장 흥미로운 단계이다. 이제까지 지상에 없었던, 가장 탁월한 존재인 새로운 인류로서 신체적·지적·도덕적으로 새롭게 형성되어야 한다고 보았다. 구성원들은 성장과정을 거치면서 자연스럽게 서로에 대해서 알게 되고 자연스럽게 서로 연합하게 된다. 모든 인간은 신체적·지적·도덕적·실제적 제 측면에서 인간 본성의 최상의 성격을 발휘하도록 교육되고, 연령을 제외한 어떠한 인위적인 구분도 사라지게 된다. 또한 남녀 간의 영원한 행복을 막을 어떠한 인위적 제약(결혼제도)도 없어지게 될 것이다. 이 4단계 구성원은 사회의 각종 부를 생산하는 주된 생산자가 되며, 3단계

상급 구성원을 친절하게 지적으로 지도하는 역할을 담당한다.Owen, 1970, Book 5: 70-72

　제5단계는 20세에서 25세까지이다. 이 시기 구성원은 사회의 생산자와 지도자(교육자) 중에서 가장 상급 경험의 계층을 이루게 된다. 그리고 이 시기 이후에는 스스로의 즐거움과 만족 이외에는 생산과 교육을 담당할 필요가 없게 된다. 즉 이 단계의 구성원은 모든 생산과 교육에서 가장 상급자가 되는 것이다. 이들은 매우 탁월한 태도로 일을 하게 될 것이며, 현재 사회에서 자산가들이나 기업 감독자들, 대학교수들이 하는 일을 대체하게 될 것이다. 오웬은 인간의 삶에서 가장 중요한 일은 첫째로는 모든 사람의 효용과 즐거움을 위해 가치로운 부를 생산하는 것이고, 둘째로는 모든 사람이 이 생산된 부를 잘 사용하고 적절하게 즐기도록 교육하는 일이라고 보았다.Owen, 1970, Book 5: 72-73

　제6단계는 25세에서 30세까지이다. 이 단계 구성원의 일은 앞선 단계에서 생산된 부(생산물)를 보존하는 일이다. 낭비가 없고 모든 것이 최상의 조건을 유지하도록 하며 모두가 호혜적으로 즐거움을 누릴 수 있도록 하는 일이다. 그들은 상점들을 통해 가족의 일상에 필요한 물품을 배분하는 일도 담당하게 한다. 이러한 일에 종사하는 시간은 뛰어나게 일을 해낼 경우 하루 2시간이면 족하다. 나머지 시간에는 각종 시설들을 방문하며 업무들의 진척 상황을 확인하고 모두의 이익을 위해 어떤 점들이 개선되어야 하는지를 확인하는 일을 한다. 그 이외의 시간에는 그들이 가장 좋아하는 공부를 할 수 있다. 그것이 예술이든, 과학이든, 실험이든, 독서든, 대화든, 아니면 다른 지역의 시설에 대한 탐방이든 자유롭게 이루어질 수 있다. 이 단계의 구성원은 신체적으로나 정신적으로 매우 건강하고, 좋은 정신을 갖고 있으며, 여러 유용한 지식에 대해 넓고 깊게 알고, 그것을 다른 구성원과 협력적으로 공유할 수 있다.

이를 통해 이들은 제7단계의 삶을 준비하게 된다.Owen, 1970, Book 5: 73-74

제7단계는 30세에서 40세의 구성원으로 이루어진다. 이 클래스의 구성원은 내치govern the home department를 담당하게 된다. 이들은 공동체가 평화, 선의, 사랑을 통해 조화를 유지할 수 있도록 한다. 오웬은 이 단계 구성원이 이러한 일을 할 수 있는 이유로 아래의 15가지를 열거한다. 이 15가지는 30세 이전까지 교육을 통해 형성하고자 하는 이상적 결과를 명료화하는 것이기도 하다.Owen, 1970, Book 5: 74-76

① 자신의 본성이 무엇인지를 잘 알고 있음.
② 이로 인해 공동체 내 모든 것들이 사고, 감정, 행위에서 합리적으로 될 수 있음.
③ 구성원 상호 간에 서로의 형성과정을 잘 알기에 다른 사람의 지적, 도덕적, 후천적 성격 등에 대해 문제 삼지 않을 것이기 때문임.
④ 공동체 내에 빈곤이나 빈곤에 대한 우려가 없음.
⑤ 서로 간의 불일치로 인해 거슬리고 상하는 일이 없음.
⑥ 각 연령 내에서는 교육을 포함한 모든 것이 평등함.
⑦ 이제까지 받은 훈련과 삶의 양식, 뛰어난 조직 등으로 인해 그들은 대체로 좋은 건강과 선한 정신을 갖고 있음.
⑧ 어떠한 야망, 질투, 복수도 야기할 동기를 갖고 있지 않음.
⑨ 어떠한 비밀이나 위선도 없음.
⑩ 금전적 이익을 위한 판매나 구매가 없음.
⑪ 현재 사회에서 억압과 부정의의 원인이 되는 화폐가 없음.
⑫ 종교나 견해의 차이로 인한 어떠한 종교적, 혹은 유해한 정신적 당혹감이나 소외감이 없음.

⑬ 양질의 부가 모든 곳에 충만하기 때문에 금전적 염려가 없음.

⑭ 남녀 모두가 자연이 기획한 시기에 본성에 따른 권리를 향유할 수 있기 때문에 애정에 대한 실망이 없고, 덕과 행복이 모두에게 보장됨.

⑮ 모든 사람이, 영속적으로 존재할 제도들이 모든 사람에게 공정한 정의를 보장하기 위해 목적의식적으로 고안되고 실행되었다는 것을 알고, 자신들이 출생 이후 성장과정에서 어떻게 훈련되고 교육되었는지를 알기 때문에, 나이가 듦에 따라 그들의 선대들이 누적해 온 지혜가 알려 주듯이 자신이 자연으로부터 부여받은 능력을 어떻게 활용하고 즐기는지에 대해 제대로 경험할 수 있음.

마지막 단계인 8번째 클래스는 40세에서 60세까지의 기간이다. 이들의 임무는 다른 공동체와의 교류, 혹은 외교이다. 도로 건설, 상품 교류, 지식의 교환 등을 통해 인류가 새로운 발견과 발명의 능력을 갖도록 하는 것이다. 오웬은 이러한 교류가 인류에게 엄청난 힘을 줄 것이라고 기대하면서 한 가지 어려움이 있다고 지적한다. 그것은 '편견'을 극복하는 일이다. 이를 위해서는 자기 지역의 관점에서 편협하게 사고하는 오류local errors를 극복하고, '편견에 가득 찬 지역화된 동물the localised animal of prejudice'이 되지 않아야 한다. 이를 위해 합리적 인간이 지닌 중요성을 인정해야 하며, 이성을 중심으로 선의와 애정affection의 힘이 발휘되도록 하는 것이 필요하다. 이를 통해서만 인류의 평화와 번영이 가능할 것이기 때문이다.Owen, 1970, Book 5: 74-76 이러한 전체 구상이 담긴 제5권을 오웬은 다음과 같이 마무리한다.

벗들이여 두려워하지 말라. 예정된 시간은 온다. 승리는 가까웠다. … 오류로 혼합되지 않은 진리Truth를 사랑하고 기원하는 자들, 그들은 타인을 두려워하지 않으며 타인들이 그들을 해할 것을 두려워하지 않는다. 그들은 이미 이 신성한 무기 divine weapon를 사용해 왔으며, 그것을 어떻게 사용해야 하는지에 대해 잘 알고 있다. 그들은 그것을 손안에 굳게 쥐고 있다. 그리고 앞으로 나아가고 있다. 그들은 갈등의 장 속에 들어가 있다. 그리고, 그들은, 무지, 오류, 미신, 죄악, 비참이 인류의 터전으로부터 추방되기 전까지는, 평화, 선의, 이성, 진리, 정의, 사랑, 행복이 전 인류 위에 승리의 통치를 하기 전까지는, 그리고, 노예제, 종속, 억압, 그 밖의 어떠한 악evil도 인류의 자녀들이 더 이상 알지 못하는 것이 되기 전까지는, 되돌아오지 않을 것이다.Owen, 1970, Book 5: 80

2. 유토피아적 교육론의 성격과 함의

논의 방법: 변화를 위한 인식론epistemological 전환 요청

『도덕적 신세계』에 나타난 오웬의 논의에는 서술상의 전형성이 있다. 그것은 그가 구세계와 신세계를 이분법적으로 구분하면서 그 차이를 오류error와 진정한 과학적 지식 혹은 사실(Truth, scientific knowledge, fact 등의 용어) 등으로 대비하는 것이다. 이렇게 두 개의 세계를 인식론적인epistemological 것으로 구분하면서, 인간의 법과 자연의 법, 비참함과 행복 등으로 비교하고 구별한다.Powell, 2011; Thompson & Williams, 2011 오웬은 새로운 도덕 원리가 과학과 합리성에 기초해야 한다고 보면서, 그 근원을 인간의 자연적 본성에 대한 지식에서 구하고 있다. 이제까지는 무지ignorance와 광기insanity로 인해 인간들이 자연의 법칙을 보지 못함으로써 세계 안에 오류와 편견이 만연해 있었다고 지적한다.

오웬은 계몽주의와 합리주의를 신봉하고, 과학과 그로부터 파생되는 진보를 이상시했다. 완전한 합리성에 기반하여 새로운 사회체제가 구축되고 새로운 인간 성격character이 형성되어야 한다고 강조했다. 그는 이것이 인식의 변화를 통해 가능하다고 보았다. 즉 이제까지의 '잘못된 인식misconception'을 '참된 인식'으로 전환시켜야 한다고 본 것이다.

오웬은 그가 비판하는 잘못된 현실이 세계에 대한 잘못된 이해를 입증하는 것이라고 보았다. 즉 인간, 사회, 자연에 대한 잘못된 이해로 인한 잘못된 원리와 실행상의 오류로 인해 인간 본성에 대립되는 기형적인 사회가 되고 말았다고 말한다.Owen, 1970, Book 6: 54 따라서 '무지'에 기인한 기존 세계의 여러 편견들, 즉 계급, 종파, 정당, 국가, 성별, 인종 등의 제 구분은 자연사自然死해야 한다고 보았다.Owen, 1970, Book 1: xiii-xiv 새로운 도덕세계에서는 '진리'만이 지배하며 이는 미신과 편견을 배제한 상태이다. 이에 기반하여 인간의 본성에 대한 지식을 높이고 행복을 증대하는 것이 그가 목표로 삼는 바이다.Owen, 1970, Book 1: xvii-xviii

이러한 인식론적 전환에 대한 그의 관점은 18세기까지의 과학적 발견과 계몽에 대해 확신하고 있음을 잘 드러내 준다. 그에 의하면 전 인류를 도울 조건은 이제까지 사회가 기초해 온 근본적 오류를 포기하는 것이며, 미래를 위해 그 반대가 되는 진리를 수용하는 것이다. 오류는 어떠한 사실에 의해서도 지지될 수 없고, 반면 진리는 모든 사실들에 의해 지지된다. 오류에 기반한 행동의 필연적 결과는 비참함misery이며, 진리의 결과는 행복happiness이다.Owen, 1970, Book 1: ix

이제까지 '어두운 유리dark glass' 즉 오류의 시선을 통해 세상을 보았다면 그것을 걷어내야 하며, 그 자리를 '근본적 진리, 인간 본성의 존중, 개인 성격의 형성, 합리적 사회체제의 요소들'로 대체해야 한다.Owen, 1970, Book 2: 35 이를 위해 교육이 중요한 역할을 할 수밖에 없다. 그는 이 러한 맥락에서 지도하는 자들(교육자)의 정신이 다시 태어나야 할 뿐 만 아니라 교육체제가 전면적으로 바뀌어야 한다고 주장한다.Owen, 1970, Book 2: 35

교육관: 이상적 변화에서 목적인 동시에 수단으로서의 교육

오웬에 의하면 이제까지의 인간은 인간 본성에 대해 무지했고, 스스 로에 대해서조차 잘 알지 못했다. 이러한 무지로 인해 이제까지 어떤 사 회도 인간 성격을 신체적·정신적·도덕적·실제적으로 제대로 형성할 수 있는 시설을 만들어 낸 적이 없다고 지적한다.Owen, 1970, Book 3, 41-42 인 간이 제대로 교육받기 위해서는, 즉 합리적 존재가 되기 위해서는 새로 운 외부 환경 조건이 갖추어져야 한다. 인간의 본성은 자연적으로 존재 하지만 그것은 외부에 의해서 형성되는 것이라고 보았다.Owen, 1970, Book 1

그가 주장하는 인간 형성의 새로운 교육적 과정은 개인적인 것이 아 니라 철저히 공동체적이다. 공동체성에 기반한 교육은 그 자체가 새로운 인간과 사회 형성의 목적이 되기도 하고, 동시에 공동체를 구축하는 기 제 혹은 수단이기도 하다.Harrison, 1969: 144-145; O'Hagan, 2011 이러한 인간의 형성을 위해서는 '사회의 과학the science of society'에 의해 합리적으로 운 영되는 사회체제가 필요하며, 모든 인간은 출생에서 사망에 이르기까지 일반적 경로를 거쳐 교육받고 경제적 생산(고용)에 임할 수 있어야 한 다. 단지 연령과 경험으로만 구분되는 사회체제 안에서 모든 인간은 동 일한 경로를 거쳐 상호 호혜적으로 스스로의 인간 본성을 발견하고 각 자의 행복을 증대시켜 나가게 된다. 교육의 목적은 인간을 합리적 존재 에 이르게 하는 것이며, 스스로와 인류에 대해 알게 하는 것이다. 이러한 교육을 통해 '모든all' 인간은 합리적rational being이고 탁월한superior 존재가 될 수 있다고 보았다. 모든 인간은 신체적, 지적, 도덕적으로 최상의 상태로 완성되어야 하고, 행복에 대한 장애요인들은 제거되어야 한다. 지적인 면에서 모든 사람은 유용하고 가치 있는 지식을 최대한 획득해야 하며, 도덕적으로는 동료에 대한 자비심과 사랑, 서로 지원하고 돕고자 하는 마음(욕망) 안에서 만족할 수 있을 것이라고 기대했다.Owen, 1970, Book 1: 55; Owen, 1970, Book 2: 19

인간의 비참함은 잘못되고 결함투성이인 교육에서 비롯되고, 반면 행복은 탁월한 교육을 통해서 가능하다.Owen, 1970, Book 2: 31 그는 기존의 교육을 '잘못된 교육mal-education'이라고 단언한다. 특히 옥스퍼드, 케임브리지대학으로 상징되는 기존의 교육에 대해 '무지한 억압자들ignorant oppressor'만을 키우는 교육이라고 비판한다.Owen, 1970, Book 2: 13-14 그저 무지하고 야만적인 캐릭터를 형성할 뿐, 사회에 대해서는 알지도 못하고 그릇된 개념과 기괴한 미스터리로 정신을 채우고 있다고 꼬집는다. 이 지식인들은 사회가 그들에게 어떠한 해악을 가해 왔고, 자신들을 통해 다시 사회에 가해질 해악이 무엇인지 알지 못하는 '불쌍한 존재들poor creatures'이라고 표현하면서, 당시의 교육받은 엘리트와 그들의 교육에 대해 냉소한다.Owen, 1970, Book 2: 33-34

그에 의하면 교육은 사회의 업무이지 개인의 것이 아니다. 개인은 자연의 일부로서 사회에 의해 완성되고 형성되는 존재이다. 따라서 인간은 자연적으로는 악할 수 없다. 따라서 자신의 환경에 의해서 형성된 나쁜 성격에 대해 개인이 책임지도록 해서는 안 된다.Owen, 1970, Book 1, 57 새로운 세계에서는 일부에게만 지식을 주고 다수에게 이를 제한하는 일은 있을 수 없다. 모든 사람이 자기 스스로에 대한 지식을 갖게 되며 사회의 원리와 실제를 배울 수 있어야 한다.Owen, 1970, Book 1: 71

이를 위해 인간을 잘 교육하는 일은 '국가적 과업national task'이라고 오웬은 말한다. 이는 국가적 지혜와 국가적 재원(자본)에 의해 이루어져야 한다.Owen, 1970, Book 2: 32 구성원의 성격 형성을 사적 방식에 맡기거나 방치하는 것은 사회의 가장 큰 실수이다. 모든 구성원이 개인적 이익이나 사유재산에 대한 욕망에 사로잡히지 않는, 탁월하고 합리적이며 도덕적 존재로 형성되기 위해서는 '동일한 일반원리에 의해, 계급이나 지역별 오류 없이' 교육이 이루어지도록 해야 한다.Owen, 1970, Book 6: 29

또한, 교육의 근본 변화를 위해서는 가장 먼저 교사들이 변해야 한다. 따라서 그는 사회에서 가장 우선적으로 필요한 것이 교사교육을 담당하는 학교normal school라고 보았다. 이러한 학교를 통해 인간을 본성에 따라 가르친다는 것이 무엇이고, 현명하고 합리적인 인간을 형성한다는 것이 무엇인지 가르쳐야 한다고 본다.Owen, 1970, Book 5, 45 교육이 이루어지는 장소 또한 갇힌 벽 안에서 이루어지지 않고, 운동장, 야외, 정원, 상점, 공장, 박물관 등의 다양한 공간이어야 하며, 교육을 통해서는 인간 생활의 전반에 대한 것과 생산에 대한 학습이 이루어져야 한다고 주장한다.Owen, 1970, Book 3: 47

인간관 및 사회관: 인간의 '자연적 본성nature' 및 반개인주의의 강조

오웬이 이상적으로 생각한 것은 잘못된 인간의 법을 '자연의 법'이 대체하는 것이며, 인간 본성에 대한 이해에 기반해서 사회의 체제를 과학적으로 변화시키는 것이었다. 이 때문에 그의 책 제1권은 인간 본성에 대한 논의로부터 시작하고 있다. 오웬에 의하면 자연에 의해 인간의 신체적, 정신적, 도덕적 성격의 각종 요소들이 형성되며 이는 개인들의 의지와 무관하게 부여된 것이다. 이 요소들은 외부 환경과 최적의 상태에서 결합될 때 가장 탁월한 상태가 될 수 있다. 인간은 결국 외부 환경에 의해 형성되는 존재라는 것이 그의 핵심적 관점이다. 따라서 모든 인간들이 그러한 성격을 최적화하여 스스로의 본성을 알고 행복을 누리며 타인의 행복도 존중하는 감정을 가질 수 있도록 교육되어야 한다. 어느 개인도 저열한inferior 상태에 머물고 억압되어서는 안 된다. 인간은 본성적으로 악할 수 없기 때문에 선의와 호혜성을 발휘할 수 있도록 교육되어야 하며 신체적, 정신적, 도덕적으로 조화롭게 형성되어야 한다. 인간 본성에 대한 이해야말로 진정한 도덕과학의 기초라고 보았다.Owen, 1970, Book 1: 1-4

> 자연의 법Nature's laws은 신체적, 정신적, 도덕적 감정들이 절제temperance를 이루는 수준에서 충족되고 실현되기를 요구한다. 이것이 모든 인간들에게 보편화될 수 있도록 여건이 갖추어진다면 상호 대립적인 감정들은 더 이상 존재하지 않게 되고, 조화harmony가 인류 안에 전반적으로 자리 잡게 될 것이다.Owen, 1970, Book 1: 13

그에 의하면 인간의 존재 목표는 '행복'이다. 인간의 지혜로 인식할 수 있는 최상의 것은 영구적인 만족을 얻을 수 있는 행복을 어느 정도로, 어떤 방법으로 확보할 것인가를 아는 것이라고 보았다.Owen, 1970, Book 1: 51 생명이 있는 것들은 행복에 대한 보편적 욕망을 가지기 때문에Owen, 1970, Book 3: 1, 모든 인간에게 자신의 건강과 행복, 그리고 타인의 건강과 행복은 관심의 대상이 된다고 보았다.Owen, 1970, Book 2: 8 그는 제3권에서 인간 행복의 13개 조건을 나열하면서 그중 첫째가 양질의 신체적, 정신적, 도덕적 조합을 이루는 것이라고 보았다.Owen, 1970, Book 3: 5

그의 이러한 인간관은 사회관과도 연결된다. 오웬에 의하면 자연의 법은 인간을 사회적 존재로 만들었으며, 인간들이 서로 연합하고 반사회적 감정이 없도록 하였다.Owen, 1970, Book 2: 6 이러한 자연에 대한 이해에 근거하여, 오웬은 개인주의individualism를 자연에 어긋나는 것으로 이해했다. 그에 의하면 개인주의는 인간 본성에 대한 과학이나 사회에 대한 과학에 대한 무지가 초래한 필연적 결과이다.Owen, 1970, Book 2: 48 따라서 개인주의는 자연의 법칙과는 공존할 수 없는 것이다. 그는 '개별 가족'도 개인주의를 바탕으로 하여 개별적 이해나 사적 재산을 기반으로 유지되어 온 제도로 보고, 기존의 비합리적 체제를 이루는 본질적 한 부분일 뿐이라고 지적한다.Owen, 1970, Book 6: 48

인간들은 개인주의에 의해 분리되어 경쟁해서는 안 되고, 연대 scientific association of men, women, and children해야 한다.Owen, 1970, Book 6: 48-52 즉 개별 가족 대신에 확대된 대규모 가족large united family이 그 자리를 차지해야 한다고 보았다.[5] 확대된 대규모 가족은 400~500명 수준에서 많게는 2,000명까지 하나의 단위가 될 수 있으며, 이를 통해 각자가 원하는 것 즉 필요에 대한 두려움 없이 서로의 전면적 발달을 도모하고 존중할 수 있게 될 것이라고 보았다.Owen, 1970, Book 6: 55 더 많은 행복은 연합union에 의해 이루어질 수 있고, 이는 모든 대립과 갈등에 의한 분열(인간 간, 국가 간, 개인과 국가 간)의 종식을 통해 가능하다.Owen, 1970, Book 1: xxi

인간의 '개인성'은 이제까지는 무지 때문에 인간 간 분리의 요인으로 작동해 왔지만, 앞으로의 신세계에서는 오히려 긴밀한 결합의 원인이 되고 만족과 즐거움의 원천이 될 것이라고 보았다. 각자의 다름과 차이는

---

5. 그는 '가족'이라는 기존의 단위를 포괄적이고 가교적인 것(bridging)으로 재개념화하고자 했다. 이러한 가족개념을 기반으로 인간 간의 관계가 지역을 넘어 확장되고 통합되는 극한적(extreme) 코스모폴리탄주의를 지향했다고 평가되기도 한다(Yeo, 2011).

이제까지는 분노와 적대의 기초가 되었지만 앞으로는 확장된 이해를 낳는 관심의 근원이 될 것이라고 전망했다.Owen, 1970, Book 1: 70

그는 모두가 평등하게 잘 교육된 상태에서 향유하게 될 합리성에 대해서도 언급하고 있다. 특히 남녀 모두가 교육, 권리, 특권, 개인적 자유에 평등한 사회 상태를 이룰 것을 강조한다.Owen, 1970, Book 6: 36-37 그는 현재의 혼돈적chaos 체제가 해체되면, 구매와 판매, 가치척도로서의 교환(교환을 목적으로 한 화폐)이 사라지는 대신 사회가 부를 생산하며 즐기고, 건강성과 아름다움을 증진하며, 구성원의 합리적 성격을 강화하는 체제로 바뀌게 될 것이라고 보았다.Owen, 1970, Book 6: 52 이를 위해서는 이기심에 기반한 불필요한 사적 재산에 대한 욕망이 사라지고, 인간에 대한 인간의 처벌과 보상체제 등이 폐지되어야 한다.Owen, 1970, Book 5: 40-45

이러한 사회체제는 일정한 정치 시스템을 갖춤으로써 실현될 수 있다. 연령과 경험에 기초하여 정부와 의회를 구성하고, 통치자의 무결점이 가정되는 합리적 체제를 갖추어야 한다. 이렇게 공동체 내의 역할분담과 협력에 기초한 평등한 자치와 평등한 외교가 실현되면, 모든 인류의 행복이 증진될 것이라고 기대한다.Owen, 1970, Book 5: 57-73 그는 인간들이 가치 있는 부를 생산하기 위해서는, 그리고 동료와 연대하기 위해서는 다툼이나 경쟁은 사라져야 하며, 이러한 것들의 자연적 소멸 시기가 가까웠다고 본다.Owen, 1970, Book 2: 9 위선과 억압이 지배하고, 인간과 인간 간의 고립이 존재하는 사회 상태는 인류의 건강과 행복을 위해 사라져야 하고 새로운 원리가 채택되어야 한다고 보았다.Owen, 1970, Book 2: 15

오웬은 자신이 그리는 이러한 사회는 이제까지 실현된 적이 없다고 말한다. 이를 위해서는 전체를 위해 부분이 기여하는 방식으로 근본 변화가 이루어져야 한다. 개인이나 가족에게 이것이 맡겨져서는 안 되며, 계급, 종파, 정당, 국가, 도시, 마을, 가족 간의 잘못된 이해관계가 질시와 경쟁의 정신을 초래하지 않도록 변화시켜야 한다. 이로써 강자가 약자를 지배함으로써 만들어진 악을 대체해야 한다. 이러한 거대하고 근본적인 변화는, 앞서 언급한 것처럼, 인간들이 정신적 암흑을 걷어내고 인간 본성과 사회에 대한 새로운 지식을 인식하고 적용하는 것을 통해 가능할 것이라고 전망하고 있다.Owen, 1970, Book 1: 54-65

IV. 유토피아적 공동체와 교육

미셸 푸코Michel Foucault는 장소를 갖지 않은 유토피아uptopia에 대비해서 '절대적으로 다른 공간'으로서 헤테로토피아hétérotopie라는 조어를 쓴 바 있다. 본래 의학용어로 '이소성異所性'을 의미하는 이 말은 '신체부위나 기관이 비정상적 자리에 있는 위치 이상'을 가리킨다.Foucault, 2015: 15 푸코에 의하면 현실 속의 유토피아는 '반反공간적인 무엇'이다.

> 자기 이외의 모든 장소들에 맞서서, 어떤 의미로는 그것들을 지우고 중화시키고 혹은 정화시키기 위해 마련된 장소들. 그것은 일종의 반反공간contre-espaces이다. 이 반공간 위치를 가지는 유토피아들utopies localisées. 아이들은 그것을 완벽하게 알고 있다. 그것은 당연히 정원의 깊숙한 곳이다 ⋯ 더 그럴듯하게는 다락방 한가운데 세워진 인디언 텐트이며, 아니면─목요일 오후─부모의 커다란 침대이다. 바로 이 커다란 침대에서 아이들은 대양을 발견한다. 거기서는 침대보 사이로 헤엄칠 수 있기 때문이다. 이 커다란 침대는 하늘이기도 하다. ⋯ 그것은

숲이다. 거기 숨을 수 있기 때문이다. 그것은 밤이다. 거기서 이불을 뒤집어쓰고 유령이 되기 때문이다. 그것은 마침내 쾌락 이다. 부모가 돌아오면 혼날 것이기 때문이다.Foucault, 2015: 13-14

　푸코의 말처럼 '유토피아라는 이름' 그 자체가 "정말로 어떤 장소도 갖지 않는 것을 위해서만 남겨져야"Foucault, 2015: 14 한다면, 현실의 공간 과 장소에서 일탈, 비약, 전복 등을 꿈꾸는 모든 전환의 시도는 '이소성' 을 지닌 헤테로토피아와 같은 것일 수 있다. 이러한 반反현실적 공간, 즉 유토피아와 그것에 대한 상상은 새로운 세계의 현실화를 위한 실질적 밑바탕이 될 수도 있는 것이다.

　이 논문에서는 로버트 오웬의 저작인 『도덕적 신세계』에 나타난 교육 론을 살펴보았다. 그는 18세기 유럽에서 전개된 계몽주의와 과학의 발 달을 신뢰한 이상가로서 모든 인간이 자연적 본성에 따라 조화로운 발 달을 하고, 사회적으로 평등하게 인간적 행복을 누릴 수 있는 사회를 실 현하고자 했다. 오웬은 이상주의자이면서, 동시에 (이론으로서뿐 아니라) 실천적으로 현실 안에서 이상적 공동체를 만들고자 했던 개혁가였다. 그는 영국에서 19세기 전반기 노동운동에 큰 영향을 주었고, 후속적 개 혁가들에게 지속적인 영감을 제공했다.Simon, 1972, 1974; Webb, 1955

　오웬의 논의는 그 도덕적 이분법과 무전제적 전면 변화를 지향하는 근본성으로 인해 이상주의적 성격이 강하다. 또한 글의 형식상 기본 주 장을 반복적으로 부연하면서 강조하는 특징이 있어 다소 지루하기도 하 고 중복적인 특성이 있다. 이는 어쩌면 당시의 현실에서 자신의 이상을 사람들이 알아듣도록 명료화하고 알리고자 하는 강한 기대 때문일지 도 모른다. 그가 책의 후반부에서 변화를 이끌어 내기 위해서는 불변의 자연적 법칙에 대해 국가의 지배층을 설득해야 한다고 말하고 있는 점이나, 근본적 변화에 대해 가장 먼저 영향을 받을 집단으로 중간계급과 하층계급을 주목하고 이들이 계급적 연대를 해야 한다고 주장하는 점 등은 변화의 '구체적' 전략을 찾고자 하는 그의 현실적 관심을 드러내 주기도 한다.Owen, 1970, Book 7: 46-52

이러한 계급적대에 대한 기피와 지배자 위주의 이행 관점은 오웬주의가 19세기 중반 이후 노동운동에서 영향력을 잃고 비판을 받은 주요 요인이 되기도 한다. 또한 이후에 계승된 오웬주의 운동이 그 주요 기반세력을 노동계급에 두고 있지 못하다는 지적과도 관련이 된다.Taylor, 1982 19세기 후반에 보다 급진적이고 계급적인 노동운동이 세력을 갖게 되면서 오웬주의적 공동체주의의 전망은 퇴색했다. 노동사학자 해리슨에 의하면 1871년에 있었던 오웬주의자들의 모임이 공개회합으로는 마지막이었다. 당시 참석자들은 대부분 '중간계급' 중심의 오웬주의자들이었고, 모임은 어떠한 실천적 대안도 없이 오웬과 오웬주의의 의의를 회고적으로 공유하며 마무리되었다. 해리슨에 의하면, 그 시점에서 오웬주의가 "유산legacy이기를 그치고, 전설legend이 되기 시작했다"고 평가한다.Harrison, 1969: 253-254

이러한 특이성과 한계에도 불구하고, 모든 인간의 행복을 위한 그의 구상이 지닌 적극성과 실천성은 로버트 오웬이 오늘날까지도 공동체주의적 변혁을 염원하는 개혁가들에게 꾸준한 영감과 시사점을 주고 있는 지점이라고 할 수 있겠다. 현대사회의 교육에서 오웬 사상이 지닌 함의와 시사점을 논의해 본다면, 시대적 차이와 이론적 쟁점들에도 불구하고 다음과 같은 측면들을 생각해 볼 수 있을 것이다.

첫째는 모든 인간의 평등한 행복에 대한 관점이다. 그가 말하는 인류 안에는 일부가 아닌 모든all이라는 전제가 항상 명시되어 있다. 그 누구도 무지로 인해 열등한 지위에 있지 않고 생명체로서의 목표인 행복을 실현할 수 있는 절대적 평등의 공동체를 주장한다. 이는 매우 이상주의적이긴 하지만, 사회제약으로 인해 온전한 평등을 말하지 못하고, 절대적 인권에 대해 각종 제한적 단서를 걸고 상대화하는 현실에서 볼 때, 그러한 무전제적 평등은 인류가 지닌 영원한 과제이기도 함을 돌이켜볼 수 있다. 그는 과학이나 합리성 같은 당대의 용어를 빌려 천부의 본성 및 자연을 강조하고, 이를 사적 욕망과 경쟁으로 퇴색된 개인주의와 대비시킨다. 계급, 종파, 국가, 성별 등 인간 간의 인위적 구분은 무지에 의한 편견의 결과일 뿐이라고 보고, 모든 사람의 행복이 가능할 수 있는 공동체 구축을 위한 이론적, 실천적 노력을 경주하고 있는 것이다. 구세계와 신세계를 선과 악의 도덕적 잣대로 이분화하는 그의 단순한 논법은 그를 유토피아주의로 한계 짓기도 하지만, 다른 한편으로는 이상론을 통해 무전제적 인간 평등을 주장하는 바로 그 이상성 때문에 시대를 넘어 지속적으로 회자되도록 하는 근거가 되기도 하는 것이다.

둘째, 오웬의 논의는 계몽의 확장을 통한 인류 공동체를 지향하고 있다. 오웬은 400 내지는 500에서 2,000명 규모의 작은 공동체가 하나의 확대된 가족과 같은 밀도 있는 교류와 공동성장을 하는 자치적 평등사회를 구상했다. 나아가 이러한 공동체의 확대로 전 인류가 합리적 사회체제를 갖출 수 있을 것이라고 희망했다. 또한 현존 사회의 잘못된 인식으로 인한 오류가 시정된다면 모든 인간은 선할 수 있는 본성을 갖고 있다고 보고 교육의 가능성을 신뢰했다. 이렇게 계몽된 인류 사회에 대한 그의 이상은 작은 공동체에 대한 구상 속에 구체화되었어도, 그것은 모든 국가와 전 인류를 향한 것이었다. 오웬이 영향을 준 협동조합운동은 작은 공동체 안에서의 행복을 지향하지만, 그것은 다른 한편으로는 가족, 지역, 국가와 같은 인위적이고 협소한 구분을 넘어 계몽된 인류라는 세계 공동체를 지향하는 것이기도 한 것이다.Tsuzuki, 2005 작은 공동체가 자연 확산되리라는 기대는 19세기 그의 당대에 이미 좌절되었지만, 대안 공동체를 통한 거대 사회의 균열과 비틀기는 작은 공동체들이 지닌 숨겨진 거대함으로 지속되고 있다. 이런 점에서 공동체의 작은 시민은 작은 단위에 고립되지 않고 '세계시민'으로서의 잠재성을 갖고 있다고 할 수 있다.

셋째, 오웬이 남긴 '공상적' 사회주의 사상은 과학적 사회주의에 기반한 현실사회주의 체제의 붕괴 이후 재논의되는 경향이 있다. 현실사회주의는 약화되었지만 여전히 자본주의체제의 모순에 의한 계급적 적대와 착취, 빈곤, 소외의 제 문제들은 해결되지 않았다. 오웬의 유토피아 사회주의가 공상적 혹은 비현실적이었다면, 과학적 사회주의는 얼마나 현실적 혹은 과학적이었는가에 대한 논의도 있다.Claeys, 2011 경제적 착취, 사회적 억압, 지배와 피지배 등 인간 간의 차별과 갈등 등이 여전히 해결되지 않는 사회에서, 그것의 해결에 대한 '무전제적' 이상주의를 대안으로 제시하는 것은 때로는 지나치게 원론적이고 낙관주의적이라는 평가를 받을 수밖에 없지만, 긴 안목에서 볼 때 이러한 이상론은 사회 변화의 동력이 된다. 더욱이 오웬의 협동조합적 공동체는 작은 사회 안에서 인간들이 염원하는 탈이윤적, 가치지향적 삶이 실현될 수 있는 가능성을 보여 준다는 점에서, 한편으로는 제한된 공동체라는 '반反현실의 공간'이지만, 다른 한편으로는 현실을 새롭게 만드는 측면도 있는 것이다.

요컨대, 오웬의 논의는 작은 공동체들의 가치에 대해 생각하게 해 주며, 그것이 보다 확장된 인류 사회에 일종의 빛이 될 수도 있음을 시사한다. 또한 그러한 거대하고 근본적인 변화의 근간에 교육이 있다는 그의 소신은 유토피아와 교육의 관계에 대해 생각하게 한다. 한국에서도 최근 협동조합운동뿐 아니라 마을교육공동체, 지역교육공동체 등에 대한 관심이 높아지는 시점에서, 구성원 간의 밀도 높은 작은 공동체 안에서 평등과 자치, 그리고 구성원 모두의 '행복'을 철저하게 지향하고자 한 오웬적인 실험은 아래로부터의 탄탄한 공공성을 만들어 가는 방식으로 다시 조명되어도 좋을 것이다.

유토피아를 '공상'이라고 폄하하기도 하지만, 공상은 건설적 상상의 원천이 되기도 한다. 이상주의는 즉각적 해법을 찾는 데는 도움을 주지 못할 수 있지만, 존재하지 않는 새로운 세계를 상상하게 하고, 현실을 비틀고 전복함으로써 대안적 가능성을 제기한다. 또한 유토피아에 대한 상상은 보다 이상적이고, 궁극적이고, 동시에 실재적인 교육의 대안을 찾는 데 새로운 소재들을 지속적으로 제공해 줄 수 있는 것이다.

| 참고문헌

김영한(1989). 『르네상스 휴머니즘과 유토피아니즘』. 서울: 탐구당.

김영훈(2002). 조화와 협동의 마을(1817)에 나타나는 로버트 오웬의 사
회이상 및 공간 배치의 특징에 관한 연구. 『대한건축학회논문집』 18(1),
71-82.

김정원(2012). 자활공동체의 협동조합으로의 전환 가능성에 대한 연구. 『지
역사회연구』 20(2), 67-89.

김희태(2004). 로버트 오웬의 유아교육관에 관한 고찰. 『과학논집』 30, 81-
98.

김홍순(2006). 뉴 어바니즘, 근대적 접근인가, 탈근대적 접근인가. 『한국도
시행정학보』 19(2), 49-74.

박주원(2016). '뉴 라나크'와 '뉴 하모니' 사이에서. 현상과 인식: 오웬의 유
토피아 실험에서 정치이념의 전환. 『현상과 인식』 40(4), 225-250.

박주희 외(2015). 『학교협동조합론: 현장체험학습과 마을교육공동체를 잇
다』. 서울: 살림터.

신명직(2012). 협동공동체와 폴케 호이스콜레. 『석당논총』 53, 83-127.

유왕효(1986). 로버트 오웬의 유아교육사상. 『특수교육연구』 12, 103-116.

이윤미(2000). 칼 마르크스. 연세대교육철학연구회(편). 『위대한 교육사상
가들 IV』. 서울: 교육과학사.

이윤미(2018). 유토피아와 교육: 로버트 오웬(Robert Owen)의 「도덕적 신
세계」에 나타난 교육사상. 『교육사상연구』 32(1), 135-160.

정혜경(1987). 오웬의 공동체론과 '전국형평노동교환소'. 『부산사학』 13,
165-201.

팽영일(2005). "유토피아" 사회에서의 교육-토마스 모어의 『유토피아』를 중
심으로. 『비교교육연구』 15(4), 83-109.

堀越芳昭/JC(編)(2014). 『協同組合研究の成果と課題: 1980-2012』. 東京:
家の光協會.

北出俊昭(2012). 『協同組合と社會改革: 先人の思想と實踐から』. 東京: 岩波
書店.

五島茂 (1994). 『新訂 ロバアト・オウエン 著作史 豫備的 考察-ロバアト・オウ
エン 文獻學的 研究論考(I)』. 東京: 一橋大學社會科學古典資料センタ-.

中川雄一郎.杉本貴志(編)(2012). 『協同組合を學ぶ』. 東京: 日本經濟評論社.

Beer, M.(1953). *History of British socialism (vol.1)*. London: G. Allen & Unwin Ltd.

Claeys, G(2011). Robert Owen and some later socialists, in Thompson, N., Williams, C.(eds.). *Robert Owen and his legacy*. Cardiff: University of Wales.

Claeys, G.(2010). The origins of dystopia: Wells, Huxley and Orwell, in Claeys, G.(ed.). *Cambridge companion to Utopian literature*. Cambridge: Cambridge University Press.

Davis, J. C.(1983). *Utopia & the ideal society: a study of English utopian writing 1516-1700*. Cambridge: Cambridge University Press.

Davis, R. A.(2011). Robert Owen and religion, in Thompson, N., Williams, C.(eds.), *Robert Owen and his legacy*. Cardiff: University of Wales.

Engels, Friedrich(1908). *Socialism: utopian and scientific*(원저 1880). Translated by E. Aveling, Chicago: Charles H. Kerr & Company.

Foucault, Michel(2015). *Les hétérotopies*, 이상길 역. 『헤테로토피아』. 서울: 문학과지성사.

Halpin, D.(2001). Utopianism and education: the legacy of Thomas More. *British Journal of Educational Studies*, 49(3), 299-315.

Harrison, J. F. C.(1969). *Quest for the new moral world: Robert Owen and the Owenites in Britain and America*. New York: Charles Scribner's Sons.

Hijikata, Naobumi(2005). Utopianism and utilitarianism in Robert Owen's schema, in Tsuzuki, Chushichi(ed.)(2005). *The emergence of global citizenship: utopian ideas, co-operative movements and the third sector*. Tokyo: Robert Owen Association of Japan.

Lewis, T.(2006). Utopia and Education in Critical Theory. *Policy Futures in Education*, 4(1), 6-17.

Logan, G. M., Adams, R. M.(eds.)(2002). *Thomas More-Utopia*. Cambridge: Cambridge University Press.

Manuel, F. E., Manuel, F. P.(1982). *Utopian thought in the Western world*. Cambridge: Harvard University Press.

O'Hagan, F. J.(2011). Robert Owen and education, in Thompson, N., Williams, C.(eds.). *Robert Owen and his legacy*. Cardiff: University of Wales.

Olson, T.(1982). *Millennialism, utopianism and progress*. Buffalo: University of Toronto Press.

Owen, R.(1970). *The book of the new moral world*(1842). New York: Augustus M. Kelley Publishers.

Owen, R.(1991). *A new view of society*(1816). New York: Penguin Classics.

Pohl, N.(2010). Utopianism after More: the Renaissance and Enlightenment, in Claeys, G.(ed.). *Cambridge companion to Utopian literature*. Cambridge: Cambridge University Press.

Powell, G.(2011). Robert Owen and 'the greatest discovery ever made by man', in Thompson, N., Williams, C.(eds.). *Robert Owen and his legacy*. Cardiff: University of Wales.

Simon, B.(1974). *The two nations & the educational structure 1780-1870*. London: Lawrence & Wishart, 1974.

Simon, Brian(1972). *The radical tradition in education in Britain*. London: Lawrence & Wishart.

Taylor, K.(1982). *The political ideas of the Utopian socialists*. New York: Routledge.

Thompson, N., Williams, C.(eds.)(2011). *Robert Owen and his legacy*. Cardiff: University of Wales.

Tsuzuki, Chushichi(ed.)(1992). *Robert Owen and the world of co-operation*. Tokyo: Robert Owen Association of Japan.

Tsuzuki, Chushichi(ed.)(2005). *The emergence of global citizenship: utopian ideas, co-operative movements and the third sector*. Tokyo: Robert Owen Association of Japan.

Vieira, F.(2010). The concept of utopia, in Claeys, G.(ed.). *Cambridge companion to Utopian literature*. Cambridge: Cambridge University Press.

Webb, R. K.(1955). *The British working class reader 1790-1848*. New York: Augustus M. Kelley Publishers.

Wootton, D.(1999) *Edited Translation of Thomas More's Utopia*. Indianapolis: Hackett Publishing Company).

Yeo, S.(2011). Afterword: looking forward: cooperative politics or can Owen still help?, in Thompson, N., Williams, C.(eds.). *Robert Owen and his legacy*. Cardiff: University of Wales.

미래교육 담론: 축복인가? 재앙인가?

심성보

I. 기로에 선 한국 교육

최근 우리 사회에서 4차 산업혁명은 가장 뜨거운 화두가 된 듯하다. 수십 년간 지속되었던 고도 경제성장이 2000년대 이후 크게 둔화되고, 경제성장 동력을 어디서 찾아야 할지 막막한 상황에서 4차 산업혁명은 한국 경제에 새로운 출구를 열어 주는 듯하다. 4차 산업혁명은 과연 사람들이 바라는 대로 우리에게 긍정적 미래를 열어 줄 기회가 될 것인가? 4차 산업혁명은 많은 사람들이 기대하듯 우리에게 낙관적 미래만을 안겨 줄 것인가?

이러한 의문을 갖던 중 필자는 최근 남미 여행을 하면서 우리 사회가 나가야 할 방향을 다시금 깊이 생각해 보았다. 페루의 공중도시 마추픽추[1]는 잉카문명을 건설한 위대한 문화를 가진 민족이었지만, 그들의 영성적 고대 문명은 오랫동안 스페인의 기술 문명에 지배를 받아야 했다. 그리하여 원주민들의 토착 문화는 300년이 넘는 지배를 받아 지금에는

---

1. 마추픽추(Machu Piccu, 늙은 봉우리란 뜻)는 페루에서 잉카문명의 흔적이 가장 완벽하게 남아 있는 세계적인 유적이다. 2,300미터의 산 정상에, 험준한 계곡과 가파른 절벽에 기대어 숨어 있는 신비의 공중 도시이다. 과거 잉카의 고도였던 이곳은 발견될 때까지 잉카제국의 신비를 간직한 채 깊고 깊은 계곡에 감춰져 있었다. 공중에서만 볼 수 있어 우주적 차원의 문명 작품이라고까지 불리는 이곳은 잉카인들이 남긴 가장 위대한 문화유산이다.

일부 유적만 남아 있을 뿐 거의 멸종된 상태이다. 재레드 다이아몬드 교수의 『총, 균, 쇠』[2]라는 책은 기술의 열악함이 국가와 인종의 소멸을 증명해 보이고 있다. 지금 남미가 스페인으로부터 독립은 되었지만 여전히 주류 세력은 백인이다. 독립은 되었지만 국민 모두가 스페인어를 사용하고 있는 것만 보아도 정신적 문화적 독립은 애당초 불가능한 일이다. 인구수에서도 원주민은 거의 소수가 되어 버렸다.

나는 이런 사실들을 겨우 흔적만 남아 있는 남미의 문화유적들을 살펴보면서, 우리가 36년의 일제 지배에 그쳐서 망정이지 남미처럼 오랜 지배를 받았다면 어떻게 되었을지 상상만 해도 끔찍하다. 중남미 여행을 하면서 필자는 약소국이 강대국의 지배를 받지 않으려면 기술의 힘을 길러야 한다는 생각을 뼛속 깊이 하였다. 과학기술은 생산력 발전에 결정적 기능을 하기 때문이다. 특히 4차 산업혁명의 시대가 도래하면 국력의 개념이 바뀔 것이다. 전통적 방식의 국력 측정은 더 이상 유효하지 않을 것이다. 힘을 측정하는 전통적 방식에서 국력은 군사력, 경제력, 인구를 합한 것을 의미한다. 이러한 국력이 더 이상 유효하지 않음은 1980년대 소련의 갑작스러운 몰락, 2000년대 자스민 혁명으로 인한 아랍의 봄에서 증명되고 있다.

그런데 다중지능을 제창한 가드너는 과학기술이 희망이고 축복인 동시에 재앙이고 저주이기도 하다고 하였다.Gardner, 2016: 62-85 유전공학, 인공지능, 그리고 나노기술을 이용해 천국을 건설할 수도 있지만, 지옥도 만들 수도 있다. 인류가 끊임없이 물질문명을 발전시켜 왔지만, 지구와 자연환경에 끼친 부정적 영향은 엄청날 것이다. 이를 두고 하라리 교수

---

2. 총(무기), 균(병균), 쇠(금속)는 어떻게 문명의 불평등을 낳았는가? 총·균·쇠는 인간을 죽이는 가장 큰 요인이자 역사를 변화시키는 결정적인 요인이기도 했다. 살아남는 자가 강자가 되는 것이고 강자는 환경에 의해 만들어진다. 이런 사회에서 진보적인 기술이 발달되는 시기는 충격적인 사건이 발생하고 난 뒤에 모든 발전이 이루어진다.

는 『사피엔스』에서 현명한 선택을 할지의 여부는 우리 모두의 손에 달려 있다고 역설하였다.Harari, 2015: 11 인간이 현명한 선택을 한다면 그 혜택은 무한할 수 있지만, 어리석은 선택을 한다면 인류의 멸종이라는 엄청난 비용을 치를 수도 있다. 유태인 대량학살처럼 인간이 개발한 기술로 다른 인종들을 무차별 학살한 제노사이드, 소련 우크라이나의 체르노빌 원자력 발전소1986에서 발생한 폭발 및 강진과 지진 해일로 인한 일본의 후쿠시마 원자력 발전소2011 방사능 누출 사태를 경험하였다.

4차 산업혁명은 미래에 일어날 혁명이라기보다는 현재 이미 일어나고 있는 혁명이다.[3] 4차 산업혁명 시대는 우리 가까이에 와 있다. 단지 고르게 퍼져 있지 않을 뿐이다. 문제는 사회적 자본이 취약한 우리 사회에 4차 산업혁명의 물결이 밀려오고 있다는 데 있다. 동시에 학교교육의 근본적 전환을 위해 미래교육에 대한 낙관론과 비관론도 활발하게 전개되고 있다. 이에 대해 적절히 대처하지 않으면 시대의 낙오자가 되고 말 것이다. 아울러 균형 잡힌 시각도 요구된다. 이러한 복잡한 상황 속에서 최근 구글의 알파고가 인간 바둑 왕 이세돌을 이기는 성과를 내면서 인공지능[4]과 4차 산업혁명 그리고 미래교육 담론에 대한 관심이 커졌다. 이러한 폭발적 관심은 우리의 학교교육에 대한 근본적 전환을 요구하고 있다.

---

3. '혁명'이란 원래 인간이 원하는 방향으로 역사를 변혁하겠다는 인간의 주체적 의식을 실현하는 사건이다. 인간은 혁명을 통해 과거의 역사를 자신이 원하는 새로운 단계로 이끌었다. 그 단계 가운데 첫 번째 등장한 것이 '근대'였고, 이때부터 인간은 스스로를 역사의 주인으로 선언하기 시작했다.
4. '인공지능'은 인간의 지능(계산, 기억, 학습, 판단, 추론, 창의, 감성 등)을 모방하는 것이다. 인공지능(자연지능+보조지능)의 미래는 인공지능+뇌+인체+로봇+사물인터넷의 결합으로 나타날 것이다. Ray Kurzweil은 2045년이 기계가 인간을 능가하는 시점이라고 주장한다.

Ⅱ. 4차 산업혁명의 빛과 그림자

오늘날 사회는 인간 역사에서 전례 없는 시대에 들어섰다. 세계는 지금 급진적이고 근본적인 변화를 요구하는 중대한 갈림길에 서 있다. 역사 속의 혁명은 신기술과 새로운 세계관이 경제체제와 사회구조를 완전히 변화시킬 때 발생했다. 우리는 지금 인류가 경험하지 못했던 속도의 총체적 사회 변화를 마주하고 있다. 우리 종의 역사는 인지혁명(우리가 똑똑해진 시기), 농업혁명(자연을 길들여 우리가 원하는 일을 하게 만든 시기), 과학혁명(우리가 위험할 정도의 힘을 갖게 된 시기)을 거쳐 왔다.Harari, 2015 과학혁명은 약 5백 년 전에 일어났다. 기술혁명은 차례로 250년 전의 산업혁명, 약 50년 전의 정보혁명을 유발했다. 근대화를 이끈 산업혁명은 정보혁명을 거쳐 이제 지식혁명의 시대에 진입하였다. 후자가 일으킨 생명공학 혁명은 아직도 진행 중이다. 근대 과학기술은 인류를 빈곤으로부터 해방하여 경제적 번영을 가져다준 가장 중요한 요인으로 꼽히고 있다.

1776~1840년경에 걸쳐 발생한 1차 산업혁명은 철도 건설과 증기기관차의 발명을 바탕으로 기계에 의한 생산을 이끌었다. 19세기 말에서 20세기 초까지 이루어진 2차 산업혁명은 전기와 생산 조립 라인과 컨베이어 벨트의 출현으로 대량생산을 가능하게 했다. 자동이동 기술과 대중매체 기술을 기초로 한 20세기 초반의 2차 산업혁명은 대량생산과 대량소비를 가능케 하여 대중사회를 출현시켰다. 1960년대 이후 반도체 기술발달에 기초한 3차 산업혁명은 생산 라인의 자동화로 인한 단순노동력 감소로 제조업 인구의 정체 현상을 가져왔으며, 반면 인터넷의 발달(1990년대)은 정보사회를 가능케 하였다. 우리는 이를 '컴퓨터 혁명' 혹은 '디지털 혁명'이라고도 말한다. 정보와 디지털 기술 중심 생산 및 유

통방식 확대와 그로 인한 생산관계의 변화, 온오프라인을 통한 초연결 사회 도래, 정보 집중으로 인한 새로운 형태 권력 등장 가능성, 공유지식 확산으로 기존의 지식 독점에 기초한 전문가와 비전문가 간 장벽 해소, 평생직장 개념 폐기와 평생교육, 평균수명 연장 등이 예견된다. 스마트기술, 인공지능, 기계학습, 사물의 인터넷, 생명기술의 발전, 나노기술 교육은 사회 및 교육의 엄청난 변화를 예고하고 있다. 이러한 사회변동에 가장 큰 영향을 미치는 결정적 요인은 기술의 발달이며, 이것은 산업구조와 일상생활에 큰 변화를 촉발시켰다. 사람들은 인터넷으로 자신의 초상화를 직접 만들 수도 있고 마음대로 바꾸기도 하는 시대를 맞이하고 있다. 쓰나미처럼 밀려오는 4차 산업혁명의 물결은 사회 전 분야로 급격히 퍼져 나가고 있다. 4차 산업혁명은 3차 산업혁명을 기반으로한 디지털과 정보기술이 바이오산업 및 물리학 영역과 융·복합함으로써 실제 초연결, 빅데이터, 초인공지능에 의해 경계를 허무는 산업혁명이라고 할 수 있다. 4차 산업혁명 시대에는 인공지능을 장착한 로봇이 우리 일상 속에 들어와 함께 생활하게 된다. 이렇게 신기술은 경제성장의 중심에 있는 지능과 지식뿐만 아니라, 인간의 활동과 사회 전반의 핵심을 변화시키고 있다. 이 혁명은 사물인터넷IoT,[5] 빅데이터, 모바일 인공지능, 3D 프린팅 등 첨단정보기술의 경제와 사회 전반이 융합되면서 경제구조가 급격하게 변화하는 인공지능에 기초한 산업구조의 변화를 예고한다.

미래학자 리프킨Jeremy Rifkin이 『노동의 종말』1996에서 예측하듯, 정보화와 디지털화로 인해 수많은 사람들이 일자리를 잃게 될 것이라고 한다. 물론 낙관적 전망도 있다. 4차 산업혁명이 한편으로는 기존의 일자리에 대한 파괴적 기술혁신으로 진행된다 해도, 다른 한편으로는 새로운 일자리를 창출할 것이라는 예측이다. 1971년 '세계경제포럼'을 창립한 슈밥Klaus Schwab 회장은 2016년 1월 스위스의 다보스 포럼에서 4차 산업혁명으로 인한 새로운 미래상을 선언하였다. 그는 4차 산업혁명이 분열적이고 비인간화되기보다는 인간에게 힘을 불어넣어 줄 것이라는 희망을 피력하였다. 그는 4차 산업혁명을 정보사회의 연장으로 보면서, 1970년대의 자동화를 넘어서 인간이 담당하던 전문직의 상당 부분을 로봇이 담당하게 되어 지금과는 구분되는 산업구조가 도래할 것이라고 예고하였다.

사이버 공간이 물리적 공간과 연계되고 그 과정에서 인공지능의 역할이 많아진다면, 4차 산업혁명이 도래한다면, 과연 인간의 삶은 무엇에 집중해야 하는가? 인공지능이 대체할 직업의 영역이 많아진다면, 결국 인간은 인간만이 할 수 있는 직업이나 삶의 영역에 집중할 수밖에 없다. 앞으로 산업은 반복적이고 노동집약적인 기계에 맡기고 인간은 인간을 위한 직업과 활동을 하며 살 수밖에 없을 것이다. 미래의 지능정보사회에서의 산업은 단순 노동에 가까운 영역일수록 기계가 도맡을 가능성이 높아지므로, 인문과 예술 활동을 중심으로 인간의 삶과 산업의 형태가 변화될 것임은 상당히 개연성이 높은 예측이다. 만약 사람들이 유전공학을 통해 자녀를 계획하거나 어떤 사람의 타고난 자질을 바꾸려고 한다면, 또는 인간복제가 가능하거나 실현된다면, 인간이 된다는 것의

---

5. 4차 산업혁명을 주도하는 기술은 20세기 후반부터 출현한 정보화기술, 즉 IT임이 분명하다. 그런데 중요한 것은 IT가 인간과 인간 사이의 소통을 위해 발전한 정보통신기술, 곧 ICT의 단계를 이미 넘어섰다는 사실이다. IT는 이제 인간을 포함한 모든 사물에 스며들어 만물의 소통과 조작을 실현시키는 사물인터넷, 곧 IoT로 발전하고 있고, 나아가 IoT라고 부르는 '만물인터넷(Internet of Everything)' 단계에까지 진입하고 있다. 만물인터넷은 인적요소, 기계, 설비, 물류 및 제품이 직접 정보를 교환하고 협력하는 지능형 디지털 네트워크 시스템을 말한다. 만물인터넷은 인간, 기계, 사물 등 모든 것이 인터넷으로 연결되고, 이 모든 것으로부터 무한한 양의 데이터가 광속으로 처리된다는 것, 곧 '빅데이터'에 사실상의 진리가 있다는 아이디어에서 출발한다. 이런 발전은 무엇보다 경제 전반에 영향을 미친다. 이렇게 경제 전반이 컴퓨터에 의해 지능화되면, 디지털 기술이 밟아 온 거듭제곱의 발전 속도가 경제 영역에서도 실현되어 인간 사회는 그토록 염원하던 경제적 풍요를 이룰 수 있다는 것이다.

의미는 무엇이며, 인류 사회의 일원이 된다는 것은 어떤 의미인가? 인간에 의해 제작되고 조종받던 지능로봇이 정교화를 거듭하면 마침내 스스로 로봇을 제작하고 스스로 조작하고 조종할 가능성도 없지 않다. 과학기술 앞에 인간은 여타의 사물과 다름없이 하나의 개발 자원에 불과하게 될 것이다. 그 결과 급진하는 과학기술의 산물이 되어, 더 이상 인간이 아닌 한갓 물체로 격하될 위험에 노출되기 쉬울 것이다. 그 결과 자본주의와 제국주의의 성장, 글로벌화, 에너지 생산과 소비의 확대, 환경 파괴를 불러올 것이다.

유럽연합집행위원회가 출간한 2015년 12월 EC 보고서는 미래 사회의 변화를 예측하고 대비한 메가트렌드를 세 가지로 정리하였다. 그 한 가지는 세계는 연결되고 경제적으로 서로 경쟁하게 되며 학습과 발견 등의 방식이 바뀐다는 것이고, 또 한 가지는 인구 변화로 이주, 고령화 등의 상황뿐 아니라 교육 등 여러 분야에서 사람들이 할 수 있는 것이 변하게 되며, 마지막으로 기술 변화 속도가 더욱 빨라져 경제뿐 아니라 교육과 과학 분야에서 일하는 방식까지 변할 것이라고 하였다.박영숙·제롬 그렌, 2016 2016년 스위스 다보스에서 열린 세계경제포럼에서 Klaus Schwab 회장은 "4차 산업혁명은 모든 것이 연결되고 보다 지능적인 사회로의 진화를 의미한다"고 정의하였다. 특히 포럼을 통해 발표된 '일자리의 미래 보고서'는 올해 초등학교에 입학하는 학생의 65%는 지금의 사회에서는 존재하지도 않는 직업을 가지게 될 것이라고 보았다. 슈밥은 인공지능이 우리가 '하는 일'을 바꾸는 것이 아니라 '인류 자체'를 바꿀 것이라고, 우리의 행동양식뿐 아니라 정체성까지 변화시킬 것이라고 전망하였다. 이는 결국 '우리는 누구인가' 하는 인간 존재의 본질에 대한 의문으로 연결될 것으로 보인다.정재걸, 2019: 431

유전공학과 인공지능 등의 기술혁신으로 새로운 진화 과정을 겪고 있는 인류를 '포스트휴먼post-human', '포스트차일드post-child'라고 부르기도 한다.Murris, 2016 이를 '포스트휴먼 전회post-human turn'라 부르기도 하고, '포스트휴먼 교육학post-human pedagogy'의 출현을 예고하기도 한다.Tylor & Huges, 2016 반면 '트랜스휴먼trans-human'의 출현을 예고하며 환영하는 미래학은 과학성을 표방하며 물리적 시간에 근거하여 미래의 존재방식을 이해한다. 또 기술의 발전이 지수함수적으로 발전하는 속도를 물리적 단위로 측정하여 2050년 이후에는 죽음이 없는 영생의 존재자 '인간 이후post-human'의 존재가 탄생하는 미래가 펼쳐질 것이라고 주장한다. 'post-humanism'이라는 이름을 갖게 된 것은 20세기 철학, 특히 현상학이나 실존철학 등이 과학기술과 실증주의에 맞서 제기한 비판적 논점을 계승하면서 근대의 휴머니즘을 해체 극복한다는 의미를 담고 있다. 동시에 현상학이나 실존주의에 여전히 잔존하고 있는 근대 인본주의적 주체성 철학을 구조주의나 후기구조주의 기호학을 통해 해체하는 과정에서 그 내용적 발전을 이루었다.

반면 'trans-humanism'은 과학기술에 근거하여 사상적으로 근대 계몽주의적 이념, 곧 인간의 주체성과 자유를 향한 진보라는 근대의 철학이 첨단 과학기술의 급속한 발전과 결합하여 기형적으로 극단화된 결과로서 '인간 이후'의 존재자의 출현을 예견하고 있다. 'trans-humanism'은 과학기술의 발전을 통해 인간 개조 과정이 급속도로 진행되면 상상을 초월할 정도로 현재 인간의 성능을 능가하는 '인간 이후post-human'의 존재가 출현할 것이라고 예견한다. 물론 두 사이에는 어떤 말단의 차원에서, 특히 인간의 주체적 자기 형성을 거부하고 인간을 제작될 수 있는 존재자로 간주한다는 점에서, 서로 표피적 유사성을 공유하는 것처럼 보일 수 있지만, 둘 사이에는 더 결정적인 차이가 있다. 'trans-humanism'에서는 인간이 과학기술(나노, 바이오, 정보기술, 인지과학)을 통해 인공적으로 제작될 수 있는, 인공적 이성으로 구성된 물질적 존재로 간주하는 반면, 'post-humanism'은 인간이 궁극적으로 차이의 놀이로 발생하는 언어를 기반으로 한 다양한 사회문화적 구조의 구성물로 파악한다는 점이다.이종관, 2017: 33-34[6]

세계경제포럼은 '4차 산업혁명'이라는 신조어를 선포하며, 2015년 및 2020년의 새로운 인재상의 변화를 보여 주었다. 이 보고서는 4차 산업혁명 시대의 인재가 갖춰야 할 인재상을 순위별로 보면 복합문제 해결 능력, 비판적 사고 능력, 창의력, 인적자원 관리 능력, 판단 및 의사결정 능력, 서비스 지향성, 협상 능력, 인지적 유연성 순이다. 복합문제 해결 능력은 3차 산업혁명 시대와 4차 산업혁명 시대에 모두 부동의 1위 자리를 고수하고 있다. 여기에서 특기할 점은 3차 산업혁명에 요구되던 품질 관리 능력과 적극적 경청 능력이 순위에서 사라지고, 감성 능력과 인지적 유연성이 4차 산업혁명 시대의 인재가 갖춰야 할 역량에 새롭게 포함되었다는 점을 지적하고 있다.

4차 산업혁명은 무크와 같은 플랫폼 기반 온라인 학습이 요구되고 과거와는 매우 다른 방향으로 미래 환경을 재편하기 때문에 학교의 근대적 기능은 미래 사회에서 더 이상 유효하지 않을 것이다. 왜냐하면 공통성, 획일성, 강제성, 국지성이라는 학교교육의 근대적 특성은 개별성, 다양성, 자율성, 편재성을 특징으로 하는 플랫폼 기반 온라인 학습의 특징과는 양립 불가능한 대립적인 관계를 맺고 있기 때문이다. 그래서 미래의 4차 산업혁명 시대에는 근대적 특성을 지닌 학교교육과는 다른 새로운 패러다임의 교육 상황이 전개될 것이다. 근대 이후 과학기술 발전의

---

6. 'post-humanism' 관점에서는 'trans-humanism' 주장이 근본적으로 사태를 잘못 파악하고 있다고 본다. 왜냐하면 미래는 죽음 운명의 존재자, 즉 인간에게만 존재한다는 사실에 대한 무지를 보이고 있기 때문이다. 결국 죽음 운명의 존재자가 존재하지 않는 곳에 미래는 없다는 입장이다.

역사는 위대한 성취의 역사였다. 과학기술이 인류에게 전 지구적 범위의 문명과 경제적 번영을 선사했으며, 오늘날 인간 실존의 가장 중요한 조건이 되었음은 부인할 수 없다.

그러나 최근 우리는 과학기술의 성취를 비판적으로 볼 수밖에 없도록 하는 거대한 사건을 경험했다. 그것은 일본의 후쿠시마 원전 사태이다. 인류의 번영을 가능하게 한 과학기술이 인간은 물론 생명 자체를 존폐의 위기로 몰고 갈 수도 있음을 깊게 반성토록 했던 것이다. 기술공학적 근대화론에 대한 우려는 이미 비판적 사회과학자들(A. Giddens, U. Beck 등)에 의해 제기된 바 있다.

첫째, 기술결정론적 사고는 기술을 중심으로 하는 생산력과 생산관계 간의 변증법적 작용 등 생산관계나 계급관계를 등한시하고 있다. 둘째, 신화로서의 테크노피아 관점으로 본 정보사회론은 기술의 발달이 가져왔거나 가져오게 될 긍정적인 일면, 즉 인간의 해방을 담은 장밋빛 무지개에만 주목함으로써 자본주의와 과학기술의 밀접한 관계로 인한 노동해방의 문제를 거론하지 않는다.황갑진, 2018: 274 셋째, 기술 개발과 채택은 비효율과 불편, 제약을 없애 개인과 사회에 대한 편익을 가져올 것이라는 믿음과 기대 속에서 이뤄지지만, 반드시 그런 것은 아니다. 스티븐 호킹, 빌 게이츠 등은 사람보다 똑똑한 인공지능이 등장하면 인류의 생존이 위협당할 것이기 때문에 위험한 인공지능 개발을 중단해야 한다고 경고하고 있다. 넷째, 미래 사회는 앞으로 이러이러한 사회이기 때문에 교육은 가정된 미래 사회를 대비하기 위하여 그에 적합한 인재를 양성해야 한다는 주장은 교육의 역할을 제한적으로—상수가 아닌 변수로—파악하는 것이다. 이 주장은 교육이 과학기술의 종속 변인이 되어 과학기술의 발전을 사회 발전의 중심에 두고서 그 역할을 미래 사회에 적응하는 데 두고 있는 것이다. 이런 입장은 주로 시장자본주의를 배척하고 사회민주주의를 받아들이는 집단이다.

기술공학적 근대화론은 마치 1860년대 개항기와 개화기에 서구적 근대화를 추진해야 한다는 급진개화파의 주장과 흡사하다.[7] 이런 주장은 삼일천하로 끝났지만 이후 다시 정권을 잡은 온건개화파의 정책으로 이어져 주체적 동력을 고려하지 않은 동도서기론東道西器論과 상통한다.[8] 물론 토착적 근대화를 주장했던 동학사상은 봉건적 신분제도의 철폐 등 시대정신에 조응하는 평등사상을 제창하였지만, 기술적 근대화를 경시함으로써 시대의 문명적 변화를 이끌어 내지 못했다. 이러한 근대화를 이끈 세력들이 하나의 일치된 힘을 발휘하지 못하면서 결국 일제의 식민지로 전락하고 말았다. 100여 년 넘어선 지금도 과도한 급진개화파의 주장을 펴는 것은 마찬가지의 시행착오를 범할 수 있다. 그간 우리나라는 경제성장의 동력이라는 과학기술의 도구적 가치에만 집착하여 과학기술의 급속한 발전을 지상 목표로 하는 정책으로 일관하여 왔다. 그런 가운데 경제성장의 동력이라는 도구적 측면 이외의 가치는 과학기술에서 소외되거나 심지어 배척되는 상황까지 벌어지고 있다. 물론 과학기술

---

7. 당시 조선사회는 안으로 통치 이데올로기인 주자학에 대한 내재적 비판으로 실학사상이 대두되었고, 봉건관리의 가렴주구에 반대하는 농민반란이 격화되고 있었으며, 천주교 및 서양 근대 지식·과학기술을 일체로 인식한 서학의 전래로 인해 봉건적 사회체제가 동요하고 있었다. 또 밖으로는 구미 선진제국의 무력침략이라는 위협에 직면하였다.

8. 우리나라 근대화 운동은 전통에 매달리는 '척사파'와 서구적 근대에 입각한 '개화파'가 대립하고 있었고, 그리고 '서구적 근대'와 전혀 다른 '토착적 근대'를 사유하고 실천한 '개벽파'가 존재하였다(이병한, 2018). 동아시아의 근대는 영성 중심의 '개벽의 근대'(1860년대의 동학)와 이성 중심의 '개화의 근대'(일본의 근대화를 추종한 개화파)가 대결하고 있었다. '개벽의 근대'는 동아시아의 전통적인 도덕문명을 민중으로 이루려 했다는 점에서 '개화의 근대'와 다르다. 서구적 근대가 위기에 처한 오늘날 다시금 되살려야 하는 사상적 전통을 복원하고자 하는 운동이 일어나고 있다. 지구적 근대의 위기를 생태와 종교 등 초월적 세계와의 연결망 회복에서 찾고 있다. 경제적 이성(산업화)과 정치적 이성(민주화) 이후, 탈세속화 시대의 정치적 영성화를 주창하는 사람들이 있다. 개화좌파(진보), 개화우파(보수)와는 다른, 만인의 성인(聖人) 되기를 추구하는 개벽파가 오늘날 시대정신에 부합한다고 주장한다(조성환, 2018). 또 다른 한편으로 미약하지만 동학사상과 개화사상이 결합하여 이념적으로도 정책적으로도 근대 교육의 추진에 커다란 역할을 담당할 수 있었다.

후진국이었던 한국이 오로지 과학기술 발전을 하나의 정책적 목표로 추진함으로써 속도와 효율 면에서 빠르게 선진국을 추격할 수 있었던 것도 사실이다. 그러나 최근 벌어진 사태들은 경제성장 일변도로 추진된 기존의 과학기술 발전 정책에 대하여 지속가능성을 묻지 않을 수 없게 하고 있다. 이러한 상황은 과학기술의 정체성, 역할, 의미를 재정립할 것을 요구한다. 과학기술은 이제 더 이상 독자적으로 발전할 수 있는 중립 지대가 아니라, 정치·사회문화 및 자연과의 관계에서 자신의 정체성과 역할을 찾아야 한다.

사실 앞으로 4차 산업혁명은 생산성의 급격한 향상과 효율성에 따른 비용 절감에 현혹된 나머지 인간을 필요로 하지 않는 방향으로 발전할 것이다. 기술 발전과 인간의 일자리가 반비례 관계를 이루는 '기술적 실업technological unemployment'이 불가피하게 찾아올 것이며, 일자리를 잃은 사람들은 삶을 유지하는 데 필요한 비용을 감당하지 못할 수도 있다.이종관, 2007: 425-426 기술적 실업은 더 많은 사람들이 고용 외부에서 삶의 의미와 가치를 발견해야 한다는 것을 뜻한다. 따라서 4차 산업혁명은 인간이 인간으로서의 품격과 성취감을 누리고 존중을 받을 수 있는 새로운 사회질서를 만드는 데 기여해야 한다. 기술적 혁신에 머무르지 않고 기존의 경제적 가치 중심의 사회로부터 사회적 가치를 인정하고 보상하는 사회로 이행하는 사회적 혁신을 수반해야 한다. 이러한 사회적 혁신은 고용되지 않은 상태의 인간도 사회적 성취감과 그에 따른 탈(실)존적 인간으로서의 자존감을 유지하며, 한 사회의 구성원으로서 품격을 유지하는 데 필요한 비용을 조달받을 수 있는 방향으로 나아가야 한다.[9]

Ⅲ. 아이들의 삶과 미래교육의 전망

아이가 앞으로 학교를 계속 다녀야 한다는 미래의 상황에 정향하여 그 미래를 현 상황에 개입시키지 않는다면, 그 아이에게 지나간 과거의 사실들은 그의 존재가 실현되고 있는 현재의 상황에 기억의 형태로 스며들며 그 아이의 현재 상황을 구성하지 못할 것이다. 아이들은 좋고 나빴던 기억들을 학교에서 경험한다. 이러한 기억들은 지금을 형성하지만, 이것은 단지 그 아이가 자신의 미래에 정향되어 있다. 인간은 이렇게 항상 늘 미래에 정향되어 있기 때문에 현재에서 과거를 만난다. 통념적으로 '미래'는 '아직 오지 않은 시점'이다.[10] 현대 문명 속의 시간은 원자처럼 낱낱이 흩어져 버린 시간이라고 할 수 있다. 현대 문명 속에 삶이 원자화되고 무의미하게 되는 것은 인간의 욕망 때문이다. 시간을 극도로 무상하게 하는 것이 욕망이기 때문이다. 욕망으로 인해 정신은 가만히 있지 않고 마구 내달린다. 이러한 시간의 진행은 어디론가를 향한 전진이 아니라, 단순히 끝없는 현재의 사라짐일 뿐이다. 이렇게 미래에 아무런 희망이 없는, 그래서 선으로 이어지지 못하는 시간은 '점点시간'이나 '반反시간'이라고 할 수 있다.한병철, 2013: 8 시간의 연속성이 사라져 시간이 원자처럼 낱낱의 점으로 변해 버린 반反시간 속에서 사는 인간은 필연적으로 세계와 공동체, 그리고 자연으로부터 분리된다. 반反시간 속의

---

9. 예를 들면 사회적 기여에 대한 평가지수를 온라인상에 도입하는 것도 4차 산업혁명에 가져올 기술적 실업을 극복하는 한 방안이 될 수 있다. 이 평가제도는 인간만이 할 수 있는 전통적 육체노동, 자발적 봉사활동, 선행, 노약자 돌봄 등 사회적으로 가치 있는 기여에 점수를 부여하고, 그 점수에 따라 정부가 경제적인 보상을 지급하는 것이다. IT는 이러한 새로운 사회적 인정 시스템을 구축하는 데 긍정적으로 활용될 수 있다. 개인의 행적이 실시간으로 로그인되는 플랫폼이 블록체인 기술과 결합하면, 누군가의 조작이 거의 불가능한 신뢰도 높은 사회적 평가 시스템을 구축할 수 있을 것이다.

10. 통념적 미래는 직선상의 위치에서 직선의 진행 방향의 앞에 놓인 점으로 표시될 수 있다. 그러나 실제는 현재 실현되었다는 의미에서의 사실이 아니라 아직 실현되지 않은 미래로서의 사실이다.

인간은 작은 육체로 쪼그라들며, 그가 할 수 있는 일이란 그 작은 육체를 건강하게 지키려고 악착같이 애쓰는 것뿐이다. 그래서 오늘의 인간은 그토록 죽기 힘들어하는 것이며, 나이만 먹을 뿐 늙지는 않게 된다. 그러다가 불시에 죽음이 와서 모든 것이 끝나 버리게 된다.

인간이 자신의 존재를 실현시키는 삶을 살아가는 데 가장 중요한 사실은 인간이 미리 앞서서 아직 이루지 않은 어떤 상태를 향해 기획하면서 살아간다는 것이다. 이렇게 인간에게 있어 미리 앞서서 '아직 아닌' 상태를 향한 '기투/던지는 삶'이 존재하지 않는다면, 다시 말해서 인간의 삶이 아직 오지 않은 삶에 정향되어 있지 않다면, 인간은 자신의 고유한 시간성을 잃고 실존하지 못하게 되는 것이다.이종관, 2017: 114 인간은 미래에 대한 기대를 현재에 실현함으로써 살아가는 존재이며, 그런 의미에서 현재에 실존하면서도 그 실존을 끊임없이 벗어나는 '탈존적 존재Ex-sistenz'이다. 하이데거는 현존재(인간)에 대해 '자신을 앞질러' 존재한다고 말한다. 인간은 단순히 생존을 위해 먹이를 구하는 동물의 행동과 다른 차원의 실존적/탈존적 처신을 하며 살아가며, 그것은 자신에게 의미 있는 미래를 성취하는 과정이다.

> 미래는 끊임없이 일어나는 그 무엇이며, 이렇게 지속적으로 '일어난다'는 것은 현재를 변화시키는 미래만이 존재한다는 것을 의미한다. 현재를 변화시킴으로써 우리는 미래를 건설할 수 있고, 따라서 역사는 결정주의가 아니라 가능성이다.
>
> Paulo Freire 『도시의 교육학』1984

근본적으로 역사가 나에게 무엇을 의미하는지를 묻지 않고, 우리가 계발해야 할 교육이나 어떤 종류의 교육을 간단하게 생각한다는 것은 어렵다.

인간과 대등한 기계가 출현하면 인간의 위상이 변화할 것이다. 이렇게 되면 인본주의가 변화하고 인간의 지능도 변화할 것이며, 일자리도 감소하고 변화할 것이다. 기존의 인재상은 회사의 조직 목표를 달성해 주는 사람을 원하였다. 하지만 미래의 인재상에서 지식이란 인공지능이 제공하고 인간은 활용하면 되며, 인간 사이의 협동심과 기계와의 협동이 필요하며, 기계와 차별화된 창의력이 필요하다.이광형, 2018 미래교육에서는 지식 암기가 불필요하고 지식의 원리를 이해해야 한다. 인터넷 지식을 활용하는 능력을 함양해야 한다. 미래교육의 협동심은 팀 협동으로 융합 과제를 수행해야 한다. 실제로 만들어 보는 메이커 교육(코딩)이 중요하다. 기계를 활용하고 협동하는 능력을 배양해야 한다. 미래교육은 질문을 통하여 문제를 해결하는 '질문하는 인간homo-questioner'을 양성해야 한다. 따라서 질문을 칭찬해야 한다. 시험문제를 만드는 시험을 쳐야 한다. 스스로 문제를 발굴하고 해결하는 능력을 배양해야 한다. 그래야 창의성이 자란다. 미래교육의 목적은 지식 암기가 아니라 스스로 창의적으로 생각하는 능력을 개발하는 데 있다. 이렇게 보면 매주 일요일 저녁에 지식 암기 능력을 테스트하는 고등학생들의 'KBS 도전 골든벨'은 미래교육과 역행한다.

'미래교육futures education'에 대한 전망은 다양하게 벌어지고 있기에 하나로 정리하기가 쉽지 않다. 대체로 우리 사회 일각에서는 IT 첨단 기기 활용 위주의 '기술 중심적 미래교육', 일반적으로 알파고로 상징되는 인공지능과 4차 산업혁명이 가져올 새로운 미래, 지금까지와는 전혀 다른 직업세계에 대비할 수 있는 미래 역량을 길러 주는 교육으로 정의된다. 인공지능과 관련된 미래 사회의 예측에 대한 논의는 학교교육부터 평생교육에 이르기까지 미래교육이 지향해야 할 바에 대한 논의를 촉발시키고 있다. 교육 영역에서 4차 산업혁명에 대한 연구는 이것이 불러올 고용구조의 변화에 따른 교육과정과 체제에 대한 연구가 대부분이다. 그 대표적인 것이 핵심역량에 대한 논의이다. 20세기 말부터 DeSeCo 프로젝트, 세계교육포럼 등 세계의 주요 교육연구기관들은 저마다 미래 사회에 필요한 핵심역량에 대한 연구 결과를 보고서나 선언문 형태로 발표하고 있다. 이들은 한결같이 미래 사회를 살아가는 데 필요한 핵심 역량은 인류의 정체성에 대한 고민과 더불어 인류가 자연과 함께 살아 가는 데 필요한 공존 능력을 기르는 것이라고 강조하고 있다. 직업교육 에서도 학생들의 직업기초능력, 학습민첩성, 직업윤리 등의 중요성이 커 지면서 '무엇을 알고 있는지'보다 '무엇을 할 수 있으며, 어떤 성과를 얻 을 수 있는지'를 요구하고 있다. 특히 국가직무능력표준NCS에 기본을 둔 역량 중심 직업교육이 강조되고 있다.

미래의 교육과 관련해서 학자들이 공통적으로 지적하는 것은 '창의교 육'이다. 비판적 사고, 소통, 협동 능력을 갖추고 창의력 있는 인재를 키 우는 것을 목표로 해야 한다. 이러한 창의교육에는 기계가 하지 못한 다 양한 능력의 함양이 포함된다. 창의력의 원천은 집요한 집중력과 몰입, 직관 및 통찰력(추상적인 시공세계의 시각화 능력), 자기주도의 독립 학습 및 자유로운 상상력에서 나온다.임경순, 2018 지성과 머리로 대표되는 과학 Wissenschaft과 직관 및 가슴으로 대표되는 예술Kunst을 결합해야 한다. 물리, 화학, 생물학, 해부학, 보건학, 경제학, 사회학, 공간음향학, 색채학, 조명기술 등 과학 분야, 그리고 철학, 심리학, 연극/영화, 회화 및 조소, 예술사, 문학 등 예술 분야가 만나야 한다. 이런 통합적인 교육과정을 통해 과거에는 존재하지 않았던 다양한 새로운 작업 그룹의 육성을 시 도해야 한다. 다양한 분야 사이의 상호 교류 능력 및 비언어적 사고 능 력이 엔지니어가 지녀야 할 중요한 소양으로 부상하고 있고, 이성과 감성이 결합되고, 분석적인 논리적 사고와 전체를 바라보는 시각적 사고가 결합된 새로운 통합 능력이 중요하게 되었다. 과학기술, 인문학적 상상력, 창의적 예술이 결합하고 있다. 분석적 사고에서 통합적 사고로 나아가야 한다. 1940년 11월 7일 타고마 해협 대교의 붕괴 사고(시속 42마일의 강풍으로 붕괴)는 분석적 사고가 위험하다는 전형을 보여 주고 있다. 한 특정한 분야가 지나치게 자신의 분야만을 중시하여 다른 분야, 예를 들어 항공공학 분야의 지식을 무시하여 생긴 문제이다. 전문화가 진행될수록 대형 안전사고의 가능성이 오히려 늘어나고 있다. 이기주의적 경향과 결합되어 사전 예방에 많은 어려움이 발생한다. 분석적이고 전문적인 프랑스 엔지니어 전통에 커다란 변화가 생기고 있다. 학문 사이의 통합 및 협력 필요성이 대두한 것이다. 다학문 간, 학제 간 초분야적 협력, 분야 사이의 높은 벽을 허무는 작업이 중요하다.

창의적 미래 인재의 조건은 통합적·창의적 사고이다. 창조 과정에서 해결하는 문제는 주어진 문제가 아니라 스스로 발견하는 문제이며, 수많은 반복과 통찰을 통해 창의적 결과물의 수준이 높아진다. 창의성은 다양한 문화가 교차하면서 여러 신앙, 생활방식, 지식 등이 한데 어우러져 사람들이 좀 더 자유롭게 새로운 사고를 수용할 수 있는 곳에서 자주 나타난다. 암기력과 숙달의 활용, 머리와 손의 결합, 기억을 많이 저장하면 할수록, 즉 경험이 풍부하면 할수록 뇌에서 사고 결합이 그만큼 빨리 나타나고 새로운 종합에 의해 창의적인 아이디어가 만들어질 가능성이 높아진다. 실천에 의한 학습learning by doing, 사용에 의한 학습learning by using, 실행에 의한 학습learning by practicing이 중요하다. 소통력 및 집단 창조 능력, 사람들과 빨리 친해지는 능력, 협력 관계를 구축하는 능력, 갈등의 문제를 다루는 능력이 점차 중요하게 되었다. 상호작용에 의한 학습, 몰입과 집중력, 아인슈타인의 사례에서 보듯 집요한 집중력은 창조성의 원천이다. 윤리적인 마음, 개인의 이익을 넘어서 더 큰 목적에 봉사할 수 있는지에 대한 인식, 연구윤리, 생명윤리, 직무책임의 식이 중요하다.

그런데 우리의 기존 창의교육은 창의성에 대한 타자적, 민주적, 사회적, 협력적 접근이 아니라 개인주의적, 자아 중심적이었고 경쟁 중심적이었다. 앞으로 도래할 산업혁명은 사회 구성원 공동의 행복을 증진시키는 방향으로 나아가야 하고, 그러기 위해서는 기술적 창의성만큼이나 사회적 창의성을 촉진하는 운영원리가 중심을 잡아야 한다. 시장 자본이 이끄는 기술적 성장은 급속한 자본 축적을 가능하게 할지는 몰라도, 사회정의, 신뢰, 상호 존중과 같은 사회적 자본을 갖추지 않는 사회에서는 급격한 빈부 격차와 사회적 갈등만을 심화시킬 것이다.^{이종관, 2017: 394} 사회적 자본이 빈약한 곳에서 4차 산업혁명은 이런 갈등 상황에 부딪혀 결국 좌절하게 될지도 모른다. 이런 점에서 4차 산업혁명은 '기술적 창의성'만이 아닌, '사회적 창의성'을 요구하는 과정이기도 하다. 창의성을 사회적 상호작용의 결과로 밝혀내는 새로운 시각들은 창의성을 근본적으로 협력의 산물로 보며, 창의성을 협력적 창의성, 나아가 사회적 창의성으로 재정의하기에 이른다.[11]

사회적 창의성의 배양을 위해서는 인문학적인 상상력과 문화예술적 감수성, 협력적 인성과 시민적 역량을 소홀히 하지 않아야 한다. 세계의 교육정책을 주도한 STEM(과학, 기술, 공학, 수학)에는 인문학이나 사

---

11. 경쟁은 서로 다른 생각들이 경계를 설정하여 대결하는 양상으로 일어나기 때문에 생각을 제한할 위험이 있다. 또 경쟁은 생각을 획일적으로 몰아갈 위험이 있다. 특히 경쟁을 촉발하는 수단으로 많은 곳에서 채택하고 있는 평가와 서열화는 창의성 발휘를 저해하는 주요 요인이다. 경쟁은 필연적으로 평가를 통해 순위를 정한다는 전제에서 출발한 것이고, 이렇게 정해진 순위가 객관성을 갖기 위해서는 다른 것도 같은 것으로 취급하여 동일한 기준과 척도에 의해 평가해야 하기 때문이다. 이러한 이유 때문에 경쟁은 의도적이건 의도적이지 않건 간에 다양성과 독특성을 억압하고 동질적으로 측정할 수 없는 것을 배제하는 결과를 필연적으로 수반한다.

회과학이 포함되어 있지 않기에 과학기술 분야만의 통합교육을 넘어 예술Arts 및 인문교양Liberal Arts을 포괄하는 STEAM 교육으로 개념적 확장을 할 필요가 있다. 기술적이고 비판적인 미래 사회의 공존을 위해서는 전공지식뿐만 아니라, 이와 연결된 다른 분야의 기본적 지식을 겸비한 통섭교육이 필요한 것이다. 특정 분야의 전공 영역도 중요하지만, 다른 분야와 상호 연결이 중요하기에 타 영역에 대한 기본적 지식도 반드시 지니고 있어야 한다. 만약 좋은 교육의 본질을 이루는 여타 과목을 등한시하고 계속 읽기와 수학에만 치중한다면, 학교는 발전할 수 없다. 기본적인 기술 습득 이상의 것을 기대하지 않는 학교는 학생들에게 현대 직업사회에 진출할 준비를 갖춰 줄 수 없다.

4차 산업혁명을 바람직한 미래로 이끌기 위해서는 예컨대 미래와의 대화와 같은 시민의 능동적 참여가 가능한 플랫폼을 구축할 필요가 있다. 4차 산업혁명을 기술자본주의의 비즈니스 수단으로 전락시키지 않고 보다 가치 있는 시민사회를 설계하는 기회로 만들기 위해서는 시민들이 주체적으로 참여하는 플랫폼의 구축이 필수적이다. 특히 사물인터넷 시대에 인간관계, 에너지 문제, 기후변화 및 기계와의 협업 등 변화하는 현실에 대한 정보를 시민들에게 원활하게 제공하고, 또 정부 차원에서 생각할 수 없는 아이디어를 시민들로부터 제공받음으로써 시민과 정부의 협력적 창의성을 활성화할 수 있다. 이런 플랫폼이 활성화된다면 정부 정책의 시민 수용력과 실행 가능성도 높아질 것이다.

슈밥2016: 251-261은 4차 산업혁명 시대에 필요한 지능으로 가드너의 다중지능[12]을 연상하게 하는 네 가지 지능, 즉 상황 맥락적 지능(정신),[13] 정

___

12. 1983년 하워드 가드너 교수가 창안한 이론으로, 인간은 단순하지 않고 다양한 지능, 즉 논리·수학적 지능, 언어 지능, 공간 지각 지능, 신체 운동 지능, 대인 관계 지능, 음악 지능, 자기 성찰 지능, 자연 친화 지능을 타고난다고 주창하였다.
13. 인지한 것을 잘 이해하고 적용하는 능력.

서적 지능(마음),[14] 영감적 지능(영혼),[15] 신체적 지능(몸)[16]을 요청하고 있다. 이에 근거하여 최근 글로벌 교사상을 수상한 교사들[Doucet, 2018]은 4차 산업혁명 시대의 도래를 '교육의 르네상스'로 호칭하면서 교육적이지 않은 경제적 접근을 시도하는 신자유주의 '교육체제의 뒤집기'[Ever, 2018][17]를 통한 새로운 학습 능력으로서 문해력(문자적, 수학적, 과학적, 재정적, 문화적, 시민적 문해력), 역량(비판적 사고, 창의성, 의사소통과 협동), 그리고 인격(끈기, 적응력, 호기심, 주도성, 리더십, 사회적·문화적 각성)을 제시하고 있다.[Doucet, 2018: 59; 4, 140-146]

특히 물리적·사회적 환경의 불평등 해소와 함께 개인의 내적 역량을 동시에 강화하는 결합역량combined capabilities의 계발이 중요하다. 결합역량은 한 사람이 '실제로 무엇을 하는지'를 넘어 '무엇을 할 수 있는' 기회의 집합이라고 할 수 있다. 사람이 지닌 특성의 일부인 결합역량은 성취할 수 있는 기능의 선택 가능한 조합이라고 할 수 있다. 결합역량은 어떤 사람의 고유 역량(내적 역량)을 가리키는 동시에, 그것과 정치적·사회적·경제적 환경의 조합이 만들어 내는 실질적 자유나 기회이기도 하다. '결합역량'은 기능을 선택할 수 있는 정치적·사회적·경제적 상황과 결부된 기량이다.[Nussbaum, 2017: 37][18] 내적 역량을 발휘할 수 있는 '결합역량'은 벌어진 현실에 대한 냉철한 인식과 현실적 제약을 극복하고자 하

---

14. 생각과 감정을 정리하고 결합해 자기 자신 및 타인과 관계를 맺는 능력.
15. 변화를 이끌고 공동의 이익을 꾀하기 위해 개인과 공동의 목적, 신뢰성, 여러 덕목 등을 활용하는 능력.
16. 개인에게 닥칠 변화와 구조적 변화에 필요한 에너지를 얻기 위해 주변의 건강과 행복을 구축하고 유지하는 능력.
17. 정부, 교육청, 교장 등을 중심으로 하향성에 두기보다는 교사를 중심에 두고 이를 도와주는 '거꾸로 수업', 'MOOC', '미네르바 대학' 등 상향적인 교육체제의 뒤집기를 시도하는 네트워크 교사상을 선호한다.
18. 집단의 역량은 개인의 역량과 관련이 있는데, 그것은 결합역량을 갖는 것으로 시작된다. 그것과 결합된 내적 역량(internal capabilities)의 계발은 항상 선호하는 외적 조건을 필요로 하기에 결합역량과 내적 역량을 지나치게 구분하는 것은 바람직하지 않다.

는 개인의 역량 증진이 동시에 요구된다. 물론 제도의 목적 및 본질과 그 활동 사이에 조화를 추구하는 것은 쉬운 일이 아니다. 권리의 제도적 현장이 능력을 개발하기에는 제도 안에서 그리고 밖에서 모두 인간의 번영을 위한 광범위한 개념에 너무 제약적이지만, 이런 제약을 넘어서는 것이 결합역량이다.Walker & Unterhalter, 2007 그리고 '내적 역량'은 훈련되거나 계발된 특성과 능력으로 대부분 정치적·사회적·경제적·가족적 환경과의 상호작용 속에서 길러질 것이다. 따라서 역량의 결과물이거나 구현물로서의 상태와 행위인 '기능functioning'[19]이 아니라, 그것과 결합된 역량을 적절한 정치적 목표로 삼아야 한다. 우리는 누구에게나 강제된 기능이 아니라 선택하고 행동할 실질적 자유를 의미하는 결합역량을 최저 수준 이상으로 발휘하지 않으면 안 된다.Nussbaum, 2017: 39[20]

글로벌 교사상을 받은 여섯 교사들의 저서 『Teaching in the Fourth Industrial Revolution』2018의 추천 글에서, 『The Fourth Way』2009와 『The Global Fourth Way』2012의 저자인 하그리브스Andy Hargreaves는 급속하게 변화하는 세계를 맞이하여 제4의 물결인 교육 변화에 대처하기 위해 사회정의, 평화, 민주주의, 혁신 그리고 지속가능성이라는 큰 구

---

19. '역량'과 '기능'을 비교할 때 염두에 두어야 할 것은 '역량'이 곧 선택할 기회를 의미한다는 점이다. '기능'은 한 가지 이상 역량의 적극적 실현이다. 역량은 선택할 기회를 만드는 실질적 자유이다. 역량은 기능을 만들어 내는 방식 때문에 중요하다. 역량을 증진하는 것은 자유의 영역을 넓히는 것이다. 선택은 자유이고, 자유에는 그 자체로 고유한 가치가 있다.

20. 노벨 경제학상을 받은 아마티아 센은 '역량'을 '한 개인이 달성할 수 있는 기능들을 선택할 수 있는 자유'라고 정의한다. 즉 자신의 판단에 따라 이러한 기능을 달성하든 안 하든 선택할 수 있는 것이 바로 역량인데, 가령 음식이 없어서 굶는 경우와 종교적 실천으로 금식하는 경우 결과는 같지만, 역량은 다르다(Sen, 2013). Nusbaum은 '역량'을 복수형 '역량들(capabilities)'로 사용한다. 역량은 '한 사람이 실제로 무엇을 하게 되는지'뿐만 아니라, 그 기회를 사용하는 여부와 관계없이 '무엇을 할 수 있는지'에 초점을 맞춘다(Nusbaum, 2017; 35-44). 너스바움은 인간자본론이 강조하는 역량(성취를 위한 기술이나 잠재력)은 내적 역량과 닮아 있기에 이와는 다른 '결합역량'을 대안으로 제시한다. 인간의 역량은 선천적 능력과 다르다. 너스바움은 학습된 정치적 기량이나 바느질 솜씨, 새로 얻는 자신감과 과거에 시달렸던 두려움을 극복한 인도의 바산티 여성을 내적 역량의 대표적 사례로 들고 있다. 내적 역량이 결합역량으로 발전될 때 시민적 역량이 발휘될 수 있다.

도를 이해하고 견지할 필요성을 강조한다. 『핀란드 교육의 기적』 저자 살베리Pasi Sahlberg는 추천사에서 모든 아이들을 위해, 교육체제를 혁신할 전문적 대화를 위해 이 책을 읽을 것을 역설한다. 다중지능이론을 제창한 가드너Howard Gardner도 추천사에서 새로운 테크놀로지의 강력한 잠재력과 탁월한 인간적 교사들의 귀중하고도 대체할 수 없는 자질을 결합할 수 있는 최상의 방안을 제시하고 있다고 강조한다.

하그리브스, 살베리, 가드너 등은 교육 변화의 제4의 길[21]을 주창하는 학자들로서 4차 산업혁명에 조응하는 교육 변화를 옹호하고 있다는 점이다. 제4의 길은 교사를 끊임없이 진행되는 개혁에 동원함으로써 교사의 동기를 소진시키는 것이 아니라, 교육의 표준화, 데이터 중심의 의사결정, 목표지상주의 환상을 뛰어넘어 사회와 교육에 대한 이상을 중심으로 정부 정책과 교육계의 헌신과 시민사회의 참여를 통합함으로써 지속가능한 혁신을 추구하고 있다. 이러한 제4의 길을 옹호하는 이들 학자들은 교육 변화를 위해 사회정의, 민주주의, 지속가능성, 평화, 교사의 탁월성과 영성 등을 매우 중시한다.

4차 산업혁명 시대의 미래교육은 지식과 역량이 융합된 인간의 탄생을 위한 '통섭교육'을 더욱 필요로 한다. 4차 산업혁명에서 인공지능과 바이오기술처럼 인간이 만든 지식은 인간사회를 크게 위태롭게 하기에 기술과 사람, 과학과 인문학이 융합된 자연과학과 인문학의 통섭을 더

---

21. 교육개혁을 위한 핵심적 키워드는 복지국가를 통한 공공성(교육 기회 등)을 확대하는 제1의 길, 시장주의(민영화 등)의 도입을 통한 교육의 효율성과 책무성을 시도하는 제2의 길, 좌파의 경직성과 우파의 불평등성을 모두 넘어서고자 하는 제3의 길, 교육계의 헌신과 시민사회의 참여를 통합한 지속가능한 혁신을 추구한 제4의 길을 모색하였다. 제4의 길(The Fourth Way)은 정부 주도 학업성취도 향상이나 학업성취도 격차를 줄이는 데 초점을 맞추는 것과는 다른 교육 목표를 추구한다. 제3의 길이 다른 사람이 세운 정책을 차용하고 전달하는 훈련 방식이었다면, 제4의 길이 추구하는 교육개혁 방식은 각 지역사회가 주인의식을 공유하고 자신들만의 목표를 개발하는 자기 주도형 성장과 발전 방식을 추구한다 (Sahlberg, 2016: 327-329).

욱 필요로 한다. 기술발전을 이해하고 권리와 책임, 정체성 등에 미치는 영향을 이해하려면 인문학과 사회과학을 포함한 모든 과학 분야의 통섭을 필요로 한다. 따라서 칸막이식compartmentalized 학문 및 교과교육 체제를 넘어서야 한다. 과학적 감각과 함께 인문적 시민적 역량 함양의 교육을 해야 한다. 이를 위해 향상된 인식과 공동의 담론을 바탕으로 4차 산업혁명이 가져올 기회를 합리적으로 활용하기 위해 경제적·사회적·정치적·교육적 시스템을 개편하지 않으면 안 된다. 시민적 교양을 공고화해야 하는 일과 함께 생산력 발전을 위한 창의성 계발도 동시에 필요로 한다. 과학기술교육을 하지 않으면 빈곤을 극복할 수 없을 뿐 아니라 세계 경쟁을 이겨 낼 수가 없다. 과학기술의 힘이 평화적 힘으로 발전하려면 인문교양교육과 소통하고 통섭해야 한다. 그동안 우리 사회는 이를 둘러싸고 과학기술계와 인문사회계가 대립이 적지 않았는데, 앞으로 인문학계와 과학기술계의 대화가 더욱 절실하다. 과학적 지식은 궁극적으로 친환경적 인간성 및 디지털 인간성과 융합해야 한다. 기술에 대한 사회적 감시와 이를 위한 정보 접근성을 필요로 한다. 기술주의적 편향과 인문주의적 편향을 넘어서야 한다. 따라서 공교육의 본질적 가치를 지켜 나가면서 사회적 변화의 물결을 과학적으로 파악하여 대응해야 한다.

4차 산업혁명 시대의 교육은 전례 없는 변화의 시대를 맞이하여 미래의 번영을 위해 기술의 혁신과 인간성 및 공감을 결합시키는 새로운 학습의 세계를 요구하고 있다.Soskil, 2018 이러한 힘을 길러 내는 것이 미래사회에서 일어날 다가올 재앙을 피할 수 있는 중요한 열쇠가 될 것이다. 따라서 우리는 국가교육정책의 중심을 순응적 노동력에서 창의적 노동력의 양성으로 전환해야 한다. 우리는 인공지능이 인간 삶의 많은 영역을 감당하게 될 지능정보사회의 도래가 불가피하다는 사실을 수용하면서도 그것의 위험성을 줄이면서 지속가능한 미래교육을 설계하는 것이 바람직하다. 기존의 과학기술은 효율 향상과 성능 증강이 유일한 목표였다. 이러한 목표를 갖는 기술은 발전의 발전을 거듭한 끝에 인간의 지적 성능마저 능가하는 로봇 기술의 등장을 예고하는 단계에까지 이르렀다. 그리고 이미 많은 부분에서 과학기술은 인간을 대체하여 인간을 불필요한 존재로 전락시키는 방향으로 나아가고 있다.

그런데 이러한 방향은 경제와 사회문화적으로 상당한 문제점을 야기하고 있다. 즉 과학기술의 발전과 그에 의한 경제성장이 오히려 실업자를 양산하여 빈곤층을 증가시키는 역설을 낳고 있는 것이다. 따라서 과학기술은 인간을 대체하는 것이 아니라, 인간과 함께하는, 나아가 인간과 협력하는 기술로 발전 방향을 재조정해야 한다. 부가가치 극대화를 목표로 한 과학기술의 발전 전략은 이미 시장이 맡아 왔고, 앞으로도 맡을 것이다. 반면 국가는 시장이 할 수 없는 일을 해야 한다. 국가가 발전시켜야 할 과학기술은 '시장과 소비자'를 위한 과학기술이 아니라, '인간과 사회문화'를 위한 과학기술이 되어야 한다.이종관, 2017: 332 시장 논리에 포박된 과학기술의 한계를 벗어나도록 국가가 지원해야 한다. 이때 중요한 역할을 하는 것이 가치지향적 성찰과 비판의식을 학문적으로 하는 인문학과의 협력이다. 이 협력을 통해 과학기술은 사회와 문화를 구성하는 인간들 간의 융화를 증진하는 과학기술로 거듭날 수 있다. 사회 및 문화적 융화를 지향하는 과학기술은 물질 일변도의 경제성장이 아니라 문화의 질적 발전을 배려하는 성장에 기여할 것이고, 압축적인 고도성장보다는 지속가능한 녹색성장, 그리고 사회적 불평등을 심화하는 성장이 아닌 '포용적 성장'에 기여하게 될 것이다.

4차 산업혁명 시대 지식 지형의 변화에는 생각의 지도 변화가 불가피하기에 다중적 문해교육multiple literacy education이 필요하다. 4차 산업혁명이 활발하게 일어나게 되면 학습혁명은 더욱 첨단화될 것이기에 새로운 무한한 지식 패러다임, 신기술 및 급속하게 확장되는 네트워킹 기능을 습득한 다중적 문해력을 더욱 필요로 할 것이다.Pahl & Rowsell, 2012; Lankshear & Knobel, 2011; Christie & Simpson, 2010 이런 기초 능력을 발달시켜 사회적·문화적으로 공동의 선을 실현하는 데 기여할 수 있는 실천적 지혜phronesis/practical wisdom의 습득을 요구할 것이다. 왜냐하면 우리 사회가 '관조적/이론적 삶bios theoretikos/contemplative/sophia'[22]에 지나치게 초점을 두다 보면 인간의 삶에 대해 숙고할 역량인 '실천적 삶bios praktikos/techne'을 소홀히 할 가능성이 있기 때문이다.Lewin, 2016 아렌트는 서양 철학이 '관조적/이론적 삶'에 지나치게 초점을 두다 보면 '실천적 삶'을 소홀히 할 가능성이 있다고 걱정하였다.Arendt, 서유경 역, 2005: 254 실천적 삶을 추구하는 지식인 '실천적 지혜'는 도구적 지식—특정한 경우에 일반적 법칙, 규칙이나 교훈을 적용하는 기술적 이성의 형태나 과정[23]—이 아니라 공동선의 이해를 필요로 하는 윤리적 이성의 형태를 취한다.Nixon, 2016: 111 방법적 지식으로 환원될 수 없는 실천적 지혜는 가르침을 통해 소유되는 영역이 아니라, 실천을 통해 지혜로운 사람이 되는 실존의 영역이다.Biesta, 2015

우리의 경우 명제적 지식은 대학 입시를 위한 계층 상승의 도구적 지식으로 전락하고 있기에 더욱 그렇다. 빈곤 타파를 위한 과학기술교육도 중요하지만, 이것이 다른 나라를 지배하는 폭력이나 전쟁의 도구가 되지

---

22. 인간을 관조하는 삶(contemplatio)이 추구하는 지식, 보편적 진리를 알려 주는 앎(episteme/theory/science)이다.
23. 생산에 종사하는 삶(poiesis)을 추구하는 지식, 사물/대상을 만드는 기술(techne/art/practical knowledge: 기술적 방법적 지식)을 말한다. 창작을 의미하는 poiesis는 poetry, poet이라는 말을 탄생시켰다. '예술'에 해당하는 고대 그리스어는 'techne(연결하다)'다. '예술'이라는 뜻의 영어 'art' 혹은 'ars'의 원래 의미는 '우주의 원칙에 맞춰 연결하다'라는 뜻을 갖고 있다.

않게 하려면 실천적 지혜를 함양하는 지성교육 또는 지혜교육이 더 중요해진다. 상품화된 지식을 지성화하는 실천적 지혜교육을 해야 한다.[24] 지식의 양보다는 문제해결력, 높은 창의력, 공동체에서 살아갈 시민적 역량을 갖춘 사람을 더욱 필요로 한다. 4차 산업혁명은 물리학 기술, 디지털 기술, 생물학 기술 등의 연결에 기초하고 있기에 학교에서의 교육도 이러한 사회 변화에 맞추어야 하지만, 이것이 폭력의 도구가 되지 않기 위해서는 비판적 인문교육이 필요하다. 이성의 도구적 합리성이 쇄신을 거듭할수록 인류 문명은 인간을 정치의 수단으로 전락시켰고, 이성으로부터 공동체의 도덕과 윤리를 빼앗아 갔기 때문이다. 인공지능 등이 상품화되어 인간을 지배하게 되고 심지어 물신화되면 인간의 비인간화는 불가피할 것이다. 정보사회의 위험 이상으로 인간성 상실과 인격의 쇠락을 초래할 것이다. 그래서 일본에서는 '마음교육'을 학교현장에 도입해야 한다는 주장이 나오고 있다. 1997년 고베에서 발생한 아동연쇄살인사건은 물질적인 풍요에도 불구하고 흉포화되는 청소년 범죄, 학교폭력의 확산과 학교 부적응아 등장 등 학교현장 전반에 대한 반성을 촉구했고, 중앙교육심의회는 그에 대한 해결책으로 〈새로운 시대를 개척할 마음을 가꾸기 위해〉라는 보고서를 제출했다.정재걸, 2018: 433-434

풀란M. Fullan은 『학교교육은 왜 실패하는가: 교육 변화의 새로운 의미와 성공 원리』에서 21세기 학습 역량으로 6C, 즉 협력, 의사소통, 창조성, 비판적 사고 능력과 함께 인성과 시민의식을 새로이 강조하고 있

---

24. 사고하고 행동하는 이론/이론적 지식과 실천/실천적 지식의 매개적 과정은 교육 내용, 교수법, 일터의 계속적 맥락화, 다시 말하면 전문적 교육과정의 구성(내용의 맥락화), 가르침과 배움의 접근(교수적 맥락화), 일의 조직과 관여(일터의 맥락화), 이론적 전문적 이성의 개발(학습자의 맥락화)를 통해 이루어진다(Guile, 2014: 89-90). 교사가 할 일은 자신이 가르치는 교과나 자료와의 관계(인류 문화의 전승), 가르치는 학생과의 관계(상호작용), 동료와 학부모와 당국 및 거대한 타자/지역사회와의 관계(사회적 실천), 그리고 자기 자신과의 관계 능력(자기이해)을 포함하고 있다(Hogan, 2015).

다.Fullan, 2017: 268

- 협력collaboration(팀워크) 능력: 상호 도움을 주고받으며 일하는 능력, 대인관계기술과 협업 능력을 통해 시너지 내기, 팀 내의 역할관계와 도전적 과제를 효과적으로 관리하기, 실질적으로 의사결정 함께하기, 타인으로부터 배우고 타인의 학습에 기여하기.
- 의사소통 능력communication(명확한 메시지 전달): 다양한 상대에게 맞는 여러 스타일, 방식, 디지털 등의 수단으로 효과적으로 소통하기.
- 창의력creativity(모험가적인 해결책): 사회경제적 기회에 대한 기업가적 시선 갖추기, 새로운 아이디어 창출을 위한 올바른 질문 던지기, 리더십 발휘를 통해 아이디어를 행동으로 엮기.
- 비판적 사고 능력critical thinking(정보 찾기와 평가): 정보와 주장을 비판적으로 평가하기, 그 속의 패턴과 연결점 보기, 의미 있는 지식 구성과 실제 사회에 적용하기.
- 인성character(책임감과 신뢰): 의지, 끈기, 인내, 회복탄력성 등 핵심적 특성을 구비하고 심층학습법을 배우는 것, 학습과 삶의 통합적 접근 능력.
- 시민의식citizenship(차이의 인정과 공동선에 대한 기여): 세계시민답게 사고하기, 다양한 가치관과 세계관에 대한 깊은 이해를 바탕으로 글로벌 이슈에 관심을 가짐, 모호하고 복잡한 실생활 문제를 해결할 진정한 관심과 능력의 구비를 통해 인간과 환경의 지속가능성을 높임.www.michaelfullan.ca

그동안 21세기의 핵심역량으로 창의력, 의사소통 능력, 비판적 사고 능력, 협업 능력을 제창하였는데, 인성과 시민성을 새로이 추가하고 있다. 미래교육의 목표에 창의성과 함께 인성 및 시민성을 동시에 함양해야 한다는 것이다. 그런데 여전히 발달심리학자들은 4차 산업혁명 시대에 인성과 시민의식 대신에 콘텐츠contents(전문성)와 자신감 confidence(실패할 용기)을 주장하고 있는데Golinkoff & Hirsch-Pasek, 2018, 이는 개인주의 오류에 빠지게 할 뿐 아니라 공동체정신을 상실하게 될 위험성이 있다. 4차 산업혁명 시대에 발생할 수 있는 문제를 해결하기 위한 근본적인 열쇠는 '사람다움'과 '시민다움'을 함양하는 교육을 하지 않으면 안 된다. 개인적으로 책임지는 시민, 참여하는 시민, 정의를 추구하는 시민을 요구한다. 모름지기 교육은 모든 사람이 지니고 있는 인간의 문화적 성숙과 시민적 성숙을 전면적으로 발현하도록 돕는 데 근본 목적이 있다.

Ⅳ. 창의적이고 민주적인 주체의 형성을 위한 미래교육을 향해

우리나라 미래 사회의 변화 추세는 저출산 고령화 현상으로 인한 인구구조의 변화, 소득을 비롯한 사회 양극화 및 교육 불평등 심화, 기후변화에 따른 환경생태계의 위기, 세계화의 심화 등이다. 이러한 미래 사회의 변화에 따라 미래교육도 준비될 것이다. 4차 산업혁명 시대에는 새로운 교육 패러다임이 필요할 것이다. 이제 미래의 학교는 사라질 것이라는 전망도 있고, 또 공동체의 지식센터로 거듭날 것이란 전망도 있다. 분명한 것은 학습이 학교에서만 이루어지지 않을 것이고, 학습 내용 또한 고정된 것이 아니라 일상적 삶의 활동과 통합될 것이라는 점이다. 우리가 원하는 미래 사회는 저절로 오는 것이 아니라, 우리가 만들어 가야 한다는 점이다. 미래의 사회나 교육은 사회 구성원들이 지금 어떤 선택과 결정을 하느냐에 따라 달라질 것이다.

그리고 그것이 어떤 것이든 미래교육체제는 사회경제적 체제와 연동되어 있다. 비판적 교육학critical pedagogy은 교육자들의 근본적인 과제가 미래를 좀 더 사회적으로 정의로운 세상으로 향하는 길을 확인하는 것이라고 주장한다.Giroux, 2017: xiii-xiv 이 미래는 존재하는 삶의 근거를 혁신시킬 수 있는 비판과 가능성—이성, 자유 그리고 평등과 관련된—이 동시에 기능하도록 하는 세상이다. 비판적 교육학은 항상 더욱 평등하고 정의로운 미래의 개념을 전제하고 있다. 이렇게 인간의 가능성과 민주주의적 가치의 범위를 확장하기 위해 학생들이 인지하고 있는 세상을 넘어서게 하는 도발적 행위로 보고 있다. 비판적 교육학의 중심은 우리가 청소년을 교육하는 방식이 우리가 희망하는 미래와 관련이 있으며, 그러한 미래는 학생들에게 자유와 사회정의의 강화로 이끄는 삶을 제공해야 한다는 인식이다. 한 개인의 삶이란 보다 인도적이고 민주적인 미래에 대해 사회적 관계와 경험을 말하는 사회적 관계와 경험을 모델링하는 데 있어 되도록 가까워야 한다는 것이다.

미래교육은 공동체적이고 협력적인 창의성을 필요로 한다. 인간은 감정과 직관력, 질문 능력을 지닌 존재라는 점에서 특수성을 지니고 있다. 미래교육의 목표로서 고도의 도덕적, 윤리적인 판단능력은 기술을 설계하고 활용하기 위해 반드시 필요한 인간의 역량이다. 기계를 잘 활용하며 인류 문명을 발전시키기 위해서는 이러한 인간의 능력을 키우기 위한 교육이 필요할 것이다. 첫째, 교육 내용의 측면에서, 초-연결사회에서 교육은 지식과 접속할 수 있는 능력을 키우는 교육이어야 한다. 방대한 외부 지식과 언제든 접속하기 위해서는 신체에 밀착된 탄탄한 핵심지식이 필요한데, 이는 정서교육, 직관교육과의 협조를 통해서 이루어질 수 있을 것이다. 지식의 양은 줄이되 외부 지식과 접속하는 탐색과정은 반복적으로 체험되어야 한다. 둘째, 교육 방법의 측면에서 구술미디어, 문자미디어, 디지털미디어, 인공지능미디어 등을 교차적으로 융합시켜야 한다. 성장세대가 지식을 찾아 창조적으로 융합하며 도덕적 가치를 지향할 수 있도록 이끌기 위해서는 교육활동에서 미디어를 적절하게 활용하는 지혜가 필요하다. 이때 교사의 민감한 관찰과 소통, 교감 능력은 앞으로 교사의 전문성을 특징짓는 중요한 능력이 될 것으로 예측한다.정재걸, 2019: 432-433

다만 기술 발달이 이루어 놓은 최근의 교육환경이 인간의 교육적 이상과 정반대로 흘러갈 수도 있다는 점에서 교육의 어려움이 클 것으로 예상된다.조희연, 2016 1, 2차 산업혁명 시대에 출현한 우리의 한국 교육은 대중에게 교육 내용을 표준화된 방식으로 가르치고 평가하는 학교체제에 머물고 있기 때문이다. 국가나 학교는 연령에 따라 학생들을 학년으로 나누고 학년별로 가르칠 내용을 교과서로 만들어 학생들에게 가르쳤다. 학교교육 프로그램은 공장의 생산 공정에 해당하고 학생은 원재료에 해당하며, 교사는 공장의 감독에 해당하는 것으로 비유되었다. 공정에서 설치된 컨베이어 라인을 따라 이동하면서 제품이 완성되듯이, 학생들은 성취 여부와 상관없이 주별, 학기별, 학년별 계획에 따라 교육 프로그램을 이수하면 학습한 것으로 간주되어 졸업장이 주어졌다. 대량 생산, 컨베이어벨트, 단순작업, 기능, 그리고 성과급이다. 그 결과 일리치 Ivan Illich 가 지적했듯이 학교는 학생들에게 가르치는 것을 배우는 것으로, 학년이 올라가는 것을 교육받는 것으로 간주되었다. 학교와 공장이라는 새로운 근대적 공간이 출현한 것이다. 현재의 학교교육은 교육의 전체 역사에 비교한다면 150여 년 정도의 짧은 역사만을 갖고 있을 뿐이다. 그리고 19~20 세기에 각국의 정치사회적 요구와 경제·산업의 기류에 의해 그 골격이 갖추어졌다. 요컨대 한국의 근대 교육은 국민의 의식고취라는 명분으로 출범했지만, 1, 2, 3차 산업혁명에 머물러 있다. 오늘날 중세교회가 죽었듯이 학교도 죽었다는 목소리가 거세다.

한국의 근대 교육modern education도 한편으로는 해방의 가능성을 가지고 있었지만, 다른 한편으로는 우리를 규제와 통제의 대상으로 전락시킬 위험성을 내재하고 있다. 그것은 한편으로는 해방의 가능성을 보였지만, 다른 한편으로는 규제와 통제의 대상으로 전락할 가능성을 내포하고 있다. 이렇게 우리의 근대 교육은 역사적으로 그 어두운 이면인 식민성을 감추어 왔고, 다양한 주체들을 통제하는 식민성의 과정을 밟았다. 따라서 기술은 폭력이나 정복이 아닌 평화를 위한 도구로 사용되지 않으면 안 된다. 왜냐하면 제2의 국가주의가 부활할 가능성이 있기 때문이다. 지역사회와 자연환경이 국민국가 이데올로기에 의해 파괴되면 그것의 복원은 거의 불가능하다. 무모한 기술 개발은 복원할 수 없는 파국을 초래할 것이다. 미래 사회에 대한 사회과학적 전망과 인문학적 성찰이 없이 미래교육이 설정되면 도구적 이성의 폭력은 더욱 기성을 부릴 것이다.

한국 교육현장의 곳곳에서 작동하고 있는 서열화 기제들은 학생들의 잠재능력을 자발적으로 동기화하고 서로를 인정하는 차이의 포용을 통해 발휘되는 협력적 창의성의 창발을 저해하고 있다. 따라서 현재의 교육제도와 교육과정에서 협력적 창의성 교육에 방해적인 요소를 과감하게 제거하는 정책 추진이 절실히 요구된다. 기술의 발달이 차별과 격차를 키우는 것이 아니라 모두에게 편리하고 풍요로우며 행복한 삶을 보장해 줄 수 있다는 문제의식을 가져야 한다. 허드렛일은 로봇이나 컴퓨터에 맡기고 더 많은 시간을 문화생활이나 사회적 활동을 위해 사용할 필요가 있다. 그리고 과학기술교육을 충실히 하면서도 그 기술이 다른 나라를 정복하거나 전쟁을 일으키는 도구가 되지 않도록 하는 평화교육도 절대적으로 필요하다.

우리나라의 많은 학자들은 4차 산업혁명이라는 혁명적 변화를 따라잡기 위해 기술공학적 미래만을 예측하며, 그에 적극적으로 대응하는 기술공학적 시스템을 갖출 것을 강조하는 경향을 보이고 있다. 새로운 일자리를 창출해 낼 수 있는 창의력을 갖춘 인재와 새로운 일자리에 맞는 인재를 길러 내려면 기존의 교육 제도와 방법 그리고 교육 내용으로는 불가능하다고 보고 있다. 4차 산업혁명에 대한 낙관적 전망을 하고 있는 사람들은 미래학적 이론 지향, 기술결정론에 입각한 역사·사회적 이해, 세계적 규모의 평화 공존과 경제번영을 중시한다. 이런 주장을 과도하게 하는 것은 학교를 '기술공화국'으로 만들겠다는 것이나 다름없다. 그것은 근대화의 오류를 그대로 답습하는 것이다. 또한 교육의 본질과도 배치된다.

그렇다고 4차 산업혁명을 준비하는 미래교육을 거역할 수도 없다. 다만 4차 산업혁명은 인간을 배제하는 방향이 아니라, 더욱 인간적인 미래를 만드는 방향으로 나아가야 한다. 학생들의 수월성 향상도 실질적으로 장시간 주입식 학습과 개별 경쟁을 통한 개인의 역량 강화라는 방식으로 실행되고 있다. 이렇듯 교육현장에서는 명시적, 묵시적으로 경쟁 및 서열화 기제들이 끊임없이 작동하고 있다. 이러한 기제들은 학생들 간에 격차와 차별을 조장하고, 극소수를 제외한 대다수의 학생들을 좌절의 늪과 분노의 도가니에 몰아넣을 위험이 있다. 우리 사회가 과도한 경쟁 위주의 교육 및 경제 정책으로 인해 매우 빈약한 사회적 자본을 축적하고 있기 때문이다. 사회적 신뢰 구축에 부정적인 영향을 미치는 이러한 사회 분위기를 탈피하기 위해 정부는 전 부처에 걸쳐 경제성장의 동력을 협력적 창의성으로 혁신하는 교육정책과 경제정책을 기획하고 추진할 필요가 있다.

특히 공교육의 최우선 목표를 사회적 자본의 확충과 협력적 창의성 증진에 두는 교육과정의 혁신적 개편이 필요하다. 이것을 위해 국가는 주입식 교육을 지양하고 다양한 의견을 수용하는 협력적 태도를 교육과정에서 학습하도록 해야 한다. 창의적 노동력의 양성을 위해서는 암기 위주의 입시 중심 교육에서 창의적 비판적 교육으로 전환이 절실히 요구된다. 자유로운 토론을 익히는 수업을 개설하여 다른 사람에 대한 공감 능력을 강화하는 교육정책도 하나의 모델이 될 수 있다. 인권 존중, 사회 구성원 간의 상호 존중과 합리적 의사소통 등 민주적 생활양식을 체화시키기 위해 성인에 대한 민주시민교육을 활성화해야 한다. 이를 위해 독일의 보이텔스바흐 합의(강제·교화 금지, 논쟁성 재현, 학습자이익 상관성)와 영국의 시민성교육(사회적·도덕적 책임, 지역사회 참여, 정치적 소양) 등을 적극 참조할 필요가 있다. 4차 산업혁명에 따른 사회 전반의 변화와 직업 현장의 변화에 능동적으로 대처하기 위해서도 노동자의 능력 제고를 지원하고 재교육을 권리로 보장하는 정책을 추진할 필요가 있다.

미래교육체제는 학교에서부터 교육부에 이르기까지 교육정책의 결정이 교육 주체들의 참여 아래 이루어질 수 있도록 민주주의가 활성화되어야 한다. 민주주의가 활성화되려면 새로운 교육체제의 구상과 함께 그 체제를 만들어 가는 민주적 주체가 형성되어야 한다. 새로이 형성될 교육체제에 대한 구조적 전망 제시와 함께 그 체제의 전망을 만들어 가는 민주적 주체가 형성되어야 한다. '인간 이후post-human'의 민주적 주체는 자격화qualification[25]와 사회화socialization[26], 그리고 주체화subjectification[27]가 융합된 존재이다.Biesta, 2013b; Murris, 2016: 23-38; Sant, Davies & Shultz, 2018

또한 인격적 주체, 공동체적 주체, 정치적 주체의 결합물인 민주적 주체는 학생들의 권한 강화 등 학교의 민주화를 위해서도, 주체적인 교사 양성과 국가의 교육개혁 주체 형성을 위해서도 매우 중요하다. 이렇게 다양한 차원에서의 주체성을 형성하지 않으면 아이들은 미래교육의 주인 agency[28]이 될 수 없다. 아이들을 '미래의 시민'이 아니라 '현재의 시민'으로 대우하는 것이기도 하다. 미래의 시민성이 아닌 현재의 시민성을 실천하고자 하는 '민주주의 실험' 또는 '학습하는 민주주의'라고 할 수 있다.Biesta, 2014가: 6 이 개념은 소극적 시민성을 위한 교육/가르침이 아니라 능동적 시민성을 위한 학습/배움이라고 할 수 있다. 시민적 학습은 시민성의 사회화 모델을 시민성의 주체화 모델로 전환시키는 것이다. '민demos/everyone/people'은 '신민subjects'으로서가 아니라 '시민citizens'으로, '주체로서의 시민citizen-as-subject' 또는 '주체화된 시민성subjectified citizenship'을 변화시키는 것이다. 그래서 오늘날 민주적 교육은 '시민성 교육citizenship education'의 측면보다 '시민적 학습civic learning' 측면을 더

---

25. 자격화는 아이들이 주로 일/직업과 관련하여 무엇을 할 수 있는 적절한 종류의 지식, 기술 및 자질 또는 능력을 갖추는 것이다.

26. 사회화는 아이들이 현행 교육의 실제 내에서 살아가고 활동할 수 있는 특정 사회적, 문화적, 정치적 질서와 가치와 전통을 배우는 일이다. 그런데 사회화는 도덕적 능력을 생산하는 것이 아니라 그것을 조작할 가능성이 있다. 그리하여 조작되는 도덕적 능력은 나중에 사회적 가공의 수동적 대상이 되는 일정한 원칙들을 무조적적으로 받아들일 경향이 있다.

27. 주체화는 기존 질서의 일부분이 되게 하는 사회화로부터의 탈사회화/탈동일시의 과정으로서 아이들이 서로 의존하고, 자신이 살고 있는 정치적, 사회적, 경제적 질서를 넘어 자율성을 갖도록 하는 일이다. 이것은 곧 다양성과 차이를 만들어 내는 기반이 된다. 타자와의 관계 속에서 낯선 사람의 독특한 목소리가 중시된다. 아이들과 교육과정 사이의 어떤 구체적 순간을 매개하는 상황적 판단을 필요로 한다. 이러한 판단력의 함양은 새로운 정신적 탄생을 경험하는 것이기도 하다. 실존하는 아이들의 경험과 되어야 하는 당위 사이에 존재하는 매개자가 교육의 역할이다. 이런 경험은 공론의 장에서 이루어지는 것이다.

28. 'agency'는 행동하고 변화를 가져오며—우리가 그의 성취를 외부적 기준에서도 평가하는지의 여부와 상관없이—그 자신의 가치와 목표에 따라 평가될 수 있는 '행위자'이다. 아마티아 센은 공동의 구성원으로서 그리고 경제적, 사회적, 정치적 행위(시장에 참여하는 것부터 정치나 다른 영역에서의 개별적 혹은 집단적 활동에 직간접적으로 참여하는 것까지)의 참여자로서 개인 행위 주체의 역할에 특히 초점을 맞추었다. 'agency'는 주인의 지시에 따라 다른 사람을 위해 대리하는 사람인 'agent'와는 다르다.

중시한다. 시민적 학습은 개인의 속성이 아니라, '맥락 속의 개인', '관계 속의 개인'으로 이해하는 것이다.Biesta, 2011가: 6 이것은 시민성의 개인주의화, 심리주의화, 도덕주의화, 사유화, 탈정치화를 극복하고자 하는 것이다.Biesta, 2011가: 10).

미래 사회의 주인이 되려면 새로운 사회를 구성할 수 있는 비판적 지식과 식견 그리고 교양과 예의를 갖춘 논쟁과 동시에 일상생활에서의 실천을 위해 노력하며, 합리적이고 공정한 이성에 기초해 의사결정을 내릴 민주적 역량을 갖추어야 한다. 이런 역량의 함양과 가르치는 일의 변화를 위해 필요한 것은 지금까지 지배적이었든 비즈니스 자본을 넘어서는 '전문적 자본professional capital'이다. 전문적 자본은 세 가지 종류의 인적 자본human capital,[29] 사회적 자본social capital,[30] 의사결정의 자본 decisional capital[31]으로 구성되어야 한다.Hargreaves & Fullan, 진동섭 역, 2014 전문적 자본의 가르침에 대한 관점은 좋은 학습이란 좋은 가르침으로부터 나오며, 장기간의 훈련과 교육을 필요로 한다. 그것은 계속적인 계발을 통해 완성되며, 증거와 경험에 입각한 사려 깊은 판단을 포함하고, 집단적 성취와 책임을 중시한다. 전문적 자본은 책무성을 중시하는 관리적 전문성을 넘어서는 협력적이고 민주적인 자본이어야 한다.Whitty, 2008: 41-46

기존의 정보사회나 지식사회를 넘어서는 네트워크사회나 경청사회 audit society는 새로운 지식을 창출하고 확장할 수 있는 능력과 네트워크를 만들어 대화하고 경계를 넘어 관계를 유지할 수 있는 역량을 필요로

---

29. 인적 자본은 1960년대의 경제적 생산성을 위해 개인의 능력을 필요로 한다.
30. 사회적 자본은 1980년대 이후 지나친 경쟁으로 인해 상실된 사회적 관계, 협력, 상호작용, 집단적 역량을 요구한다.
31. 의사결정 자본은 최근에 대두된 개념으로 신중한 판단, 교사 개개인의 축적된 경험과 실천, 그리고 성찰적 사고를 통해 장기간에 걸쳐 형성되는 전문직으로서의 교원의 역량을 요구한다.

한다.Lingard, Nixon & Ranson, 2011: 21 새로운 근대성/현대성modernity을 향한 혁신적 미래교육은 하나의 인식적이고 정치적이며 윤리적인 프로젝트가 설정되어야 한다. 이제 새로운 근대를 향한 미래교육은 무르익어 만개하지 않으면 안 된다. 나는 그것을 '자주적 근대화'로 부르고자 한다. 자주적 근대화는 기술적 근대화와 문화적 근대화 그리고 탈식민적 근대화를 동시에 구현하는 것이다. 자주적 근대화는 보편의 핵심에 숨겨지거나 보편이라는 경계 너머의 내용들에 대한 탈식민적 관점을 필요로 한다. 근대의 극복은 미완의 근대성을 완성하는 것일 뿐 아니라, 동시에 근대 이후 제도화된 식민성의 극복을 통해 가능할 수 있다. 더 이상 인종주의, 성차별주의, 소비주의, 그리고 근대성이 매일 우리 앞에 들이미는 갖가지 유혹들에 의해서 관리되는 삶이 아니라, 우리가 어디에 살고 무엇을 하든 '공동체적인 것the communal/communality'의 건설을 되살려야 한다. 자주적 근대화의 과업과 목표는 식민성의 고리를 끊으면서 '다시-존재하기re-existing'로 나아가는 삶의 실천에 두어야 한다.Mignolo, 2018: 19-21

지금 미완의 근대 교육을 완성하고자 하는 미래교육의 혁신적 실험은 이런 반성적 흐름에 조응하는 것이다. 도구적 이성을 재생산하고 있는 입시 위주의 교육을 극복하고자 하는 교육혁신 운동은 비판적 이성의 구현, 자율적 주체로서의 개인 및 시민의 형성, 인권과 진보를 구현하는 혁신적 기획을 완성시켜야 한다. 최근 활발하게 일어나고 있는 우리나라의 '혁신학교운동'은 권위주의적 근대 공교육을 인간화하고 공동체화하고 민주화하는 교육개혁 운동이라고 할 수 있다. 공교육의 리모델링이라고 할 수 있는 '혁신학교운동'은 그동안 오랜 세월에 걸친 억압적 권위주의 시대의 억눌리고 배제되었던 비정상적 교육의 정상화 시도라고 할 수 있다. 오늘날 혁신학교는 새로운 혁신을 위해 일반화 단계를 넘어 새로운 질적 도약을 위한 사상적 실천적 준비를 서둘러야 한다.

한국 교육에 대한 새로운 대안은 어디에서 찾을 것인가? 그것은 무엇보다 계몽합리성에 지배되어 있는 근대의 한계를 넘어서면서 미완의 기획인 '미래교육'을 완성하는 데서 찾아야 한다. 따라서 이제 미완의 근대 교육을 완성시키면서 동시에 4차 산업혁명에 대응하는 미래교육의 로드맵도 준비하지 않으면 안 된다. 이제 한국 교육은 성찰적인 것이 되어 비판과 대안을 추구하는 '성찰적 근대성reflective modernity'으로 나아가야 한다. 기술적 근대화를 반성하는 성찰적 근대화는 근대성 및 근대 교육에 대한 비판과 대안을 검토하도록 하고 있다. 학습자 주도형 교육과정을 실현하기 위해서 국가 수준의 교육과정을 유연화하고 단위학교 교육과정 기획과 실행에 대한 자율권이 강화될 수 있도록 교육과정 거버넌스가 형성되어야 한다. 교과서 중심으로 수업이 이루어지는 전통적 학습체제는 성찰적 수업으로 바꿔야 한다. 그리고 이를 위해 교사에게 요구되는 미래 역량을 길러 줄 수 있는 성찰적 교사양성 및 교사교육으로 개편되어야 한다.

그리고 4차 산업혁명에 부응하는 지식사회란 사회정의를 위한 것과 결합되어야 한다.Lauder, Young, Daniels, Balarin & Lowe, 2012 4차 산업혁명 시대의 미래교육 역량은 경쟁적 입시 위주 교육을 확대하는 것이 아니라, 지역사회를 변화시키는 마을교육공동체운동으로 발전되어야 한다. 촛불시민혁명 이후 새로운 국면을 맞이한 한국 사회는 국가주의 패러다임으로부터 지역공동체 패러다임으로 전환되는 시대를 맞이하고 있다. 지역사회의 민주적 주체적 힘을 바탕으로 국가교육을 견인하고, 나아가 세계정의를 구현하는 것으로 나아가야 한다. 이를 위해 4차 산업혁명을 미래교육으로의 패러다임 대전환을 위한 촉진자로 활용해야 한다. 그렇게 하지 않으면 인권과 생태 의식이 결여된 경제성장만을 위한 국가주의 시대나 100여 년 전 기술적 근대화를 앞세웠던 '개화파'와 영성적 근대화를 내세웠던 '개벽파'의 극한적 대립 상황으로 되돌아가고 말 것이다. 그것은 곧 일제 식민화로 귀결되었음을 역사는 보여 주고 있다. 근대 교육 100여 년에 대한 역사적 성찰을 통해 도래할 100년을 준비하는 포용적 국가 비전이 성공해야 한반도의 평화통일 국가 건설이 가능할 것이다.

박영숙·제롬 그렌(2016). 『유엔 미래보고서 2050』. 서울: 교보문고.

심성보 외(2018가). 『보이텔스바흐 합의와 민주시민교육』. 서울: 북멘토.

심성보 외(2018나). 『더 나은 세상을 위한 학교혁명』. 서울: 살림터.

심성보.(2018다). 『한국 교육의 현실과 전망: 세계교육의 담론과 운동 그리고 민주시민교육』. 서울: 살림터.

이광형(2018). 2050년 시점에서 본 미래 인재상 및 미래 인재 개발의 방향. 〈미래인재개발포럼〉, 11/23. 한국교육개발원.

이병한(2018). '성/속 합작': 지구적 근대의 여명, 토착적 근대의 환생. 『근대 한국 종교의 토착적 근대화 운동』(제38회 원불교사상연구 (한일공동) 학술대회 〈한국의 '근대'를 다시 묻는다〉 자료집. 원광대학교 원불교사상연구원.

이종관(2017). 『포스트휴먼이 온다』. 서울: 사월의 책.

임경순(2018). 과학사의 관점에서 본 과거, 현재, 미래의 인재상. 〈미래인재개발포럼〉, 11/23. 한국교육개발원.

조성환(2018). 개벽과 개화: 근대 한국사상사를 어떻게 볼 것인가. 『근대 한국 종교의 토착적 근대화 운동』(제38회 원불교사상연구 (한일공동) 학술대회 〈한국의 '근대'를 다시 묻는다〉 자료집). 원광대학교 원불교사상연구원.

정재걸(2018). 『우리 안의 미래교육』. 서울: 살림터.

조희연(2016). 인공지능 시대의 미래교육. 『인물과 사상』 221호, 72-85쪽.

한병철(2013). 『시간의 향기』. 서울: 문학과지성사.

황갑진(2018). 『사회 불평등과 교육』. 진주: 경상대출판부.

Arendt, H. 서유경 역(2005). 『과거와 미래 사이』. 서울: 푸른숲.

Biesta, G.(2011a). *Learning Democracy in School and Society: Education, Lifelong and the Politics of Citizenship*. Rotterdam: Sense Publishers.

Biesta, G.(2011b). A School for Citizens: Civic Learning and Democratic Action in the Learning democracy. B. Lingard, J. Nixon, & S. Ranson(Eds.). *Transforming Learning in Schools and Communities: The Remaking of Education for a Cosmopolitan Society*. London: Continuum.

Biesta, G.(2013a). Teacher Education for Educational Wisdom. W. Hare, & J. Portelli(Eds.). *Philosophy of Education: Introductory Reading*. Canada: Brush.

Biesta, G.(2013b). *The Beautiful Risk of Education*. Boulder: Paradigm Publishers.

Christie, F. & Simpson, A.(Eds.)(2010). *Literacy and Social Responsibility: Multiple Perspectives*. London: Equinox.

Doucet, A.(2018). Teach Me: The Learner Profile. A. Doucet, J. Evers, Eds. 2018. Teaching in the Fourth Industrial Revolution. *Standing at the Precipice*. London/New York: Routledge.

Evers, J.(2018). Flip the System: The Networked Activist Teacher. Doucet, A. Evers, J.(Eds.). *Teaching in the Fourth Industrial Revolution. Standing at the Precipice*. London/New York: Routledge.

Fullan, M. 이찬승·은수진 역(2017).『학교교육은 왜 실패하는가: 교육 변화의 새로운 의미와 성공 원리』. 서울: 21세기교육연구소.

Gardner, H. 류숙희 역(2016).『인간은 어떻게 배우는가? 인지과학이 발견한 배움의 심리학』. 서울: 사회평론.

Giroux, H.(2017). Foreword: Paulo Freire and the Courage to Be Political. A. Darder. *Reinventing Paulo Freire: A Pedagogy of Love*. New York: Routledge.

Harari, Y. N. 조현욱 역(2015).『사피엔스』. 파주: 김영사.

Hargreaves, A. & Fullan, M. 진동섭 역(2014).『교직과 교사의 전문적 자본: 학교를 바꾸는 힘』. 파주: 교육과학사.

Lauder, H., Young, M., Balarin, Daniels, H. & Lowe, J.(2012). *Education for the Knowledge Economy: Critical Perspectives*. London & New York: Routledge.

Lewin, D.(2016). Technological Thinking in Education. D. Lewin, A. Guilherme, & M. Morgan(Eds.). *New Perspectives in Philosophy of Education*. London: Bloomsbury.

Lingard, B. Nixon, J. & Ranson, S.(2011). Remaking Education for a Globalized World: Policy and Pedagogic Possibilities. B. Lingard, J. Nixon & S. Ranson(Eds.). *Transforming Learning in Schools and Communities: The Remaking of Education for a Cosmopolitan Society*. London: Continuum.

Mignolo, W. D. 김영주 외 역(2018). 『서구 근대성의 어두운 측면: 전 지구적 미래들과 탈식민적 선택들』. 서울: 현암사.

Murris, K.(2016). *The Posthuman Child: Educational Transformation through Philosophy with Picturebooks*. London & New York: Routledge.

Noddings, N. 심성보 역(2016). 『21세기 교육과 민주주의: 개인적 삶, 직업적 삶, 그리고 시민적 삶을 위한 교육』. 서울: 살림터.

Nusbaum, M. 한상연 역(2017). 『역량의 창조』. 돌베개.

Pahl, K. & Rowsell, J.(2012). *Literacy and Education: Understanding the New Literacy Studies in the Classroom*. London: Sage.

Sahlberg, P.(2015). *Finnish Lessons 2.0: What can the World Learn from Educational Change in Finland*. Second Edition. New York/London: Teachers College Press.

Sant, E., Davies, I., & Shultz, L.(2018). *Global Citizenship Education: A Critical Introduction to Key Concepts and Debates*. London/New York: Bloomsbury.

Schwab, K. 송경진 역(2016). 『클라우스 슈밥의 제4차 산업혁명』. 서울: 새로운 현재.

Schwab, K. 김민주·이협 역(2018). 『클라우스 슈밥의 제4차 산업혁명: 더 넥스트』. 서울: 새로운 현재.

Sen, A. 김원기 역(2013). 『자유로서의 발전』. 서울: 갈라파고스.

Soskil, M.(2018). Education in a Time of Unprecedented Change. A. Doucet(Ed). *Teaching in the Fourth Industrial Revolution. Standing at the Precipice*. London/New York: Routledge.

Tylor, C. & Huges, C.(2016). *Posthuman Research Practical in Education*. London: Palgrave Macmillan.

Walker, M. & Unterhalter, E.(2007). *Amartya Sen's Capability Approach and Social Justice in Education*. New York: Palgrave Macmillan.

Whitty, G.(2008). Changing Modes of Teacher Professionalism: Traditional, managerial, Collaborative and Democratic. B. Cunningham(Ed.). *Exploring Professionalism*. London: IOE Press.

삶의 행복을 꿈꾸는 교육은 어디에서 오는가?

미래 100년을 향한 새로운 교육 혁신교육을 실천하는 교사들의 **필독서**

▶ 교육혁명을 앞당기는 배움책 이야기
혁신교육의 철학과 잉걸진 미래를 만나다!

한국교육연구네트워크 총서

01 핀란드 교육혁명
한국교육연구네트워크 엮음 | 320쪽 | 값 15,000원

02 일제고사를 넘어서
한국교육연구네트워크 엮음 | 284쪽 | 값 13,000원

03 새로운 사회를 여는 교육혁명
한국교육연구네트워크 엮음 | 380쪽 | 값 17,000원

04 교장제도 혁명
한국교육연구네트워크 엮음 | 268쪽 | 값 14,000원

05 새로운 사회를 여는 교육자치 혁명
한국교육연구네트워크 엮음 | 312쪽 | 값 15,000원

06 혁신학교에 대한 교육학적 성찰
한국교육연구네트워크 엮음 | 308쪽 | 값 15,000원

07 진보주의 교육의 세계적 동향
한국교육연구네트워크 엮음 | 324쪽 | 값 17,000원
2018 세종도서 학술부문

08 더 나은 세상을 위한 학교혁명
한국교육연구네트워크 엮음 | 404쪽 | 값 21,000원
2018 세종도서 교양부문

09 비판적 실천을 위한 교육학
이윤미 외 지음 | 448쪽 | 값 23,000원

10 마을교육공동체운동:
세계적 동향과 전망
심성보 외 지음 | 376쪽 | 값 18,000원

혁신학교
성열관·이순철 지음 | 224쪽 | 값 12,000원

행복한 혁신학교 만들기
초등교육과정연구모임 지음 | 264쪽 | 값 13,000원

서울형 혁신학교 이야기
이부영 지음 | 320쪽 | 값 15,000원

혁신교육, 철학을 만나다
브렌트 데이비스·데니스 수마라 지음
현인철·서용선 옮김 | 304쪽 | 값 15,000원

한국교육연구네트워크 번역 총서

01 프레이리와 교육
존 엘리아스 지음 | 한국교육연구네트워크 옮김
276쪽 | 값 14,000원

02 교육은 사회를 바꿀 수 있을까?
마이클 애플 지음 | 강희룡·김선우·박원순·이형빈 옮김
356쪽 | 값 16,000원

**03 비판적 페다고지는
세상을 변화시킬 수 있는가?**
Seewha Cho 지음 | 심성보·조시화 옮김 | 280쪽 | 값 14,000원

04 마이클 애플의 민주학교
마이클 애플·제임스 빈 엮음 | 강희룡 옮김 | 276쪽 | 값 14,000원

05 21세기 교육과 민주주의
넬 나딩스 지음 | 심성보 옮김 | 392쪽 | 값 18,000원

06 세계교육개혁:
민영화 우선인가 공적 투자 강화인가?
린다 달링-해먼드 외 지음 | 심성보 외 옮김 | 408쪽 | 값 21,000원

07 콩도르세, 공교육에 관한 다섯 논문
니콜라 드 콩도르세 지음 | 이주환 옮김 | 300쪽 | 값 16,000원

대한민국 교사, 어떻게 가르칠 것인가?
윤성관 지음 | 320쪽 | 값 15,000원

아이들을 어떻게 가르칠 것인가
사토 마나부 지음 | 박찬영 옮김 | 232쪽 | 값 13,000원

모두를 위한 국제이해교육
한국국제이해교육학회 지음 | 364쪽 | 값 16,000원

경쟁을 넘어 발달 교육으로
현광일 지음 | 288쪽 | 값 14,000원

혁신교육 존 듀이에게 묻다
서용선 지음 | 292쪽 | 값 14,000원

 다시 읽는 조선 교육사
이만규 지음 | 750쪽 | 값 33,000원

 대한민국 교육혁명
교육혁명공동행동 연구위원회 지음 | 224쪽 | 값 12,000원

 독일 교육, 왜 강한가?
박성희 지음 | 324쪽 | 값 15,000원

 핀란드 교육의 기적
한넬레 니에미 외 엮음 | 장수명 외 옮김 | 456쪽 | 값 23,000원

 한국 교육의 현실과 전망
심성보 지음 | 724쪽 | 값 35,000원

▶ 비고츠키 선집 시리즈
발달과 협력의 교육학 어떻게 읽을 것인가?

 생각과 말
레프 세묘노비치 비고츠키 지음
배희철·김용호·D. 켈로그 옮김 | 690쪽 | 값 33,000원

 도구와 기호
비고츠키·루리야 지음 | 비고츠키 연구회 옮김
336쪽 | 값 16,000원

 어린이 자기행동숙달의 역사와 발달 I
L.S. 비고츠키 지음 | 비고츠키 연구회 옮김
564쪽 | 값 28,000원

 어린이 자기행동숙달의 역사와 발달 II
L.S. 비고츠키 지음 | 비고츠키 연구회 옮김
552쪽 | 값 28,000원

 어린이의 상상과 창조
L.S. 비고츠키 지음 | 비고츠키 연구회 옮김
280쪽 | 값 15,000원

 비고츠키와 인지 발달의 비밀
A.R. 루리야 지음 | 배희철 옮김 | 280쪽 | 값 15,000원

 수업과 수업 사이
비고츠키 연구회 지음 | 196쪽 | 값 12,000원

 비고츠키의 발달교육이란 무엇인가?
비고츠키교육학실천연구모임 지음 | 412쪽 | 값 21,000원

 성장과 분화
L.S. 비고츠키 지음 | 비고츠키 연구회 옮김
308쪽 | 값 15,000원

연령과 위기
L.S. 비고츠키 지음 | 비고츠키 연구회 옮김
336쪽 | 값 17,000원

의식과 숙달
L.S 비고츠키 | 비고츠키 연구회 옮김
348쪽 | 값 17,000원

분열과 사랑
L.S. 비고츠키 지음 | 비고츠키 연구회 옮김
260쪽 | 값 16,000원

성애와 갈등
L.S. 비고츠키 지음 | 비고츠키 연구회 옮김
268쪽 | 값 17,000원

 관계의 교육학, 비고츠키
진보교육연구소 비고츠키교육학실천연구모임 지음
300쪽 | 값 15,000원

 비고츠키 생각과 말 쉽게 읽기
진보교육연구소 비고츠키교육학실천연구모임 지음
316쪽 | 값 15,000원

 교사와 부모를 위한 비고츠키 교육학
카르포프 지음 | 실천교사번역팀 옮김 | 308쪽 | 값 15,000원

비고츠키 철학으로 본 핀란드 교육과정
배희철 지음 | 456쪽 | 값 23,000원

▶ 살림터 참교육 문예 시리즈
영혼이 있는 삶을 가르치는 온 선생님을 만나다!

 **꽃보다 귀한 우리 아이는**
조재도 지음 | 244쪽 | 값 12,000원

 성깔 있는 나무들
최은숙 지음 | 244쪽 | 값 12,000원

 선생님이 먼저 때렸는데요
강병철 지음 | 248쪽 | 값 12,000원

 서울 여자, 시골 선생님 되다
조경선 지음 | 252쪽 | 값 12,000원

아이들에게 세상을 배웠네
명혜정 지음 | 240쪽 | 값 12,000원

 행복한 창의 교육
최창의 지음 | 328쪽 | 값 15,000원

 밥상에서 세상으로
김흥숙 지음 | 280쪽 | 값 13,000원

  북유럽 교육 기행
정애경 외 14인 지음 | 288쪽 | 값 14,000원

 우물쭈물하다 끝난 교사 이야기
유기창 지음 | 380쪽 | 값 17,000원

▶ 4·16, 질문이 있는 교실 마주이야기
통합수업으로 혁신교육과정을 재구성하다!

 통하는 공부
김태호·김형우·이경석·심우근·허진만 지음
324쪽 | 값 15,000원

 미래교육의 열쇠, 창의적 문화교육
심광현·노명우·강정석 지음 | 368쪽 | 값 16,000원

 내일 수업 어떻게 하지?
아이함께 지음 | 300쪽 | 값 15,000원
2015 세종도서 교양부문

 주제통합수업, 아이들을 수업의 주인공으로!
이윤미 외 지음 | 392쪽 | 값 17,000원

 인간 회복의 교육
성래운 지음 | 260쪽 | 값 13,000원

 수업과 교육의 지평을 확장하는 수업 비평
윤양수 지음 | 316쪽 | 값 15,000원
2014 문화체육관광부 우수교양도서

 교과서 너머 교육과정 마주하기
이윤미 외 지음 | 368쪽 | 값 17,000원

 교사, 선생이 되다
김태은 외 지음 | 260쪽 | 값 13,000원

 수업 고수들 수업·교육과정·평가를 말하다
박현숙 외 지음 | 368쪽 | 값 17,000원

 교사의 전문성, 어떻게 만들어지나
국제교원노조연맹 보고서 | 김석규 옮김 392쪽 | 값 17,000원

 도덕 수업, 책으로 묻고 윤리로 답하다
울산도덕교사모임 지음 | 320쪽 | 값 15,000원

 수업의 정치
윤양수·원종희·장군 지음 | 280쪽 | 값 14,000원

 체육 교사, 수업을 말하다
전용진 지음 | 304쪽 | 값 15,000원

 학교협동조합,
현장체험학습과 마을교육공동체를 잇다
주수원 외 지음 | 296쪽 | 값 15,000원

 교실을 위한 프레이리
아이러 쇼어 엮음 | 사람대사람 옮김 | 412쪽 | 값 18,000원

 거꾸로 교실,
잠자는 아이들을 깨우는 수업의 비밀
이민경 지음 | 280쪽 | 값 14,000원

 마을교육공동체란 무엇인가?
서용선 외 지음 | 360쪽 | 값 17,000원

 교사는 무엇으로 사는가
정은균 지음 | 292쪽 | 값 15,000원

 교사, 학교를 바꾸다
정진화 지음 | 372쪽 | 값 17,000원

 마음의 힘을 기르는 감성수업
조선미 외 지음 | 300쪽 | 값 15,000원

 함께 배움
학생 주도 배움 중심 수업 이렇게 한다
니시카와 준 지음 | 백경석 옮김 | 280쪽 | 값 15,000원

 작은 학교 아이들
지경준 엮음 | 376쪽 | 값 17,000원

 공교육은 왜?
홍섭근 지음 | 352쪽 | 값 16,000원

 아이들의 배움은 어떻게 깊어지는가
이시이 준지 지음 | 방지현·이창희 옮김 | 200쪽 | 값 11,000원

 자기혁신과 공동의 성장을 위한
교사들의 필리버스터
윤양수·원종희·장군·조경삼 지음 | 280쪽 | 값 14,000원

 대한민국 입시혁명
참교육연구소 입시연구팀 지음 | 220쪽 | 값 12,000원

함께 배움 이렇게 시작한다

니시카와 준 지음 | 백경석 옮김 | 196쪽 | 값 12,000원

함께 배움 교사의 말하기

니시카와 준 지음 | 백경석 옮김 | 188쪽 | 값 12,000원

교육과정 통합, 어떻게 할 것인가?

성열관 외 지음 | 192쪽 | 값 13,000원

학교 혁신의 길, 아이들에게 묻다

남궁상운 외 지음 | 272쪽 | 값 15,000원

프레이리의 사상과 실천

사람대사람 지음 | 352쪽 | 값 18,000원

2018 세종도서 학술부문
혁신학교, 한국 교육의 미래를 열다

송순재 외 지음 | 608쪽 | 값 30,000원

페다고지를 위하여
프레네의 『페다고지 불변요소』 읽기

박찬영 지음 | 296쪽 | 값 15,000원

노자와 탈현대 문명

홍승표 지음 | 284쪽 | 값 15,000원

선생님, 민주시민교육이 뭐예요?

염경미 지음 | 244쪽 | 값 15,000원

어쩌다 혁신학교

유우석 외 지음 | 380쪽 | 값 17,000원

미래, 교육을 묻다

정광필 지음 | 232쪽 | 값 15,000원

대학, 협동조합으로 교육하라

박주희 외 지음 | 252쪽 | 값 15,000원

입시, 어떻게 바꿀 것인가?

노기원 지음 | 306쪽 | 값 15,000원

촛불시대, 혁신교육을 말하다

이용관 지음 | 240쪽 | 값 15,000원

라운드 스터디

이시이 데루마사 외 엮음 | 224쪽 | 값 15,000원

미래교육을 디자인하는 학교교육과정

박승열 외 지음 | 348쪽 | 값 18,000원

흥미진진한 아일랜드 전환학년 이야기

제리 제퍼스 지음 | 최상덕·김호원 옮김 | 508쪽 | 값 27,000원

교사를 세우는 교육과정

박승열 지음 | 312쪽 | 값 15,000원

전국 17명 교육감들과 나눈
교육 대담

최창의 대담·기록 | 272쪽 | 값 15,000원

들뢰즈와 가타리를 통해
유아교육 읽기

리세롯 마리엣 올슨 지음 | 이연선 외 옮김 | 328쪽 | 값 17,000원

학교 민주주의의 불한당들

정은균 지음 | 276쪽 | 값 14,000원

교육과정, 수업, 평가의 일체화

리사 카터 지음 | 박승열 외 옮김 | 196쪽 | 값 13,000원

학교를 개선하는 교장
지속가능한 학교 혁신을 위한 실천 전략

마이클 풀란 지음 | 서동연·정효준 옮김 | 216쪽 | 값 13,000원

공자뎐, 논어는 이것이다

유문상 지음 | 392쪽 | 값 18,000원

교사와 부모를 위한
발달교육이란 무엇인가?

현광일 지음 | 380쪽 | 값 18,000원

교사, 이오덕에게 길을 묻다

이무완 지음 | 328쪽 | 값 15,000원

낙오자 없는 스웨덴 교육

레이프 스트란드베리 지음 | 변광수 옮김 | 208쪽 | 값 13,000원

끝나지 않은 마지막 수업

장석웅 지음 | 328쪽 | 값 20,000원

경기꿈의학교

진흥섭 외 지음 | 360쪽 | 값 17,000원

학교를 말한다

이성우 지음 | 292쪽 | 값 15,000원

행복도시 세종, 혁신교육으로 디자인하다

곽순일 외 지음 | 392쪽 | 값 18,000원

나는 거꾸로 교실 거꾸로 교사

류광모·임정훈 지음 | 212쪽 | 값 13,000원

교실 속으로 간 이해중심 교육과정

온정덕 외 지음 | 224쪽 | 값 13,000원

교실, 평화를 말하다

따돌림사회연구모임 초등우정팀 지음 | 268쪽 | 값 15,000원

폭력 교실에 맞서는 용기
따돌림사회연구모임 학급운영팀 지음 | 272쪽 | 값 15,000원

 학교자율운영 2.0
김용 지음 | 240쪽 | 값 15,000원

 그래도 혁신학교
박은혜 외 지음 | 248쪽 | 값 15,000원

 학교자치를 부탁해
유우석 외 지음 | 252쪽 | 값 15,000원

 학교는 어떤 공동체인가?
성열관 외 지음 | 228쪽 | 값 15,000원

 국제이해교육 페다고지
강순원 외 지음 | 256쪽 | 값 15,000원

 교사 전쟁
다나 골드스타인 지음 | 유성상 외 옮김 | 468쪽 | 값 23,000원

 미래교육, 어떻게 만들어갈 것인가?
송기상·김성천 지음 | 300쪽 | 값 16,000원

 인공지능 시대의 사회학적 상상력
홍승표 지음 | 260쪽 | 값 15,000원

 선생님, 페미니즘이 뭐예요?
염경미 지음 | 280쪽 | 값 15,000원

 시민, 학교에 가다
최형규 지음 | 260쪽 | 값 15,000원

 혁신교육지구와 마을교육공동체는 어떻게 만들어지는가?
김태정 지음 | 376쪽 | 값 18,000원

▶ 교과서 밖에서 만나는 역사 교실
상식이 통하는 살아 있는 역사를 만나다

 전봉준과 동학농민혁명
조광환 지음 | 336쪽 | 값 15,000원

 교과서 밖에서 배우는 역사 공부
정은교 지음 | 292쪽 | 값 14,000원

 남도의 기억을 걷다
노성태 지음 | 344쪽 | 값 14,000원

 팔만대장경도 모르면 빨래판이다
전병철 지음 | 360쪽 | 값 16,000원

 응답하라 한국사 1·2
김은석 지음 | 356쪽·368쪽 | 각권 값 15,000원

 빨래판도 잘 보면 팔만대장경이다
전병철 지음 | 360쪽 | 값 16,000원

 즐거운 국사수업 32강
김남선 지음 | 280쪽 | 값 11,000원

 영화는 역사다
강성률 지음 | 288쪽 | 값 13,000원

 즐거운 세계사 수업
김은석 지음 | 328쪽 | 값 13,000원

 친일 영화의 해부학
강성률 지음 | 264쪽 | 값 15,000원

 강화도의 기억을 걷다
최보길 지음 | 276쪽 | 값 14,000원

 한국 고대사의 비밀
김은석 지음 | 304쪽 | 값 13,000원

 광주의 기억을 걷다
노성태 지음 | 348쪽 | 값 15,000원

 조선족 근현대 교육사
정미량 지음 | 320쪽 | 값 15,000원

 선생님도 궁금해하는 한국사의 비밀 20가지
김은석 지음 | 312쪽 | 값 15,000원

 다시 읽는 조선근대 교육의 사상과 운동
윤건차 지음 | 이명실·심성보 옮김 | 516쪽 | 값 25,000원

 걸림돌
키르스텐 세룹-빌펠트 지음 | 문봉애 옮김
248쪽 | 값 13,000원

 음악과 함께 떠나는 세계의 혁명 이야기
조광환 지음 | 292쪽 | 값 15,000원

 역사수업을 부탁해
열 사람의 한 걸음 지음 | 388쪽 | 값 18,000원

 논쟁으로 보는 일본 근대 교육의 역사
이명실 지음 | 324쪽 | 값 17,000원

진실과 거짓, 인물 한국사
하성환 지음 | 400쪽 | 값 18,000원

 다시, 독립의 기억을 걷다
노성태 지음 | 320쪽 | 값 16,000원

 우리 역사에서 사라진 근현대 인물 한국사
하성환 지음 | 296쪽 | 값 18,000원

 한국사 리뷰
김은석 지음 | 244쪽 | 값 15,000원

 꼬물꼬물 거꾸로 역사수업
역모자들 지음 | 436쪽 | 값 23,000원

 경남의 기억을 걷다
류형진 외 지음 | 564쪽 | 값 28,000원

▶ 더불어 사는 정의로운 세상을 여는 인문사회과학
사람의 존엄과 평등의 가치를 배운다

 밥상혁명
강양구·강이현 지음 | 298쪽 | 값 13,800원

 좌우지간 인권이다
안경환 지음 | 288쪽 | 값 13,000원

 도덕 교과서 무엇이 문제인가?
김대용 지음 | 272쪽 | 값 14,000원

 민주시민교육
심성보 지음 | 544쪽 | 값 25,000원

 자율주의와 진보교육
조엘 스프링 지음 | 심성보 옮김 | 320쪽 | 값 15,000원

 민주시민을 위한 도덕교육
심성보 지음 | 500쪽 | 값 25,000원
2015 세종도서 학술부문

 **민주화 이후의 공동체 교육**
심성보 지음 | 392쪽 | 값 15,000원
2009 문화체육관광부 우수학술도서

 교과서 밖에서 배우는 인문학 공부
정은교 지음 | 280쪽 | 값 13,000원

 갈등을 넘어 협력 사회로
이창언·오수길·유문종·신윤관 지음 | 280쪽 | 값 15,000원

 오래된 미래교육
정재걸 지음 | 392쪽 | 값 18,000원

 동양사상과 마음교육
정재걸 외 지음 | 356쪽 | 값 16,000원
2015 세종도서 학술부문

 대한민국 의료혁명
전국보건의료산업노동조합 엮음 | 548쪽 | 값 25,000원

 교과서 밖에서 배우는 철학 공부
정은교 지음 | 280쪽 | 값 14,000원

 교과서 밖에서 배우는 고전 공부
정은교 지음 | 288쪽 | 값 14,000원

 **교과서 밖에서 배우는 사회 공부**
정은교 지음 | 304쪽 | 값 15,000원

 전체 안의 전체 사고 속의 사고
김우창의 인문학을 읽다
현광일 지음 | 320쪽 | 값 15,000원

 교과서 밖에서 배우는 윤리 공부
정은교 지음 | 292쪽 | 값 15,000원

 카스트로, 종교를 말하다
피델 카스트로·프레이 베토 대담 | 조세종 옮김
420쪽 | 값 21,000원

 한글 혁명
김슬옹 지음 | 388쪽 | 값 18,000원

 일제강점기 한국철학
이태우 지음 | 448쪽 | 값 25,000원

 우리 안의 미래교육
정재걸 지음 | 484쪽 | 값 25,000원

 한국 교육 제4의 길을 찾다
이길상 지음 | 400쪽 | 값 21,000원

 왜 그는 한국으로 돌아왔는가?
황선준 지음 | 364쪽 | 값 17,000원

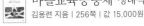 **마을교육공동체 생태적 의미와 실천**
김용련 지음 | 256쪽 | 값 15,000원

▶ 평화샘 프로젝트 매뉴얼 시리즈
학교폭력에 대한 근본적인 예방과 대책을 찾는다

학교폭력 어떻게 만들어지는가
문재현 외 지음 | 300쪽 | 값 14,000원

아이들을 살리는 동네
문재현·신동명·김수동 지음 | 204쪽 | 값 10,000원

학교폭력, 멈춰!
문재현 외 지음 | 348쪽 | 값 15,000원

평화! 행복한 학교의 시작
문재현 외 지음 | 252쪽 | 값 12,000원

왕따, 이렇게 해결할 수 있다
문재현 외 지음 | 236쪽 | 값 12,000원

마을에 배움의 길이 있다
문재현 지음 | 208쪽 | 값 10,000원

젊은 부모를 위한 백만 년의 육아 슬기
문재현 지음 | 248쪽 | 값 13,000원

별자리, 인류의 이야기 주머니
문재현·문한뫼 지음 | 444쪽 | 값 20,000원

우리는 마을에 산다
유양우·신동명·김수동·문재현 지음 | 312쪽 | 값 15,000원

동생아, 우리 뭐 하고 놀까?
문재현 외 지음 | 280쪽 | 값 15,000원

누가, 학교폭력 해결을 가로막는가?
문재현 외 지음 | 312쪽 | 값 15,000원

▶ 남북이 하나 되는 두물머리 평화교육
분단 극복을 위한 치열한 배움과 실천을 만나다

10년 후 통일
정동영·지승호 지음 | 328쪽 | 값 15,000원

선생님, 통일이 뭐예요?
정경호 지음 | 252쪽 | 값 13,000원

분단시대의 통일교육
성래운 지음 | 428쪽 | 값 18,000원

김창환 교수의 DMZ 지리 이야기
김창환 지음 | 264쪽 | 값 15,000원

한반도 평화교육 어떻게 할 것인가
이기범 외 지음 | 252쪽 | 값 15,000원

▶ 창의적인 협력 수업을 지향하는 삶이 있는 국어 교실
우리말 글을 배우며 세상을 배운다

중학교 국어 수업 어떻게 할 것인가?
김미경 지음 | 340쪽 | 값 15,000원

토론의 숲에서 나를 만나다
명혜정 엮음 | 312쪽 | 값 15,000원

토닥토닥 토론해요
명혜정·이명선·조선미 엮음 | 288쪽 | 값 15,000원

인문학의 숲을 거니는 토론 수업
순천국어교사모임 엮음 | 308쪽 | 값 15,000원

어린이와 시
오인태 지음 | 192쪽 | 값 12,000원

수업, 슬로리딩과 함께
박경숙 외 지음 | 268쪽 | 값 15,000원

언어던
정은균 지음 | 268쪽 | 값 15,000원

민촌 이기영 평전
이성렬 지음 | 508쪽 | 값 20,000원